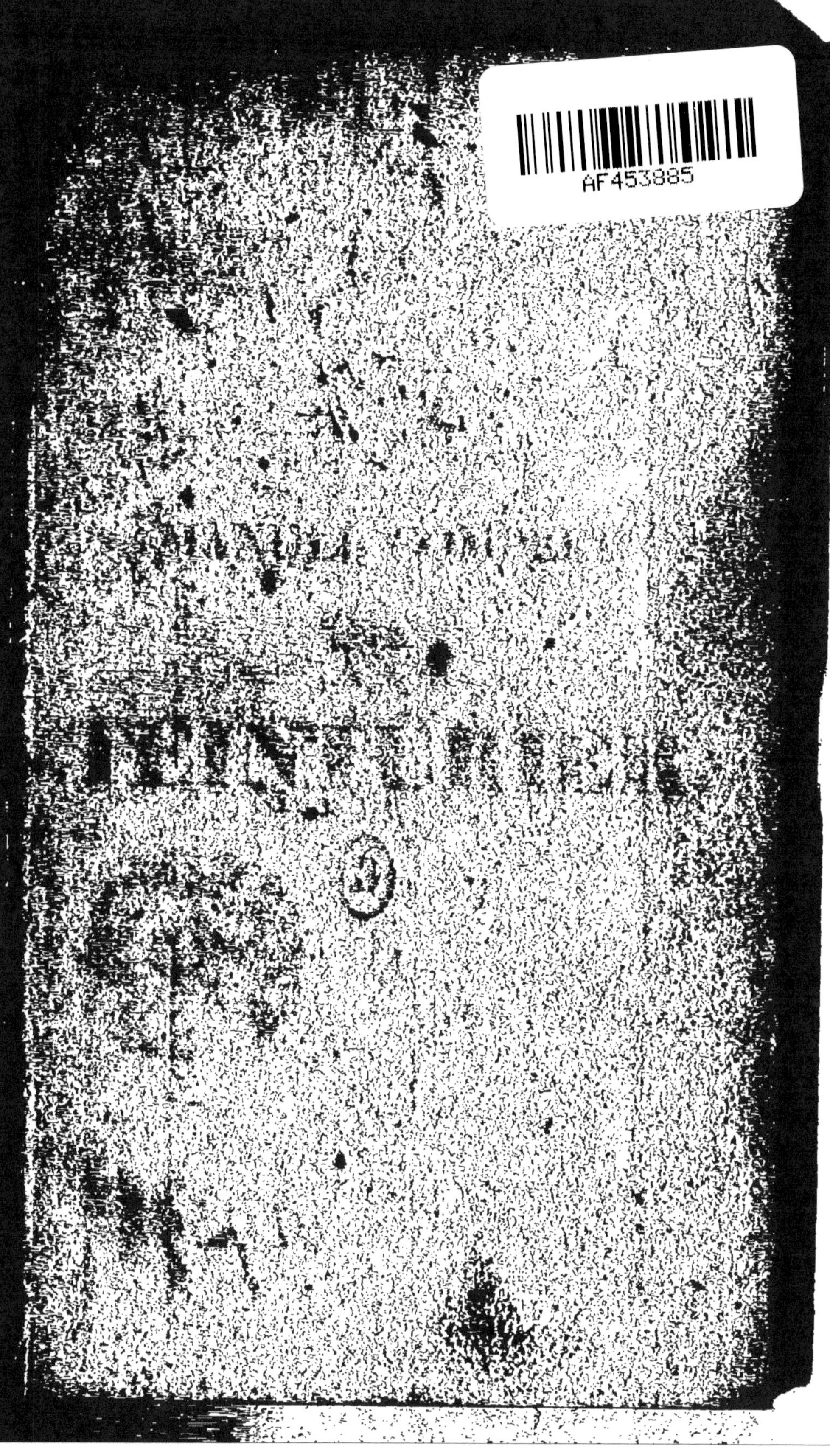
AF453885

MANUEL COMPLET

DU

TEINTURIER.

TOUL. — IMP. DE Ve BASTIEN.

MANUEL COMPLET

DU

TEINTURIER,

CONTENANT

L'ART DE TEINDRE EN LAINE, SOIE, COTON, FIL, EN DRAP ET EN PIÈCE, SUR TOUTE ESPÈCE DE TISSUS, ETC., ETC.; D'ENLEVER LES TACHES, DE DÉGRAISSER, RETEINDRE, REMETTRE A NEUF, LUSTRER, ETC., ETC., ETC.

Ouvrage d'une théorie et d'une pratique également faciles pour les ouvriers et pour les gens du monde.

QUATRIÈME ÉDITION,

Entièrement refondue et considérablement augmentée;

PAR A. D. VERGNAUD,

Capitaine d'Artillerie, ancien Élève de l'École Polytechnique, membre de la Légion-d'Honneur.

PARIS,

A LA LIBRAIRIE ENCYCLOPÉDIQUE DE RORET,

RUE HAUTEFEUILLE, N° 10 BIS.

1836.

AVERTISSEMENT

SUR CETTE QUATRIÈME ÉDITION.

L'ACCUEIL flatteur que le public a bien voulu faire aux trois précédentes éditions de ce *Manuel du Teinturier*, nous imposait l'obligation d'apporter l'attention la plus scrupuleuse à la révision de tout l'ouvrage, et de n'y rien omettre des découvertes les plus nouvelles. Les communications bienveillantes de M. *Thillaye*, auteur du *Manuel du Fabricant d'indiennes*, nous ont été d'un grand secours à cet égard, et nous avons appuyé de l'autorité de son nom les procédés ou les recettes qu'il recommande, comme les ayant spécialement expérimentés. Nous nous sommes assuré d'ailleurs que toutes les manipulations que nous indiquons sont d'une exécution facile et d'une réussite certaine, non seulement pour d'habiles teinturiers, mais encore pour des ouvriers ordinaires.

Les nombreuses additions faites à l'édition précédente ayant déterminé une nouvelle division de l'ouvrage, nous allons l'exposer sommairement ici, et la table des matières en donnera tous les détails.

La *première partie*, qui comprend la théorie de l'art, fait connaître les couleurs, les matières colorantes, les mordans, le blanchîment, les apprêts, enfin toutes les préparations des substances destinées à recevoir la teinture, pour les disposer à se combiner avec la couleur qu'on veut leur donner.

La *deuxième partie*, où se trouvent les dispositions convenables de l'atelier et les opérations principales, comprend les agens chimiques et les matières tinctoriales, avec tous les détails de leurs diverses préparations.

La *troisième partie*, qui comprend les teintures pour toutes espèces de tissus, se divise en couleurs simples, couleurs composées et couleurs minérales.

La *quatrième partie*, qui donne la théorie et les manipulations de l'art du dégraisseur, comprend la préparations, le choix et l'emploi des réactifs, suivant la nature des taches; les moyens de rétablir les couleurs altérées ou déteintes, et de remettre les étoffes à neuf.

L'ouvrier trouvera partout, à côté de l'expression chimique, le terme consacré par les habitudes de l'atelier ,et les anciens poids et mesures en regard des nouveaux; il pourra s'initier ainsi sans effort dans la langue chimique et dans les observations de cette science de la chimie, sans laquelle il lui serait impossible de faire des progrès réels dans l'art de la teinture.

En faisant un ouvrage entièment neuf de ce

manuel, dont la première édition a été publiée en 1825, par feu M. Riffault, nous avons cru devoir conserver la description des anciens procédés, pour que le lecteur fût à même, en les comparant aux nouveaux, de juger les perfectionnemens que la chimie apporte journellement aux manipulations de la teinture. Nous n'avons d'ailleurs omis aucun des détails qui nous ont semblé de nature à rendre le travail le plus compliqué facile à saisir pour les ouvriers les moins habitués au langage chimique.

Saint-Omer, avril 1836.

A. D. VERGNAUD.

TABLE DES MATIÈRES.

DEUXIÈME PARTIE. Ateliers du teinturier; opérations principales de l'art de la teinture; divers agens chimiques dont on fait un emploi habituel dans l'art de la teinture; matières tinctoriales.

FIN DE LA TABLE.

MANUEL COMPLET

DU

TEINTURIER.

INTRODUCTION.

La riche variété des couleurs de la nature, en éveillant chez l'homme dont elle flatte la vue, le désir de les imiter, a dû faire naître les premiers essais de l'*art de la Teinture* qui, sans doute, remonte à la plus haute antiquité. Les Sauvages eux-mêmes, après avoir choisi pour parure des plumes et des coquillages des couleurs les plus vives, ont tenté de reproduire ces brillantes couleurs naturelles par des peintures fixées sur la peau, et dont les impressions les plus riches, réservées à la vanité des chefs, servent à les faire distinguer, en attirant les regards de la multitude. Il est plus que probable que la nature offrant des substances colorantes dont l'application devint facile aux peuples les moins avancés en civilisation, ces couleurs d'abord imitées, furent ensuite perfectionnées par les nations plus policées qui vinrent après eux. Nous voyons ainsi que les Gaulois préparèrent des couleurs, et qu'il s'établit chez eux quelques espèces de teintures qui ne furent pas dédaignées des Romains. L'art de la teinture a dû naturellement suivre les progrès de l'industrie ainsi que ceux du luxe.

Les Egyptiens, au rapport de Pline, avaient trouvé un moyen de teindre qui avait quelque analogie avec celui que nous employons pour les toiles peintes. Ce fut à l'époque de l'invasion d'Alexandre dans les Indes, qu'on y teignit de différentes couleurs les voiles de ses vaisseaux; d'où Pline conclut que ce fut aux Indiens que les Grecs empruntèrent l'art de teindre les toiles, qui leur avait été jusqu'alors inconnu.

D'après les belles couleurs que présentent les toiles des Indes, connues d'abord sous le nom de perses, parce que ce fut par le commerce avec la Perse qu'elles nous parvinrent, il y aurait lieu de croire que l'art de la teinture avait été porté dans l'Inde à un grand degré de perfection; mais on voit dans le Traité sur les toiles peintes par Dufay, où se trouve décrite la manière dont on les fabrique aux Indes et en Europe, que les procédés indiens, compliqués, longs et imparfaits, avaient été bientôt surpassés par l'industrie européenne, tant à raison de la correction du dessin que sous les rapports de la variété des nuances et de la simplification des manipulations. Cependant l'Europe resta long-tems sans pouvoir égaler la vivacité de deux ou trois couleurs que les Indiens obtenaient de quelques substances colorantes particulières à leur pays, et qu'ils appliquaient, sans art, à peu de frais, et avec cette dextérité que donne toujours une longue habitude. Parmi ce petit nombre de substances, il convient surtout de distinguer celle que sir Humphry Davy désigne par l'*ostrum* des Romains, la pourpre des Grecs, regardée chez ces peuples comme la plus belle couleur, et l'objet du luxe le plus recherché; les procédés de cette teinture ont été mieux conservés dans les monumens historiques que ceux des couleurs obtenues par d'autres substances colorantes. La pourpre, si célèbre parmi les anciens, dit le docteur Edward Bancroft, dans ses recherches expérimentales sur la physique des couleurs permanentes, paraît avoir été trouvée à Tyr environ douze siècles avant l'ère chrétienne : cette découverte fameuse dans l'antiquité, de la pourpre de Tyr, contribua beaucoup à l'opulence de cette ville si renommé. On tirait cette teinture d'un coquillage univalve (*murex*) dont il y a deux espèces. Vitruve assure que la couleur différait suivant le pays d'où provenait le coquillage : que sa couleur était plus foncée et approchait davantage du violet dans les pays du nord, tandis qu'elle était plus rouge dans les contrées méridionales : il ajoute qu'on préparait la couleur en battant l'animal avec des instrumens de fer; puis, après avoir séparé la liqueur pourpre du reste de l'animal, on la mêlait avec un peu de miel. Suivant Bancroft, le coquillage se pêchait sur les bords de la Méditerranée; on faisait des incisions à la gorge de l'animal, ou bien on le broyait tout entier, et on le tenait ensuite pendant plusieurs jours en dissolution dans de l'eau et du sel, en renfermant le mélange dans des vases de plomb. La très petite quantité de liqueur que l'on retirait de chaque coquillage, et la longueur du procédé de teinture, dont les opérations duraient au moins dix jours, avaient fait monter la pourpre à un si haut prix, que du tems d'Auguste, on ne pouvait avoir pour 1000 deniers (environ 700 francs de notre monnaie) une livre de laine teinte en pourpre de Tyr. Cette précieuse teinture fut presque partout un attribut de la haute naissance et des dignités. La pourpre servait de décoration aux premières magistratures de Rome, jusqu'à ce que les empereurs se fussent réservés le droit de la porter; bientôt elle devint le symbole de leur inauguration ; et enfin la peine de mort fut décernée contre ceux qui auraient osé porter la pourpre, même en la couvrant d'une autre teinture.

Comme on employait différentes méthodes pour teindre avec le suc de la pourpre, on obtenait ainsi une grande variété de couleurs de pourpre que l'on distinguait par différens noms : la pourpre de Tyr avait, suivant Pline, la couleur du sang coagulé, la pourpre améthiste avait celle de la pierre de ce nom, une autre pourpre ressemblait à la violette.

Il paraît que quelques-unes de ces espèces de pourpre conservaient pendant très long-tems leur couleur; car Plutarque fait remarquer dans la vie d'Alexandre, que les Grecs trouvèrent dans le trésor du roi de Perse une grande quantité de pourpre dont la beauté n'était pas altérée quoiqu'elle eût 190 ans d'ancienneté.

Le docteur Bancroft raconte qu'en 1683, un homme qui gagnait sa vie en Irlande à marquer du linge avec une belle couleur cramoisie, qu'il obtenait d'un coquillage marin, trouva après quelques recherches, sur les côtes des comtés de Sommerset et de Galles, une grande quantité de buccins qui donnaient une couleur visqueuse blanchâtre, lorsqu'on ouvrait une petite veine près de la tête de l'animal; des marques faites avec cette liqueur prenaient, au contact de l'air, une couleur d'un vert tendre, qui passait ensuite par degrés, lorsqu'on l'exposait au soleil, à un pourpre très beau et durable. En 1799, M. de Jussieu trouva sur les côtes occidentales de la France un petit buccin semblable au limaçon des jardins; et l'année suivante, M. de Réaumur observa sur les côtes du Poitou ce même coquillage en grande abondance. Le même naturaliste trouva en 1736, sur les côtes méridionales, la *purpura*, seule espèce de murex qu'on connaisse maintenant. Tous ces coquillages fournissent un liquide qui possède dans un degré plus ou moins éminent les propriétés dont il vient d'être parlé.

On peut conclure de ces découvertes, dit le docteur Bancroft, que nous avons tout le secret de la pourpre de Tyr.

Ainsi l'opinion de ceux qui regardaient cette couleur, si fameuse par sa beauté, comme perdue, n'était pas fondée. Les coquillages qui fournissaient la liqueur colorante de la pourpre, existent probablement avec autant d'abondance qu'autrefois, et ils ont été suffisamment désignés pour qu'on puisse les reconnaître; en effet, indépendamment de ceux qu'on a trouvés dans l'Amérique méridionale, jouissant de toutes les propriétés décrites par Pline et les autres anciens, et dont il est dit dans l'*Histoire philosophique et politique du commerce des Indes*, qu'on fit quelque emploi dans ces contrées pour teindre du coton, il fut découvert de semblables coquillages en 1686, sur les côtes d'Angleterre, et depuis on en rencontra une espèce aux Antilles. Réaumur a fait plusieurs expériences sur les buccins trouvés par lui sur les côtes du Poitou. Duhamel en a fait aussi sur le suc colorant du coquillage qui doit porter le nom de pourpre, et qu'il a trouvé en abondance sur les côtes de Provence. Il a observé, ainsi que Réaumur l'avait déjà remarqué dans le suc colorant du buccin, que ce suc, d'abord blanc, prend une couleur verte jaunâtre, qui se fonce en tirant au bleu; qu'enfin on le voit rougir, et qu'en moins de vingt minutes il devient d'une couleur pourpre très vive et très foncée; or, la couleur pourpre des anciens avait ces caractères.

Si nous négligeons de nous procurer la pourpre des anciens, si l'on n'a pas cherché à tirer parti des expériences que quelques modernes ont faites avec succès à cet égard, c'est que l'art de la teinture nous a enrichi de couleurs plus belles et moins chères. Il est vrai que la découverte du Nouveau-Monde nous a procuré la connaissance de plusieurs substances tinctoriales, telles que la cochenille, le bois de Brésil, le campêche, le rocou; mais c'est à l'art de préparer l'alun et la dissolution d'étain, qui ravivent un grand nombre de substances colorantes et les font briller d'un nouvel éclat, que nous devons surtout la supériorité de nos teintures.

La découverte de l'orseille fut faite par hasard vers l'an 1300, par un négociant de Florence; ayant remarqué que l'urine donnait une belle couleur à une espèce de mousse, il fit des essais, et apprit à préparer l'orseille. Il tint pendant long-tems cette découverte secrète.

Les arts continuèrent à être cultivés en Italie avec succès. En 1429 parut à Venise le premier recueil des procédés employés dans les teintures, sous le nom de *Maraviglia dell' arte dei tintori*, dont il se fit une nouvelle édition en 1510. Un certain *Giovan Venture Rosetti* ayant voyagé dans les différentes parties de l'Italie et des pays voisins où les arts avaient commencé à renaître, pour s'instruire des procédés qu'on y suivait dans les ateliers de teinture, donna, sous le nom de *Plictho*, un recueil, qui selon Bischoff est le premier où l'on ait rapproché les différens procédés de teinture, et qui doit être regardé comme le premier mobile de la perfection à laquelle a été porté depuis l'art de la teinture devenu maintenant un art chimique ; mais comme dans *Plictho* il n'est parlé ni de la cochenille ni de l'indigo, il paraît probable que ces deux substances colorantes n'étaient pas encore en usage en Italie.

Cependant l'Italie et particulièrement Venise, posséda presque exclusivement cet art des teintures, qui contribuait à la prospérité de ses manufactures et de son commerce, et qui ne s'introduisit en France que plus tard et peu à peu. Gilles Gobelin établit un atelier de teinture dans le lieu qui porte encore actuellement son nom. On regarda cette entreprise comme tellement téméraire, qu'on donna à l'établissement le nom de *Folie-Gobelin*, et le succès qu'elle eut fut un grand sujet d'étonnement et d'émulation pour nos aïeux.

La découverte de la teinture en écarlate doit faire époque dans l'art de la teinture, non-seulement par l'éclat qui caractérise cette belle couleur, mais encore par celui que l'on procure, au moyen du même procédé, à plusieurs autres couleurs.

La cochenille était connue depuis peu de tems en Europe, lorsque l'on découvrit le procédé de l'écarlate par la dissolution d'étain. On raconte qu'en 1630, Corneil Debbrel observa, par un mélange accidentel, l'éclat donné par la dissolution d'étain à l'infusion de cochenille.

L'usage de l'indigo, cette précieuse acquisition pour la teinture, fut d'abord proscrit en Angleterre sous le règne d'Élisabeth, et depuis en Saxe ; ce ne fut qu'avec beaucoup de peine que l'on parvint à l'établir, tant l'industrie s'affranchit difficilement des entraves du pouvoir absolu.

Enfin, l'administration chargée de la surveillance des arts et manufactures, s'occupant du soin de faire fleurir l'industrie française, eut recours aux moyens les plus sûrs et les plus efficaces pour y parvenir, ceux de répandre l'instruction et les lumières.

Dufay, Hellot, Macquer, ont été successivement chargés de s'occuper de la perfection de l'art de la teinture, et leurs travaux ont puissamment contribué à ses progrès. Dufay fut le premier qui fit des recherches sur la nature des parties colorantes, et sur la force par laquelle elles adhèrent aux étoffes. Il examina quelques procédés, et il établit les épreuves les plus sûres que l'on put trouver alors, pour déterminer d'une manière prompte et usuelle la bonté d'une couleur.

Hellot publia une description méthodique des procédés que l'on exécute dans la teinture en laine; c'est peut-être encore le meilleur ouvrage qu'on ait sur cet objet. Macquer a décrit avec exactitude dans un traité spécial, la teinture de la soie; il a fait connaître les combinaisons du principe colorant du bleu de Prusse; il a cherché à en appliquer l'usage à la teinture; il a donné un procédé pour communiquer à la soie des couleurs vives par le moyen de la cochenille.

Toutes ces recherches contribuèrent efficacement aux progrès de l'art de la teinture en France. Anderson attribue à la perfection des teintures la supériorité que quelques manufactures françaises ont conservé sur celles des nations qui possèdent cependant les plus belles laines; et dans son *History of Commerce*, M. Home dit que c'est à l'Académie des Sciences que les Français doivent la supériorité qu'ils ont dans plusieurs arts, notamment dans celui de la teinture.

Les chimistes français depuis ce tems, en contribuant puissamment aux progrès de la science générale de la chimie, ont fait faire un pas immense à l'art de la teinture; aussi les industriels de tous les pays rattacheront désormais avec reconnaissance à cet art important et qui exerce tant d'influence sur la prospérité du commerce, les noms depuis long-tems célèbres de Berthollet et Vauquelin, auxquels se joignent maintenant ceux de MM. Vitalis et Chevreul.

PREMIÈRE PARTIE.

THÉORIE DE L'ART DE LA TEINTURE; COULEURS ET MATIÈRES COLORANTES; MORDANS; PRÉPARATIONS DES SUBSTANCES DESTINÉES A RECEVOIR LA TEINTURE, POUR LES DISPOSER A SE COMBINER AVEC LA MATIÈRE COLORANTE; BLANCHIMENT; APPRÊTS, GOMMES ET EMPOIS.

CHAPITRE PREMIER.

THÉORIE, COULEURS ET MORDANS.

§ I. THÉORIE DE L'ART DE LA TEINTURE.

L'art de la teinture consiste à fixer sur des étoffes de différentes espèces, toutes les couleurs, ainsi que leurs dégradations avec toutes les nuances que l'on peut désirer, de manière à ce qu'elles ne puissent pas être altérées facilement par ceux des agens à l'action desquels elles doivent se trouver habituellement exposées. L'air, et surtout la lumière du soleil, sont les causes les plus ordinaires de l'altération des couleurs ; cette altération qui d'ailleurs est en partie plus ou moins prompte, est plus ou moins complète, suivant l'adhésion plus ou moins forte de la matière colorante à l'étoffe.

Comme il ne peut y avoir d'autre cause qui puisse faire adhérer une matière colorante quelconque, sur quelque étoffe que ce soit, qu'une attraction durable entre les deux substances, il doit s'en suivre qu'il n'y aura qu'un petit nombre de matières teignantes capables de s'attacher d'une manière indélébile ou forte, par simple application.

L'art de la teinture est donc un art chimique.

Le fait général le plus remarquable de cet art consiste dans les différens degrés de facilité avec laquelle des substances animales et végétales attirent et retiennent la matière colorante, ou plutôt, dans le degré de facilité avec laquelle le teinturier trouve qu'il peut les teindre avec toute couleur quelconque qu'il a l'intention de leur donner.

Pour disposer les substances destinées à recevoir la teinture à se combiner avec la matière colorante, on leur fait subir un apprêt ou un blanchîment, préparations préalables qui semblent avoir un double objet : le premier de rendre l'étoffe qu'il s'agit de teindre aussi nette que possible, afin que le liquide colorant puisse être bien absorbé, et la matière colorante adhérer aux moindres parties des surfaces intérieures; le second objet est que l'étoffe soit rendue blanche, afin qu'elle réfléchisse mieux la lumière, et que les teintes de la matière colorante puissent ainsi devenir plus pures et plus brillantes.

Quelques-unes des préparations, cependant, quoique considérées simplement comme préliminaires, constituent réellement en partie les procédés de teinture eux-mêmes. Dans un grand nombre de cas, une matière est appliquée à l étoffe à laquelle elle adhère, et par l'application d'une autre matière convenable, le teinturier produit la couleur qu'il désire obtenir. Ainsi, l'on pourrait teindre une pièce de coton en noir en la plongeant dans de l'encre; mais la couleur ne serait ni bonne ni solide, parce que les molécules de matière précipitée formées de l'oxide de fer et de l'acide des noix de galle, sont déjà solidifiées en masses trop grosses, soit pour entrer dans le coton, soit pour y adhérer avec quelque degré considérable de force; le gallate de fer n'est pour ainsi dire qu'interposé entre les surfaces des filamens. Mais si le coton, trempé d'abord dans une infusion de noix de galle, et alors séché, est plongé ensuite dans une dissolution de proto-sulfate de fer (couperose verte), ou autre sel ferrugineux, l'acide des noix de galle, étant étendu partout à travers le corps du coton, recevra les molécules d'oxide de fer à l'instant même de leur passage de leur état fluide ou de dissoutes, à celui de précipitées ou solides, au moyen de quoi la matière noire de l'encre recouvre parfaitement le coton, en s'appliquant en contact serré avec la surface de ses plus petits fibres. Cette teinture sera donc, non seulement plus intense, mais aussi plus adhérente et plus durable.

On a donné le nom de *mordans* à celles des susbstances qui s'appliquent préalablement aux pièces d'étoffe, afin de leur faire prendre ensuite la nuance ou teinture que l'on désire.

Lorsque le mordant est appliqué sur la totalité d'une pièce d'étoffe, et que cette pièce est ensuite plongée dans la teinture, elle reçoit une teinte sur toute l'étendue de sa surface ; mais si le mordant n'est appliqué que sur quelques parties de la pièce d'étoffe, la teinture ne prendra que sur ces parties seulement ; dans le premier cas, le procédé est celui de la teinture proprement dite, dans le second cas, le procédé est celui de l'impression.

Dans l'art de l'impression des pièces d'étoffe, on mêle ordinairement le mordant avec de la gomme ou avec de l'amidon, et on l'applique au moyen de blocs ou moules de bois, gravés en relief, ou de plaques de cuivre ; et les couleurs sont produites, par immersion dans des vaisseaux remplis avec des compositions convenables. L'art d'imprimer donne lieu à un grand nombre de procédés, au moyen desquels le mordant, ou simple ou composé, produit son effet. On en trouvera des applications détaillées dans le *Manuel du Fabricant d'indiennes* qui fait partie de cette collection encyclopédique.

L'attraction des oxides métalliques, pour un grand nombre de substances colorantes, est si grande, qu'ils abandonnent les acides qui les tenaient en dissolution, et sont précipités à l'état de combinaison avec ces substances. On a aussi reconnu par expérience que ces oxides sont fortement disposés à se combiner avec les substances animales ; d'où il suit que, dans beaucoup de cas, ils servent de mordans, ou de moyen d'union entre les particules colorantes et les substances animales. Les couleurs que prennent les composés d'oxides métalliques et de molécules colorantes sont alors le produit de la couleur particulière de ces molécules et de celle qui est propre à l'oxide métallique.

§ II. COULEURS ET MATIÈRES COLORANTES.

Il y a des couleurs simples ; il en est qui, dues au mélange de celles-ci, sont dès lors composées. Les couleurs composées ou formées par la réunion de rayons, diffèrent en ce que les premières, vues par le prisme, retiennent leur simplicité, et que les secondes se décomposent. Ainsi le vert produit naturellement par les rayons de cette couleur, n'éprouve aucune décomposition par le prisme ; il a le caractère d'une couleur simple et primitive ; mais le vert composé artificiellement se sépare en jaune et en bleu.

Quoique le vert qu'on fait en teinture soit dû le plus habituellement au mélange du jaune et du bleu, on ne doit pas regarder tous les verts comme une combinaison de deux espèces de parties colorantes ; l'oxide vert de cuivre peut ne pas être dû à des molécules de nature différente, et le vert des plantes est sans doute produit par une substance homogène, de même que la plupart des nuances qui existent dans la nature : cette couleur doit donc son origine, quelquefois à des rayons simples, et quelquefois à une réunion de rayons différens; un grand nombre d'autres couleurs sont dans le même cas.

Les parties colorantes forment diverses combinaisons, et elles s'appliquent, soit seules, soit combinées préliminairement avec d'autres substances, à la laine, à la soie, aulin et au coton. L'art de la teinture consiste à se servir des affinités des parties colorantes, pour les extraire, les dissoudre, les étendre, et les appliquer aux substances que l'on teint, puis enfin pour les incorporer et les y fixer.

L'on a cherché à expliquer la cause des couleurs et la nature des parties colorantes ; on a voulu aussi classer ces parties colorantes en extractives et résineuses ; mais l'on s'est toujours éloigné ainsi de la vér table théorie, de celle qui n'est que le résultat de l'observation.

Bergman paraît être le premier qui ait complètement rapporté aux principes chimiques les phénomènes de la nature : ayant teint de la laine et de la soie dans une dissolution d'indigo par l'acide sulfurique (acide vitriolique) très étendu d'eau, il explique les effets qu'il a observés dans cette opération. Il les attribue à la précipitation causée par l'affinité plus grande qui se trouve entre la laine ou la soie et les molécules bleues, qu'entre ces mêmes molécules et l'eau acidulée. Il remarque que cette même affinité de la laine est assez puissante pour dépouiller entièrement la liqueur des parties colorantes, mais que l'affinité plus faible de la soie, l'empêchant de s'emparer de la totalité des parties colorantes, affaiblit ou diminue seulement la proportion de ces parties dans le bain. Bergman prouve ainsi que de ces affinités différentes, dépendent et la solidité de la couleur et l'intensité qu'elle peut prendre.

Cette manière de voir de Bergman est, suivant Berthollet, la véritable manière d'envisager les phénomènes de la teinture, qui ne sont en effet autre chose que des phénomènes chimiques.

Toutes les modifications diverses dont les couleurs et les matières colorantes peuvent être susceptibles, sont analogues à ce qu'on observe dans les autres combinaisons chimiques : habituellement d'ailleurs elles sont sujettes à une altération particulière par l'action de l'air et de la lumière, mais quelquefois, au contraire, elles en reçoivent un éclat nouveau ou une nuance différente. Il y a aussi des agens qui, après s'être unis avec les parties colorantes, altèrent la couleur qu'ils ont d'abord produite, la font passer au jaune et la détruisent.

Il résulte de ces observations, 1° que les molécules colorantes ont des affinités dont les effets se combinant avec ceux de leur constitution, forment les différences qui les distinguent entre elles; 2° qu'elles s'unissent directement avec l'étoffe ou seulement par le secours d'un intermède; mais l'étoffe a des rapports différens avec elles selon sa nature; 3° que ces molécules colorantes, en se combinant avec une substance, éprouvent une altération qui modifie leur couleur, outre la modification qui résulte de la nuance propre à la substance avec laquelle elles s'unissent; 4° que les molécules colorantes varient, non seulement entre elles par ces dispositions différentes, mais encore par les changemens ultérieurs qu'elles peuvent subir par l'action des autres substances et par celle de l'air et de la lumière.

On distingue quelquefois par le nom de *teintures substantives* l'indigo et le pastel, qui n'exigent pas de mordant, et par le nom de *teintures adjectives*, celles qui ne peuvent être fixées que par un mordant.

§ III. MORDANS.

On a donné le nom de *mordans* à des substances qui s'appliquent préalablement aux pièces d'étoffe, afin de leur faire prendre ensuite la teinture que l'on désire, ou afin d'en varier la nuance; ainsi les mordans servent d'intermèdes entre les parties colorantes et les substances que l'on teint, soit pour faciliter leur combinaison, soit pour la modifier en même tems. On peut distinguer comme *altérans*, les ingrédiens qui ne sont employés que dans la vue de modifier ou de changer une nuance.

Hellot, Macquer et plusieurs autres chimistes avaient adopté une théorie ridicule relativement à l'apprêt ou à la préparation qu'on donne aux étoffes pour les disposer à recevoir la teinture; ils appliquaient à l'action des mordans, une doctrine non moins bizarre. C'est à Bergman et à Berthollet qu'on doit d'avoir ramené toutes les opérations de la teinture aux grandes voies des affinités, et d'avoir ainsi posé les bases de la véritable théorie chimique de l'art de la teinture.

Suivant les principes adoptés par ces deux chimistes, nous pouvons considérer les mordans comme des intermèdes d'union et d'affinité entre le principe colorant et l'étoffe.

Jusqu'ici les mordans dont on a fait principalement usage sont de trois espèces, savoir : ceux à base d'alumine, ceux à base d'étain et ceux à base de fer. Les mordans à base d'alumine sont l'alun (sulfate d'alumine et de potasse ou d'ammoniaque ou même de soude); et l'acétate d'alumine impur (acète d'argile, et mordant de rouge ou de jaune). Ceux à base d'étain sont les muriates (chlorures et hydrochlorates). Les mordans ferrugineux sont les couperoses vertes et les pyrolignites (sulfate, nitrate, acétate de fer). En décomposant l'alun par le sucre de saturne, ou sucre de plomb (acétate de plomb), on obtient un acétate d'alumine dont l'usage est préférable à celui de l'alun, l'alumine en est plus facilement dégagée, et l'acide mis ainsi en liberté est moins susceptible d'agir sur l'étoffe.

Les affinités de l'oxide d'étain pour les principes colorans dont il rehausse la vivacité de couleurs, sont très marquées.

Les affinités de l'oxide de fer avec les étoffes sont plus prononcées; il se combine avec elles d'une manière indélébile; mais comme cet oxide est naturellement coloré, on ne s'en sert que pour former des couleurs composées, sa couleur est tellement rude, quand on l'emploie seul comme principe colorant, qu'il devint nécessaire de l'adoucir en faisant tremper les étoffes colorés en rouge dans une dissolution d'alun saturée de potasse.

L'oxide de cuivre peut être employé comme mordant, surtout pour la teinture en noir, dans laquelle on l'emploie communément avec le fer. On en fait usage seul dans la teinture en jaune sur le coton.

On peut considérer la chaux et tous les sels calcaires comme autant de mordans. Il est vrai qu'ils rembrunissent les rouges; mais ils avivent les bleus et donnent de la fixité à toutes les couleurs.

Les meilleurs mordans sont ceux qui ont une affinité très marquée, tant avec le principe colorant qu'avec l'étoffe; et c'est cette propriété qui a fait préférer l'alun aux autres sels; mais comme assez généralement il a plus d'affinité avec les principes colorans qu'avec l'étoffe, on commence par appliquer ce mordant sur celles où il attire et fixe ensuite la couleur.

Le mordant qu'on applique sur une étoffe commence par exercer son action sur l'étoffe et s'y fixer; il attire ensuite le principe de la couleur, et le retient.

Il faut donc, d'après ce qui vient d'être dit, que lorsqu'une étoffe acquiert, par le moyen d'un sel alumineux, les propriétés qui dépendent de l'alumine, elle puisse décomposer le sel et se combiner avec son alumine, pendant que l'acide qui la tenait en dissolution se sépare et reste dans le bain; mais il ne faut pas conclure de là qu'aucune portion de l'acide ne reste dans la combinaison de l'étoffe, où elle peut avoir quelque influence sur la couleur.

L'étoffe ne prend en alun que la dose qui convient à son affinité; de sorte que lorsqu'une étoffe est alunée, on la passe à l'eau pour enlever la portion d'alun qui ne s'est pas fixée; sans cette précaution, cet alun resterait dans le bain et se chargerait de principe colorant au préjudice de l'étoffe. C'est encore pour cela qu'on lave l'étoffe après sa teinture; on enlève par ce moyen toute la partie colorante qui s'est déposée sur l'étoffe, sans y adhérer, après que les affinités de l'alun ont été remplies et saturées par le principe colorant.

L'affinité des mordans avec l'étoffe est quelquefois si marquée, qu'il suffit de présenter l'étoffe à leur dissolution pour qu'elle s'en imprègne de suite.

Presque toujours le mordant réunit deux avantages; il fixe la couleur et lui donne de l'éclat.

Les oxides métalliques ont avec plusieurs parties colorantes une telle affinité, qu'ils abandonnent les acides qui les tenaient en dissolution, pour se précipiter en se combinant avec elles.

D'un autre côté, tous les oxides ont la propriété de se combiner avec les substances animales, et l'on peut former ces différentes combinaisons en mêlant un alcali saturé de substance animale avec les dissolutions métalliques.

On en peut conclure que tous les oxides ont de la disposition à se combiner avec les substances animales, quoiqu'ils diffèrent cependant beaucoup à cet égard.

L'oxide d'étain l'emporte sur tous les autres, par la propriété de se fixer avec les étoffes de laine et de soie; mais particulièrement avec les premières. Il abandonne facilement l'acide qui le tient en dissolution pour se combiner avec ces étoffes; de sorte qu'il suffit d'imprégner la laine ou la soie de dissolution d'étain, quoiqu'après cela on lave l'étoffe avec soin; ce qui n'arrive pas avec quelques autres dissolutions métalliques.

L'affinité des oxides pour les substances de nature végétale paraît beaucoup moins forte que celle qu'ils ont pour les substances animales; d'où il suit que les dissolutions métalliques sont peu propres à servir de mordans aux couleurs du coton et du lin.

On voit donc : 1° que les acides et les alcalis ne sont pas propres à servir de mordant, ou d'intermède et de point d'union entre les étoffes et les substances colorantes ; 2° que de toutes les substances terreuses (1), c'est l'alumine qui a éminemment les propriétés des mordans, par son affinité avec les substances colorantes et avec les étoffes, et par sa faible adhérence aux acides.

Lorsque les parties colorantes ont précipité un oxide d'un dissolvant, celui-ci a ordinairement le pouvoir de dissoudre une portion de la combinaison de la substance colorante avec l'oxide, et la liqueur reste colorée, quoique la précipitation soit facilitée et rendue plus complète par la présence de l'étoffe. Les effets dépendent donc en partie, non seulement des proportions, mais encore de l'espèce d'acide qui sert de dissolvant à l'oxide. Cette observation s'applique aux acides qui tiennent l'alumine en dissolution ; mais les acides, les alcalis, les dissolutions métalliques, et même les sels neutres, peuvent servir d'altérant. On emploie également comme mordans les substances terreuses, les acides métalliques, les principes astringens des végétaux et les huiles fixes.

On voit ainsi, qu'en variant les mordans, on peut multiplier beaucoup les nuances que l'on peut obtenir d'une même substance, surtout en faisant coopérer les altérans pour modifier ou pour changer les teintes ; il suffit même de varier la méthode par laquelle on les applique.

Enfin, les procédés auxquels est soumise successivement une étoffe, pour remplir le but que l'on se propose, déterminent quelquefois le choix de la dissolution du mordant et de la manière de l'appliquer.

Nous nommerons *mordans composés*, tous ceux qui ne sont pas susceptibles de donner couleur sans le concours des matières colorantes animales et végétales. Ce sont ceux à base d'alumine et d'étain, souvent même ceux à base de fer ; mais comme le fer n'est pas toujours dans ce cas, nous le rangerons parmi les *mordans simples* avec le manganèse et le cuivre dont les oxides fournissent les corps colorés aux tissus des ligneux, avec le plomb et le mercure qui forment

(1) Nous conserverons, pour l'intelligence du sujet, cette dénomination ancienne de substances terreuses, à ceux des oxides métalliques, dont les métaux découverts, à l'aide de la pile galvanique, n'ont pas d'ailleurs, jusqu'à présent, été réduits par d'autres moyens, à raison de leur affinité pour l'oxigène.

aussi des matières colorantes lorsqu'ils sont unis à d'autres substances colorantes. Nous traiterons de ces mordans simples dans un chapitre spécial.

CHAPITRE II.

PRÉPARATIONS, BLANCHIMENT ET APPRÊTS.

§ IV. PRÉPARATIONS DES SUBSTANCES DESTINÉES A RECEVOIR LA TEINTURE, POUR LES DISPOSER A SE COMBINER AVEC LA MATIÈRE COLORANTE.

Les étoffes destinées à recevoir la teinture, sont ordinairement de *laine*, de *soie*, de *coton*, de *lin* ou de *chanvre*. Nous allons nous occuper d'abord des préparations ou apprêts des étoffes simples, c'est-à-dire entièrement composées, trames et tissus, d'une seule substance, et les principes que nous allons donner suffiront ensuite pour combiner et modifier l'apprêt, suivant la nature des substances qui entreront en nombre plus ou moins grand dans la trame et le tissu d'une étoffe.

La laine et la soie sont des substances animales; le coton, le lin et le chanvre sont des substances végétales. Ce qui distingue principalement, dans leur composition, les substances animales des substances végétales, c'est que, les substances animales contiennent abondamment un principe particulier, l'azote, qui ne se trouve qu'en petite quantité dans quelques substances végétales.

La distillation des substances animales produit beaucoup d'ammoniaque, qui est un composé d'azote et d'hydrogène; celle des substances végétales en donne fort peu; elles fournissent ordinairement beaucoup d'acide, à raison de l'oxigène et de l'hydrogène qu'elles contiennent; on retire des substances animales, par la distillation, beaucoup d'huile dont le principe dominant est l'hydrogène; les substances végétales n'en fournissent pas quelquefois une quantité sensible. Les substances animales peuvent produire de l'acide hydrocyanique, qui est une combinaison d'azote, d'hydrogène et de carbone; les substances végétales ne donnent naissance à cet acide qu'autant qu'elles contiennent de l'azote. La combustion des substances animales est accompagnée d'une odeur pénétrante due à l'ammoniaque et à l'huile qui se forment, et qui échappent à l'inflammation; elles sont sujettes à la putréfaction, dans laquelle il se produit de l'ammoniaque comme dans la distillation par l'union plus intime de l'azote et de l'hydrogène, au lieu que les substances végétales subissent une fermentation spiritueuse ou acide.

Les alcalis, qui sont de puissans dissolvans de la matière animale, ou la corrodent, ou se combinent avec elle jusqu'à ce qu'ils en soient saturés, et ils perdent par là leur causticité; on ne peut donc employer qu'avec beaucoup de réserve les alcalis dans les procédés par lesquels on teint les substances animales, ce qu'on n'a point à redouter lorsqu'on opère sur les substances végétales.

Les acides nitrique et sulfurique (l'eau forte et l'huile de vitriol) ont aussi beaucoup d'action sur les substances animales. L'acide nitrique les décompose, en dégage l'azote, et forme de l'acide carbonique et de l'acide oxalique avec une partie de l'hydrogène et une partie du charbon. L'acide sulfurique agit sur les matières animales en les dégageant du gaz inflammable, probablement du gaz azote, et met les autres principes à l'état charbonneux.

La soie paraît se rapprocher un peu des substances végétales par une disposition moins grande à se combiner avec les parties colorantes, et par plus de résistance à l'action des alcalis et à celle des acides; mais quoique les alcalis et les acides exercent sur la soie une action moins vive que sur la laine, il faut néanmoins en faire usage avec beaucoup de précaution, parce que l'éclat des couleurs qu'on désire dans la soie paraît dépendre du poli de sa surface, et qu'il n'y faut pas porter atteinte.

Le coton résiste mieux que le lin et le chanvre à l'action des acides, et l'on parvient difficilement à le détruire par l'acide nitrique; cependant, à l'aide de la chaleur, la décomposition a lieu, et il se forme de l'acide oxalique.

Laine. La laine est naturellement enduite d'une espèce de graisse qu'on appelle le *suint*, qui est contenue dans la toison, et dont il faut la nettoyer. Mais comme cette partie grasse et savonneuse ou suint, qui rend la laine imperméable à l'eau, la préserve en même tems des teignes, on a soin de ne l'en dépouiller que lorsqu'on a le projet de la teindre ou de la filer.

On sépare le suint de la laine en toison, soit par l'eau pure, soit par l'eau aiguisée de sous-carbonate d'ammoniaque, soit par l'urine ammoniacale. Vauquelin a reconnu que le suint était composé 1° d'un savon à base de potasse ; 2° d'un peu de carbonate de potasse; 3° d'acétate de potasse ; 4° de chaux ; 5° d'une très petite quantité d'hydrochlorate de potasse; 6° d'une matière animale. Ainsi le suint est formé de matières solubles et de matières insolubles : celles qui sont solubles proviennent en grande partie de l'humeur de la transpiration plus ou moins modifiée par l'oxigène de l'air atmosphérique. La matière insoluble provient en partie du sol, et dès - lors elle est accidentelle.

La *matière soluble* se compose :

De savon de potasse (il en fait la plus grande partie) ;
De carbonate de potasse (petite quantité) ;
D'acétate de potasse (quantité notable) ;
D'hydrochlorate de potasse, chlorure de potassium (trace) ;
De chaux unie probablement à l'acide sulfurique ;
D'une matière odorante d'origine animale ;

La *matière insoluble* est formée

De sous-carbonate de chaux,
De sable,
D'argile.

La laine, après avoir été désuintée, retient encore de la matière grasse et du soufre dans un état qui n'a, jusqu'à présent, pas été constaté. On peut facilement démontrer la présence du soufre en exposant à une température de 75°, pendant une demi-heure, un gramme de laine avec 60 grammes d'eau de sous-carbonate de soude à 2° de l'aréomètre de Baumé ; après avoir retiré la laine, on partage la solution dans deux verres ; puis on verse dans l'un une solution d'acétate de plomb qui noircit, et dans l'autre de l'acide sulfurique qui dégage assez d'acide hydro-sulfurique (hydrogène sulfuré) pour que l'odeur en soit sensible. La laine qui a subi le traitement n'est pas altérée, seulement elle acquiert une couleur jaunâtre, et devient plus rude au toucher qu'auparavant. C'est à la présence du soufre que la laine doit les propriétés suivantes : Si l'on fait chauffer la laine avec de l'eau et de l'acétate de plomb, elle prend à la longue une couleur noire, produite par la formation d'une certaine quantité de sulfure de plomb. Ce phénomène se remarque surtout lorsque l'on alune la laine avec un acétate d'alumine qui contient du plomb.

Si l'on met en contact à froid la laine avec de l'oxide de plomb, de l'eau et un alcali, elle se noircit également.

Le protoxide d'étain et ses sels colorent la laine en brun sous l'influence de la chaleur.

Désuintage. — Pour dépouiller la laine de son suint ou pour opérer le *dégraissage* de la laine, l'emploi d'une liqueur alcaline est nécessaire, mais comme les alcalis altèrent le tissu de la laine, il ne faut se servir que d'une dissolution alcaline très faible; car si la dissolution contient plus d'alcali qu'il n'en faut strictement pour convertir le suint en savon, alors cet alcali excédent attaquerait le tissu même de la laine et pourrait l'altérer et le détruire. Il faut donc toujours préférer une lessive alcaline très faible et qui n'offre aucun danger. L'urine putréfiée remplit très bien cette indication; elle contient assez d'alcali volatil (l'ammoniaque) pour qu'en s'unissant à la graisse, il se forme un savon soluble dans l'eau, et jamais cet alcali ne s'y trouve en excès nuisible au tissu de la laine; aussi emploie-t-on généralement dans le dégraissage de la laine, l'urine putréfiée, qui d'ailleurs est d'un prix moins élevé que toute autre lessive alcaline.

On procède ainsi qu'il suit à l'opération du dégraissage de la laine : on met la laine dans une chaudière contenant une quantité suffisante d'eau, à laquelle on ajoute un quart d'urine putréfiée, et on l'y laisse chauffer pendant environ un quart d'heure à une température assez élevée pour que cette lessive chaude devienne piquante à la main, sans la brûler cependant; il faut avoir soin de remuer de tems en tems la laine avec des bâtons; on la lave ensuite, et on la met à égoutter; après quoi on la porte dans de grands paniers que l'on tient plongés dans le courant d'une eau vive, et on la foule avec les pieds jusqu'à ce que le suint en soit entièrement sorti, et ne rende plus l'eau laiteuse. On la retire alors, et on la met à égoutter; elle perd quelquefois dans cette opération plus d'un quart de son poids. La laine est d'autant mieux disposée à recevoir la teinture que le dégraissage fait avec soin a été plus complet, et chaque espèce de laine exige une attention particulière pour être dégraissée convenablement.

On conserve dans un baquet les eaux de suint provenant de la première opération, en y ajoutant de tems en tems de l'urine putréfiée, de sorte que le suint qui s'y trouve sert lui-même à rendre plus soluble celui qui adhère à la laine nouvelle; ce à quoi contribue l'ammoniaque de l'urine putréfiée.

On teint la laine en toison ou sans être filée, principalement lorsqu'on doit l'employer à former des draps de couleurs mélangées, ou bien on la teint lorsqu'elle est filée. Mais, le plus ordinairement, c'est sous la forme de drap qu'elle est mise en teinture.

Lorsqu'on teint la laine en toison, ses filamens isolés absorbent une plus grande quantité de parties colorantes que lorsqu'elle est filée; par la même raison, la laine filée en consomme en général plus que le drap, et la teinture en drap exige toujours plus de soin que la teinture en laine. Il ne faut pas s'imaginer cependant, que par cela seul qu'un drap est teint de laine, la couleur en est bonne et solide, car la solidité de la teinture dépend surtout des procédés à l'aide desquels on opère.

Pour la plupart des couleurs, la laine a besoin d'être préparée par un bain (1), dans lequel on la fait bouillir avec des substances salines, et principalement avec l'alun et le tartre; c'est ce qu'on appelle le *bouillon*, et nous avons dit en parlant des mordans quel effet ce bain est destiné à produire; mais il y a des teintures pour lesquelles la laine n'a pas besoin de ces préparations; il suffit de la bien mouiller dans l'eau tiède, et ensuite de l'exprimer ou de la laisser égoutter. La laine a particulièrement besoin de la chaleur pour absorber les parties colorantes; ce besoin paraît tenir à la disposition de ses filamens à former un tissu serré, et par suite une espèce de feutrage, que les parties colorantes pénètrent plus facilement à l'aide de la chaleur.

Les filamens fins et élastiques de la laine sur lesquels on ne découvre aucune aspérité à l'œil nu et même à l'aide du microscope, offrent cependant une légère résistance quand on presse doucement un brin de laine entre deux doigts et qu'on le tire avec l'autre main, de manière à le faire glisser entre les doigts vers la racine; mais on n'éprouve aucune résistance quand le mouvement va de la racine à la pointe. On en conclut que les poils sont barbés comme un épi d'orge, ou formés de lamelles qui se couvrent les unes les autres, de la racine à la pointe, à peu près comme les écailles des poissons; c'est sur cette propriété que repose le feutrage; mais comme cette conformation nuit d'ailleurs au cordage et au filage, on huile la laine pour lui ôter son

(1) Ce nom s'applique également au vase (cuve ou chaudière) qui contient les ingrédiens pour colorer les étoffes, et aux ingrédiens mêmes contenus dans ce vase. Ainsi l'on dit *mettre au bain des draps*, *des laines*, etc.; si l'on dit aussi *un bain d'alun*, *un bain de cochenille*, etc.

aspérité et la rendre plus facile à travailler. La terre à foulon rend ensuite cette huile soluble dans l'eau, qui l'emporte et nettoie parfaitement la laine : si la laine conservait ou sa graisse naturelle ou cette huile qui est nécessaire pour la filer et la tisser, elle happerait difficilement la teinture et n'aurait plus assez d'affinité pour la matière colorante. C'est pour cette raison que l'on soumet les tissus manufacturés de laine, draps proprement dits, au moulin à foulon avant de les teindre.

Les étoffes, mérinos, mousselines-laines, et en général les tissus légers reçoivent d'autres manipulations, qui consistent à griller pour enlever le duvet, à dégorger à l'eau chaude, à passer au bain faible de sous-carbonate de soude d'un quart de degré à la température de 45 degrés, enfin à leur faire subir un passage en savon à la même température; pour enlever le savon on les dégorge à l'eau chaude : elles sont alors convenablement disposées pour la teinture.

Soie. — La soie est la production de diverses espèces de chenilles : le ver à soie, bombyce du mûrier (*phalæna-bombix*) est l'espèce qu'on élève le plus communément en Europe pour cet objet, mais le *phalæna-Atlas* en produit une plus grande quantité. Le ver à soie est indigène de la Chine, et se nourrit sur le mûrier blanc. La soie, telle qu'elle est produite par l'animal est en fils très déliés qui diffèrent des filamens de la laine en ce que ces derniers sont organisés et que la soie ne l'est pas. La forme de l'appareil glanduleux qui, dans le ver à soie, contient la soie à l'état d'un liquide visqueux, est celle d'un long vaisseau replié sur lui-même; son extrémité la plus rapprochée de la tête de l'insecte, communique à un conduit excréteur; celui-ci vient aboutir à un tubercule mobile percé d'un petit trou par lequel s'écoule le liquide visqueux; son contact avec l'air le solidifie en fils de soie, dont la couleur varie depuis le blanc jusqu'au jaune rougeâtre. D'après M. Roard, 100 parties de soie jaune sont composées de

Soie................................	72 à 73
Matière gommeuse..........................	23 à 24
Matière grasse analogue à la cire	$\frac{1}{200}$ à $\frac{1}{100}$
Matière colorante, de..........................	$\frac{1}{15}$ à $\frac{1}{60}$
Matière huileuse odorante, quantité inappréciable.	

La matière gommeuse est un vernis particulier auquel la soie doit son élasticité, et qui, soluble dans l'eau bouillante, n'est pas soluble dans l'alcool; la soie blanche en contient un peu moins. La soie est en général peu susceptible de putréfaction.

La soie sortant de dessus les cocons a une raideur et une dureté occasionées par cette sorte de vernis ou de gomme dont elle est naturellement enduite. Les cocons sont ou blancs ou jaunes, et la soie de ces derniers qui sont les plus communs dans nos climats, doit cette couleur à une matière colorante jaune qui lui est propre et que d'ailleurs elle retient faiblement.

La plupart des usages auxquels on destine la soie exigent qu'elle soit, non-seulement dépouillée de sa gomme, mais encore de sa partie colorante. On remplit ce double objet à l'aide du savon, et l'on donne le nom de *dégraissage* au savonnage au moyen duquel on procure à la soie la souplesse et la blancheur nécessaires aux usages divers auxquels on la destine.

Lorsque la soie doit être employée en blanc, et surtout lorsqu'elle est destinée à recevoir le beau blanc de Lyon, elle doit subir les trois opérations suivantes, comme préparation indispensable :

La première se nomme le *dégommage*; elle consiste à tenir les *mateaux*, ou certaines quantités d'écheveaux noués ensemble, dans une dissolution très chaude et non bouillante de trente parties de savon pour cent parties de soie. Quand la partie des mateaux qui trempe est entièrement dégommée, ce qu'on reconnaît à la blancheur et à la flexibilité que prend la soie, on retourne les mateaux sur les bâtons pour faire plonger de même la partie qui n'avait pas trempé, et on les retire du bain, en les *chevillant* à mesure que le dégommage est achevé. Si les mateaux peuvent tremper en entier dans le bain, le dégommage n'en va que mieux, mais cela ne dispense pas de remuer et de retourner les mateaux.

La seconde opération est la *cuite*. On renferme la soie dans des sacs de grosse toile; douze à quinze kilogrammes de soie dans chaque sac forment ce qu'on appelle une *poche*, et on les fait bouillir pendant une heure et demie dans un bain semblable au premier, en diminuant la quantité de savon jusqu'à vingt parties environ de savon pour cent parties de soie : il faut avoir soin de remuer les sacs pour que ceux qui touchent le fond de la chaudière n'éprouvent pas une chaleur trop forte, et d'ajouter de l'eau à mesure qu'elle s'évapore, de manière que la soie en soit toujours couverte.

La troisième opération, qu'on appelle *blanchîment*, a

principalement pour objet de donner à la soie une légère nuance qui rende le blanc plus agréable, et d'après laquelle on le distingue, savoir: en blanc de la Chine, blanc d'argent, blanc azuré, blanc de fil. On fait une dissolution de savon, de manière qu'en la battant elle produise une écume qui fait juger si elle est d'une force convenable; on ajoute ensuite à la dissolution du savon un peu de bleu d'azur ou d'indigo, et on y laisse la soie jusqu'à ce qu'elle ait pris la nuance qu'on désire.

A Lyon, où l'on donne un blanc plus parfait qu'à Paris, on est dans l'usage de soufrer les soies pour leur donner du corps et rendre leur blanc plus brillant; à cet effet, on dispose les soies sur des perches, dans des chambres bien fermées et sans courant d'air. On met du soufre dans une terrine, et on l'allume; on laisse les soies exposées à la vapeur du soufre pendant vingt-quatre heures, après quoi on ouvre la chambre pour laisser sécher. Ce dernier procédé n'est en usage que pour les soies qu'on veut employer en blanc.

Nous devons à Baumé la découverte d'un procédé avec lequel il prétend que celui des Chinois a des rapports.

Ce procédé consiste: 1. A faire infuser la soie jaune, ou qui n'a pas naturellement un blanc assez parfait, dans de l'eau chauffée à vingt-cinq degrés de Réaumur (31 à 32 degrés centigrades), pour détruire l'adhérence naturelle que les fils avaient contractée dans le dévidage; 2. A faire subir à cette soie deux macérations successives plus ou moins longues, suivant la température, dans un mélange d'alcool et d'un soixante-quatrième de son poids d'acide hydrochlorique (esprit de sel, acide marin, acide muriatique) (1); 3. A laver avec beaucoup de soin la soie qui sort de cette opération, et qui, en perdant sa partie colorante, n'a cédé qu'une portion de sa gomme; 4. A sécher cette soie dans un état d'extension qui l'empêche de se crisper. L'acide hydrochlorique dont on fait usage doit être privé avec beaucoup d'exactitude d'acide nitrique, qui donne une couleur jaune aux substances animales; il faudrait éviter, par la même raison, l'acide hydrochlorique rendu jaune par une portion de chlore (acide marin déphlogistiqué, acide oximuriatique) ou de fer qu'il tient en dissolution. On dépouille ensuite la soie de tout l'alcool et de tout l'acide qu'elle a retenus, en la passant à travers un grand volume d'eau.

---

(1) L'acide muriatique du commerce est à l'état de dissolution dans l'eau et presque toujours d'un jaune pale, ce qui est dû à une petite portion de fer qu'il retient en dissolution.

La soie blanchie par ce procédé, et séchée librement, ne perd aucun lustre. On doit la dessécher, en opérant sur elle une tension très-forte, et la laissant sécher dans cet état.

On ne sait pas encore positivement si la soie qui nous vient de la Chine est naturellement blanche, ou par quel procédé on la rend telle. Selon Poivre, on blanchit cette soie en l'exposant à l'action du soleil; mais il faut quelque autre circonstance, car le moyen a été tenté sans succès.

Coton.

Le coton est un duvet tendre qui enveloppe les graines de diverses plantes, spécialement les différentes espèces de *gossypium*, qui fournisent le coton au commerce. Ces plantes sont indigènes des climats chauds; elles croissent dans les bois, en Asie, en Afrique et en Amérique, et on les cultive dans les Indes orientales et occidentales. Lorsque les graines sont mûres, les cosses s'ouvrent et étalent le coton qu'on recueille, et qu'on sépare des graines au moyen de cylindres.

On distingue cinq espèces de cotonniers, qui ont un grand nombre de variétés. Linneus a désigné ces cinq espèces par les noms suivans : *gossypium arboreum*, ou le cotonnier en arbre des Indes; *gossypium religiosum*, qui est un grand arbrisseau qui croît également dans les Indes; *gossypium Barbadense*, arbrisseau biennal que l'on cultive à la Bardade; *gossypium hirsutum*, arbrisseau qui est vivace dans les climats chauds de l'Amérique, et annuel dans les parties froides; *gossypium herbaceum*, qui paraît originaire de Perse, et qui se cultive dans les îles de l'Archipel, en Egypte, à Malte et en Sicile.

On peut ajouter à ces espèces celle du Coton de Siam, qui est remarquable par la finesse et le soyeux de ses filamens.

Le coton est en fils qui diffèrent en longueur et en finesse. On ne peut découvrir d'aspérités à la surface de ces fils; cependant d'après des expériences microscopiques citées par Lenwenhock, ils sont tous triangulaires et ayant trois bords aigus. La couleur du coton varie considérablement, depuis le jaune foncé jusqu'au blanc. Le plus coloré est celui de Siam et du Bengale, et souvent on en fait des étoffes qu'on vend sous le nom de *nankin*, auxquelles on conserve sa couleur naturelle; mais en général le coton, lorsqu'il a été lavé, devient d'un beau blanc,

Le coton n'a ni odeur ni saveur. Cette fibre végétale, complétement insoluble dans l'eau, dans l'alcool, dans l'éther, dans les huiles et dans tous les acides végétaux est, suivant l'analyse du docteur Ure, composée de : carbonne 42, 11; hydrogène 5,06; oxigène 52,85.

Les dissolutions alcanines étendues d'eau n'ont pas d'action sensible sur le coton; mais lorsqu'elles sont très-concentrées, elles le dissolvent à l'aide de la chaleur. On n'a pas examiné les nouveaux produits obtenus par cette dissolution.

Le coton a beaucoup d'affinité pour quelques-unes des terres, spécialement pour l'alumine. C'est par cette raison qu'on emploie cette substance pour fixer les couleurs sur le coton. On trempe les toiles de coton dans une dissolution d'alun ou d'acétate d'alumine, et on les teint ensuite. Le coton cru se teint plus facilement que celui qui a été blanchi.

Plusieurs oxides métalliques se combinent facilement aussi avec le coton, et lui restent très-fortement unis. L'oxide de fer est à cet égard un des plus remarquables. Lorsqu'on trempe le coton dans une dissolution de fer par un acide, il en sort jaune, et la combinaison est telle que le fer ne peut être séparé ni par les alcalis ni par le savon, ni même par les acides, à moins qu'elle ne soit toute récente La couleur devient par dégrés plus foncée par l'exposition à l'air, ce qui est dû sans doute à l'oxidation du fer. Cet effet n'a pas lieu quand on trempe la toile dans une dissolution d'alumine, et c'est probablement alors, parce que la couleur se trouve plus étendue, qu'elle se conserve à l'air.

L'oxide d'étain se combine également avec le coton; aussi l'emploie-t-on souvent comme mordant.

Le coton se combine facilement avec le tannin et forme ainsi une combinaison jaune ou brune. C'est par cette raison qu'on se sert fréquemment comme mordant pour le coton, de l'infusion de noix de galle et autres substances astringentes.

L'acide nitrique (eau forte) décompose le coton à l'aide de la chaleur, et il se forme de l'acide oxalique. L'acide sulfurique (huile de vitriol) charbonne le coton; la vapeur de chlore le blanchit; mais à l'état de gaz naissant, elle le détruit, surtout avec le contact de l'air, et probablement elle l'altère et le dissout lorsqu'elle est concentrée.

Pour disposer le coton filé à recevoir la teinture, on lui fait subir une opération qu'on appelle le *décrusage*. On le fait quelquefois bouillir dans l'eau pure; mais le plus souvent on se sert d'une lessive alcaline; on fait bouillir le coton dans une lessive de soude à 1 degré pendant quatre à cinq heures, ou mieux jusqu'à ce qu'il s'enfonce sous le liquide; on le retire alors de la chaudière et on le laisse égoutter; après quoi on le tord, on le rince à la rivière, jusqu'à ce que l'eau en sorte claire, et on le fait sécher.

Les tissus de coton exigent un plus grand nombre d'opérations, et c'est de la pureté du blanc que dépend la réussite des teintes. On trouvera les détails de ce blanchîment spécial, avec tous les appareils qu'on y emploie, dans le *Manuel du fabricant d'Indiennes* qui fait partie de cette collection; en voici le résumé :

Pour les calicots et croisés.

1° Dégorger à l'eau chaude ;
2° Un lait de chaux bouillant ;
3° Une lessive caustique à 10° $\frac{1}{2}$;
4° Un passage en chlorure de chaux;
5° Un passage en acide sulfurique.
6° Une deuxième lessive caustique à 10° $\frac{1}{2}$;
7° Un deuxième passage en chlorure;
8° Un deuxième passage en acide sulfurique.

Pour les mousselines et tissus légers.

1° Dégorger à l'eau fraiche ou chaude;
2° Une lessive de sel de soude à 1° $\frac{1}{2}$;
3° Un chlorure de chaux ;
4° Un acide sulfurique;
5° Une deuxième lessive de sel de soude à 10° $\frac{1}{2}$;
6° Un deuxième chlorure ;
7° Un deuxième acide sulfurique.

L'ancienne méthode de blanchîment des indiennes, par des lessives caustiques à 1° et par des expositions successives sur le pré, que l'on terminait par un passage à l'acide sulfurique, n'est plus en usage maintenant.

Le blanchîment est bien réussi quand, en mettant une pièce à l'eau elle se mouille également. Quel que soit le blanchîment, on voit qu'il se termine pour l'étoffe de coton comme pour le coton filé, en faisant tremper pendant quelque tems, dans de l'eau chargée d'un cinquantième au plus d'acide sulfurique, les toiles de coton qu'on destine à l'impression; après cela, on les lave avec soin dans de l'eau courante, et on les fait sécher. L'acide débarasse le coton d'une petite portion de terre calcaire et d'oxide de fer, qui auraient altéré les couleurs.

Lorsque le coton est sec, on l'alune; *l'alunage* doit se faire à raison d'une partie d'alun pour quatre parties de coton; après avoir dissout d'abord l'alun dans l'eau suffisamment chaude d'une chaudière ou de tout autre vase, en remuant avec soin; pendant le mélange, on y ajoute une dissolution de soude, que l'on peut évaluer à un seizième à peu près de soude contre une partie d'alun; on y ajoute quelquefois une très petite quantité de tartre et d'arsénic. L'on imprègne bien le fil de cette dissolution, en le travaillant, par petites parties; après quoi l'on verse le restant du bain sur le fil que l'on a réuni dans un vase; on l'y laisse pendant vingt-quatre heures, au sortir de l'alunage; on le met dégorger dans une eau courante pendant une heure et demie à deux heures, et on le lave. Le coton perd environ un quarantième de son poids dans cette opération.

Lorsque le coton a reçu l'alunage, il est souvent nécessaire de l'engaller, *l'engallage* se fait à raison de différentes doses de noix de galle et d'autres astringens selon la qualité de ces astringens, et à raison de l'effet qu'on en désire obtenir. On fait cuire, pendant environ deux heures, la noix de galle pilée dans une quantité d'eau proportionnée à la quantité du fil qui doit être engallé, ensuite on laisse refroidir le bain au point d'y pouvoir tenir la main; on le partage en parties, qu'on rend égales autant qu'on le peut pour travailler le fil par petites parties comme pour l'alunage, et l'on verse de même le reste du bain sur la totalité du fil que l'on a réuni dans un vase. On l'y laisse pendant vingt-quatre heures, surtout lorsqu'il est destiné au garançage et au noir, car pour d'autres couleurs, douze à quinze heures peuvent suffire : après cela on l'exprime et on le fait sécher.

Lorsqu'on donne l'engallage à une étoffe qui a déjà reçu une couleur, il faut le faire à froid et avec tout le soin nécessaire pour ne pas altérer cette couleur.

Le coton qui a été aluné prend un poids plus considérable dans l'engallage que celui qui ne l'a pas été, quoique l'alumine ne se fixe qu'en petite quantité avec le coton, elle lui communique la propriété de se combiner beaucoup mieux avec le principe astringent, de même qu'avec les parties colorantes.

Indépendamment de ces préparations que subit le coton pour toute espèce de teinture, il est, pour certaines couleurs et notamment pour les rouges, nécessaire de l'imprégner d'une dissolution de matière animale. Nous décrirons plus tard, en traitant des couleurs, cette espèce d'animalisation indispensable pour obtenir des tons fins et durables.

Lin et chanvre. Le lin et le chanvre doivent subir plusieurs préparations avant d'être aptes à recevoir la teinture : la première est le *rouissage*, macération qui aide à séparer la chenevote des filamens du chanvre, que l'on soumet ensuite à la filature.

D'après un essai sur la culture et le rouissage du chanvre, par l'abbé Rosier, il paraît que le rouissage fait subir une altération et même une putréfaction plus ou moins avancée, suivant la méthode que l'on emploie, au suc glutineux, qui tient en dissolution la partie colorante verte de la plante, et qui réunit sa partie corticale avec sa partie ligneuse.

Le suc glutineux du chanvre a beaucoup d'analogie avec la partie glutineuse qui est dissoute dans le suc exprimé des plantes vertes, partie glutineuse susceptible de putréfaction, qui se sépare avec les parties colorantes lorsqu'elle éprouve une chaleur voisine de l'ébullition, et qui donne de l'ammoniaque par la distillation.

Quoique tenue en dissolution dans le suc qu'on exprime des plantes, il paraît cependant que l'eau seule ne peut pas séparer assez complètement la partie glutineuse de la partie corticale, et le chanvre qui a été roui dans une eau trop courante, manque de souplesse et n'est jamais soyeux.

Si le rouissage s'exécute dans des eaux stagnantes et croupies, le chanvre y contracte, par une putréfaction sans doute avancée, une altération nuisible à sa solidité, sa couleur devient brune, il exhale des vapeurs toujours dangereuses et qui souvent produisent des maladies meurtrières. Le chanvre que l'on rouit en le tenant simplement exposé sur la terre à l'action de l'atmosphère, éprouve aussi quelqu'atération nuisible à sa solidité: ce rouissage d'ailleurs exige beaucoup de tems et de main d'œuvre.

Il paraît donc que le rouissage le plus avantageux est celui qui a lieu dans les routoirs placés sur le bord des rivières, de manière que l'eau puisse s'y renouveler assez pour prévenir une putréfaction nuisible au chanvre et funeste à la santé, pas assez pour empêcher le degré de putréfaction qui est nécessaire pour rendre la substance glutineuse plus soluble dans l'eau.

Dans un mémoire qu'il a publié sur le rouissage du chanvre, Prozet a proposé de mêler une petite quantité de potasse ou de soude à l'eau dans laquelle on fait le rouissage, pour augmenter sa force dissolvante et pour prévenir la putréfaction; mais il paraît, par les expériences de Home, dans son Essai sur le blanchîment des toiles, que l'alcali retarde l'opération du rouissage et rend le lin cassant.

Lorsque les tiges de lin et de chanvre sont bien rouies, on les fait sécher; cette opération du séchage a lieu ordinairement à l'aide d'un four ou d'une fosse en terre que l'on construit exprès et dont on entretient la douce chaleur en y brûlant la chenevotte elle-même: le bois alors n'adhérant plus que faiblement à l'écorce, on l'en détache au moyen de la *broie*, ou en enlevant l'écorce par rubans, ce qui s'appelle *teiller*. La broie mécanique de M. Christian qui avait pour but de teiller le chanvre, sans rouissage préalable, paraît avoir été généralement abandonnée après quelques essais infructueux.

Pendant le rouissage et la dessiccation qui a pu le précéder et qui doit le suivre pour la facilité du teillage, les parties colorantes vertes subissent une alteration semblable à celle que l'on observe dans la substance verte des plantes qui sont exposées à l'action de l'air et à l'influence de la lumière, leur couleur passe au jaune, au fauve, et même au brun, par un effet qu'on peut comparer à celui d'une légère combustion. Cette substance se réduit en partie en poussière pendant le *sérançage*, c'est-à-dire pendant le travail de la *carde* qui sert à préparer le lin, opération dangereuse pour ceux qui la pratiquent. Une autre portion de cette poussière reste fixe sur les fibres, mais peut être dissoute par les lessives alcalines qui précèdent le blanchîment, par lequel toute cette matière étrangère doit être séparée.

Pour éviter les inconvéniens de la poussière âcre qui s'exhale pendant le sérançage ou cardage du lin, Marcandier dans son *Traité du Chanvre*, conseille de faire macérer la filasse par petites parties dans l'eau chaude, de l'y laver avec beaucoup de soin, et après cela de la dessécher. On peut diminuer par ce moyen, suivant lui, la partie colorante, et rendre la filasse plus douce et plus facile à subir l'action du peigne, il a même indiqué l'usage d'une dissolution alcaline.

Par un autre procédé, on a prescrit, pour opérer une dissolution plus complète des parties colorantes, et obtenir ainsi une belle filasse de chanvre, de lessiver cette filasse avec la dissolution de deux parties de soude contre une partie de chaux; ensuite de l'imprégner de savon, de la tenir en digestion, et de la bien laver; enfin, de la peigner. Plusieurs procédés analogues à ce dernier ont été mis depuis en pratique. On en faisait mystère, et ils en imposaient par les résultats apparens qu'ils présentaient ; mais on s'est assuré par l'expérience, qu'outre les frais qu'ils entraînaient, ces procédés augmentaient la proportion des étoupes, et que le fil qui en provenait avait moins de solidité et peu d'avantage en beauté sur le fil que donnait la même filasse non préparée.

On a trouvé le moyen de donner à la filasse ou même à l'étoupe, une division et une finesse qui permettent de la soumettre aux mêmes procédés de filature que le coton, et de faire avec cette préparation seule, ou mêlée avec du coton ou avec de la soie, des étoffes qui lui donnent une valeur beaucoup plus considérable que celle qu'elle avait dans son état brut.

Marcandier paraît s'être occupé le premier de ce moyen; il prescrivait de donner d'abord aux étoupes la préparation qu'il avait conseillée pour la filasse : en la cardant comme la laine, dit-il, il en résulte une matière fine moëlleuse et blanche, dont, jusqu'à présent, on ne connaissait pas l'usage. On peut la filer et en former un très beau fil ; on peut aussi la mêler avec du coton, de la soie, de la laine et même du poil; et le fil qui résulte de ces différens mélanges fournit, par ses variétés infinies, matière à de nouveaux essais très intéressans pour les arts, et très utiles à plusieurs sortes de manufactures.

On s'est beaucoup occupé de cet objet en Allemagne. Hermstadt cite plusieurs ouvrages qui en traitent ; il rapporte, d'après Maidinger, que la filasse du chanvre acquiert l'élasticité du coton lorsque, après l'avoir purifiée par une dissolution de potasse et d'hydrochlorate de soude (sel commun), on la fixe sur des cylindres de bois, et on la fait sécher dans un four ; on prétend aussi, ajoute Hermstadt, que le chanvre prend de la finesse lorsqu'on met la filasse encore humide dans des caisses de bois, avec des couches alternatives de cendres, et en fermant cette caisse d'un couvercle, pour la mettre dans un four chauffé au point de ne pas brûler le bois.

Les lins que produisent la plupart des terres de la Flandre sont très beaux, longs, fins et sans nœuds. Après le rouissage, ils ont une couleur argentine qui les distingue de tous les autres produits de ce genre ; aussi est-ce avec ce lin, filé à la main, qu'on fabrique les plus belles toiles et les plus fines qu'on appelle *batistes*.

On fait subir au lin et au chanvre que l'on dispose à la teinture les opérations de blanchiment analogues à celles que nous venons de décrire pour le coton. En voici le résumé :

Pour les toiles de chanvre et de lin désignées sous le nom de batiste.

1° Tremper à l'eau bouillante et laisser passer la nuit en maintenant la chaleur. Nettoyer très exactement.

2° Une lessive de sel de soude à 1°. Faire bouillir douze heures. Nettoyer.

3° Un passage en chlorure et nettoyer.

4° Une deuxième lessive de sel de soude de douze heures à 1° $\frac{1}{2}$.

5° Passer en chlorure et sans laver. Passer à l'acide sulfurique à 3°.

6° Mettre sur le pré quatre jours. Laver et nettoyer.

7° Troisième lessive de sel de soude à 1° $\frac{1}{2}$.

8° Passage au chlorure. Laver.

9° Passage en acide à 3° ; et nettoyer puis sécher.

On suit ordinairement l'ancienne méthode, les lessives et l'exposition au pré pour les tissus de lin : mais ces procédés sont fort longs. Des batistes ont été traitées par la méthode que nous venons d'indiquer ; elles n'ont aucunement souffert, et se sont très bien blanchies après le garançage.

Il arrive quelquefois que le fabricant reçoit des étoffes déjà blanches ; l'on est obligé de leur donner quelques opérations, à moins que le blanc n'ait été garanti pour l'impression. Dans le cas contraire, on doit leur donner les opérations suivantes :

1° Une lessive de sel de soude à 1° $\frac{1}{4}$ pendant huit heures. Nettoyer.

2° Passage en acide sulfurique à 4° B. pendant six heures. Nettoyer et sécher.

Les opérations du blanchîment, qui paraissent fort simples au premier coup-d'œil, exigent cependant de grands soins : aussi ne saurait-on en apporter de trop ; car c'est de la réussite de celle-ci que dépendent toutes les autres. Si les étoffes sont destinées pour l'impression, lors des garançages, les places mal blanchies seront plus ou moins rouges ; si elles sont destinées pour le genre réserve, les parties grasses refuseront de prendre à la cuve. Pour les unis, les mordans, ne pouvant se combiner dans ces parties avec l'étoffe, elle sortira du bain de teinture avec des places nuancées.

On fait subir au lin et au chanvre que l'on dispose à la teinture, les mêmes opérations qu'au coton pour le décreusage, l'alunage et l'engallage.

Non-seulement le fil et le coton prennent plus difficilement la teinture que le lin et la soie, mais le fil est encore plus difficile à teindre que le coton; ces teintures sont d'ailleurs d'autant plus difficiles qu'on exige ordinairement qu'elles soient solides et à bon marché, parce que le fil et le coton sont destinés à faire des étoffes peu chères et qui puissent aller au savonnage; c'est par cette raison qu'il n'y a guère que le rouge et le bleu qui soient usités en teinture sur fil et sur coton. Cependant M. l'abbé Mazéas a indiqué, dans un Mémoire envoyé par lui à la Société d'Agriculture de Bretagne, un procédé pour teindre le fil et le coton en noir solide. Ce procédé consiste 1° à préparer les écheveaux comme pour la teinture en rouge de garance; 2° à les tremper dans un mordant préparé de la manière suivante: on prend une quantité suffisante de couperose verte (protosulfate de fer), et après l'avoir fait calciner dans un vaisseau de fer jusqu'à ce qu'on n'y aperçoive plus aucun signe d'humidité, on la dissout à froid dans une suffisante quantité d'eau de chaux; ensuite on fait bouillir l'étoffe imprégnée de ce mordant, dans une décoction de mirobolans citrins, qu'on a auparavant réduits en poudre. M. l'abbé Mazéas assure que le fil, et surtout le coton, prend dans cette teinture un noir aussi beau et ausi durable que celui des Indes.

Couleurs primitives. Dans la teinture soit en laine, soit en soie, soit en fil, on compte cinq couleurs primitives, différentes de celles qui sont connues sous ce nom par les physiciens, et dont Newton a démontré qu'était composé un seul rayon de lumière. Les cinq couleurs nommées primitives dans la teinture, sont le *bleu*, le *rouge*, le *jaune*, le *fauve* ou couleur de racine, et le *noir*. Chacune de ces couleurs peut produire un très grand nombre de nuances, et de deux ou de plusieurs de ces différentes nuances, naissent toutes les couleurs qui sont dans la nature, ce qui les a fait nommer avec raison, pour la teinture, couleurs primitives.

§ V. BLANCHÎMENT.

Le blanchîment est un art chimique au moyen duquel on parvient à enlever aux étoffes leur couleur foncée naturelle pour les amener à un blanc aussi parfait que possible. Nous avons donné, comme préparation tenant immédiatement à la teinture, le blanchîment de la laine et de la soie, ainsi que les résumés des opérations de celui du coton, du lin et du chanvre ; nous allons revenir, dans ce paragraphe spécial, sur la théorie du blanchîment et sur ses nombreuses applications, et nous ne craindrons pas de nous répéter, afin que l'on en saisisse mieux les perfectionnemens successifs.

Les anciens procédés du blanchîment consistaient, ainsi que nous l'avons déjà dit, en différens trempages, bouillages et expositions à l'air ; c'est en substituant à ces procédés qui entraînaient toujours une grande perte de temps et de main-d'œuvre, l'usage du chlore (acide muriatique oxigéné ou acide oximuriatique), que Berthollet a créé l'art chimique du blanchîment, qui repose sur les deux principes suivans :

1° Les lessives alcalines n'enlèvent que la partie de la matière colorante qui est soluble dans les alcalis ;

2° Le chlore et différens chlorures, par leur action sur la matière colorante qui a resisté aux alcalis, ou achèvent d'enlever cette matière colorante, ou la rendent soluble dans les lessives alcalines, et complètent le blanchîment.

M. Penat qui, dans son mémoire inséré n° 10 au Bulletin de la Société de Mulhouse, confirme cette théorie de Berthollet, ajoute :

« Indépendamment de la matière résinoïde dont le coton brut est enduit, matière soluble dans l'eau bouillante, l'alcool, les alcalis et les acides, il contient une matière colorante faiblement soluble dans l'eau et les alcalis, et qui ne devient entièrement soluble que lorsqu'elle a éprouvé l'action de la lumière et de l'air, ou celle du chlore. Le tissage du coton en toiles serrées, *calicots* et *croisés* y introduit accidentellement en outre, de la colle, de la potasse, de l'hydrochlorate de chaux, de l'amidon, solubles dans l'eau, du gluten soluble dans l'eau de chaux, de la matière grasse, du savon calcaire et à base de cuivre, solubles dans la lessive caustique, du fer et des matières terreuses solubles dans les acides. La marche que l'on doit suivre pour le blanchîment, est dès-lors tracée. » C'est celle que nous avons donné page 25. « Une observation très importante, continue M. Penat, c'est que les corps gras traités par le chlore ou par les acides forment des composés insolubles dans les lessives. Ces composés deviennent solubles par exposition à l'air, en absorbant l'oxigène, et deviennent susceptibles de se saponifier. Quoique l'action du chlore

» produise le même effet, il faut, avant le passage en » chlore, s'assurer que les toiles ne contiennent plus de » corps gras. »

Les propriétés du chlore sont tellement importantes, que nous transcrirons ici littéralement l'article consacré à cette substance dans notre *Manuel de Chimie*, auquel le teinturier d'ailleurs peut recourir au besoin : il pourra consulter également avec fruit le *Manuel du fabricant de Produits chimiques*, dans lequel il trouvera les préparations les plus économiques des substances qu'il achète ordinairement toutes préparées.

Chlore. — Ce gaz fut découvert en 1774 par Schèele, qui le considéra comme un composé Ce ne fut qu'en 1811 que les savantes recherches de MM. Gay-Lussac et Thénard établirent que ce gaz était un corps simple; et les travaux de sir H. Davy ne laissèrent plus aucun doute sur cet élément qui fut alors nommé *chlore*.

Préparation. — On met du peroxide de manganèse dans une petite cornue de verre, un matras ou une fiole à médecine (*voyez fig. 2 et* 3), on y ajoute de l'acide hydrochlorique, en quantité suffisante pour qu'il en puisse résulter un mélange à l'état de pâte; et après avoir ajusté et luté au col de la cornue un tube dont le bout puisse plonger dans la cuve hydropneumatique et se relever sous un flacon plein d'eau, on chauffe très doucement la cornue à l'aide d'une lampe. A cette faible température, l'acide hydrochlorique est décomposé, et il laisse dégager du chlore.

L'air contenu dans la cornue se dégage d'abord; puis le chlore, que l'on obtient très pur en ayant soin de ne commencer à le recueillir que lorsque le dégagement des bulles mêlées d'air a déjà eu lieu pendant quelque tems.

Propriétés. — Le chlore est d'une couleur jaune verdâtre qui se reconnaît aisément à la lumière du jour, quoiqu'on puisse à peine la distinguer à la lumière des bougies. Il a une odeur et une saveur fortes, et tellement caractérisées, qu'il est impossible de ne pas les distinguer de l'odeur et de la saveur de tout autre gaz.

Lorsqu'on respire du chlore, quoique beaucoup étendu dans l'air, il cause un sentiment de strangulation, resserre la poitrine et produit un véritable rhume de cerveau. Respiré en plus grande quantité, il excite une toux violente avec crachement de sang, et il détruit promptement la vie au milieu de douleurs très-vives.

Si un animal est plongé dans une atmosphère de chlore, de manière à être forcé de respirer ce gaz à l'état de pureté, il périt instantanément.

Lorsqu'on expose à l'action du chlore une couleur bleue végétale quelconque, cette couleur est immédiatement détruite, et elle ne peut plus être rétablie par aucun moyen que ce soit. Le chlore a la propriété de blanchir les corps colorés; Schèele observa le premier cette propriété de blanchir; Berthollet en fit l'application à l'art du blanchîment en France, et d'après lui, M. Vatt introduisit ce mode de blanchîment en Angleterre.

Le chlore est l'agent le plus puissant à employer pour la destruction des miasmes pestilentiels. C'est ce gaz qui se dégage des appareils désinfecteurs de Guyton-Morveau.

La flamme de bougies qu'on introduit dans le chlore, pâlit d'abord, rougit et ensuite disparaît.

Le chlore soumis à une excessive chaleur n'éprouve aucune altération. On connaît quatre combinaisons définies du chlore et de l'oxigène; deux oxides et deux acides.

Préparation en grand du chlore. — Les proportions les plus convenables des ingrédiens destinés à produire le chlore sont, d'après T. L. Rupp :

Manganèse (peroxide de manganèse).	3 parties.
Sel commun (hydrochlorate de soude).	8
Acide sulfurique..................	6
Eau............................	12

Et voici, suivant le docteur Ure, l'appareil dont on doit faire usage pour la préparation en grand du chlore, et qui est disposé de manière à ce qu'on puisse plonger et agiter tout à la fois les étoffes à blanchir. *g g* (*fig.* 1) est un matras en plomb, fondu autant que possible d'une seule pièce pour éviter les inconvéniens de la soudure; ce matras est supporté par un trépied en fer *f*, dans une chaudière de fonte de fer *e* qui contient un bain de sable; la chaudière est chauffée par un fourneau *b*, dont *a*, est le cendrier, *c* l'ouverture par laquelle on introduit le combustible, et *d* la poignée du bouchon d'argile qui sert à régulariser le tirage. A la partie supérieure du matras s'adapte un couvercle en plomb *i*, soigneusement luté, et percé de trois ouvertures; l'une sert de passage au tube, en plomb ou en verre, recourbé *h*, terminé en entonnoir par lequel on verse l'acide sulfurique étendu d'eau; celle du milieu maintient l'agitateur *h*, en fer revêtu de plomb; et la troisième est destinée au tube de plomb *l*, qui a sept centimètres environ de diamètre, et qui conduit le gaz chlore dans le récépient tubulé en plomb M. Afin d'empêcher que l'agitateur *h* ne vienne toucher le fond du matras, il est garni d'un collier conique de plomb, qui entre dans l'ouverture également conique du couvercle, et le mouvement de rotation fait que ces pièces s'emboitent assez exactement les unes dans les autres pour prévenir tout dégagement de gaz. Le tube *l* traverse l'ouverture *m*, et va plonger presqu'au fond du récipient intermédiaire M, aux deux tiers rempli d'eau; il y dépose le peu d'acide sulfurique qu'il aurait pu entraîner, tandis que le chlore gazeux traverse le tube *n* et va se rendre dans le condensateur en bois *o o*. L'agitateur *p*, que l'on fait tourner au moyen de la manivelle *t*, sert à accélérer la combinaison du gaz, soit avec l'eau (quand on veut avoir du chlore liquide), soit avec l'alcali en dissolution (quand on veut avoir un chlorure), et les pièces horizontales de bois *q q*, fixées aux parois du récipient, contribuent encore à cet effet. Le couvercle en bois porte dans son pourtour une rainure *r*, au moyen de laquelle il ferme parfaitement le récipient terminé en biseau à ses bords supérieurs; à la partie inférieure est placé un robinet *s*, pour donner issue à la liqueur.

Après avoir mêlé bien exactement ensemble l'oxide de manganèse et le sel marin, l'un et l'autre réduits en poudre fine, on introduit le mélange dans le matras, que l'on ferme de son couvercle de plomb.

On adapte à ces trois tubulures, le tube entonnoir *h*, l'agitateur *b*, et le tube conducteur *l*, en ayant soin de les luter avec de bon *lut gras*, que l'on recouvre de bandes de vessie mouillées : puis on verse l'acide sulfurique étendu d'eau.

Le matras étant ainsi chargé jusqu'aux trois quarts au plus de sa capacité, on l'abandonne à lui-même, sans feu sous la chaudière, pendant quelques heures, afin d'éviter le boursouflement des matières, puis on chauffe graduellement; et lorsqu'il ne se dégage plus de chlore, on ferme l'ouverture du récipient *o o* destiné à livrer passage au tube conducteur *l*, après avoir enlevé ce tube, et on conserve ainsi le chlore liquide pour l'usage. On lave le matras *g g* et le récépient M, après les avoir retirés du feu, et on les dispose pour une nouvelle extraction de chlore.

L'odeur vive et pénétrante du chlore n'étant pas sans inconvéniens pour les personnes exposées à son influence, on lui a substitué avec avantage, pour le blanchîment, les combinaisons qu'il forme avec la chaux, la potasse ou la soude. Mais quelles que soient ces combinaisons, la série des opérations du blanchîment est toujours basée sur les deux principes fondamentaux que nous avons annoncés précédemment, et les opérations qui nous restent à décrire en fournissent une constante application.

Lessivage. — La lessive se prépare avec un litre de chaux vive récemment éteinte dans l'eau et réduite en poudre fine, deux litres de potasse aussi réduite en poudre, et cinquante à soixante litres d'eau. On agite ce mélange pendant vingt-quatre heures; on laisse reposer et on décante la lessive alcaline, qui doit marquer de 1 à 2 degrés à l'aréomètre de Beaumé.

On verse sur le coton, dans une chaudière de cuivre de capacité suffisante, assez de cette lessive pour que le coton en soit recouvert de quelques centimètres. On chauffe graduellement jusqu'à l'ébullition, que l'on soutient pendant trois ou quatre heures. Au bout de ce tems on retire le coton de la chaudière, on laisse égoutter, on avive en eau courante, on tord et on laisse sécher.

Immersion dans le chlore liquide. — On charge de coton, soit le récépient *o o* (*fig.* 1), soit un cuvier, mais toujours de manière que le chlore liquide surnage le coton de quelques centimètres, et on laisse agir le chlore pendant une heure ou deux. Au bout de ce tems on le fait écouler par le robinet *s*, et on le remplace par de l'eau claire qui achève d'entraîner la plus grande partie du chlore liquide. On retire alors le coton, on le rince bien en eau claire et courante; on tord à la cheville, et on porte à l'étendage pour le bien faire sécher.

Bain d'acide sulfurique. — On plonge le coton dans un bain composé d'une partie d'acide sulfurique à 66 degrés, étendu de soixante parties d'eau, en ayant soin que le coton y trempe entièrement pendant une heure au plus; puis on le lave *sur-le-champ* au sortir de ce bain acide, et à plusieurs reprises dans l'eau courante, jusqu'à ce que l'acide ait entièrement été entraîné; on tord à la cheville et on sèche.

Ce bain a pour but d'enlever quelques parties colorantes jaunâtres, provenant de quelques parcelles de fer qui pouvaient se trouver accidentellement dans la lessive et dans le chlore liquide.

Bain de savon. — Pour donner au coton de la souplesse et de la douceur, et le purger entièrement des moindres vestiges de chlore ou d'acide sulfurique, on le passe dans un bain très-léger de savon ; on le rince ensuite, on le tord et on le sèche.

Bain de bleu d'azur. — Ce bain se prépare en délayant le plus beau bleu d'azur (oxide de cobalt) du commerce, réduit en poudre très fine, dans très peu d'eau. On jette une portion de cette eau chargée d'azur, sur un tamis de soie placé au-dessus d'une petite cuve remplie d'eau la plus limpide, qui se charge ainsi d'azur, et dans laquelle on passe successivement tout le coton, de manière que la nuance soit uniforme ; on tord ensuite et on fait sécher à l'air. Il est bien entendu que pour maintenir l'uniformité de teinte, après un essai fait pour l'indiquer, on recharge d'azur le tamis, et par suite l'eau du cuvier où l'on passe le coton.

On distingue dans le commerce deux sortes de blanc, savoir le blanc *commun*, et le blanc *d'argent* ou *superfin*. Le premier s'obtient suivant M. Vitalis, par les opérations dans l'ordre suivant :

1. Lessive alcaline à deux degrés de Baumé ;
2. Immersion dans le chlore liquide ;
3. Bain d'acide sulfurique ;
4. Bain léger de savon, lavage.

Tandis que pour le blanc superfin ces opérations sont :

1. Lessive alcaline à un dégré et demi ;
2. Immersion dans le chlore liquide ;
3. Immersion nouvelle, mais plus faible que la précédente ;
4. Bain d'acide sulfurique :
5. Bain de lessive très-faible de soude ;
6. Bain de bleu d'azur.

Le fil et le chanvre se blanchissent de même ; seulement il faut, avant le lessivage, les faire tremper pendant deux ou trois jours.

La découverte ingénieuse faite par Tenant, de la manière de combiner le chlore avec la chaux pulvérulente, a donné lieu dit le docteur Ure, aux plus grands perfectionnemens dans l'art de blanchir. Ce chlorure se prépare très bien avec l'appareil que nous avons décrit (*fig.* 1), en substituant la chaux à l'eau dans le récipient *o o*, et quand il est employé convenablement, il n'affecte pas les mousselines les plus légères.

Pour obtenir du chlorure de chaux qui ne soit nullement souillé d'hydrochlorate de chaux, il faut remuer constamment la chaux hydratée (éteinte dans l'eau), à l'aide de l'agitateur *p* mis en mouvement par la manivelle *t*.

Si l'on a préparé du chlorure de chaux sec, composé d'à peu près parties égales d'hydrate de chaux et de chlore, il faudra, pour l'employer, le dissoudre dans l'eau, à raison de six décagrammes environ par litre d'eau, et décanter le liquide pour y passer l'étoffe à blanchir.

Blanchîment anglais par le chlorure de chaux. — Pour compléter les détails que nous venons de donner sur les diverses méthodes de blanchîment, nous terminerons par la méthode suivante citée par le docteur Ure; c'est celle pratiquée par un blanchisseur très habile des environs de Glascow.

On entoure les étoffes de mousseline, d'une lessive dont la température varie de 38 à 65 degrés centigrades suivant la saison, et on les laisse fermenter pendant trente-six heures. Pour faire bouillir 112 pièces de mousseline d'une aune de large (50 à 51 kilogrammes d'étoffe) on emploie 2 à 3 kilogrammes de cendre, et 9 hectogrammes de savon mou; on laisse bouillir le tout ensemble pendant six heures; après ce tems on les lave; on les fait bouillir de nouveau pendant trois heures, avec 22 hectogrammes de cendre et 9 hectogrammes de savon mou; on les lave ensuite à l'eau, et on les plonge dans la dissolution décantée de chlorure de chaux marquant 5 au tube d'épreuve, et on les y laisse pendant six ou douze heures; on les lave ensuite et on les met séjourner pendant une heure dans l'acide sulfurique étendu, d'une pesanteur spécifique de 1,0175. On les lave de nouveau et on les fait bouillir, pendant une demi-heure, avec 11 hectogrammes de cendre, et 9 hectogrammes de savon mou; après quoi on les lave et on les plonge dans une dissolution de chlorure de chaux plus forte que la première, marquant 3 au tube d'épreuve, et on les y laisse pendant six heures. On leur fait subir un nouveau lavage et on les trempe dans l'acide sulfurique étendu d'une pesanteur spécifique de 1,025; si l'étoffe est forte, elle exigera un autre bouillon ainsi qu'une nouvelle trempe et un traitement par l'acide. Dans tous les cas, on doit toujours enlever l'acide sulfurique par les lavages, avant de terminer l'opération par l'amidon. »

Essai des Chlorures employés pour le Blanchîment. — Nous avons dit que l'on avait substitué avec avantage, au chlore lui-même dont l'odeur vive et pénétrante n'était pas sans inconvéniens pour les ouvriers sans cesse exposés à son influence, les combinaisons que le chlore forme avec la chaux (chlorure de chaux, chlorure d'oxide de calcium), avec la potasse, (chlorure de potasse, chlorure d'oxide de potassium, eau de javelle), et avec la soude (chlorure de soude, chlorure d'oxide de sodium). Mais quel que soit le chlorure employé, il est nécessaire de s'assurer de la quantité de chlore qu'il renferme, afin d'y subordonner les opérations du blanchîment. Cette épreuve ou essai des chlorures repose sur la propriété qu'a le chlore libre ou combiné de détruire la couleur de l'indigo; ainsi l'ouvrier peut s'assurer de la puissance du chlorure qu'il emploie, en tenant note de la quantité de ce chlorure nécessaire pour décolorer un litre de teinture d'indigo, par exemple. Cette teinture d'indigo qui doit être conservée à l'abri du contact de la lumière, peut se préparer en prenant une partie d'indigo passé au tamis de soie, et la faisant dissoudre dans neuf parties d'acide sulfurique concentré. On fait ensuite chauffer ce mélange dans un ballon de verre placé au bain-marie, à la température de l'eau bouillante, pendant six à huit heures; puis on étend cette liqueur d'une quantité suffisante d'eau. Pour le *chloromètre* de M. Gay-Lussac, construit d'après ce principe que le chlore ou la solution dans l'eau, soit sec ou combiné, a la même puissance décolorante, la teinture d'indigo doit être telle qu'un volume de chlore en décolore exactement dix fois son volume, et l'on obtient le chlore pur en traitant 3 à 4 grammes de peroxide de manganèse cristallisé en belles aiguilles, par l'acide hydrochlorique; on reçoit le chlore dans un litre de lait de chaux, et vers la fin de l'opération, on fait bouillir l'acide pour chasser le chlore des vaisseaux.

Le chlorure de chaux que l'on trouve dans le commerce est rarement pur; il contient une assez grande quantité d'hydrochlorate de chaux, de chaux non combinée et d'eau. Le chlorure de potasse du commerce (eau de javelle) est moins pur encore, car, outre l'hydrochlorate de potasse, il contient souvent un grand excès de carbonate de potasse, et quelquefois même l'eau de javelle est montée en degrés pour l'aréomètre, par des sels étrangers. La véritable épreuve des chlorures est donc réellement celle de la décolorisation de la teinture d'indigo.

Marquage. L'encre à marquer est ordinairement, soit l'encre noire d'imprimerie, soit l'encre rouge obtenue par un mélange d'huile de lin cuite et de sanguine préalablement broyée avec cette huile; elles résistent bien l'une et l'autre aux opérations du blanchîment.

L'hychochlorate et l'acétate de manganèse sont très bons aussi; mais l'impression demande plus de tems. Pour l'employer on épaissit une dissolution portant 8° à l'aréomètre avec de la gomme ou de l'amidon. On imprime la marque, on laisse un peu sécher; on passe par dessus la marque une lessive faible, soit avec une petite planche de bois, soit avec un tampon; puis on lave.

§ VI. APPRÊTS GOMMEUX ET EMPOIS.

Le teinturier se sert fréquemment, pour donner du lustre et de la fermeté aux étoffes, de divers mucilages et empois; nous allons donc entrer ici dans quelques détails qui lui seront utiles pour l'achat et l'emploi des gommes et de l'amidon qui forment les bases de ces apprêts.

Gommes. Ce sont des exsudations mucilagineuses de certains arbres, et sans parler des gommes-résines dont la teinture fait peu ou point d'usage, on en trouve quatre espèces distinctes dans le commerce : 1° la gomme *d'arbres fruitiers à noyaux*; 2° *arabique* de l'acacia d'Egypte et d'arabie (mimosa nilotica); 3° *sénéca* ou *sénégal*, en morceaux plus gros et plus foncés en couleur que l'arabique, paraissant donner plus de vivacité à l'eau; 4° *adragant* ou *adraganthe* de la petite plante de ce nom qui croît en Syrie, d'un prix plus élevé que les trois autres et formant une gelée plus épaisse avec l'eau.

La gomme, dont la pesanteur spécifique varie de 1,316, à 1,4317 a, quand elle est prise, les propriétés principales suivantes : transparence, insapidité, parfaite solubilité dans l'eau et viscosité de la solution, insolubilité dans l'alcool, facilité de cimentation entre ses fragmens et de fournir un vernis; la gomme paraît avoir quelqu'affinité pour les peroxides de mercure et de fer, et quelqu'action sur le cuivre, l'antimoine et le bismuth, car elle empêche l'eau de précipiter ces métaux à l'état de sous-sels; parmi les alcalis et les terres, la silice seule forme, avec la gomme, un précipité insoluble. Toutes ces propriétés doivent être bien connues des fabricans de toiles peintes, qui emploient les mucilages en grande quantité, non seulement pour donner de l'apprêt à la toile, mais aussi pour donner à leurs couleurs le degré de consistance nécessaire. On vend souvent sous le nom de gomme arabique, celle des arbres fruitiers à noyau et notamment du cerisier sauvage (*prunus avicus*; mais on peut facilement la reconnaître à sa couleur plus sombre, et d'un éclat moins cristallin. La gomme sénégal ne diffère de l'arabique que par la grosseur de ses morceaux, plus clairs quoiqu'un peu colorés; on l'emploie de préférence, à raison de son bas prix, mais on devra choisir la gomme la plus blanche pour les nuances claires des étoffes.

La gomme adragante est le produit de l'*astragalus tragacantha*, arbrisseau épineux qui croît dans l'île de Candie et dans d'autres îles du Levant. Elle est en morceaux blanchâtres tortillés en forme de vermisseaux, moins transparens que ceux de la gomme arabique dont elle diffère dans beaucoup de ses propriétés. Mise dans l'eau, elle s'imbibe lentement d'une grande quantité de ce liquide; elle se gonfle considérablement et forme un mucilage mou, mais qui n'est pas fluide. Si la quantité d'eau excède celle que la gomme peut imbiber de ce liquide, le mucilage devient une masse irrégulière qui ne s'unit pas au surplus du liquide. Il s'opère à la vérité, par l'agitation, une dissolution apparente, et le tout prend un aspect séreux; mais, en abandonnant la liqueur à elle même, le mucilage s'en sépare de nouveau, comme auparavant, et l'eau devient transparente. Il faudra donc avoir soin d'agiter cet apprêt gomeux, avant d'y passer les soies, dont elle conserve mieux la souplesse que la gomme arabique qui leur donne un peu de dureté.

On a désigné sous le nom d'*arabine* le principe des gommes soluble dans l'eau, et sous le nom de *bassorine* leur principe insoluble. La gomme *bassora* de Vauquelin paraît une variété d'adragante qui contient toujours environ 0,30 de bassorine, tandis que les gommes arabique et sénégal qui n'en contiennent pas, consistent presqu'entièrement en arabine; toutes ces gommes donnent en outre de petites quantités d'un principe colorant; des traces d'un acide libre, de manganèse, d'oxide de fer, et de chaux qui paraît combinée, suivant Vauquelin, avec les acides malique, acétique et phosphorique.

Kruickshanks, en chauffant par degrés jusqu'au rouge, 31 grammes de gomme dans une cornue de verre lutée, obtint :

Acide acétique mêlé avec de l'huile	13, 521	15, 830
Charbon	6, 215	6, 000
Chaux et un peu de phosphate de chaux	0, 647	0, 770
Hydrogène calciné et gaz acide carbonique	10, 617	8, 400
	31, 000	31, 000

Le docteur Bostock, en faisant digérer de la gomme adragante dans de l'eau, jusqu'à ce qu'elle fût devenue gélatineuse, et en la triturant alors dans un mortier avec de l'eau pure, formait un mucilage homogène, consistant dans 100 parties d'eau et 1 partie d'adragante.

On peut conserver pendant plusieurs années la dissolution mucilagineuse de gomme, sans qu'elle éprouve de putréfaction ; plus elle est épaisse, mieux elle se conserve ; cependant il s'y développe à la fin une odeur sensible d'acide acétique. M. Willis a trouvé que la racine de l'*hyacinthus non scriptus*, desséchée et pulvérisée, fournit un mucilage ayant toutes les qualités de celui que produit la gomme arabique. Lord Dundondald retira aussi un mucilage des lichens.

Amidon. — C'est une substance blanche, insipide, combustible, insoluble dans l'eau froide, mais se formant en gelée dans l'eau bouillante ; elle existe principalement dans les parties blanches et cassantes des végétaux, particulièrement dans les racines tubéreuses, et dans les semences des plantes graminées ; on l'en extrait en agitant ces parties, après les avoir broyées dans de l'eau froide : le parenchyme ou les parties fibreuses s'y déposent d'abord ; et lorsqu'on les a séparées de la liqueur, il y reste en suspension une poudre fine blanche, qui s'y dépose aussi peu à peu. Cette poudre est l'amidon, et nous renverrons pour ses diverses préparations, au *Manuel de l'Amidonnier*, qui fait partie de cette collection encyclopédique.

L'amidon du commerce est d'une belle couleur blanche, ordinairement sous forme solide, en masses alongées qui, réduites en poudre, offrent à la loupe des globules assez brillans ; il ne se dissout pas dans l'eau froide, mais il s'y réduit très promptement en poudre, et forme avec ce liquide une espèce d'émulsion. Il se combine avec l'eau bouillante, et se réduit en une sorte de gelée, connue sous le nom d'*empois*, qui peut s'y délayer ; mais lorsqu'on laisse pendant un tems suffisant le mélange en repos, l'amidon se précipite peu à peu. Si on laisse l'empoi exposé à un air humide, il perd promptement sa consistance, acquiert une saveur acide, et sa surface se recouvre de moisissure ; l'empois ainsi gâté, ne pourrait, sans inconvénient, s'employer pour apprêter les étoffes. L'empois bouillant se combine avec la cire et la maintient en quelque sorte en dissolution.

L'amidon ne se dissout ni dans l'alcool, ni dans l'éther, et ne s'y réduit même pas en poudre à l'aide de la chaleur.

L'iode fournissant avec l'amidon des composés d'un bleu virant au noir ou au violet, est le réactif le plus sensible pour reconnaître la présence de l'amidon. L'*amidine*, substance produite, suivant M. Saussure, en abandonnant la pâte d'amidon à elle-même, avec ou sans le contact de l'air, a des propriétés intermédiaires avec celles de l'amidon et de la gomme.

L'*amidon de pomme-de-terre* diffère sensiblement de celui du froment; il est plus friable, contient plus d'eau hygrométrique, et a besoin d'une température plus basse pour se réduire en gelée avec l'eau; il se décompose moins promptement par la fermentation spontanée; il est soluble dans les lessives alcalines plus étendues; son empois s'épaissit facilement, mais ne conserve pas long-tems son épaississement. On le trouve en *fécule*, en poudre d'une apparence cristalline, et on ne l'emploie guère, en apprêt, que pour les cotons.

L'*amidon de riz* fournit des apprêts aussi fermes et moins raides que ceux de l'empois ordinaire. Il suffit de faire bouillir le riz, pour en retirer la matière amylacée, que l'on passe à travers un linge avant de l'employer. L'avoine, le maïs, le millet, la châtaigne, le marron d'Inde, les pois, les fèves, le gland, produisent aussi des amidons qu'on pourrait employer à peu de frais dans certaines localités. Enfin, Parmentier désigne les plantes suivantes, comme celles des racines desquelles on peut extraire l'amidon : *arctium scppa*, *attropa bella donna*, *polygonum bistorta*, *Byronia alba*, *colchicum autumnale*, *spiroa filipendula*, *ranunculus bullosus*, *scrophularia nodosa*, *sambucus ebulus* et *nigra*, *orchis morio mascula*, *imperatoria ostratheum*, *hyascyamus niger*, *rumex obtusi-folius — acutus — aquaticus*, *arum maculatum*, *iris pseudacorus — fœtidissima*, *orobus tuberosus*, *bunium bulbo-castanum*.

DEUXIÈME PARTIE.

ATELIERS DU TEINTURIER; OPÉRATIONS PRINCIPALES DE L'ART DE LA TEINTURE; DIVERS AGENS CHIMIQUES DONT ON FAIT UN EMPLOI HABITUEL DANS L'ART DE LA TEINTURE; MATIÈRES TINCTORIALES.

CHAPITRE III.

ATELIERS ET OPÉRATIONS PRINCIPALES.

§ VII. ATELIERS.

La disposition générale des ateliers du teinturier tient à la nature même des travaux qu'on y doit exécuter, et qui exigent presque tous de l'eau, de l'air et de la lumière. Il faut donc que l'atelier soit aussi voisin que possible d'une eau limpide et courante, qu'il soit spacieux, bien aéré et éclairé d'un beau jour. Il est nécessaire aussi que l'atelier soit pavé à chaux et ciment, et qu'on y ait ménagé des ruisseaux ayant assez de pente pour faciliter l'écoulement des eaux qu'on y jette en grande quantité, et des vieux bains de teinture; enfin il faut que tout soit disposé dans l'atelier pour que la plus grande propreté puisse y régner, et que les ouvriers ne soient jamais incommodés de toutes les vapeurs qui s'y dégagent continuellement. A cet effet, l'atelier doit être pourvu des évents convenables, pour que l'air y puisse être souvent renouvelé en entier ou en partie. Il est bien entendu que ces conditions générales, faciles à remplir pour la construction d'un atelier de teinture, se trouvent naturellement modifiées par les localités, mais il ne faut jamais les perdre de vue, car elles contribuent à la bonne confection de l'ouvrage et à la santé de l'ouvrier. Des hangards spacieux ou des greniers vastes et bien aérés, dans lesquels on puisse étendre et sécher à l'ombre les étoffes qui sortent de la teinture, sont un complément indispensable de l'atelier. Sans nous étendre ici sur les différentes machines que le teinturier peut varier à l'infini suivant ses besoins, nous nous occuperons des véritables ustensiles invariablement consacrés aux opérations principales de la teinture.

Chaudières. — La disposition et la grandeur des chaudières dépendent des opérations auxquelles elles sont destinées. Les chaudières sont généralement de cuivre rouge ou de cuivre jaune : mais il est avantageux d'avoir une chaudière en étain, destinée spécialement à l'écarlate et à toutes les couleurs délicates pour lesquelles on fait usage de la dissolution d'étain. Le cuivre jaune est moins sujet à être attaqué par les substances salines, et à tacher les étoffes que le cuivre rouge. On peut, dans plusieurs cas, substituer des vases de bois aux chaudières de métal ; mais le bois a le grave inconvénient de s'imprégner de teinture et de salir de cette teinte acquise les teintures subséquentes, quel que soit le soin avec lequel le bois ait été lavé. Cependant une cuve de bois peut être employée avec succès quand elle est destinée uniquement à la même teinture, parce qu'elle a l'avantage de mieux conserver sa chaleur que les chaudières métalliques.

Il est important de nettoyer complètement et à fond les chaudières après chaque opération ; et celles qui ont une grande capacité doivent être pourvues d'un tuyau d'écoulement placé à la partie la plus basse du fond et garni en dehors d'un robinet, qu'on ouvre quand on veut en vider les bains.

Toutes ces chaudières doivent être scellées à la même hauteur, et revêtues tout autour d'un mur fait de tuileaux et de terre à four ; on enduit seulement l'extérieur de plâtre, pour qu'il ne se dégrade pas si facilement. On chauffe ordinairement les chaudières par dessous. Mais dans un atelier bien monté, les chaudières sont chauffées par des tuyaux à vapeur disposés sous leur fond ou autour de leur paroi ; pour les cuves à indigo, il est indispensable, à défaut de chauffage à la vapeur, de disposer le fourneau de manière à chauffer la cuve vers le milieu, et non par-dessous. On enferme, pour plus de commodité, sous un même manteau de cheminée, les foyers de toutes les chaudières, ainsi que les registres qui sont au-dessus, pour augmenter l'activité du feu. Au-dessus de chaque chaudière, on perce dans le manteau de la cheminée, ou dans le mur, des trous pour y placer des perches qui servent à faire égoutter les écheveaux de laine ou de soie, ou les étoffes dont on n'a que de petites parties à teindre, afin que le bain retombe dans la chaudière ; on passe pour cela des bâtons dans tous les écheveaux, et on pose ces bâtons sur les perches. Lorsque ce sont des étoffes qu'on veut teindre, et qu'on a des pièces entières, on se sert d'un tour dont les deux extrémités sont posées sur deux fourchettes de fer qui se placent quand on veut dans des trous pratiqués sur les jantes de bois qui soutiennent les bords de la chaudière.

Quand on chauffe à la vapeur, le bouilloir doit être placé au centre de l'atelier; suivant la forme de cet atelier, les chaudières sont ensuite disposées en rond autour de ce bouilloir, ou à la suite les unes des autres et des deux côtés du bouilloir, de manière à n'avoir dans tous les cas que le moindre développement possible pour les conduits de la vapeur.

Plusieurs teintures en soie et en coton, pour lesquelles on ne doit pas employer l'ébullition, s'exécutent dans des vases longs de cuivre ou de bois, qu'on appelle barques ou baquets. On doit avoir aussi un bassin de cuivre pour enlever le bain des chaudières quand il a fourni toute sa teinture.

Séchoir, Étuve. — Comme la plupart des couleurs qu'on applique sur la soie sont très délicates, elles exigent une prompte dessiccation pour ne pas s'altérer. On a pour cet objet un séchoir : c'est une pièce chauffée par le moyen d'un poêle; on étend la soie sur une perche suspendue et mobile, qu'on appelle *branloire*, et qu'on tient agitée pour accélérer la dessiccation; on se sert aussi de séchoir pour les toiles de coton qu'on a imprégnées de mordant. Il est nécessaire pour certaines étoffes reteintes, de les épingler sur un métier pour les sécher; ces métiers doivent être quelquefois placés dans l'étuve ou séchoir, et le plus ordinairement dans le grenier ou étendoir. Il faut pouvoir au besoin conduire de la vapeur d'eau ou de la vapeur de soufre dans une petite étuve disposée à cet effet.

Quand on opère en grand sur des pièces entières, les séchoirs prennent le nom de *chambres chaudes;* les machines destinées à plaquer le mordant, se nomment *foulards*, et M. Thillaye en donne dans son *Manuel du fabricant d'Indiennes* un très bon modèle. Il exige d'ailleurs pour les chambres chaudes les conditions suivantes :

1° La disposition des calorifères doit être telle que la chaleur se répande uniformément dans toute la chambre.

2° La chambre, si les localités le permettent, doit être telle qu'une pièce puisse y tenir dans toute la longueur; sa largeur alors sera de quatre à cinq mètres (12 à 15 pieds): dans le cas contraire, les extrémités des barres doivent former le cercle.

3° Les barres sous lesquelles sont fixés les crochets, doivent être distantes du plafond de 65 centimètres (deux pieds environ); il doit exister un plancher à claire-voie éloigné de 65 centimètres (deux pieds du sol). Cette disposition est nécessaire pour faciliter la dessiccation des pièces.

4° Il faut laisser des ouvertures tant à la partie inférieure qu'à la partie supérieure de la chambre, pour faciliter au besoin le renouvellement de l'air.

Si la chambre chaude était carrée, il faudrait donner une forme circulaire au cadre destiné à suspendre les pièces; la chambre alors est dite *en limaçon*, parce que les pièces accrochées ont cette forme en spirale.

Toutes les fois que l'on étend des pièces plaquées de mordant dans une chambre chaude, il faut avoir le soin de la chauffer avant de commencer à étendre.

La température de la chambre varie de 35 à 45° suivant la nature des opérations. On doit éviter de laisser des plis aux étoffes; lors de la teinture, ces plis formeraient des nuances que l'on designe sous le nom de *coup de feu.*

Outillage d'un atelier de Teinturier-Dégraisseur. — Après avoir distribué l'atelier relativement aux opérations auxquelles il est le plus habituellement destiné, et réglé cette distribution de manière que les opérations puissent se succéder avec le plus d'avantage, il est avantageux pour le teinturier qui veut s'occuper utilement de son art, de ménager dans l'atelier même un laboratoire particulier où l'on puisse réunir les ustensiles nécessaires pour les expériences de chimie et les épreuves de teinture.

Les progrès de l'industrie ont créé un outillage spécial pour la teinture en grand des pièces d'étoffe de chaque espèce de fabrication; mais on peut garnir un atelier de teinturier dégraisseur des ustensiles les plus indispensables, dont nous présentons ici la récapitulation, moyennant trois à quatre cents francs.

Une presse à vis, en bois, avec plateau d'un mètre carré, garni de deux gros cartons et de cinquante cartons fins et lisses.

Une boite à soufrer, en bois blanc, cubant un à deux mètres, fermant hermétiquement et garnie de ficelles tendues pour y suspendre les étoffes.

Trois métiers garnis de serge, de diverses grandeurs et servant à épingler les étoffes.

Six lisoirs assortis, en bois blanc, deux rables, un tranchoir ou pelle de bois a manche court.

Deux chevalets ou tréteaux élevés et longs.

Quatre chaudières en cuivre jaune, contenant l'une quinze seaux, l'autre dix seaux d'eau, l'autre six seaux, et la plus petite seulement deux seaux d'eau, avec un vase également en cuivre pour les vider.

Cinq à six barriques ou cuves en bois et quatre baquets.

Deux mortiers à broyer, l'un en bois et l'autre en cuivre ou en fonte.

Une bassine en cuivre, à branloire, avec boulets, pour concasser l'indigo.

Une douzaine de vases et terrines en terre bien vernissés.

Trois tamis assortis, deux en cuivre et un en bois.

Une paire de cardes pour tirer les étoffes à poil et deux ou trois carrelets de chapelier pour repasser.

Une paire de bonnes balances avec leurs poids.

Thermomètre à mercure.

Tubes et éprouvettes en verre, assortis pour les essais.

Aréomètre de Baumé. Cet instrument, très utile pour connaître avec une exactitude suffisante le degré de concentration des acides, des lessives de potasse ou de soude, des dissolutions salines, des mordans, etc., etc., se compose d'un tube de verre, portant sur sa longueur deux renflemens, dont l'un qui termine le tube, contient du mercure pour lester l'instrument. Pour le construire, on le plonge d'abord dans l'eau distillée à la température de dix degrés, échelle de Réaumur, qui est la température constante des caves, et on marque zéro à l'endroit de la tige où elle cesse de s'enfoncer; on plonge ensuite l'instrument dans une dissolution de dix parties de sel marin bien pur, et de quatre-vingt-dix parties d'eau distillée, et on marque de nouveau sur la tige le point où elle cesse de s'enfoncer. L'intervalle, entre ce point et le zéro, formera dix degrés, avec lesquels, à l'aide d'un compas, on tracera une échelle de cent degrés, divisée de degré en degré, pourvu que le tube soit bien égal dans toute sa longueur. On enferme cette échelle dans le tube que l'on scelle ensuite, et on l'y fixe avec un peu de cire d'Espagne.

L'usage de cet instrument est facile à comprendre; plus le liquide sera dense ou pesant, moins l'aréomètre descendra dans ce liquide; plus au contraire il sera léger, et plus l'instrument s'enfoncera.

Chloromètre. — Nous avons donné, en traitant de la théorie du blanchîment par le chlore et les chlorures, les principes sur lesquels sont fondés le *chloromètre*, et les moyens d'y suppléer.

Manipulations. — Les manipulations de la teinture ne sont ni difficiles ni compliquées ; elles ont pour objet d'imprégner la substance qu'on veut teindre des parties colorantes qui sont tenues en dissolution dans un bain ; de faire concourir l'action de l'air, soit à la fixation des parties colorantes, soit à leur développement, soit à leur éclat, et de dégager avec soin celles qui n'ont pas été fixées dans la substance qu'on vient de soumettre à leur action.

Lorsqu'on doit teindre les étoffes, qu'on en a des pièces entières, et même plusieurs à la fois, on se sert du tour dont on a déjà parlé. On enveloppe sur ce tour un bout de l'étoffe, et en le faisant tourner promptement, il se charge successivement de toute la pièce ; on le tourne ensuite à contre-sens, pour que la partie de l'étoffe qui a été d'abord plongée la première, le soit la dernière à cette seconde immersion ; et que par là, la teinture soit autant égale qu'il est possible. Si la pièce d'étoffe est assez longue, ou si l'on en a plusieurs à teindre de la même couleur, on réunit ensemble les deux bouts, et on passe le tour au travers, puis on le pose sur les fourchettes.

Si on a à teindre de la laine en toison, on pose sur la chaudière une espèce d'échelle fort large, et dont les échelons sont très rapprochés, et l'on y met la laine pour l'égoutter, l'éventer ou pour la changer de bain.

Lorsque la laine est en écheveaux, on passe des bâtons dans chacun de ces écheveaux, et la manœuvre est la même que pour la soie et le fil. Elle consiste à faire tourner sur les bâtons dans le bain les mateaux de soie, et les écheveaux de fil ou de laine ; c'est ce qu'on appelle *liser* ou *lisser ;* l'on donne au bâton le nom de *lisoir.*

Lorsqu'on a teint la soie et les fils, il faut les tordre pour en exprimer l'excès des parties colorantes. Cette opération s'exécute sur une pièce de bois cylindrique, qui est scellée par un bout dans un mur, ou enclavée dans la mortaise d'un poteau ; et terminée par l'autre bout en une tête arrondie, dans un poteau, et qu'on appelle *espart.* Quand on répète plusieurs fois de suite cette opération pour sécher et pour donner du lustre, on l'appelle *cheviller.* Quand on ajoute dans un bain une certaine quantité d'ingrédiens, on dit qu'on lui donne un *brevet* ; et on le *pallie* lorsqu'on le remue avec un *rable* pour brouiller le marc, ou la pâtée de la cuve avec le liquide qu'elle contient.

On donne quelquefois une première couleur pour en appliquer ensuite une autre par-dessus, et faire par là une couleur composée : c'est ce qu'on appelle *donner un pied.* Dis-

border, c'est laver la soie de sa teinture ou de son eau de savon dans une petite quantité d'eau, à laquelle on donne ensuite le nom de *disbordures*.

Lorsqu'on est obligé de passer plusieurs fois une étoffe dans un même bain, on donne le nom de *passe* à chaque opération partielle.

On *rose* quand on change le ton jaune d'une couleur rouge en une nuance qui tire davantage sur le cramoisi ou sur la couleur des roses; et on *vire* une couleur d'un jaune rouge quand on la fait tourner à un rouge plus décidé.

Les manipulations de la teinture, quoique peu variées et paraissant fort simples, exigent cependant des soins particuliers et un coup d'œil exercé pour juger les qualités du bain, pour porter et maintenir la chaleur au degré convenable à chaque opération, pour écarter toutes les circonstances qui pourraient produire de l'inégalité dans la couleur, pour juger avec précision si les nuances qui sortent du bain atteignent celles qui servent d'échantillon, et pour établir entre une suite de nuances les rapports que l'on désire.

Combustible. — L'emploi du combustible étant un des principaux objets de dépense dans les teintures, il est très important d'en diminuer autant que possible la consommation, et de choisir parmi le bois, le charbon de terre ou la tourbe, celui qui peut, avec le moins de frais, produire l'effet le plus avantageux. On peut, pour comparer cet effet des différens combustibles, employer le moyen indiqué par Lavoisier dans les Mémoires de l'Académie, 1781. Ce moyen consiste à brûler chaque espèce de combustible dans le même fourneau, sur lequel on place une chaudière. On met dans cette chaudière une quantité égale d'eau bouillante, et l'on remplace celle qui s'évapore en faisant couler par un robinet un poids égal d'eau à chaque opération d'essai. On compare ensuite les quantités de combustible qui ont été nécessaires pour faire évaporer la même quantité d'eau; il est évident que les qualités de ces combustibles sont proportionnées à la quantité qu'il aura fallu employer de chacun d'eux pour produire le même effet. L'on n'a donc plus qu'à comparer les quantités de chaque combustible qui ont été employées à l'évaporation, avec leur prix respectif, pour déterminer quels sont ceux qui présentent de l'avantage et qui doivent être préférés. On peut se servir indifféremment, pour ce calcul, du poids ou de la mesure de chaque combustible, pourvu qu'on en connaisse le prix.

Le charbon de terre exige dans les fourneaux une construction un peu différente de celle employée à brûler le bois, parce que s'enflammant plus difficilement, il faut nécessairement qu'il brûle sur une grille qui donne passage à un courant d'air.

Le moyen le plus économique et le mieux approprié aux divers besoins de l'atelier est, sans contredit, le chauffage à la vapeur; il est facile de l'employer dans le plus petit atelier, à l'aide d'un appareil très simple, qui consiste à mettre de l'eau en ébullition dans un bouilloir traversé par deux tuyaux en fonte de fer qui servent de fourneaux, et à concentrer la vapeur qui s'en dégage pour la répartir ensuite, à l'aide de tubes, sur les points où l'on en a besoin. Les tubes qui conduisent la vapeur doivent être soigneusement enveloppés de lisières pour éviter la déperdition de la chaleur; ces tubes doivent être renfermés sans enveloppes de lisières, dans des tuyaux d'un diamètre plus considérable, quand on veut les employer pour obtenir de l'air sec et chaud qui se dégage ensuite de ces grands tuyaux qu'il faut, à leur tour, protéger d'une enveloppe de lisières pour éviter la déperdition de la chaleur. Dans un grand atelier de teinture, une très faible machine à vapeur peut faire mouvoir les presses, dévidoirs, concasser les matières, etc., et concourir à tous les travaux.

§ VIII. OPÉRATIONS PRINCIPALES DE L'ART DE LA TEINTURE.

Moyens de constater la bonté d'une couleur. — Il y a deux manières de teindre les laines de quelque couleur que ce soit: l'une s'appelle teindre *en grand et en bon teint;* l'autre teindre *en petit, ou faux teint.* La première consiste à employer des drogues qui rendent la couleur solide; et la seconde, au contraire, donne des couleurs plus passantes, quoiqu'elles soient souvent plus vives et plus brillantes que celles du bon teint. Le petit teint se fait à beaucoup meilleur marché que le bon teint; mais le gouvernement a fait des réglemens qui prescrivent les sortes d'étoffes et de laines qui doivent être teintes en bon teint, et celles qu'on peut faire en petit teint. Les laines pour les canevas et les tapisseries de haute et basse lisse, et les étoffes dont la valeur excède quarante sous l'aune en blanc, doivent être de bon teint; les étoffes d'un plus bas prix, ainsi que les laines grossières destinées à la fabrique des tapisseries appelées *bergame* et *point de Hongrie*, peuvent être en petit teint. Il n'y a pas de moyen plus sûr, pour s'assurer de la solidité d'une couleur, que de l'exposer au grand air ou au soleil; car toute couleur qui n'y recevra pas d'altération, doit être réputée de bon teint.

Mais si, en effet, l'impression de l'air et du soleil détruit et altère les couleurs qui ne sont pas de bon teint, il faut un certain tems pour en voir les effets; et, cependant, il peut être quelquefois avantageux de juger promptement de la bonté de la teinture d'une étoffe; alors on a recours à une épreuve qu'on appelle *débouilli* ou *débout*.

On a reconnu qu'il était nécessaire de séparer en trois classes toutes les couleurs dans lesquelles les laines peuvent être teintes tant en bon teint qu'en petit teint, et de fixer les ingrédiens qui doivent être employés dans les débouillis des couleurs comprises dans chacune des trois classes.

Les couleurs comprises dans la première classe doivent être débouillies avec l'alun de Rome; celles de la seconde avec le savon blanc, et celle de la troisième avec le tartre rouge (mélange de sur-tartrate de potasse et de la partie colorante de la lie du vin rouge).

La quantité des ingrédiens, la quantité d'eau, la durée de l'opération, sont nécessaires pour déterminer exactement l'effet du débouilli, qui, sans cela, varierait beaucoup.

Le débouilli avec l'alun de Rome se fait en mettant dans un vase de terre ou terrine, une demi-once (15 grammes environ) d'alun, dans une livre (48 à 49 décagrammes) d'eau. Lorsqu'elle bout à gros bouillons, on y met la laine dont on veut faire l'épreuve; on l'y laisse bouillir pendant cinq minutes, après quoi on la retire et on la lave dans l'eau froide; le poids de l'échantillon doit être d'un gros environ (3 à 4 grammes).

Pour le débouilli du savon blanc, on met seulement deux gros (7 à 8 grammes) de savon blanc haché dans une livre (48 à 49 décagrammes) d'eau; on y jette l'échantillon de laine lorsque l'eau bout à gros bouillons, et on l'y laisse pendant cinq minutes.

Le débouilli avec le tartre rouge se fait de même et avec les mêmes doses que celui de l'alun, en observant de bien pulvériser le tartre avant de le mettre dans l'eau, afin qu'il soit entièrement fondu lorsqu'on y mettra les échantillons de laine.

Les couleurs de la première classe, qu'on doit éprouver au débouilli avec l'alun de Rome, sont le cramoisi de toutes nuances, l'écarlate de Venise, l'écarlate couleur de feu, l'écarlate couleur de la rose et ses autres nuances, les violets et les gris de lin de toutes nuances, les pourpres, les langoustes, jujubes, fleur de grenade, les bleus (1), les gris ardoisés, gris lavandés, gris violets, gris vineux, et toutes les autres nuances semblables. A l'inspection de la couleur après l'épreuve, on juge si elle est de faux teint par l'altération de son fond.

On doit débouillir avec le savon blanc les couleurs de la seconde classe, savoir : les jaunes, jonquilles, citrons, orangés, et toutes les nuances qui tirent sur le jaune, toutes les nuances du vert, les rouges de garance, la cannelle, la couleur du tabac et autres semblables.

Les couleurs de la troisième classe, qu'on doit débouillir avec le tartre rouge, sont les couleurs d'un grand nombre de nuances différentes, toutes comprises sous le nom général de fauve, ou couleur de racine.

Le noir est la seule couleur qui ne puisse être comprise dans aucune des trois classes énoncées ci-dessus, parce qu'il est nécessaire de se servir d'un débouilli beaucoup plus actif pour reconnaître si la laine a eu le pied de bleu turquin, conformément aux réglemens, voici la manière dont on en fait le dépouilli :

On met dans une livre (48 à 49 décagrammes) d'eau, une once (30 grammes environ) d'alun de Rome, autant de tartre rouge pulvérisé ; on fait bouillir le tout, et on y jette l'échantillon de laine, qu'on doit laisser bouillir à gros bouillons pendant un quart-d'heure ; on le lave ensuite à l'eau fraîche. Il sera facile alors de reconnaître si la laine a eu le pied de bleu convenable ; car, dans ce cas, elle demeurera d'un bleu presque noir ; mais si elle ne l'a pas eu, elle grisera d'abord.

On ne doit soumettre à aucune épreuve du débouilli les gris communs faits avec la noix de galle et la couperose, parce que ces couleurs sont de bon teint et ne se font pas autrement ; mais il faut observer de les engaller d'abord, et de mettre la couperose dans un second bain, beaucoup moins chaud que le premier, parce que, de cette manière, les gris sont plus beaux et plus assurés.

§ IX. DIVERS AGENS CHIMIQUES DONT ON FAIT UN EMPLOI HABITUEL DANS L'ART DE LA TEINTURE.

Tout corps qui donne lieu à une action chimique est un agent chimique ; il n'est donc pas de substance employée

(1) L'acide sulfurique concentré dissout l'indigo sans en altérer la couleur; on se sert d'acide sulfurique étendu d'eau pour essayer les étoffes teintes avec l'indigo.

par le teinturier qui ne devienne, entre ses mains, un agent chimique, et quoiqu'en général il achète toutes préparées les substances dont il fait l'emploi le plus fréquent, sans être presque jamais dans la nécessité de les fabriquer lui-même chimiquement de toutes pièces, nous pensons que des notions spéciales à cet égard, seront pour lui d'une grande utilité, puisqu'elles le mettront à même de choisir avec discernement les matières qu'il achète, en lui donnant les moyens de préparer celles que le commerce ne lui fournirait pas dans un état convenable pour la manipulation des teintures.

Afin de faciliter les recherches, nous présenterons, suivant leur ordre alphabétique, les divers agens chimiques dont nous avons à parler ici.

§ X. ACIDES.

Acide acétique (*vinaigre radical* ou *de Vénus*, *acide acéteux*, *acide pyroligneux*). — Le vinaigre est un acide liquide, rougeâtre ou jaunâtre, d'une saveur et d'une odeur agréables; sa pesanteur spécifique varie de 1,0135 à 1,025 ; il diffère aussi dans ses autres propriétés à raison du liquide qui l'a produit, et l'on en trouve quatre variétés distinctes dans le commerce: le vinaigre de *vin*, — de *Malt*, — de *sucre*, — de *bois*. Tous ces vinaigres contiennent outre l'acide acétique et de l'eau, plusieurs autres substances, telles que du mucilage, du tartre, une matière colorante, plusieurs acides végétaux, et souvent aussi une matière goudronneuse empyreumatique. Le vinaigre, l'acide acéteux, et l'acide acétique ne diffèrent que par la pureté et le degré de concentration, qu'au moyen de procédés particuliers, on parvient à donner au vinaigre pour le convertir successivement en acide acéteux et enfin en acide acétique, dont la pesanteur spécifique s'élève alors jusqu'a 1,063, suivant M. Mallant, et même jusqu'à 1,080 suivant Richter.

L'acide acétique dont le teinturier fait usage, est du vinaigre de bois, acide pyroligneux distillé, facile à reconnaître à son odeur légèrement empyreumatique, vive et pénétrante. Il est transparent, presqu'incolore, et pèse ordinairement 7 degrés à l'aréomètre Beaumé; pour ajouter à son degré, on le mélange souvent, soit avec du sulfate de soude, soit avec de l'acide sulfurique; mais ces fraudes sont faciles à découvrir: le sulfate de soude laisse un résidu si l'on fait évaporer quelques gouttes de l'acide acétique qu'il a sophistiqué, tandis que l'acide acétique pur ne laisse pas de résidu : un peu de craie ou mieux d'hydrochlorate de barite ajouté à l'acide acétique que l'on soupçonne, dénote, par la formation d'un précipité insoluble, la présence de l'acide sulfurique; s'il n'y a pas de fraude, la limpidité de la dissolution n'est pas troublée. La présence du cuivre dans le vinaigre se reconnaît en le sursaturant d'ammoniaque, ce qui y produit une couleur bleue ; celle du plomb s'y reconnait au moyen du sulfate de soude, des hydrosulfates, de l'acide hydrosulfurique et de l'acide gallique qui en troublent la limpidité, aucune de ces substances ne produit de changement sur du vinaigre naturel.

Le vinaigre faible ou mal préparé est très sujet à se décomposer; mais Shèele a reconnu que lorsqu'on le fait bouillir pendant quelques instans, on peut ensuite le garder long-tems sans altération.

L'acide acétique entre dans la composition des mordans de rouge et de jaune (*acétates d'alumine*), des mordans de noir, de rouille, de chamois, etc. (*acétates de fer* plus ou moins impurs); il s'emploie principalement dans la teinture des toiles de coton et de lin.

Acide arsénieux, (*deutoxide d'arsénic*, *arsénic blanc*). — En chauffant l'arsénic avec le contact de l'air, il se sublime sous forme d'une poudre blanche qui est le deutoxide d'arsénic, ou acide arsénieux, connu vulgairement sous le nom d'arsénic blanc, que l'on obtient en abondance, pour le commerce, dans le travail d'extraction de plusieurs mines, et notamment dans le grillage des mines de Cobalt.

L'acide arsénieux rougit les couleurs bleues les plus délicates, quoiqu'il fasse tourner au vert le sirop de violettes. C'est un poison excessivement violent, d'une saveur âcre et et nauséabonde. Par son exposition à l'air, il devint opaque et se recouvre d'une légère efflorescence. Mis sur des charbons ardens, il se réduit en fumée blanche, avec une forte odeur d'ail; chauffé en vaisseaux clos, il se volatilise; et si la chaleur est assez forte, il se vitrifie.

L'acide arsénieux exige pour se dissoudre dans l'eau quatre-vingt fois son poids de ce liquide à froid, et trente fois seulement lorsqu'il est bouillant. On l'emploie, en teinture sur tissus de coton et de lin, dans la préparation des verts tendres, qui s'obtiennent comme nous le verrons, par une combinaison d'oxide de cuivre et d'acide arsénieux.

Acide citrique (*Acide citronien*). — Le suc de citrons, ou limons, a tous les caractères d'un acide très-fort; mais, à raison de la matière mucilagineuse avec laquelle il est mêlé, cet acide est promptement altéré par décomposition spontanée. Cependant le dégraisseur peut se servir du suc récent de citrons, car lorsque l'acide citrique a formé la combinaison qu'il désirait, il peut se débarrasser facilement du mucilage par un simple lavage, même à l'eau froide. Pour se procurer l'acide citrique à l'état de pureté, on traite le suc de citrons de la manière suivante : on le sature, lorsqu'il est bouillant, avec une quantité de craie pulvérisée (carbonate de chaux) ; on connaît que la saturation est complète quand il ne se produit pas d'effervescence, on cesse alors d'ajouter de la craie. Pendant cette addition on doit remuer sans cesse la liqueur. Il se forme alors du citrate de chaux qui, n'étant pas soluble dans l'eau, tombe au fond du vase, tandis que le mucilage reste suspendu dans le fluide aqueux, qu'il faut alors décanter. On lave le précipité avec de l'eau tiède, jusqu'à ce que ce liquide après l'avoir pénétré en sorte clair. Sur ce précipité placé dans une chaudière de plomb, on verse peu à peu à la fois neuf parties d'acide sulfurique à 66 degrés, étendu de 6 parties d'eau pour 6 parties de carbonate de chaux employé; on brasse fortement et l'on chauffe pendant un quart-d'heure. L'acide sulfurique décompose le citrate calcaire, et forme, en se combinant avec la chaux, du sulfate calcaire. On laisse déposer la liqueur et on lave le précipité à plusieurs reprises à l'eau chaude, on réunit les liqueurs et on les fait évaporer dans la bassine de plomb à la chaleur du bain de sable, jusqu'à consistance d'un sirop peu épais, qui fournit l'acide citrique pur, cristallisé en petites aiguilles. Il est nécessaire que l'acide sulfurique soit un peu en excès, parce que la présence d'une petite quantité de chaux serait un obstacle à la cristallisation. Les eaux-mères sont évaporées pour les dépouiller successivement de tout l'acide citrique qu'elles peuvent retenir.

L'acide citrique pur est blanc, cristallisé, d'une saveur très acide; il rougit fortement la teinture de tournesol; soixante-quinze parties d'eau à 18 degrés en dissolvent cent. Placé dans un air sec et chaud, les cristaux simulent l'efflorescence; dans un lieu humide, il absorbe l'humidité, s'il contient de l'acide sulfurique. L'acide citrique le convertit en acide oxalique.

L'acide citrique étant plus cher que l'acide tartrique, peut être frauduleusement mêlé avec ce dernier. On s'assure de cette sophistication, en ajoutant à la dissolution de l'acide soupçonné une dissolution aqueuse d'hydrochlorate de potasse, qui donne un précipité pulvérulent de crême de tartre, si l'acide citrique est souillé d'acide tartrique; ce qui n'a pas lieu si l'acide citrique est pur. Leur sophistication par l'acide oxalique a lieu quelquefois aussi, mais plus rarement. Elle est aisée à reconnaître : les cristaux d'acide oxalique sont feuilletés et n'ont ni la solidité ni la transparence de ceux de l'acide citrique. Leur solution versée dans celle de l'hydrochlorate de potasse y forme un précipité de sel d'oseille (suroxalate de potasse), tandis que, comme nous l'avons déjà dit, l'acide citrique n'y produit aucun précipité. Au reste, l'acide citrique du commerce retient toujours un peu d'acide sulfurique. La dissolution d'une partie d'acide critique dans quinze à vingt parties d'eau peut être substituée, pour en faire usage, au suc de citron. L'essence de citron édulcorée avec du sucre et aromatisée avec l'huile essentielle de citron, serait d'un emploi dispendieux et mauvais pour le dégraisseur. Le *sel de citrons* que l'on trouve dans le commerce est ordinairement de l'acide oxalique.

Acide hydrochlorique (esprit de sel, oxide marin fumant, gaz acide marin, acide muriatique). — Cet acide fut découvert par Glauber; on ne l'a trouvé libre dans la nature que dans les eaux de quelques volcans, dans celles du Rio-Vinape.

L'acide hydrochlorique (composé de chlore et d'hydrogène à volume égal) est gazeux, incolore, d'une odeur vive et piquante, d'une saveur acide, rougissant la teinture de tournesol, éteignant les corps en combustion, formant des vapeurs blanches quand il est en contact avec l'air humide dont il absorbe l'eau. Il est si soluble dans ce liquide qu'à 20° et sous la pression atmosphérique de 76; l'eau en dissout plus de 463 fois son volume; pour lors celui de l'eau augmente d'un tiers. En cet état il constitue l'acide muriatique ou acide hydrochlorique.

L'acide hydrochlorique du commerce est d'un jaune pâle; cette couleur est due à un peu de fer qu'il tient en dissolution, et le teinturier doit savoir qu'on l'en sépare par la distillation. Cet acide répand des vapeurs blanches dues à l'humidité de l'atmosphère qu'il absorbe. Une de ses propriétés caractéristiques, c'est de précipiter le nitrate d'argent et de former un chlorure de ce métal insoluble. On doit le conserver dans les flacons bouchés à l'émeri.

Le gaz acide hydrochlorique peut être produit directement par la combinaison du gaz chlore sec et du gaz hydrogène, mais on l'obtient le plus ordinairement en traitant, à l'aide de la chaleur, le sel marin par l'acide sulfurique. On prend une partie de sel marin et une demi-partie d'acide sulfurique du commerce; on introduit le sel dans un vase de verre, ou matras, dont la capacité doit être une fois plus grande que le volume du mélange ; on adapte au col du matras un bouchon percé de deux trous, dont l'un reçoit un tube recourbé propre à recueillir les gaz, et l'autre, un tube à entonnoir à trois branches parallèles ; on place le vase sur un fourneau, et l'on fait plonger le tube recourbé dans un bain de mercure ; alors on verse l'acide peu à peu par l'entonnoir du tube à trois branches : le gaz commence à se dégager tout de suite, même à la température ordinaire ; mais on ne le recueille que lorsqu'il est pur, c'est-à-dire, lorsqu'en le mettant en contact avec l'eau, il s'y dissout complètement et instantanément. Ce gaz doit toujours être reçu dans des flacons pleins de mercure. De 40 grammes de sel, on retire facilement, suivant M. Thénard, plusieurs litres de gaz acide hydrochlorique.

L'acide hydrochlorique liquide est à si bon marché dans le commerce auquel la fabrication des soudes retirées du sel marin le livre en abondance, que le teinturier n'aurait aucun avantage à le préparer directement pour ses emplois en teinture ; il est bon toutefois de savoir que celui dont la pesanteur spécifique est 1,21 contient 42 à 43 parties de gaz acide hydrochlorique tandis que celui dont la pesanteur spécifique n'est que 1,09 en contient à peine 20 parties.

On se sert de l'acide hydrochlorique pour faire virer les couleurs, pour enlever les oxides de fer sur les tissus de soie et de coton, et surtout pour les préparations d'étain et d'eau régale (acide hydrochloronitrique).

Le fer, le chlore, la chaux, le sulfate de soude, les acides sulfurique et sulfureux se trouvent souvent mêlés à l'acide hydrochlorique du commerce.

Le fer se reconnaît par la couleur bleue que donne à l'acide hydrochlorique qui le contient et qu'on étend d'eau, quelques gouttes d'hydrocianate (prussiate) de potasse.

Le chlore se reconnaît par la décolorisation que subit, dans l'acide hydrochlorique qui le contient, la dissolution d'indigo.

La chaux se reconnaît par le précipité blanc que produit, dans l'acide hydrochlorique qui la contient, et qu'on sature d'ammoniaque, la dissolution d'oxalate d'ammoniaque.

Le sulfate de soude laisse un résidu blanchâtre quand on évapore l'acide hydrochlorique qui le contient

L'acide sulfureux se reconnaît en saturant l'acide hydrochlorique qui le contient par de la potasse, et y versant du sulfate de cuivre. S'il existe une quantité notable d'acide sulfureux, il se produit un précipité jaune qui, chauffé dans de l'eau, forme une belle couleur rouge.

Acide hydrochloronitrique (eau régale, acide régalin, acide nitromuriatique, acide nitrohydrochlorique). On a donné ce nom à un mélange d'acide hydrochlorique et d'acide nitrique, mélange dont les propriétés particulières semblent dues à une décomposition mutuelle des acides composans, et au moyen de laquelle ils peuvent opérer des dissolutions qu'ils ne pourraient pas produire séparément; et c'est parce que, au moyen de cette action réunie des acides hydrochlorique et nitrique, on parvint à dissoudre l'or, appelé le *roi* des métaux, qu'on donna au composé que forme le mélange des deux acides le nom d'*eau régale*. On peut préparer l'acide hydrochloronitrique en mêlant simplement l'acide nitrique et l'acide hydrochlorique, ou en faisant dissoudre de l'hydrochlorate de soude dans l'acide nitrique, et même du nitrate de potasse dans l'acide hydrochlorique. On fait principalement usage, dans la teinture, de la dissolution d'étain dans l'acide hydrochloronitrique. Les teinturiers ne préparent pas d'une manière uniforme cette dissolution qu'ils appellent *composition*. Il paraît que lorsqu'on commença à faire usage de la dissolution d'étain, les teinturiers se servaient simplement de l'eau-forte du commerce, et n'employaient pas un autre dissolvant. Cette eau forte est bien, en effet, une espèce d'acide hydrochloronitrique, parce qu'elle a été fabriquée avec du nitre impur, qui se trouve mêlé avec du sel marin. Il est encore des teinturiers qui font leur composition avec de l'eau-forte; mais comme la quantité de sel marin qui accompagne le nitre dans la fabrication de l'eau-forte varie, et qu'il en est de même du degré de concentration de cette eau, l'emploi de ce dissolvant de l'étain ne peut produire que des effets inconstans. On a indiqué dans plusieurs essais sur l'art de la teinture, des mélanges en proportions diverses, pour former la composition des teinturiers sur laquelle nous reviendrons à l'article étain; mais celle qui a été reconnue, après plusieurs essais, comme produisant les meilleurs effets, consiste à faire dissoudre dans de l'acide nitrique à 30 degrés, le huitième de son poids d'hydrochlorate d'ammoniaque, à y ajouter par petites parties le huitième de son poids d'étain, et à étendre ensuite cette dissolution du quart de son poids d'eau. Il faut choisir de l'étain très-pur, tel, par exemple, que l'étain de Malacca, qui ne contienne pas d'autres métaux qui pourraient être nuisibles à la beauté des couleurs. Il faut que cet étain soit mis à l'état de grenaille en le fondant et en le faisant couler dans de l'eau qu'on agite avec un faisceau de petites baguettes. Il se forme ordinairement un petit dépôt noirâtre, duquel il faut décanter la dissolution.

On fait, avec l'acide hydrochloronitrique, d'autres dissolutions qui peuvent être utiles dans la teinture. On a proposé celle de bismuth, on peut faire dissoudre une partie de bismuth dans quatre parties d'acide nitrique; on jette ensuite cette dissolution dans le bain qui contient du tartre, et l'on y verse en même tems une dissolution d'hydrochlorate de soude.

On a éprouvé, soit que la dissolution de bismuth fût faite immédiatement avec l'acide hydrochloronitrique, soit que la dissolution par l'acide nitrique fût mêlée avec une dissolution de sel marin et de tartre, qu'il se formait toujours un précipité considérable au contact de l'eau, quoique moins abondant que lorsqu'on mêlait avec l'eau la simple dissolution par l'acide nitrique. On a observé de plus que les précipités opérés par cette dissolution avec les décoctions, avec les substances colorantes, avaient une couleur inégale, et qu'ils se rembrunissaient promptement.

Le mélange composé d'une partie d'acide nitrique et de quatre parties d'acide hydrochlorique, est le meilleur dissolvant de l'or.

Acide nitrique, (*eau forte, esprit de nitre, acide de nitre, etc.*) Cet acide a été découvert en 1225, par Raymond-Lulle, alchimiste. Cet acide, à l'état de pureté, est liquide, blanc, transparent, très acide, répandant une vapeur blanche, d'une odeur très forte, ayant de l'analogie avec celle de la rouille, brûlant et désorganisant les substances végétales et animales en leur imprimant une couleur jaune qui, faite sur la peau, ne passe qu'avec le renouvellement de l'épiderme; il rougit fortement la teinture de tournesol. Avant d'être purifié il tient en dissolution du gaz nitreux, qui lui donne une couleur qui varie du jaune orange au rougeâtre; on le dépouille de ce gaz en le chauffant doucement. Si l'on expose l'acide nitrique pur au contact de la lumière solaire, il y a une décomposition partielle, il se dégage de l'oxigène, et l'acide nitreux formé se dissout dans l'acide nitrique et lui fait acquérir successivement la couleur jaune, orangée, etc., suivant les proportions de l'acide décomposé. Cet acide est composé de 100 parties d'oxigène et de 35,40 d'azote.

On ne fait pas une grande consommation d'acide nitrique dans les ateliers de teinture ; on l'y emploie cependant, ou simple ou combiné, à différens usages ; on peut le fabriquer de la manière la plus simple, par une méthode dont Glauber se servit le premier. Cette méthode consiste à distiller dans une cornue de verre un mélange de deux parties de nitrate de potasse pur et d'une partie d'acide sulfurique ; le bec de la cornue entre dans un récipient qui y est luté, et d'où sort un tube de verre qui va plonger dans un flacon à deux ouvertures, contenant un peu d'eau et garni d'un tube de sûreté ; à l'autre ouverture de ce flacon est adapté un tube qui aboutit à un appareil pneumatique, au moyen duquel on recueille le gaz qui se dégage pendant l'opération. On chauffe la cornue, par degrés, presque jusqu'au rouge ; l'acide nitrique passe dans le récipient, où il est condensé, tandis que l'air des vaisseaux et le gaz oxigène mis en liberté, spécialement sur la fin de l'opération, passent dans l'appareil pneumatique ; l'eau dans le flacon s'imprègne du peu d'acide qui a pu s'échapper du récipient sans s'y être condensé.

Il est important d'éprouver l'acide nitrique du commerce, parce qu'il peut s'y trouver souvent mêlé de l'acide sulfurique en plus ou moins grande quantité, soit qu'il ait passé dans une distillation faite avec peu de soin, soit qu'il ait été frauduleusement ajouté à l'acide nitrique pour en augmenter la pesanteur spécifique. Pour faire l'épreuve de l'acide nitrique, il faut, après en avoir mêlé une partie avec de l'eau distillée, y verser un peu de dissolution de barite par l'acide nitrique (nitrate de barite) Si l'acide éprouvé contient de l'acide sulfurique, il se produit un précipité, parce que la barite forme avec l'acide nitrique un sel insoluble (sulfate de barite).

L'acide nitrique du commerce dont on doit faire l'épreuve peut encore contenir du sel marin (hydrochlorate de soude) qui aura pu se trouver accidentellement mêlé au nitre dont on aura fait usage. Ce mélange ne pourrait être nuisible pour les opérations de teinture ; cependant, si l'on voulait le constater, il faudrait également, après avoir mêlé l'acide avec de l'eau distillée, y verser de la dissolution d'argent par l'acide nitrique (nitrate d'argent), et pour peu qu'il se trouvât d'acide hydrochlorique présent dans l'acide nitrique, il se formerait sur-le-champ un sel insoluble (hydrochlorate d'argent) donnant aussitôt naissance à un précipité.

Pour enlever l'acide sulfurique à l'acide nitrique, il faut redistiller ce dernier sur un peu de nitre, ou bien y ajouter du nitrate de plomb, qui produit un précipité qu'il faut séparer; après cela, on soumet l'acide à une nouvelle distillation, on enlève par cette opération, à l'acide nitrique, non-seulement l'acide sulfurique, mais encore l'acide hydrochlorique qu'il peut contenir.

On peut se servir de l'acide nitrique pour plusieurs dissolutions métalliques, dont l'usage, comme mordant, peut être varié; mais le principal emploi de l'acide nitrique est pour la préparation de l'eau régale (acide hydrochloronitrique), et des nitrates de fer et de cuivre.

Lorsqu'on fait choix de l'acide nitrique pour s'en servir à quelque usage, il ne faut pas s'en rapporter à sa couleur plus ou moins rutilante; car il est facile de lui faire prendre cette apparence, au moyen d'une petite quantité de fer ou de quelque autre substance qui puisse donner naissance au gaz nitreux. Il faut, à la vérité, qu'il ait un certain degré de concentration pour être fumant; mais il peut être concentré et n'avoir point de couleur. Il est bon d'ailleurs de savoir que celui dont la pesanteur spécifique est 1,53 contient 85 à 86 parties d'acide réel, tandis que celui dont la pesanteur spécifique n'est que de 1,20 en contient à peine 30 parties. Malheureusement la pesanteur spécifique peut aussi induire en erreur, parce qu'elle peut être augmentée par une portion d'acide sulfurique. Ce n'est donc qu'après que cette cause d'erreur n'existe pas que l'on doit avoir confiance dans l'épreuve à faire de l'acide à employer.

L'acide nitrique pur est liquide, limpide et incolore comme l'eau. Il a une saveur particulière âcre et excessivement acide; il est corrosif, et produit sur la peau des taches jaunes qui ne disparaissent qu'avec l'épiderme; il a une très grande affinité pour l'eau, et doit être conservé dans des flacons de verre soigneusement bouchés à l'émeri.

Acide oxalique (*acide saccharin*). Cet acide, que l'on retirait d'abord du sel d'oseille (oxalate acidule de potasse) par un procédé assez long, peut se retirer plus simplement du sucre de la manière suivante :

Après avoir placé une cornue de verre tubulée sur un bain de sable, et adapté à la cornue un récipient, on met dans cette cornue une partie de sucre en poudre, sur laquelle on verse neuf fois son poids d'acide nitrique du commerce. On chauffe le bain de sable, le sucre ne tarde pas à se dissoudre dans l'acide, et la cornue se remplit de vapeurs rougeâtres; le mélange bout avec force, et l'on cesse de chauffer le bain de sable dès que l'ébullition se manifeste. Quand l'effervescence est apaisée, on augmente la chaleur, et on évapore jusqu'à ce qu'il se forme des cristaux par le refroidissement. On décante la liqueur qui surnage les cristaux, et on la soumet à une nouvelle évaporation pour obtenir une nouvelle levée de cristaux. On épuise le liquide de tout le sel qu'il peut contenir par des évaporations et cristallisations successives : on fait dissoudre ensuite ces cristaux, plus ou moins souillés d'acide nitrique, dans de l'eau tiède, on évapore, et on les obtient ainsi dans un degré de pureté convenable. Ce sont ces cristaux qu'on appelle *acide oxalique;* ils sont d'une saveur acerbe et très acide.

Cet acide est inaltérable à l'air, soluble dans deux parties d'eau froide, dans une seule partie d'eau chaude, dans cinquante parties environ d'alcool; il enlève la chaux à tous les sels calcaires, et se décompose à une chaleur rouge, en laissant une petite quantité d'un résidu charbonneux.

L'acide oxalique est d'un emploi fréquent pour le dégraisseur; le teinturier s'en sert pour aviver certaines couleurs et pour dissoudre les oxides de fer appliqués sur les étoffes.

Acide sulfurique (*huile de vitriol, esprit de soufre, esprit de vitriol, acide vitriolique*). — L'acide sulfurique était connu dans le quinzième siècle; il a été trouvé en 1776 à l'état libre et en cristaux solides, par Baldassini, dans une grotte du mont *Ammialt.* Depuis on l'a signalé dans les eaux termales de quelques volcans; Dolomieu en a trouvé sur l'Etna, Tournefort dans l'île de Nio, MM. de Humbold et Rovero dans les eaux du Rio-Vinagre; Sillemun, à l'île de Java, etc. Malgré cela comme il ne se trouve à l'état naturel que rarement et en petites quantités, on a recours à l'art pour l'obtenir.

L'acide sulfurique pur est liquide, incolore, inodore, d'une consistance oléagineuse, très-acide, très caustique; il se mêle à l'eau en toutes proportions, en donnant lieu à un grand dégagement de calorique; concentré il désorganise la plupart des substances végétales et animales; il se congèle à 10 ou 12 degrés au-dessous de zéro, et suivant

Dalton, il bout à 310° centigrades : sa pesanteur spécifique varie de 1,6 à 1,8.

On se procura pendant long-tems l'acide sulfurique par la dissolution du sulfate de fer, ou vitriol de fer, d'où lui vient le nom d'acide vitriolique ; mais aujourd'hui tout l'acide sulfurique dont on fait emploi dans les arts s'obtient par un procédé beaucoup moins dispendieux, en brûlant dans de grandes chambres de plomb, un mélange de sept à huit parties de soufre et d'une partie de nitrate de potasse. Cette combustion donne lieu à la formation d'*acide sulfureux* et de *gaz nitreux* (deutoxide d'azote). Ce dernier gaz, en absorbant l'oxigène de l'atmosphère, est converti en acide nitreux. L'un et l'autre de ces acides sont absorbés par l'eau. L'acide nitreux cède une portion de son oxigène à l'acide sulfureux et le convertit en acide sulfurique. Revenu à l'état de gaz nitreux, il se dégage et s'unit à l'oxigène, redevient acide nitreux et est absorbé par l'eau. Cet acide change de nouveau l'acide sulfureux en acide sulfurique, et ces changemens successifs continuent ainsi d'avoir lieu jusqu'à ce que l'acide sulfureux ait été converti, en totalité, en acide sulfurique.

L'acide sulfurique, au sortir de la chambre de plomb, n'est pas dans un état condensé ; mais il est mêlé à une quantité d'eau surabondante : On l'évapore alors dans des vaisseaux de plomb jusqu'à un certain degré de concentration, et l'évaporation continue dans des cornues de verre ou de platine, jusqu'à ce que l'acide ait acquis le degré de force convenable. Par cette évaporation de l'acide on le prive en même tems d'une portion d'acide nitrique qui s'y trouve ordinairement, et on en sépare une portion très-considérable de son eau ; mais il n'en peut pas être entièrement dépouillé par ce moyen. Cet acide, le plus concentré que M. Thenard annonce avoir pu obtenir d'après ses expériences, contenait encore le cinquième de son poids d'eau, et sa pesanteur spécifique était, à la température de 20 degrés centigrades, 1,842, c'est-à-dire presque le double de l'eau distillée. Il devient blanc et transparent, et pour l'avoir d'une pureté parfaite, il faut, après avoir séparé la première portion, qui est impure et faiblement acide, continuer la distillation jusqu'à ce qu'il ne reste plus de liqueur dans la cornue, où l'on trouvera pour résidu un peu d'alcali provenant du nitrate de potasse faisant partie du mélange avec le soufre, et qui reste combiné avec de l'acide sulfurique en excès, formant ainsi un *sulfate acide de potasse* ; souvent aussi on trouve avec ce résidu un peu de sulfate de plomb.

Il faut que la cornue dont on se sert pour la rectification, soit à feu nu, soit au bain de sable, soit bien assujettie dans son fourneau, afin d'éviter que les mouvemens qu'occasione l'ébullition de l'acide ne la fassent casser; On évite la plupart des soubresauts en mettant dans la cornue quelques fragmens de verre, ou quelques fils de platine.

L'acide sulfurique attire puissamment l'humidité de l'air: aussi faut-il, pour le conserver, le tenir dans des vaisseaux de verre bouchés avec soin à l'émeri, et le préserver du contact d'un bouchon de liège ou de bois, et en géneral de différentes substances qu'il charbonne et qui le noircissent promptement.

Le mélange de cet acide avec l'eau, donne lieu à une grande production de chaleur, et il convient par conséquent de faire ce mélange peu à peu pour éviter la fracture du vase.

Pour obtenir des effets constans, il est nécessaire d'employer aux mêmes opérations un acide sulfurique qui ait toujours le même degré de concentration; on doit donc déterminer sa pesanteur spécifique, et l'on peut se servir pour cela de l'aréomètre de Beaumé pour les sels. Après avoir mis l'acide dans un cylindre de verre, on y plonge cet aréomètre : plus la liqueur est pesante, moins l'aréomètre y enfonce ; et le degré de son échelle qui s'arrête à la surface de la liqueur indique sa concentration. On regarde l'acide sulfurique comme très-concentré lorsqu'il est à 66 degrés de cet aréomètre : à 60 degrés, avec une pesanteur spécifique de 1,717, il contient 82 à 83 parties de cet acide concentré à 66°, tandis qu'à 20 degrés, avec une pesanteur spécifique de 1,162, il n'en contient plus que 24.

Jusqu'à présent on s'est principalement servi de l'acide sulfurique dans les teintures pour les dissolutions d'indigo; et pour cet usage il faut qu'il soit très concentré et très-pur; mais on en emploie beaucoup pour préparer les toiles de coton qu'on destine à être peintes, et pour le blanchîment des toiles et des fils, soit par le chlore, soit par l'exposition sur le pré.

Comme pour l'emploi de l'acide sulfurique dans ces derniers cas, il n'est pas nécesssaire qu'il soit concentré, il sera plus avantageux, si l'on se trouve à la proximité d'une fabrique d'acide sulfurique, de l'y acheter avant qu'on l'ait concentré, et l'on évitera ainsi les frais de cette opération; mais si l'on est à une trop grande distance d'un de ces établissemens, la considération de l'augmentation des frais de transport qui résulterait de la quantité d'eau dont l'acide aurait dû être étendu, pourrait rendre plus avantageux de l'acheter dans un état de concentration.

L'acide sulfurique très pur n'émet pas de fumée. *L'acide sulfurique fumant* (glacial de Nordhausen, huile de vitriol de Saxe), que l'on obtient soit par la distillation du sulfate de fer desséché, soit en entourant de glace le récipient où l'on reçoit le produit de la distillation de l'acide sulfurique, et qui répand d'abondantes fumées blanches, paraît être un mélange d'acide sulfureux et d'acide sulfurique, et non un acide sulfurique dépouillé d'eau comme son état solide pourrait le faire croire. Cet acide fumant s'emploie de préférence avec l'indigo sur lequel il exerce une action dissolvante plus énergique que l'acide sulfurique ordinaire.

Acide sulfureux (*acide vitriolique volatil*, *esprit de soufre par la cloche, etc*).—Cet acide, dans l'état ordinaire de l'atmosphère, est gazeux, incolore, d'une odeur suffoquante; d'une saveur acide et désagréable; il détruit la plupart des couleurs végétales et animales, est impropre à la combustion et à la respiration; par une forte compression et par un froid artificiel, il devient liquide. Cependant, pour l'obtenir à l'état liquide, dans l'usage qu'on fait de ce gaz, on le reçoit dans de l'eau qui l'absorbe. Ce liquide, à 20 degrés et sous la pression ordinaire, en absorbe trente-sept fois son volume, qu'il abandonne par l'ébullition.

La préparation de l'acide sulfureux consiste à distiller deux parties d'acide sulfurique concentré sur une partie de mercure, dans une cornue à laquelle on adapte un tube qui va plonger dans une légère couche d'eau qu'on met dans un premier flacon; le peu d'acide sulfurique qui passe en nature se dissout dans cette eau, tandis qu'un second tube recourbé conduit le gaz sulfureux dans une autre flacon rempli d'eau où il se dissout. C'est l'eau du second flacon, acidulée par cette vapeur, qui constitue l'acide sulfureux. (*Voyez* fig. 2.)

L'acide sufureux préparé par ce procédé est aussi pur qu'on peut le désirer, et on l'emploie à une concentration de trois degrés de l'aréomètre de Beaumé.

On peut aussi, au lieu de mercure, se servir de paille hachée, de sciure de bois, de copeaux de sapin, ou de petits morceaux de charbon de bois, et distiller dans le même appareil; l'acide sulfurique qu'on obtient ainsi n'est pas aussi pur, mais il suffit pour les opérations auxquelles on le destine, et il est moins coûteux.

Un procédé plus simple encore consiste à avoir une large

assiette dans laquelle on met une couche d'eau; on place au milieu une petite soucoupe ou capsule dans laquelle on met du soufre; on allume ce soufre à l'aide du charbon, et lorsqu'il est embrâsé, on le recouvre d'une cloche de verre dont on fait plonger les parois dans l'eau de l'assiette; la vapeur blanche qui se forme se précipite sur l'eau, s'y dissout et l'acidule. En répétant cette opération jusqu'à ce que l'eau marque deux ou trois degrés au pèse-liqueur de Beaumé, on obtient un acide sulfureux mélangé; il est vrai, d'oxigène, d'azote et d'acide carbonique, mais d'ailleurs très convenable aux usages de blanchîment et de dégraissage auxquels on l'emploie. Il enlève très bien les taches de fruit sur le linge.

L'odeur particulière que donne la combustion du soufre est due au gaz acide sulfureux, qui ne diffère de l'acide sulfureux liquide, qu'on obtient par le procédé ci-dessus, qu'en ce qu'il est à l'état de gaz, et qu'il manque du dissolvant aqueux nécessaire pour pouvoir l'employer avec succès dans les opérations du teinturier dégraisseur.

Acide tartrique (acide tartareux, tartarique, du tartre). — L'acide tartrique, cristallisé irrégulièrement en aiguilles et lames divergentes, sous forme de plaques solides, blanches, et transparentes, est d'une saveur acide assez agréable pour que cet acide puisse être substitué au citron est très soluble dans l'eau. On peut le retirer du raisin, du tamarin et de plusieurs fruits avant leur maturité, mais il provient ordinairement du tartrate acide de potasse (*tartre*, *crême de tartre* ou *gravelle*) qui, impur et teint de la matière colorante du vin incruste les tonneaux dans lesquels on conserve quelques espèces de vins blancs et rouges. Ces cristaux de tartre purifiés par dissolution, filtration et cristallisation, sont de nouveau mis en dissolution dans l'eau bouillante et l'on y ajoute de la craie en poudre jusqu'à cessation de toute effervescence; on ajoute ensuite à la liqueur de l'hydrochlorate (muriate) de chaux qui détermine un précipité; on ne cesse d'en ajouter que lorsqu'il ne se forme plus de précipité. Après avoir bien lavé ce précipité blanc, combinaison de chaux et d'acide tartrique, on enlève la chaux à l'aide d'acide sulfurique formant un sulfate de chaux insoluble, et laissant l'acide tartrique en dissolution dans l'eau : on filtre, on évapore, et on laisse l'acide tartrique cristalliser.

L'acide tartrique s'emploie quelque fois pur, pour le dégraissage, mais en teinture ce sont ses combinaisons avec la potasse et la chaux (tartrates de potasse et de chaux) qui sont d'un usage habituel.

En distillant l'acide tartrique en cristaux avec de l'acide nitrique, il peut être converti en acide oxalique, et l'acide nitrique passe à l'état d'acide nitrique.

§. XI. ALUMINE. (*argile calciné*, *oxide d'aluminium*, *terre argileuse*); ALUNS ET SELS DIVERS A BASE D'ALUMINE.

L'alumine, l'alun, et les sels à base d'alumine jouent un trop grand rôle dans la teinture, pour que nous n'entrions pas ici dans tous les détails chimiques qu'il importe au teinturier de connaître.

Alumine. — Cet oxide d'*aluminium* (53 oxigène et 47 aluminium), fut appelé autrefois argile ou terre argileuse, mais depuis qu'on le retire dans son plus grand état de pureté de l'alun, il a reçu le nom d'alumine.

L'alumine native la plus pure se trouve dans les pierres orientales, le saphir et le rubis, qui consistent presque entièrement dans l'alumine unie à une petite portion de matière colorante.

Pour obtenir l'alumine pure, on fait dissoudre de l'alun dans vingt fois son poids d'eau, et on y ajoute un peu d'une dissolution de carbonate de soude, afin de séparer le fer qui peut être présent; on verse alors la liqueur surnageante dans une certaine quantité d'ammoniaque liquide, en ayant soin de ne pas ajouter plus de dissolution d'alumine qu'il n'en faut pour saturer l'ammoniaque; celle-ci se combine avec l'acide sulfurique de l'alun, et la base terreuse est séparée sous la forme d'une masse spongieuse. Il faut ensuite la jeter sur un filtre, l'édulcorer par des affusions d'eau successives, et la faire sécher.

L'alumine ainsi préparée est blanche, pulvérulente, douce au toucher. Elle happe à la langue, et forme dans la bouche une pâte douce et sans gravier; elle est insipide, inodore, et ne produit aucun changement sur les couleurs végétales; récemment préparée elle se dissout facilement dans les acides, mais elle y devient insoluble après avoir été exposée à une chaleur rouge; elle est insoluble dans l'eau, mais elle se mêle avec ce liquide dans toute proportion, et elle en retient une portion avec une force considérable; elle est infusible à la plus grande chaleur de nos fourneaux, qui lui font seulement éprouver une diminution de volume, et lui donnent parconséquent de la dureté; au chalumeau à double courant de gaz oxigène et hydrogène, elle se fond en petite quantité.

L'alumine est répandue avec profusion dans la nature; c'est un des principes constituans de tous les sels et de presque toutes les roches; c'est la base de la porcelaine, des poteries, des briques et des creusets. On met à profit sa grande affinité pour la matière colorante végétale, dans la préparation des laques, ainsi que dans l'art de la teintureet de l'impression en calicot. L'affinité de l'alumine pour les tissus organiques de matière animale ou végétale est telle que ceux ci l'enlèvent en tout ou en partie aux acides avec lesquels elle était combinée. Les combinaisons natives d'alumine constituent la terre à foulon, les ocres, les bols, les terres à pipe, etc. Les sels d'alumine sont solubles dans l'eau; il en est peu qui soient si susceptibles de cristalliser; leur saveur est sucrée et astringente. Si après avoir ajouté de l'acide sulfurique et ensuite du sulfate de potasse à un sel d'alumine on abandonne le mélange à lui même, il s'y manifeste promptement des cristaux octaèdres d'alun.

Aluns et sels divers à base d'alumine. — On regardait depuis long-tems, en chimie, l'alun comme un sel ayant pour élémens l'acide sulfurique et l'alumine, ou comme un sulfate d'alumine, lorsqu'il fut reconnu et prouvé par des recherches de MM. Descroizilles, Vauquelin et Chaptal, que l'alun était un sel double, contenant, outre le sufalte d'alumine, du sulfate de potasse ou d'ammoniaque; aussi le trouve-t-on dans le commerce, tantôt à base de potasse, tantôt à base d'ammoniaque, et quelquefois à base de l'un et l'autre de ces alcalis ou même à base de soude, ce qui constitue quatre variétés d'alun :1. le sursulfate d'alumine, et de potasse; 2. le sursulfate d'alumine et d'ammoniaque; 3. un mélange des deux précédens; 4. le sur-sulfate d'alumine et de soude.

Il y a une vingtaine d'années, dit M. Thénard, on accordait à l'alun de Rome une préférence presque exclusive; on le payait, dans le commerce, le double de celui de France; il convient qu'alors cette préférence était fondée. Les autres aluns contenaient trop de sulfate de fer pour donner d'aussi belles teintes que l'alun de Rome sur la soie et le coton; mais aujourd'hui, ajoute ce savant, que l'on connaît le moyen d'obtenir d'excellens aluns avec ceux qui sont les plus ferrugineux, l'alun de Rome est tombé de prix, et son emploi ne vaut pas plus, pour les manufacturiers instruits, que tout autre alun que l'on a purifié. C'est ce qui a été suffisamment établi dans un travail d'expériences qu'il entreprit, de concert avec M. Roard, sur les différentes qualités des aluns.

Ceux qui consomment l'alun n'ont pas besoin de choix pour les couleurs sombres; mais pour les couleurs vives et claires, ils doivent être très-difficiles sur le degré de purification de l'alun à employer.

Les cristaux d'alun sont des octaèdres réguliers; leur saveur est douceâtre et astringente. L'alun rougit toujours les couleurs bleues végétales; il s'effleurit légèrement à l'air; sa pesanteur spécifique est de 1,7109; il est soluble dans 15 à vingt parties d'eau à la température de 16 degrés centigrades et dans le 0,75 de son poids d'eau bouillante. Il se fond à une douce chaleur dans son eau de cristallisation; à une chaleur plus forte, il se boursouffle, il écume et perd principalement en eau de cristallisation les 0,44 de son poids. Ce qui reste s'appelle *alun calciné* ou *brûlé;* et s'emploie quelquefois comme corrosif.

Dans toutes les teintures sur laine, on peut employer tous les aluns du commerce(mais dans les teintures sur soie et sur coton, il ne faut se servir que d'alun au moins aussi pur que l'alun de Rome, contenant à peine un demi-millième de son poids de sulfate de fer; sans cela, il y aurait une assez grande quantité d'oxide de fer fixé, par le coton et la soie, pour altérer la nuance qu'on cherche à obtenir.

On peut s'assurer que l'alun ne contient pas de fer, en en faisant dissoudre quelques grammes dans l'eau, et en y ajoutant quelques gouttes de dissolution de prussiate (hydrocyanate) de potasse. Si, dans l'espace de quelques heures, ce sel ne détermine pas dans la liqueur un précipité *bleu*, on ne court aucun risque de regarder l'alun comme suffisamment pur pour les teintures les plus délicates.

Si l'alun contient du fer, on pourra le purifier en le faisant dissoudre dans l'eau bouillante, laissant les cristaux se déposer, et les décantant des eaux mères; il est quelquefois nécessaire de répéter la dissolution à chaud et la cristallisation, pour obtenir de l'alun complettement débarrassé de fer.

Toutes les variétés d'alun sont susceptibles de se combiner avec une dose additionnelle d'alumine, et de former par cette combinaison, des composés parfaitement neutres. Tous possèdent à peu près les mêmes propriétés et peuvent être ainsi confondus ensemble comme un seul sel. On peut former le composé neutre qu'on appelait autrefois, *alun saturé de la terre*, en faisant bouillir une dissolution d'alun avec de l'alumine pur. Il se précipite en une poudre blanche, sans saveur, incristallisable, insoluble dans l'eau et inaltérable à l'air. L'acide sulfurique convertit de nouveau ce sel en alun.

L'alun à *base de soude* et que l'on trouve rarement dans le commerce, est plus soluble que les autres et s'effleurit davantage par son exposition à l'air.

Le *sulfate d'alumine*, dans son état de pureté n'est connu que depuis peu. On le trouve dans le commerce, à l'état liquide, et marquant 35° à l'aréomètre de Beaumé; mais il est impur, et contient toujours du sulfate de fer.

Le *sous-sulfate d'alumine* qui se forme toutes les fois que l'on fait bouillir l'acétate d'alumine mélangé de sulfate acide de potasse, peut se dissoudre dans l'acide acétique et fournit ainsi un très bon mordant.

L'*acétate d'alumine* ne peut s'obtenir à l'état de pureté, qu'en faisant digérer de l'acide acétique sur de l'alumine récemment précipitée. On obtient, par l'évaporation de la liqueur, des cristaux aiguillés qui sont très déliquescens. L'acétate d'alumine impur qu'on trouve dans le commerce s'obtient par une décomposition de l'alun à l'aide d'acétate de plomb.

M. Thillaye compose ainsi l'acétate d'alumine mordant de rouge, pesant 14° de Beaumé : 100 litres d'eau bouillante; 25 kilogrammes alun; 2 k. 50 sous-carbonate de soude; 25 k. acétate de plomb : l'acétate d'alumine mordant de jaune pesant 10° de Beaumé, n'en diffère que par une moindre proportion (1 k. 50) de sous-carbonate de soude. Le premier mordant se trouble à 68° centigrades, et se prend en gelée à 73°; le second se trouble à 80° et se prend en gelée à 88°. Un mordant formé de 2 kil. eau, 1 kil. 50 alun; 1 k. 50 acétate de plomb; pèse 14° Beaumé et ne se trouble pas par l'ébullition.

En général, les mordans d'acétate d'alumine qui laissent déposer du sous-sulfate d'alumine par la chaleur, s'éclaircissent par le refroidissement; mais ceux qui le laissent précipiter par un laps de tems plus ou moins considérable, ne peuvent point le redissoudre par l'agitation, ni même l'addition d'acide acétique. Ce phénomène, comme l'a fait remarquer M. Gay-Lussac, a également lieu avec l'acétate d'alumine pur, lorsqu'on y ajoute de l'alun ou du sulfate de potasse. On peut encore obtenir un mordant de rouge (acétate d'alumine impur) en dissolvant dans 100 litres d'eau 25 kil. d'alun, et ajoutant une solution de 37 kil. d'acétate de chaux obtenu du vinaigre de bois impur (*pyrolignite de chaux*). Cet acétate impur d'alumine pèse 15° quand il est chaud ; il ne pèse plus que 12° ½ par refroidissement, et laisse déposer des cristaux d'alun.

§ XII. AMMONIAQUE (*esprit volatil de sel ammoniacal, alcali volatil, alcali volatil fluor, esprit d'urine*) ET SELS AMMONIACAUX.

Ammoniaque. — Composé résultant de la combinaison des gaz hydrogène et azote, cet alcali n'existe à l'état naturel que sous forme gazeuse ; il porte alors le nom de gaz ammoniac. Il est très soluble dans l'eau, et c'est cette solution connue sous la dénomination d'ammoniaque, qu'on emploie habituellement. Dans son état de saturation, l'eau contient le tiers de son poids de gaz ammoniac ou 430 fois son volume de ce gaz à la température et à la pression ordinaire. On peut donc obtenir l'ammoniaque plus ou moins concentré par des additions d'eau. On le prépare de la manière suivante :

Après avoir mis dans une cornue lutée ou dans un matras (*voyez fig.* 2 *et* 2 bis), un mélange de parties égales de chaux vive et d'une partie de sel ammoniac (hydrochlorate d'ammoniaque) en poudre, on adapte au col de cette cornue un tube recourbé qui va plonger dans un flacon rempli d'eau pure. En chauffant légèrement la cornue, le gaz ammoniac se dégage et l'eau l'absorbe promptement. Sur la fin de l'opération, il faut augmenter la chaleur afin de dégager tout le gaz ammoniacal. Dans cette réaction, le sel ammoniac est décomposé par la chaux qui s'unit avec l'acide hydrochlorique pour former un hydrochlorate calcaire qui reste dans la cornue, et le gaz ammoniac devenu libre, se dégage et se dissout dans l'eau. Quand on prépare l'ammoniaque en grand, on ajoute à la cornue une allonge en tube recourbé qui porte le gaz dans une série de flacons tubulés constituant l'appareil de Woulf.

L'ammoniaque a une saveur très âcre et très caustique; elle a une odeur piquante excessivement forte ; elle verdit la plupart des couleurs bleues végétales, ramène à leur couleur les couleurs végétales rougies par un acide; à l'état de gaz ; elle est d'une transparence parfaite et sans couleur comme l'air; le gaz ammoniac ne trouble en rien la limpidité de l'eau, qui peut en absorber de sept à huit cents fois son volume. Cette dissolution chauffée à 54 degrés centigrades abandonne l'ammoniaque, qui s'en sèpare sous forme de gaz ; lorsque cette dissolution est rapidement refroidie à 40 degrés centigrades environ au-dessous de zéro, l'ammoniaque se prend en une gelée épaisse, et conserve à peine de l'odeur.

100 grammes d'ammoniaque liquide, avec une pesanteur spécifique de 0,85 contiennent 35 grammes de gaz ammoniac, tandis qu'avec une pesanteur spécifique de 0,95 ils n'en contiennent pas plus de 10 grammes. En outre l'ammoniaque du commerce contient toujours des matières étrangères qui en altèrent la pesanteur spécifique. Ces matières sont le plus ordinairement les acides sulfurique, carbonique, hydrochlorique et de l'huile empyreumatique.

En saturant l'ammoniaque impure, par de l'acide hydrochlorique pur, une solution de nitrate de barite y décèle, par un précipité, la présence de l'acide sulfurique. L'acide carbonique de l'ammoniaque impure se précipite directement par le nitrate de barite, en renfermant pendant quelques heures l'essai dans un flacon bouché à l'émeri.

En saturant l'ammoniaque impure par l'acide nitrique en léger excès, une solution de nitrate d'argent y décèle, par le trouble de la liqueur, la présence de l'acide hydrochlorique. La présence de l'huile empyreumatique est indiquée par la teinte rousse ou noirâtre que donne à l'ammoniaque impure son mélange opéré peu à peu avec son volume d'acide sulfurique concentré, qui ne change pas la couleur de l'ammoniaque pure.

L'ammoniaque sert, en teinture, à virer certaines couleurs, à dissoudre la cochenille, l'orseille, etc.

L'urine putréfiée peut très bien suppléer dans un grand nombre de cas, pour le dégraissage, à l'ammoniaque que l'on emploie généralement, pour enlever les taches graisseuses, à raison de la propriété, commune au reste à tous les alcalis, de former un savon soluble avec les huiles et les graisses. La magnésie, l'alumine, les terres argileuses et calcaires peuvent également suppléer l'ammoniaque dans un petit nombre de cas, mais leur énergie est toujours moindre, et leur application exige des soins plus minutieux.

Les *sels ammoniacaux* dont le teinturier fait le plus d'usage sont : le sous-carbonate (alcali volatil concret, sel volatil d'Angleterre) pour dégraissage des taches de fruits et d'acides ; l'hydrochlorate (sel ammoniac, muriate d'ammoniaque) pour former en mélange avec l'acide nitrique, la composition d'étain pour l'écarlate; enfin le sulfate d'ammoniaque et d'alumine (alcali ammoniacal) dont nous avons déjà parlé.

Le sous-carbonate d'ammoniaque se forme par la décomposition de l'urine et d'autres matières animales; on l'obtient, en France, par carbonisation en vases clos, de ces matières, et on le trouve dans le commerce sous forme de masses blanchâtres, irrégulières, dégageant l'odeur d'ammoniaque, et devant se conserver par conséquent dans des vases fermés. Il est très soluble dans l'eau.

L'hydrochlorate d'ammoniaque, originairement apporté d'Egypte où il se trouve particulièrement dans les excrémens des chameaux, se prépare en France par la décomposition, à l'aide d'acide hydrochlorique, du sous-carbonate d'ammoniaque. On le trouve dans le commerce sous forme de pains concaves d'un côté et convexes de l'autre, de couleur variant du blanc sale au gris.

§ XIII. CHAUX ET CHLORURE D'OXIDE DE POTASSIUM.

Chaux. — On se procure ordinairement cet oxide pur de calcium (39 oxigène et 100 calcium), avec le marbre de l'espèce la plus blanche, ou bien avec le spath calcaire, par une longue exposition de ces corps à une forte chaleur rouge. C'est une substance blanche, médiocrement dure, d'une pesanteur spécifique de 2,3. Elle exige, pour sa fusion, un dégré intense de chaleur, et l'on n'est point encore parvenu à la volatiliser; sa saveur est caustique, astringente et alcaline; elle est soluble dans 450 parties d'eau, suivant sir Humphry Davy; et, selon d'autres chimistes, dans 760 parties; sa dissolubilité n'est point augmentée par la chaleur. Si l'on arrose d'un peu d'eau seulement de la chaux récemment faite, cette eau est rapidement absorbée avec développement de beaucoup de chaleur et dégagement de vapeur. Cet effet est ce qui constitue le phénomène appelé *extinction de la chaux*. La chaleur provient, suivant l'explication qu'en donne le docteur Black, de la consolidation de l'eau liquide dans la chaux, formant un *hydrate*, ainsi qu'on appelle actuellement la chaux éteinte: c'est un composé de 3,56 parties de chaux avec 1,125 d'eau, ou à très peu près, dans le rapport de 3 de chaux à un d'eau. Cette eau peut en être chassée par une chaleur rouge.

L'eau de chaux est astringente et un peu âcre au goût; elle change en vert les couleurs bleues végétales, les jaunes en brun, et elle rétablit la couleur pourpre ordinaire du tournesol rougi par un acide. Lorsque l'eau de chaux reste exposée à l'air, elle attire par degrés l'acide carbonique, devient un carbonate insoluble, et l'eau de chaux n'est plus que de l'eau pure. Si l'on place de l'eau de chaux sous le récipient de la machine pneumatique où se trouve renfermée une soucoupe remplie d'acide sulfurique concentré, l'eau sera par degrés enlevée à la chaux, qui se solidifiera en petits cristaux prismatiques hexaèdres.

Chlorure d'oxide de potassium (chlorure de potasse en dissolution, lessive et eau de javelle). — Quoique nous ayons donné, en traitant du blanchîment, la préparation du chlore et des chlorures en général (page 38 et suivantes), nous reviendrons ici spécialement sur la préparation du chlorure d'oxide de potassium, ou chlorure de potasse en dissolution, parce que ce chlorure, plus connu sous le nom de lessive ou d'eau de javelle, tel qu'on le vend dans le commerce est toujours impur et rarement bien préparé pour les opérations délicates du teinturier dégraisseur.

Après avoir disposé l'appareil que nous avons indiqué pour la préparation du chlore, on forme l'eau de javelle en recevant ce chlore pur dans une dissolution également pure de potasse. Voici le procédé usité :

On monte, dit M. Chevalier, un appareil composé d'une tourille placée dans un bain de sable posé sur un fourneau; la tubulure de la tourille reçoit un bouchon supportant deux tubes, l'un en S, l'autre de sûreté courbé à angle droit, va plonger dans un flacon contenant de l'eau destinée à laver le chlore ; de ce flacon part un second tube dont l'extrémité va plonger dans une solution de potasse.

L'appareil étant monté, on introduit dans la tourille les substances suivantes :

Peroxide de manganèse.........	1 liv. (0 k. 4895).
Chlorure de sodium (sel marin)...	4 liv. (1 k. 958).
Acide sulfurique à 66 degrés......	2 liv. (0 k. 979).
Eau..........................	2 liv. (0 k. 979).

On adapte les tubes, on lute les jointures soigneusement, et quand ces luts sont secs, on introduit par le tube en S, de l'acide sulfurique ; on chauffe graduellement le bain de sable jusqu'à ce qu'il ne se dégage plus de chlore. Le gaz produit par la réaction de l'acide sulfurique sur le sel marin et l'oxide de manganèse, passe d'abord dans l'eau, où il se lave, et va de là dans le flacon qui termine l'appareil, lequel contient :

Sous-carbonate de potasse 4 liv. 2 o. 1 g. (2 k. 023).
Dissous dans eau pure.... 15 litres.

Quand le dégagement du chlore a cessé, on décante le chlorure de potasse et on le conserve dans des bouteilles bien fermées et placées à l'abri de la lumière.

On ne peut indistinctement employer l'acide sulfureux ou le chlore pour enlever les taches de fruit, attendu que ce dernier détruit toutes les couleurs végétales, et qu'il ne peut servir ainsi que pour les étoffes blanches. L'acide sulfureux, au contraire, attaque peu les couleurs; il ne change pas le bleu sur la soie, pas même le rose, que la seule eau bouillante fait disparaître; il n'altère pas non plus les couleurs produites par les astringens; il ne dégrade point le jaune sur le coton. Il suffit de l'affaiblir pour en faire usage dans tous les cas.

Ainsi l'on emploiera le chlore pour les taches végétales sur les étoffes blanches, et l'acide sulfureux pour celles sur les tissus colorés.

§ XIV. CUIVRE ET SELS DE CUIVRE.

Le cuivre est un métal bien connu, qui n'est altéré par l'eau qu'avec le concours de l'air; la surface en contact avec l'eau se recouvre alors d'une croûte verte connue sous le nom de *vert de gris* et qui est un poison fort dangereux. L'acide nitrique dissout très rapidement le cuivre qui d'ailleurs est facilement attaqué par plusieurs autres acides. Voici les sels de cuivre dont les teinturiers font usage.

Le *sulfate*, connu dans le commerce sous les noms de *couperose* ou *vitriol bleu*, à cause de sa couleur, *vitriol de Chypre*, *vitriol de cuivre*, se prépare par trois procédés :

1. Dans quelques pays, on l'obtient par évaporation des eaux qui le contiennent en dissolution.

2. Dans d'autres, on grille le sulfure de cuivre dans un fourneau à reverbère : il passe à l'état de sulfate; on lessive la masse, on fait évaporer la liqueur, et l'on obtient le sel par cristallisation.

Le sulfate obtenu par ce procédé, ainsi que par le précédent, contient toujours un peu de sulfate de fer; mais il est facile de l'obtenir pur en mettant dans la dissolution saline un excès d'oxide de cuivre; car alors tout l'oxide de fer se précipite en peu de tems.

3. Le procédé qu'on suit en France consiste à saupou-

drer de soufre des lames de cuivre, qu'on a mouillées auparavant pour y rendre le soufre adhérent. On porte ces lames ainsi saupoudrées, dans un four chauffé au rouge, et après les y avoir laissées pendant quelque tems on les plonge toutes chaudes dans l'eau. Ensuite on les saupoudre de nouveau d'une petite quantité de soufre, puis on les remet dans le four, et ainsi de suite. Dans cette opération, l'on forme un sulfure de cuivre artificiel qui absorbe l'oxigène de l'air, et passe à l'état de sulfate; celui-ci se dissout dans l'eau, et on l'en retire par évaporation.

Ce sel, que l'on rencontre dans le commerce, est toujours acide et se compose de parties à peu près égales d'acide sulfurique, de deutoxide de cuivre et d'eau : il est d'un bleu foncé; sa saveur est styptique et métallique. Il est très soluble dans l'eau : quatre parties d'eau en dissolvent une partie à la température ordinaire, et plus de moitié de leur poids à celle de 100°: il cristallise très facilement et affecte la forme de prismes à quatre pans obliques qui s'effleurissent légèrement à l'air, en se recouvrant d'une poussière blanche verdâtre.

Le sulfate de cuivre est plutôt employé dans les teintures sur lin et coton, que sur les étoffes de laine ou de soie. On s'en sert pour préparer l'acétate de cuivre par double décomposition, pour obtenir sur le coton des nuances vertes, carmélites, etc., et pour virer certaines couleurs. C'est la base principale du vert de Shèele et des couleurs bleues.

Le nitrate de cuivre est déliquescent et ses cristaux sont des parallélipipèdes alongés, d'un beau bleu, d'une saveur âcre et métallique.

Le sous-acétate de cuivre, *verdet* ou *vert-de-gris*, se fabrique dans les départemens de l'Aude et de l'Hérault, au moyen de plaques de cuivre minces qu'on bat et qu'on chauffe à environ 50 degrés. On les trempe ensuite dans du vin chaud ou mieux du vinaigre. On place sur le sol une couche de bon marc de raisin, et par-dessus une couche de plaques de cuivre, et successivement. Au bout de 30 à 45 jours, suivant le degré de spirituosité du marc, les plaques sont couvertes d'une couche verdâtre. On les enlève et on les place transversalement à côté l'une de l'autre. On les arrose ensuite plusieurs fois avec de l'eau acidulée par le vinaigre et quelquefois avec de l'eau. Alors cette couche de sel se gonfle; l'on voit se former une efflorescence blanchâtre qui offre sur les bords de longues aiguilles et qui se sépare aisément de la plaque. On racle alors le verdet et on laisse reposer les plaques quelque tems pour recommencer ensuite une nouvelle opération.

Le vert-de-gris, que l'on rencontre dans le commerce, est sous forme de pains renfermé dans des poches en peau. Si l'on traite ce sel par l'eau, il s'en dissout les 0,56, et les 0,44 restant sont à l'état d'une poudre verte, et quelquefois sous forme d'écailles d'un vert bleuâtre clair : cette portion insoluble est le sous-acétate de cuivre que l'on vend souvent pour le vert-de-gris. Il est facile à distinguer à son aspect nacré; ce résidu est mélangé d'une quantité variable de carbonate de cuivre. Si l'on emploie le vert-de-gris, on doit toujours y ajouter de l'acide acétique, afin de faciliter sa dissolution dans l'eau, qui ne dissout bien que l'acétate neutru de cuivre.

Le vert-de-gris peut remplacer le verdet cristallisé, mais il en faut une plus grande quantité.

Pour préparer *l'acétate neutre de cuivre (verdet cristallisé, cristaux de Vénus)*, on fait dissoudre à chaud le vert de gris dansle vinaigre, et après avoir concentré convenablement la liqueur, on la verse dans des vases où elle cristallise par refroidissement. Pour en favoriser la cristallisation, on y plonge ordinairement des bâtons verticaux fendus en quatre, jusqu'au sommet, à partir de la base. C'est sur ces bâtons que le verdet se dépose en prismes rhomboidaux d'un vert bleuâtre, quelquefois très réguliers et d'un assez gros volume.

Le vert-de-gris s'emploie pour quelques teintures, et les cristaux de Vénus ainsi que le verdet entrent dans la composition du *vert d'eau*, liqueur verte qu'on emploie pour le lavis des plans.

Il y a cette différence entre l'acétate et le sous-acétate de cuivre (cristaux de Vénus et vert-de-gris) c'est que, dans le premier, l'oxide de cuivre est complètement saturé d'acide acétique, c'est l'acétate de cuivre; et que, dans le vert-de-gris, il n'y a qu'une portion variable de l'oxide de cuivre qui soit à l'état d'acétate; il ne faut que cinq parties d'eau bouillante pour en dissoudre une de verdet cristallisé, ou acétate neutre.

§. XV. EAUX ET LEUR EMPLOI; EAU OXIGÉNÉE.

On ne doit pas se servir, suivant Berthollet, pour la teinture, d'eaux limoneuses, ou contenant des substances corrompues, non plus que d'eaux assez chargées de principes étrangers pour être placées au nombre des eaux minérales, ce que leur saveur fait aisément distinguer. Du reste les eaux agissent sur les parties colorantes, principalement à raison des sels à base terreuse qu'elles contiennent et qui rendent, en général, les couleurs plus ternes et plus foncées. Les carbonates de chaux et de magnésie ont en outre l'inconvénient de se précipiter par l'ébullition qui chasse l'excès de l'acide carbonique, au moyen duquel elles étaient tenues en dissolution; de sorte que ces terres s'appliquent sur les étoffes, les ternissent et empêchent les parties colorantes d'y pénétrer.

Il importe donc d'éviter l'emploi, dans la plupart des teintures, des eaux qu'on appelle *eaux dures* ou *eaux crues*; et heureusement pour ceux qui s'occupent de l'art des teintures, une épreuve vulgaire et de la plus facile exécution suffit pour faire reconnaître si une eau contient une quantité nuisible de sels à base terreuse. Tous ces sels, en effet, décomposent le savon par un échange de bases; leur terre s'unit avec la constitution de l'huile, pendant que leur acide se combine avec l'alcali du savon; et de la combinaison de l'huile avec la terre résulte un savon à base terreuse, qui, étant insoluble dans l'eau, forme les caillots qu'on observe alors.

Lors donc qu'une eau est claire, qu'elle se renouvelle, qu'elle n'a point de saveur sensible, qu'elle dissout bien le savon, on peut la regarder comme très propre aux teintures, et toujours celles qui ont ces qualités y sont également propres : on les nomme *potables*, parce qu'elles sont bonnes pour la boisson et propres à cuire les légumes, propriété que ne possèdent point les eaux crues ou dures.

Mais, comme on n'est pas toujours maître du choix des eaux, on a cherché les moyens de corriger, du moins jusqu'à un certain point, celles qui étaient mauvaises, particulièrement pour les teintures des couleurs délicates. On se sert principalement, à cet effet, de l'eau dans laquelle on a fait aigrir du son, et qu'on appelle *eau sure*. Il paraît que cette eau agit en décomposant les carbonates de chaux et de magnésie, et que son acide chasse l'acide carbonique; on évite ainsi le dépot de la terre, qui, ainsi qu'on l'a dit, se forme par l'ébulition.

L'on fait bouillir aussi des plantes mucilagineuses avec l'eau qu'on veut corriger, et il se forme une écume que l'on enlève. Le mucilage se coagule, et entraîne avec lui des terres qui se séparent par la volatilisation de l'acide carbonique, ainsi que celles qui pourraient se trouver simplement mêlées avec l'eau et la troubler.

On peut facilement rendre l'eau dure ou crue, propre aux opérations de la teinture, par la manipulation suivante :

On fait dissoudre, dans un litre d'eau, 75 décagrammes de bonne potasse du commerce, et on ajoute à cette dissolution bouillante 15 décagrammes de savon, coupé en petits morceaux ; on agite ce mélange jusqu'à ce que le savon soit dissout, ce qui se reconnaît à la viscosité de la dissolution que l'on verse bouillante dans 100 litres de l'eau à corriger, également bouillante. Il se forme un coagulum qui nage à la surface et que l'on enlève avec une écumoire. L'addition du savon à la potasse a pour objet de déterminer la séparation facile du coagulum ou précipité, qui, en s'emparant de l'huile du savon, se dégage du liquide bien plus facilement que par tout autre moyen. L'eau dure, ainsi corrigée, devient douce, potable, propre à faire cuire les légumes et à dissoudre le savon.

Les sels à base terreuse, qui sont, en général, nuisibles dans la teinture, peuvent, dans quelques cas, lui être avantageux, comme servant à modifier les couleurs, lorsqu'on a l'intention d'obtenir des nuances foncées.

L'eau à l'état de pureté est formée de 1 volume de gaz oxigène et de 2 volumes de gaz hydrogène, ou en poids de 8 parties de gaz oxigène et 1 partie de gaz hydrogène.

L'eau que l'on rencontre dans la nature est toujours impure ; elle contient des substances dont les proportions et le nombre varient suivant le sol qu'elle a traversé. Sans nous occuper ici des eaux de mer et des eaux minérales, nous entrerons dans quelques détails chimiques utiles au teinturier, sur les eaux de rivière, de source et de puits qu'il peut employer.

L'eau sera réputée de bonne qualité si :

1° Elle ne décompose pas une solution de savon qui y démontre la présence des sels calcaires ;

2° Elle ne produit pas un précipité abondant avec l'oxalate d'ammoniaque, qui dénote la présence d'un sel à base de chaux ;

3° Elle ne produit pas un précipité abondant avec le nitrate de barite, précipité insoluble dans l'acide nitrique, et qui démontre la présence d'un sulfate ;

4° Elle ne produit pas un précipité abondant avec le nitrate d'argent, précipité insoluble dans l'acide nitrique, et qui prouve l'existence d'un hydrochlorate ;

5° Elle ne produit pas de précipité avec l'hydrocyanate

(prussiate) de potasse, précipité qui prouve la présence du fer.

L'eau de rivière peut être considérée comme la réunion des eaux de source et de pluie : celles de source sont ordinairement plus pures que celles de pluie qui se chargent de substances salines en traversant le sol. L'eau de rivière contient habituellement de l'air, de l'acide carbonique, de l'hydrochlorate de soude, du carbonate de soude, du sulfate de potasse, du carbonate de chaux, du sulfate de chaux ; et l'eau du milieu du courant est toujours la moins impure.

L'eau de source contient les mêmes substances, mais en quantité plus considérable : on y trouve quelquefois du sulfate de magnésie.

L'eau de puits que l'on rassemble en creusant des cavités dans le sol, et que l'on y puise, contient en grande quantité du sulfate et du carbonate de chaux, ce qui la rend impropre aux usages de la teinture. Il en est de même de celle de quelques puits artésiens qui contiennent des quantités assez variables de substances salines et de l'hydrogène sulfuré, etc.

Influence des sels contenus dans l'eau sur les opérations de teinture. — Tous les sels à base de chaux ont la propriété de faire violeter les rouges de garance, ceux de cochenille et de bois de Fernambouc ; de se fixer sur les étoffes et d'y attirer les matières colorantes ; de décomposer le savon et de former un savon calcaire insoluble.

Les sels calcaires que contient l'eau impure ne sont solubles qu'à la faveur d'une certaine quantité d'acide carbonique. Par l'ébullition, l'acide carbonique se dégage, et les sels calcaires se précipitent en s'attachant sur les étoffes. Cet effet se fait déjà remarquer dans l'opération du dégommage, et lors de la teinture, où les étoffes entrent à froid : il arrive une époque où la chaleur est assez élevée pour laisser dégager l'acide carbonique. Le sulfate et le carbonate de chaux se précipitent en s'attachant sur les étoffes, et altèrent souvent la matière colorante.

Lors du passage en savon pour blanchir les étoffes, on est dans l'habitude de faire bouillir l'eau avec une quantité variable de sous-carbonate de soude suivant la nature calcaire des eaux ; par ce moyen on décompose et on précipite ces sels, qui se rassemblent à la surface sous forme d'écume. Après l'avoir enlevée, on y dissout le savon. De cette manière, on est garanti de la formation du savon calcaire ; mais lorsque l'on vient à laver les étoffes dans ces mêmes eaux, le savon calcaire se forme de nouveau et produit une espèce de mastic qui empêche l'action décolorante du chlore et retarde le blanchîment des étoffes.

Eau oxigénée. — Ce peroxide d'hydrogène fut découvert en 1818 par M. Thénard. Ce chimiste préparait l'eau oxigénée en dissolvant le deutoxide de barium dans l'acide hydrochlorique, versant dans cette dissolution une certaine quantité d'acide sulfurique; répétant ensuite nombre de fois ces deux opérations sur la même liqueur, puis y ajoutant du sulfate d'argent, et enfin de la barite. En séparant successivement tous les précipités par le filtre, on parvient à charger l'eau de beaucoup d'oxigène, et c'est en opérant ainsi que M. Thenard a fait absorber à ce liquide jusqu'à 616 fois son volume d'oxigène, c'est-à-dire le double de la quantité de ce principe qui lui est propre. Dans cet état de l'eau la plus chargée d'oxigène que M. Thenard ait pu obtenir, et qu'il a considéré en conséquence comme étant un peroxide d'hydrogène, sa densité est 1,452; c'est à raison de cette grande densité qu'en versant l'eau oxigénée dans de l'eau ordinaire, on la voit couler à travers cette eau comme une espèce de sirop, quoiqu'elle soit très soluble. M. Mérimée a fait connaître l'application de l'eau oxigénée à la restauration des dessins gâtés par l'altération du blanc de plomb, il suffit de quelques coups de pinceau d'une eau très faiblement oxigénée pour enlever toutes les taches et restaurer parfaitement le dessin, sans que le papier, même coloré, en soit en aucune manière altéré.

L'eau oxigénée rétablit sur-le-champ les piqûres dont l'humidité marquète trop souvent les étoffes de soie; elle ravive les couleurs affaiblies par les plis de l'étoffe et la poussière. C'est à raison de l'eau oxigénée qu'elle contient que la rosée contribue efficacement à blanchir les étoffes écrues que l'on met sur le pré. Le dégraisseur peut obtenir plusieurs bons effets de l'eau plus ou moins oxigénée, en se rappelant seulement que l'eau fortement oxigénée agit comme un acide assez violent pour attaquer l'épiderme et détruire la peau si l'application en est renouvelée.

§ XVI. *Étain, oxides et sels d'étain.*

L'étain est un métal blanc bien connu, considérablement plus dur que le plomb, à peine sonore et faisant cependant entendre quand on le plie en différens sens, un craquement particulier qu'on appelle *cri de l'étain.* Il a une saveur sensible un peu désagréable, et produit lorsqu'on le frotte, une odeur particulière. L'étain pur fond à la température d'environ 228° centigrades, mais il lui faut un très grand degré de chaleur pour se reduire en vapeur. Il cristallise par décantation, et refroidissement en prismes rhomboïdaux; sa pesanteur spécifique est 7,291 et 7,299 lorsqu'il a été écrasé.

Pour obtenir l'étain à l'état de pureté, on fait bouillir ce métal dans l'acide nitrique, et l'on réduit l'oxide qui se précipite, en le chauffant en contact avec du charbon dans un creuset couvert.

Les oxides d'étain qui sont au nombre de deux, *protoxide* et *peroxide*, jouent ainsi que plusieurs sels d'étain un grand rôle dans la teinture, où ils sont connus des manufacturiers depuis la découverte de l'écarlate dont l'oxide d'étain est un ingrédient essentiel. Pour obtenir le *protoxide*, on dissout l'étain dans l'acide hydrochlorique, soit à l'aide de la chaleur, soit par addition au besoin d'une petite quantité d'acide nitrique. Quand la dissolution est complètement opérée, on y ajoute de la potasse en excès. Il se précipite une poudre blanche qui est en partie redissoute, mais dont la portion qui reste prend une couleur gris foncé, et même avec brillant métallique. Cette portion qui reste est le protoxide pur d'étain. La poudre blanche, précipitée d'abord, est l'hydrate du protoxide. Cet hydrate abandonne son eau par la chaleur, et devient d'un gris foncé presque noir. Ce protoxide ou oxide gris d'étain, est une poudre sans saveur, soluble dans les acides et dans les alcalis. Lorsqu'il est chauffé, il prend feu, brûle comme de l'amadou et est converti en peroxide. A l'état de dissolution, il absorbe l'oxigène avec une grande avidité et devient peroxide. L'hydrate de protoxide d'étain s'emploie comme désoxigénant de l'indigo. Combiné avec l'acide hydrochlorique, il sert à détruire les couleurs produites par les oxides de fer et de manganèse qu'il rend plus solubles dans les acides. Aussi le teinturier-dégraisseur emploie-t-il avec avantage le proto-hydrochlorate d'étain pour enlever les taches de rouille et pour débouillir les nuances solitaires que donne l'oxide de manganèse.

Le *peroxide* ou *deutoxide* d'étain, qui entre dans les dissolutions les plus importantes pour le teinturier et dans la composition écarlate, peut s'obtenir en chauffant le métal dans l'acide nitrique concentré. Il se produit une vive effervescence; l'étain est converti en totalité en une poudre blanche qui se dépose au fond du vaisseau. Lorsqu'on chauffe cette poudre jusqu'à ce que tout l'acide et l'eau en aient été chassés, elle prend une couleur jaune. On forme un peroxide d'étain en chauffant ensemble de la limaille d'étain et de l'oxide rouge de mercure, et ce peroxide qui est blanc a d'ailleurs toutes les propriétés du peroxide d'étain ordinaire. Cet oxide ne se dissout point dans l'acide hydrochloriqe, mais il forme avec cet acide une combinaison qui est soluble dans l'eau, de même aussi lorsqu'on le met en digestion avec de la potasse, il se combine avec cet alcali, et la combinaison se dissout dans l'eau. Lorsque cet oxide a été chauffé au rouge, il cesse d'être soluble dans les acides ou dans l'eau, précipité qui se remarque d'ailleurs dans la plupart des oxides métalliques.

Les *sels d'étain* qu'emploie le teinturier sont des *chlorures* (*hydrochlorate* ou *muriates*, *oxi-muriates*, *liqueur fumante* de Libavius) que l'on rencontre plus ou moins impurs dans le commerce, le *protochlorure* sous forme de petits cristaux aiguillés et le *perchlorure* sous forme de masses blanchâtres attirant fortement l'humidité de l'air et d'une saveur très caustique.

On peut former le protochlorure d'étain en chauffant ensemble un amalgame d'étain et de protochlorure de mercure (calomel), ou en évaporant à siccité l'hydrochlorate de protoxide d'étain, et en fondant le résidu en vaisseaux clos. Mais le procédé généralement employé dans les arts consiste à faire passer un courant de gaz acide hydrochlorique à travers de l'eau contenant de la limaille ou de la grenaille d'étain. En ajoutant du peroxide de manganèse dans l'appareil qui dégage l'acide hydrochlorique, on obtient du perchlorure d'étain. Le *perchlorure* liquide, connu pendant long-tems sous le nom de liqueur fumante de Libavius, se prépare ordinairement en distillant à une douce chaleur un mélange d'amalgame d'étain et de perchlorure de mercure (sublimé corrosif). Ce liquide doit marquer 60° au pèse-acide de Beaumé et ne pas précipiter par quelques gouttes d'hydrochlorate d'or; s'il y a précipité, c'est qu'il contient du protochlorure.

Pour préparer la dissolution d'étain par l'acide hydrochlorique, Pelletier prescrit de mettre une partie d'étain avec quatre parties d'acide hydrochlorique concentré, dans un matras placé sur un bain de sable, et qu'on chauffe par degrés jusqu'à l'ébullition; degré de chaleur qu'il n'est bon de produire qu'après en avoir employé un modéré plus convenable pour chasser l'excès d'acide.

L'hydrochlorate produit par ce procédé contient l'étain au plus bas degré de l'oxidation nécessaire pour sa combinaison avec un acide. Dans cet état, il enlève l'oxigène, non seulement à l'acide chlorique, à l'acide sulfureux, mais encore à l'air atmosphérique et à toutes les substances qui ne retiennent pas cet élément avec force : il peut donc ainsi servir très convenablement pour se diriger dans les recherches sur les propriétés des substances colorantes. Et comme d'ailleurs l'oxide de fer se combine facilement avec les étoffes et avec les parties colorantes, cet hydrochlorate peut être très utile dans les procédés de teinture.

Pelletier a conclu de quelques essais, que c'est toujours dans l'état le plus oxidé qu'il est de l'emploi le plus avantageux en teinture : mais c'est par des épreuves qu'il est préférable de déterminer ce qui peut mieux convenir à cet égard à chaque espèce de teinture.

On obtiendra, suivant Pelletier, l'hydrochlorate d'étain dans l'état le plus oxigéné, en faisant passer du chlore dans la dissolution d'étain faite par l'acide hydrochlorique jusqu'à ce qu'elle en retienne l'odeur; après quoi Pelletier prescrit de faire volatiliser l'excès d'acide par la chaleur. On peut oxigéner l'hydrochlorate d'étain en laissant sa dissolution simplement exposée à l'air atmosphérique, mais l'effet est lent.

C'est surtout pour le coton et le lin que l'hydrochlorate d'étain peut être employé avantageusement en teinture; ou du moins, il ne peut l'être en grande quantité pour les substances de nature animale, parce que l'acide hydrochlorique exerce une action trop vive sur ces substances; ce qui doit s'appliquer aux autres hydrochlorates métalliques.

Les hydrochlorates alcalins ne sont employés que comme altérans; en général ils donnent une nuance plus foncée aux couleurs.

Dissolution d'étain. — Celle connue sous le nom de *physique*, dans les ateliers de teinture, est assez variable. M. Thillaye recommande la préparation suivante: mélangez dans un matras de verre ou dans une terrine de grès, 673 grammes (22 onces) d'acide hydrochlorique, et 306 grammes (10 onces) d'acide nitrique, puis faites-y dissoudre lentement 122 grammes (4 onces) d'étain en grenailles. L'étain entièrement dissous, on laisse refroidir et on conserve la dissolution dans des flacons.

La dissolution ou *composition* pour l'écarlate, s'obtient en faisant dissoudre 92 grammes (3 onces) d'hydrochlorate d'ammoniaque (sel ammoniac) dans 734 grammes (1 liv. ½) d'acide nitrique à 24°; on chauffe légèrement et on projette dans le mélange, par petites parties, 92 grammes (3 onces) de grenaille d'étain. L'étain entièrement dissout, on y verse 184 grammes (6 onces) d'eau pure.

Ces deux dissolutions sont des deutochlorures plus ou moins acides.

§ XVII. FER; OXIDES ET SELS DE FER.

Lorsque le fer est exposé à l'air, sa surface se ternit promptement, et il se change peu à peu en une poudre d'un jaune brun, connue sous le nom de *rouille*. Cet effet a lieu plus rapidement, si l'atmosphère est humide; il est dû à la combinaison graduelle du fer avec l'oxigène de l'atmosphère, pour lequel il a une très grande affinité. Les oxides de fer sont au nombre de deux, et peut-être de trois; mais ce dernier oxide qui est *violet*, peut n'être qu'une combinaison de *protoxide* qui est *noir*, et de *peroxide* qui est *rouge*. La rouille n'est autre chose que le peroxide combiné avec le gaz acide carbonique.

La tendance qu'a le protoxide, qui ne peut exister dans l'air atmosphérique qu'en combinaison avec les acides, à absorber l'oxigène, le fait employer pour désoxigéner plusieurs corps, et notamment l'indigo. Il est à remarquer que dans presque toutes les teintures, on n'emploie le fer qu'à l'état de protoxide, et que cependant il passe à l'état de peroxide dans les diverses opérations qu'il subit ensuite.

Le *protoxide* connu sous le nom *d'éthiops martial* s'obtient, soit en mettant en digestion dans l'eau de la limaille de fer en excès, soit par la combustion du fil de fer dans l'oxigène, soit par addition d'ammoniaque pure à une dissolution de protosulfate de fer (couperose verte) et séchant le précipité à l'abri du contact de l'air; il est d'une couleur noire, devenant blanche par son union avec l'eau dans l'hydrate, est atirable à l'aimant, mais plus faiblement que le fer.

Le *peroxide* de fer existe abondamment dans la nature, dans les mines de fer rouges. Connu sous le nom de *colchotar de vitriol* ou de couperose complètement calcinée, on l'obtient dans les arts par la calcination du fer à vaisseaux ouverts. A l'état anhydre (sans eau), sa couleur est d'un beau rouge brun; mais elle vire au jaune-rougeâtre dès qu'il passe à l'état d'hydrate, ou de combinaison avec l'eau. C'est dans ce dernier état qu'on l'emploie pour teinture en chamois sur coton.

Le teinturier devra conserver le protoxide de fer et ses

sels, dans des flacons bien fermés et pleins autant que possible, afin d'éviter qu'ils ne passent à l'état de peroxide. Le peroxide, qu'il est impossible de remplacer par d'autres substances en teinture, forme la base de tous les mordans ferrugineux, du bleu de Prusse et d'un grand nombre de combinaisons tinctoriales.

Les sels de fer, d'un usage habituel, sont les sulfate, nitrate, acétate, sur lesquels nous allons donner les détails chimiques qui nous semblent importans à connaître pour le teinturier qui les emploie.

Le *proto-sulfate de fer (couperose verte, vitriol vert, vitriol martial)*, que l'on rencontre dans le commerce, sous forme de cristaux irréguliers, d'une couleur vert bouteille, se distingue en quatre sortes : 1° celle de fabrique ; 2° celle de fabrique et de refonte ; 3° celle naturelle ; 4° le sulfate de fer naturel de refonte. Les sulfates de fer de refonte s'obtiennent en dissolvant celui de fabrique ou naturel, pour le purifier par une nouvelle cristallisation.

Ce sel se prépare par deux procédés différens, soit en traitant le fer par l'acide sulfurique etendu d'eau, soit en exposant les pyrites à l'air humide. Par le premier procédé, on met de la tournure de fer, ou du fil de fer bien pur dans un matras, et l'on verse dessus peu à peu de l'acide sulfurique étendu de huit à dix fois son poids d'eau, en telle quantité que tout le fer ne puisse point être attaqué. Lorsque l'effervescence est presque arrêtée, on fait bouillir la liqueur avec l'excès de fer qu'elle contient, afin d'avoir le sulfate le moins acide possible ; on la concentre convenablement, puis on la décante dans un flacon, et on la laisse refroidir sans le contact de l'air.

En grand, on sature par le fer les liqueurs acides qui proviennent de l'épuration des huiles de colza. Cette saturation a lieu dans de grandes chaudières en cuivre ; lorsqu'elle est terminée, on concentre les liqueurs jusqu'à 34 degrés, puis on les met à cristalliser dans de grands cuviers. Après huit à dix jours, on décante les eaux mères, et les cristaux sont détachés, puis mis à égoutter. Les eaux mères sont de nouveau mises à évaporer afin d'en obtenir de nouveaux cristaux.

Pour préparer le sulfate de fer de refonte, il faut dissoudre ces cristaux dans de l'eau, laisser reposer pour faciliter la précipitation des matières étrangères, et mettre à cristalliser de nouveau.

Le deuxième procédé de préparation du sulfate de fer peut s'exécuter partout où l'on trouve du sulfure de fer.

Après avoir extrait ce sulfure du sein de la terre, où il est ordinairement en couches minces, à une profondeur de dix, vingt, trente, cinquante mètres, on l'expose à l'air, en tas qui sont plus ou moins longs et plus ou moins larges, et dont l'épaisseur est d'environ un mètre; quelquefois on les arrose légèrement. Peu à peu le sulfure de fer absorbe l'oxigène de l'air, et passe à l'état de sulfate, qui vient s'effleurir à la surface du tas, et qui est très reconnaissable à sa saveur styptique; mais à mesure que le soufre se brûle, une portion d'acide sulfurique se combine avec l'alumine qui fait partie du sulfure employé; d'où il suit qu'il se forme tout à la fois du sulfate d'alumine et du sulfate de fer. Au bout d'un an environ, on lessive la matière; on dissout ainsi le sulfate d'alumine et le sulfate de fer, et l'on concentre convenablement la liqueur dans des chaudières de plomb; le sulfate de fer cristallise presque tout entier, tandis que le sulfate d'alumine, qui est déliquescent, reste dans les eaux mères. On décante les eaux mères, on lave le sulfate de fer avec une petite quantité d'eau, on le fait sécher et égoutter.

On prépare aussi du sulfate de fer avec des eaux minérales, qui tiennent en dissolution du cuivre, qu'on précipite par le fer; on fait ensuite cristalliser cette dissolution, qui contient un peu de cuivre. Monnet, dans son *Traité de la vitriolisation*, annonce que, pour obtenir des sulfates de fer, exempts de cuivre et d'alun, il faut avoir soin de tenir, dans la chaudière qui sert à l'évaporation, des fragmens de fer; car, dit-il, le fer peu oxidé a la propriété de précipiter le cuivre et la base de l'alun. Il paraît que c'est à cette précaution qu'est due la supériorité du vitriol d'Angleterre. On y a recours aussi, suivant M. Chaptal, dans quelques manufactures de France. Il n'y a que le zinc qui ne pourrait pas être précipité; mais il se trouve très rarement, et seulement en petite quantité dans les sulfates de fer.

Le sulfate de fer est d'une couleur verte, il cristallise en prismes rhomboïdaux transparens. Sa saveur est très forte et styptique, il rougit le tournesol. Il est très soluble dans l'eau; à la température ordinaire, il faut le double de son poids et seulement les trois quarts au degré de l'ébullition. Par son exposition à l'air, il devient opaque et se recouvre d'une couche jaunâtre, effet produit par l'absorption de l'oxigène, qui transforme une partie du proto-sulfate en per-sulfate; cet effet a lieu avec plus d'activité lorsque le sulfate se trouve en solution dans l'eau. Exposé au feu, le sulfate de fer fond, se boursouffle et devient blanc en perdant son eau de cristallisation; si la température est continuée, l'acide sulfurique se dégage, et il reste une poudre rouge connue sous le nom de colchotar, oxide rouge de fer. Si cette opération a lieu dans une cornue, il se dégage d'abord une eau légèrement acide et ensuite un acide fumant, connu sous le nom d'acide sulfurique de Nordhausen.

Le sulfate de fer que l'on rencontre dans le commerce est souvent impur ; parmi les substances qui peuvent l'altérer, nous citerons le cuivre, l'alumine, et l'excès d'acide sulfurique que l'on y ajoute pour qu'il puisse conserver longtems sa couleur verte. Le cuivre est nuisible dans les cuves et le bleu faïence, par la propriété qu'il a de réoxigéner l'indigo. On peut s'assurer de sa présence ; 1° en mettant dans une solution du sulfate une lame de fer décapée ; et, l'y laissant séjourner quelque tems, elle se couvrira d'une couche de cuivre si le sel en contient ; 2° en précipitant la solution du sulfate par l'ammoniaque en léger excès, la liqueur surnageante sera bleue si le sel contient du cuivre.

Le proto-sulfate de fer entre dans la composition des teintures en noir et en gris ; il est employé pour monter les cuves d'indigo : il sert à la préparation de l'acétate de fer par double décomposition. On l'emploie pour préparer le bleu de prusse et l'encre.

Le cuivre qui se trouve présent dans plusieurs espèces de sulfates de fer, n'est pas nuisible aux teintures noires, pour lesquelles on fait principalement emploi de ce sulfate, mais pour d'autres usages, il convient d'en séparer le cuivre : on y parvient aisément en tenant pendant quelques heures dans la dissolution froide du sulfate de fer, des lames de fer sur lesquelles se précipite le cuivre. Il est probable que l'alun est plus nuisible au noir que le cuivre ; car lorsqu'on fait bouillir une étoffe noire avec ce sel, il en détruit la couleur en la dissolvant.

Toutes les dissolutions du fer par les acides forment avec l'oxide noir une combinaison plus intime qu'avec l'oxide rouge ; ils présentent aussi des différences qui dépendent de l'énergie de l'acide : ainsi l'acide hydrochlorique dissout plus facilement le fer très oxidé que les autres; il est vrai que si cet acide contient un excès de chlore, une partie de l'acide forme, ainsi que l'a observé Fourcroy, du chlore, et il y a lieu de conjecturer que l'hydrochlorate de fer très oxidé serait moins propre aux teintures noires que le sulfate, parce qu'il retiendrait avec plus de force l'oxide qui doit entrer dans la formation des molécules noires.

Nitrates de fer. — Le proto-nitrate peut s'obtenir en dissolvant du fer dans de l'acide nitrique à 25° (1,210 poids spécifique). Il faut que cette dissolution se fasse lentement: à cet effet, dans un vase en grès, on met environ 5 kilo. d'acide nitrique, on place le vase dans un lieu frais, et l'on y met une forte barre de fer, la dissolution s'opère lentement, et, si elle a lieu avec trop d'activité, on doit la retirer; il est essentiel d'éviter que la température de l'acide ne s'élève, car alors on obtiendrait un per-nitrate. Lorsque l'acide est saturé, on trouve au fond du vase des cristaux blancs. Ces cristaux affectent la forme de prismes rhomboïdaux, ayant quelque ressemblance avec le proto-sulfate de fer; ils sont blancs verdâtres, transparens, leur saveur est astringente très-prononcée. Ils rougissent les couleurs bleues végétales; par leur exposition à l'air, ils fondent, absorbent l'oxigène de l'air, et passent à l'état de per-nitrate.

Le per-nitrate de fer s'obtient en dissolvant rapidement du fer dans de l'acide nitrique à 34° (1,3046 poids spécifique). Il se dégage une grande quantité de gaz nitreux, ce qui nécessite de faire cette opération dans un courant d'air, afin de n'être pas incommodé par la vapeur nitreuse qui est très dangereuse à respirer. Lorsque l'acide n'exerce plus d'action sur le métal, on doit retirer celui-ci; car en le laissant séjourner, une portion du fer continue à se dissoudre, et l'on obtient une masse brune formée de sous-per-nitrate de fer qui est insoluble.

Si l'on veut obtenir des cristaux de per-nitrate, on fait dissoudre lentement le fer dans l'acide nitrique à 34, en plaçant le vase dans un lieu frais. Lorsque la dissolution est à peu près complète, il se forme des cristaux qui affectent la forme de prismes droits à quatre pans et à bases carrées; quelquefois ils ont six pans. La saveur de ce sel est astringente et acide, il est blanc et devient promptement brun par son exposition à l'air. Le per-nitrate liquide est d'une couleur brune, et ainsi préparé, sa densité est de 55° 1,618. C'est dans cet état qu'il est employé dans les diverses opérations de teinture.

Acétates de fer.— Le proto-acétate s'obtient en dissolvant dans de l'acide acétique à 8° de la tournure de fer, et facilitant l'action par la chaleur. Lorsque la saturation se trouve terminée, on évapore les liqueurs assez rapidement jusqu'à 60°, en abandonnant la solution dans un endroit frais. Il se dépose des cristaux prismatiques agglomérés sous la forme de houppes; ils sont d'un blanc verdâtre, et passent au brun en absorbant l'oxigène de l'air. Leur saveur est douceâtre et styptique; ils sont très-solubles dans l'eau.

Le *Per-acétate de fer* s'obtient facilement en laissant le

pro-acétate en contact avec l'air; il est d'une couleur brune; évaporé à siccité, il se prend sous la forme de gelée. L'acétate de fer employé dans les ateliers de teinture est désigné sous le nom de *pyrolignite de fer*. On l'obtient en dissolvant du fer dans de l'acide pyroligneux brut. Ce produit que l'on tire du commerce est souvent impur; il contient quelquefois des eaux-mères de sulfate de fer. Le nitrate de barite y produit un précipité abondant lorsque ce sel s'y trouve mélangé. Afin d'avoir ce produit bien saturé, on est dans l'habitude de le mettre dans des tonneaux remplis de ferraille, et on le laisse séjourner pendant un mois ou deux. Ce point est très important, car le noir fourni par le pyrolignite de fer acide est toujours brun. On doit également éviter d'employer celui qui contient une grande quantité de goudron : les nuances que l'on obtient sont toujours ternes. Le pyrolignite doit être d'une couleur brune foncée, transparente, et porter de 14 à 16°.

On prépare encore un acétate de fer en décomposant le sulfate de fer par l'acétate de plomb. Si l'on veut obtenir un acétate pur, on doit pour 100 parties de proto-sulfate de fer, employer 136 parties d'acétate de plomb. Il est rare d'employer un acétate semblable; celui dont on se sert pour former le rouille est fait à parties égales, et en général ils contiennent tous plus ou moins de sulfate de fer. On obtient encore l'acétate de fer par double décomposition, en substituant l'acétate de chaux à l'acétate de plomb, dont les proportions varient suivant son degré de pureté. Dans celles que nous établissons, nous le supposerons à l'état de pureté. Ainsi, pour obtenir un acétate de fer exempt de sulfate et d'acétate de chaux, on prendra pour 100 de sulfate de fer, 95 d'acétate de chaux. Du reste, il est facile dans la pratique de s'assurer du point de saturation, en essayant alternativement la liqueur précipitée par le sulfate de fer et l'acétate de chaux qui ne doivent pas la troubler. Dans le cas où l'un ou l'autre de ces deux sels la troublerait, il faudrait alors ajouter plus ou moins de sulfate ou d'acétate. Il serait même préférable qu'il existât plutôt du sulfate de fer que de l'acétate de chaux en excès, ce dernier corps étant nuisible dans les opérations de teinture. Nous observerons également que l'on substitue à l'acétate de plomb, pour la préparation de l'acétate de fer impur, le pyrolignite de plomb, dont le prix est inférieur; le résultat obtenu est exactement le même. Les doses de ce sel sont les mêmes que celles de l'acétate de plomb.

L'acétate de fer est principalement employé pour les

noirs sur coton, les gris, une infinité de nuances composées, et en général pour les couleurs noires, sur coton, et sur lin, par les mêmes raisons qui font choisir l'acétate d'alumine ; mais on n'a pas besoin de recourir à un procédé si dispendieux. L'acide acétique dissout immédiatement le fer ; et pour que celui-ci soit dans l'état le plus oxidé ; on tient pendant très long-tems des fragmens de fer dans de bon vinaigre ; cependant il ne faut pas négliger, dès que la dissolution est achevée, de décanter la liqueur et de la tenir dans un vase où elle puisse avoir le contact de l'air, et où elle passe à l'état très oxidé.

Pour les teintures noires ordinaires, où l'on n'a pas besoin d'une dissolution aussi concentrée, on ne se sert pas de vinaigre ; mais on forme souvent un acide à moindres frais avec différentes substances végétales, par exemple, avec l'écorce du bouleau. On donne le nom de *tonne au noir* au vase où s'exécute cette opération, et cet objet serait mieux rempli en ayant soin de tenir la dissolution qui s'est faite hors du contact du fer.

Lorsque, dans la fabrication des toiles peintes, on se sert des dissolutions de fer pour obtenir, par exemple, la couleur appelée *jaune de rouille*, on peut employer l'acétate peu oxidé, formé par la décomposition de l'acétate de plomb par le sulfate de fer. Le sel avec excès d'oxide qui se forme sur la toile, a une couleur jaune agréable, qui, par le contact des alcalis, passe au gris, puis, s'oxidant à l'air, devient rouge. Les nuances de jaune que l'on peut donner au coton, par le moyen du fer, prouvent que ce n'est pas l'oxide de fer seul qui sert à colorer dans cette circonstance ; car c'est toujours à un acide que l'oxide de fer doit cette couleur.

Il ne faut pas négliger de prendre en considération les changemens de couleur qui résultent des différentes oxidations du fer dans les teintures où l'on en fait usage pour d'autres couleurs que pour le noir. C'est pour cela que M. Chaptal recommande les précautions qu'il convient de prendre pour que cette oxidation se fasse uniformément pendant l'opération même, et pour que l'étoffe y soit exposée d'une manière égale.

§ XVIII MANGANÈSE ; OXIDES ET SELS DE MANGANÈSE.

La découverte de ce métal date de 1774, époque de la dissertation de Shèele sur le minéral alors appelé *manganèse* et qu'il prouva être un oxide métallique. On faisait d'ailleurs usage dans les arts des oxides et sels de manganèse, avant d'avoir obtenu le métal pur qui est d'un blanc tirant sur le gris, semblable à la fonte de fer; il a un grand éclat qu'il perd promptement par son exposition à l'air, et devient successivement gris, violet, brun et noir. Cette altération dans la couleur a lieu plus promptement encore quand on chauffe le métal avec le contact de l'air. L'eau le décompose avec énergie et rapidité.

Oxides. — Suivant Davy, il n'existe que deux oxides de manganèse, le protoxide qui est olive, et le peroxide qui est noir. On ne fait usage que de ce dernier, et il importe au teinturier qui l'emploie à la production du chlore, de connaître les variétés qu'on en rencontre dans le commerce, parce qu'elles ne produisent pas toutes la même quantité de chlore; voici le tableau rédigé par M. Dumas, d'après les analyses de M. Berthier, qu'en donne M. Julia Fontenelle dans son Manuel du blanchîment qui fait partie de cette collection : nous empruntons également à ce manuel le moyen chimique propre à reconnaître la quantité de chlore que peut fournir un poids donné de peroxide de manganèse.

LOCALITÉS OU GISENT LES ESPÈCES de manganèse examinées.	QUANTITÉ employée.	QUANTITÉ de chlore produite.	*Observations.*
	kil.	kil.	
Manganèse pur................	1	0,7964	
De Crettnich, près Sarbruck..		0,7525	
De Calveron (Aude)..........		0,7658	Sans calcaire.
De Calveron (*id.*)..........		0,5764	Avec calcaire.
De Périgueux................		0,5179	
De Romanèche...............		0,4692 à 0,5135	Celui dont on se sert le plus souvent contient 25 pour 100 de substances étrangères.
De Laveline (Vosges).........		0,4648	Noir sans calcaire.
De Pesillo (Piémont).........		0,4426	Noir avec calcaire.
De Pesillo (*id.*)...............		0,3520	
De Saint-Marcel (*id.*)........		0,2789 à 0,3058	*N. B.* Les peroxides de manganèse de Calveron sans calcaire et celui de Crettnich s'approchent comme on voit du degré de pureté.

Essai. — Le peroxide de manganèse pur d'une pesanteur spécifique de 4°, se compose suivant Davy de 69 manganésium et 31 oxigène, tandis que l'oxide olive est formé de 79 manganésium et 21 oxigène seulement. Ainsi, en ad-

mettant que le peroxide noir se compose de manganésium........................... 3 gram. 5578
Oxigène........................... 2 0000

5 gram. 5578

Cette quantité peut fournir 4 grammes 4265 de chlore, ou bien 1 litre 3963 à 0, sous la pression de 76.

Ainsi, pour obtenir 1 litre de chlore, il faudrait 3 gr. 980 de cet oxide de manganèse. Telle devra donc être la quantité de celui que l'on voudra essayer. On le réduira en poudre que l'on introduira dans un petit matras luté, fermé par un bouchon en liége, livrant passage à un tube recourbé et à un autre tube en S. Dès qu'on y aura versé l'acide hydrochlorique par ce dernier, on chauffera à une douce chaleur, et l'on recevra le chlore gazeux dans un flacon contenant un peu moins d'un litre de lait de chaux; vers la fin de l'opération, on augmente le feu, de manière à faire bouillir l'acide hydrochlorique, afin de faire passer le chlore des vaisseaux dans le lait de chaux. L'opération terminée, l'on ajoute au chlorure de chaux obtenu une quantité d'eau suffisante pour former un litre de liqueur dont le titre chloro-métrique indiquera la quantité exacte de chlore qu'il contient.

Nous devons faire ici une autre remarque dans l'intérêt du fabricant, c'est que la bonté du peroxide de manganèse ne se calcule point seulement par la quantité de chlore qu'il produit, mais par celle d'acide hydrochlorique qu'il exige pour cette production. Il est en effet des manganèses qui contiennent depuis 10 jusqu'à 30 pour 100 et même au-delà du carbonate de chaux, de barite, de fer, etc.; qui s'unissent à l'acide hydrochlorique et le saturent en pure perte pour la fabrication du chlore; ce qui, exigeant une plus grande quantité de cet acide, augmente les frais, qui ne peuvent être compensés que par l'achat à prix inférieur de ces peroxides de manganèse.

Les oxides de manganèse, combinés avec les tissus de matière végétale, produisent selon l'état de concentration, des nuances cannelle, solitaire et brunes.

Les *sels de manganèse* sont presque tous solubles dans l'eau, et leur dissolution dans ce liquide, traitée avec les alcalis fixes, dépose un précipité de couleur blanche ou rougeâtre qui passe très promptement au noir par son exposition à l'air. On se sert en teinture du sulfate, acétate et hydrochlorate de manganèse.

Le *protosulfate* de manganèse s'obtient en dissolvant du carbonate de manganèse dans l'acide sulfurique. Il cristallise en aiguilles soyeuses qui ne s'altèrent pas à l'air, quelquefois en prismes tétraèdres applatis et en lames très larges entremêlées les unes avec les autres. La pesanteur spécifique de ces cristaux est 1,834. On peut former le *persulfate* en distillant de l'acide sulfurique sur le peroxide de manganèse; en lavant le résidu avec de l'eau, on obtient une liqueur rouge-violâtre, qui tient en dissolution le persulfate de manganèse. Cette dissolution qui cristallise difficilement se prend en une gelée, mais évaporée à siccité, elle fournit des croûtes salines, minces, qui se précipitent successivement de la surface et qui sont difficilement déliquescentes.

Le sulfate de manganèse que l'on trouve dans le commerce est une poudre grossière, rosée et plus ou moins jaunâtre suivant qu'elle contient plus ou moins de sulfate de fer. Ce sulfate est toujours impur et mêlé de sulfate de chaux. Il sert à préparer l'acétate de manganèse, et s'emploie en teinture pour les couleurs solitaires sur coton.

L'acide acétique dissout très lentement le manganèse et son carbonate. La dissolution d'*acétate de manganèse* cristallise aisément en tables rhomboïdales. Les cristaux sont rougeâtres, transparens, et ils ne s'altèrent point à l'air. Leur saveur est astringente et métallique. Ils se dissolvent dans trois fois et demi leur poids d'eau froide, ils sont également solubles dans l'alcool. On peut même former cet acétate en versant dans une solution de 100 parties de sulfate de manganèse, 156 parties d'acétate de plomb, ou, ce qui est bien meilleur marché, 110 parties d'acétate de chaux. On filtre ensuite pour séparer le sulfate de plomb ou de chaux qui s'est précipité; l'acétate de manganèse, ainsi obtenu par la chaux, est d'un assez bon prix pour remplacer avantageusement le sulfate et l'hydrochlorate de manganèse.

Le manganèse se dissout à la manière ordinaire dans l'acide hydrochlorique. Cette dissolution donne difficilement des cristaux d'*hydrochlorate de manganèse;* mais, par l'évaporation, elle se change en une masse saline, déliquescente qui est soluble dans l'alcool. En traitant le protoxide ou le carbonate de manganèse par l'acide hydrochlorique, on obtient à l'aide d'une évaporation lente, des cristaux prismatiques, en tables alongées à six faces qui sont d'un rouge foncé et transparent. Leur saveur est caustique et laisse sur la langue une impression salée. Ils attirent promptement l'humidité de l'air. Chauffés, ils éprouvent la fusion aqueuse, perdent alors leur eau, et à une chaleur rouge, la plus grande partie de leur acide. L'eau et l'alcool dissolvent l'un et l'autre au-delà de leur poids de ce sel. La dissolution alcoolique brûle avec une flamme rouge. La pesanteur spécifique des cristaux est 1,56.

L'hydrochlorate de manganèse, que l'on rencontre dans le commerce et qui s'obtient en saturant par la chaux le résidu de l'opération du chlore, est très impur. On s'assure qu'il contient de l'hydrochlorate de chaux en versant dans la dissolution, du sulfate de soude en léger excès, ce qui détermine au bout de quelque tems un précipité de sulfate de chaux. 100 parties en poids de ce précipité lavé et séché représentent 175 parties d'hydrochlorate de chaux cristallisé.

Si l'on ajoute au résidu de l'opération de chlore, mis dans une chaudière en fonte, un excès d'oxide de manganèse et qu'on chauffe, en remuant, jusqu'au bouillon ; si l'on retire le tout de la chaudière pour le mettre dans un vase de plomb, et qu'on y ajoute, en remuant, du carbonate de manganèse humide jusqu'à ce que la liqueur refuse d'en dissoudre ; qu'on laisse déposer et qu'on filtre; que dans le liquide clair on verse 15 à 30 grammes de solution de sulfate de soude, par litre ; on obtiendra en laissant déposer, une solution d'hydrochlorate de manganèse qui peut servir à tous les besoins de l'atelier, pour la teinture des étoffes avec le manganèse.

Le *carbonate de manganèse* s'obtient aisément en mettant du carbonate de potasse ou de soude dans une dissolution de nitrate ou de sulfate de manganèse. Il se précipite en une poudre blanche, qui, en se desséchant, acquiert une légère nuance de jaune. Ce sel est insipide et inaltérable à l'air; il ne se dissout pas dans l'eau.

§ XIX. PLOMB ; OXIDES ET SELS DE PLOMB.

Connu de toute antiquité, le plomb est un métal d'un blanc bleuâtre, d'un grand éclat lorsqu'il est nouvellement fondu ; mais il se ternit promptement à l'air ; il y prend d'abord une couleur d'un gris sale, et à la fin sa surface devient presque blanche ; l'eau n'a pas d'action directe sur ce métal, mais elle facilite celle de l'air.

On connaît certainement deux et peut-être trois oxides de plomb ; le protoxide est *jaune*, le deutoxide est *brun*, et le peroxide est *rouge* : tous ces oxides sont aisément revivifiés par la chaleur et le carbone.

Les sels de plomb sont, pour la plupart, à peine solubles dans l'eau, s'ils ne contiennent pas un excès d'acide ; ils précipitent en *noir* par l'acide hydrosulfurique et l'hydrosulfate de potasse, en *blanc* par l'acide gallique et l'infusion de noix de galle. Ils ont presque tous une saveur plus ou moins sucrée, et à un certain point astringente. Ceux dont on fait le usage plus souvent dans la teinture, sont les acétates, chromates, et sulfates.

L'acétate de plomb est connu depuis long-tems : — Ce sel, qui est une combinaison de plomb réduit à l'état d'oxide et d'acide acétique, cristallise ordinairement en petites aiguilles brillantes satinées, qui ont la forme de prismes tétraèdres aplatis, terminés par des sommets dièdres, et d'une pesanteur spécifique de 2,345. L'eau qu'on tient en ébullition sur ce sel en peut dissoudre environ les 0,29 de son poids ; elle en retient à peu près les 0,27 en dissolution lorsqu'elle est froide. A l'air, ce sel n'éprouve aucun changement ; sa saveur est d'abord sucrée et un peu astringente, ce qui lui a fait donner, dans le commerce, les noms impropres de *sel* ou *sucre de Saturne*, de *sucre de plomb*. Il se consomme une grande quantité de ce sel dans les arts : aussi en existe-t-il de grandes fabriques. De tous les procédés qu'on peut employer pour le préparer, le meilleur consiste à traiter, soit par le vinaigre, soit par l'acide pyroligneux purifié, l'oxide provenant de la calcination du plomb.

Après avoir mis l'oxide dans des chaudières en plomb ou en cuivre étamé, on y ajoute un excès de vinaigre distillé, et l'on fait chauffer la liqueur. Bientôt la dissolution a lieu ; on la concentre, après quoi on la porte dans des vases, où elle refroidit peu à peu, et où le sel cristallise en aiguilles. On décante ensuite les eaux mères, pour les soumettre à une nouvelle évaporation, et en obtenir d'autres cristaux. Les dernières portions d'acétate que l'on obtient sont ordinairement jaunâtres ; mais on les rend parfaitement blanches en les purifiant par de nouvelles cristallisations.

Lorsque l'acide acétique n'a pas le contact de l'air, il n'attaque pas le plomb à l'état métallique ; mais si l'air touche sa surface, peu à peu le plomb s'oxide par le moyen de l'oxigène qu'il attire, et par là il devient soluble dans l'acide.

La plus grande partie de l'acétate de plomb se prépare avec le vinaigre distillé, provenant de la carbonisation de bois, de la bière ou du vin, et avec de la litharge (protoxide jaune ou blanc de plomb (sous-carbonate de plomb), qui, étant réduit en poudre très subtile, se trouve dans l'état le plus favorable pour se dissoudre.

L'acétate de plomb n'est pas employé directement comme mordant dans les teintures, quoiqu'il produise un précipité abondant avec la plupart des dissolutions des parties colorantes; mais ces précipités ont des nuances sombres et ternes; le grand usage que l'on en fait est pour se procurer l'acétate d'alumine, sel dont on ne se sert que dans la teinture, où on l'emploie pour fixer les couleurs sur les tissus ligneux et aussi pour obtenir des couleurs jaunes par le chromate de plomb.

L'acétate impur connu dans le commerce sous le nom de pyrolignité de plomb, retient toujours une certaine quantité de goudron qui lui donne un aspect brun. S'il contient du fer, ce que dénote la couleur bleuâtre qui s'y manifeste par l'addition de quelques gouttes d'hydrocyanate (prussiate) de potasse, il ne convient de l'employer que pour former l'acétate de fer.

Le *sous-acétate de plomb* qu'on peut former en faisant bouillir ensemble dans l'eau 100 parties d'acétate de plomb avec 150 parties du protoxide (litharge jaune) de ce métal, sec et dépouillé d'acide carbonique, cristallise en lames, et sa dissolution dans l'eau, est connue sous le nom de *vinaigre de plomb*, d'*extrait de goulard*. Ce sel est précipité par l'acide carbonique en beaucoup plus grande proportion que l'acétate, et il est connu des chimistes comme moyen d'essai plus sensible pour le mucilage ou la gomme.

Le *chromate de plomb* existe natif, de couleur rouge avec une nuance de jaune. On le précipite à l'état d'une poudre rouge sans saveur, insoluble, en mêlant ensemble des dissolutions d'un nitrate ou d'un acétate de plomb et du chromate de potasse. On lave le précipité que l'on recueille sur un filtre, et on le conserve en pâte. En imprégnant les toiles avec une solution de sel de plomb, en les passant dans un bain de chromate de potasse, on fixe ce sel sur les tissus de ligneux.

Le *sous-chromate de plomb* que l'on obtient en précipitant une solution de sous-acétate de plomb par une solution de sous-chromate de potasse, est d'une belle couleur orange. Ce sel insoluble dans l'eau, se fixe facilement sur les tissus de ligneux, en les imprégnant d'une solution d'un sous-sel de plomb et les passant dans un bain de chromate alcalin.

Sulfate de plomb (*céruse de Mulhouse*). — L'acide sulfurique n'attaque pas le plomb à froid, mais quand on le fait chauffer jusqu'à l'ébullition sur ce métal, il lui communique une portion de son oxigène, il se dégage du gaz acide sulfureux, et tout le plomb est converti en une masse blanche épaisse qui est le sulfate de plomb. On obtient également ce sel en mêlant un sulfate soluble avec une dissolution d'un sel de plomb. Dans le commerce, on réduit ce sulfate en pains, et on le désigne sous le nom de *céruse de Mulhouse*. Le sulfate de plomb natif qui se trouve dans les environs de Paris et dans l'île d'Anglesey, est cristallisé en prismes tétraèdres; il en est venu d'Écosse des échantillons en tables transparentes.

§ XX. POTASSE, SOUDE ET SAVONS.

Potasse (*alcali végétal*). — Si après avoir réduit en cendres une quantité suffisante de bois, on les lessive jusqu'à ce que l'eau qui en sort n'ait plus aucune espèce de saveur, et qu'ensuite on évapore à siccité la liqueur du lavage préalablement filtré, on aura pour résidu de cette évaporation de la *potasse*; dans cet état, elle est, à la vérité, mêlée avec plusieurs autres substances qui l'accompagnent ordinairement, mais dont on la débarrassera en majeure partie en la chauffant au rouge. On peut l'obtenir parfaitement pure de la manière suivante :

Mêlez cette potasse, déjà préalablement purifiée, en la chauffant au rouge, avec deux fois son poids de chaux vive, et dix fois son poids d'eau pure; faites bouillir ce mélange pendant quelques heures dans un vaisseau de fer propre, ou bien, abandonnez-le pendant quarante-huit heures dans un vase de verre, en le remuant au besoin; filtrez alors, et faites évaporer très promptement la liqueur dans un vaisseau d'argent, jusqu'à ce qu'elle soit assez concentrée pour prendre, par le refroidissement, la consistance du miel. Ajoutez-y de l'alcool en quantité égale au tiers de la potasse employée; agitez bien le mélange; mettez-le sur le feu; faites bouillir pendant une minute ou deux, et alors versez-le dans un vaisseau de verre fermé avec un bouchon de liége. La liqueur se séparera peu à peu d'elle-même en deux couches. Celle inférieure contient les matières étrangères en partie dissoutes dans l'eau, et en partie à l'état solide, et la partie supérieure est une dissolution d'un brun rougeâtre, de potasse pure dans l'alcool; décantez cette dissolution alcoolique dans une bassine d'argent, et faites-la évaporer, jusqu'à ce qu'il se forme une croûte à sa surface, et que la liqueur au-dessous ait acquis une consistance à devenir solide par le refroidissement. Versez alors la liqueur dans un vase de porcelaine; elle se solidifiera en se refroidissant, en une belle substance blanche, qui est la potasse pure; on la brise pour la renfermer aussitôt dans une fiole bouchée bien exactement.

Ce procédé est dû à Berthollet; celui proposé d'abord par Lowitz, de Pétersbourg, est moins dispendieux; il consiste à faire bouillir ensemble, comme dans le procédé ci-dessus décrit, de la potasse et de la chaux vive. On filtre la liqueur; on l'évapore jusqu'à ce qu'il se forme une pellicule à sa surface; on la laisse ensuite refroidir, et on en sépare tous les cristaux qui s'y sont formés, et qui sont tous des sels étrangers; on continue alors l'évaporation dans un vaisseau de fer, en enlevant soigneusement avec une écumoire du même métal la pellicule à mesure qu'elle paraît à sa surface: lorsqu'il ne s'y en forme plus, et que la matière a cessé de bouillir, on la retire du feu, et on la remue continuellement avec une spatule de fer pendant qu'elle refroidit. On la dissout alors dans le double de son poids d'eau; on filtre la dissolution et on l'évapore dans un vaisseau de fer, jusqu'à ce qu'on s'aperçoive qu'il s'y dépose des cristaux réguliers: si la masse se consolide en se refroidissant, on y ajoute un peu d'eau, et on la chauffe de nouveau; lorsqu'il y a une quantité suffisante de cristaux formés, on décante la liqueur devenue d'une couleur très brune, qui les surnage; on la garde dans une bouteille bien bouchée, jusqu'à ce que la matière brune se soit déposée, qu'on puisse l'évaporer de nouveau, et en obtenir encore des cristaux. Dans les manipulations chimiques, la potasse obtenue par ce dernier procédé s'appelle *potasse traitée à la chaux*, ou *rendue caustique*. Dans le premier procédé de Berthollet, le produit obtenu est de la *potasse purifiée à l'alcool*.

La potasse obtenue pure, ou protoxide de potassium, est une substance cassante, de couleur blanche; elle jouit éminemment des propriétés alcalines. Son odeur est analogue à celle qui se répand lorsqu'on éteint la chaux vive; sa saveur est singulièrement âcre, et elle est si excessivement corrosive, qu'à quelque partie du corps qu'elle soit appliquée, elle la détruit presque instantanément. C'est à raison de cette propriété qu'on l'a appelée *caustique*; sa pesanteur spécifique est de 1,7085.

Le peroxide de potassium s'obtient en chauffant le métal dans le gaz oxigène; il y a combustion très énergique dont le produit, ou *peroxide*, est un corps solide de couleur jaune. Il est fusible à une température plus élevée que celle nécessaire pour fondre la potasse à l'alcool, et cristallise en lames par le refroidissement. Lorsqu'on le met en contact avec l'eau, il se produit une vive effervescence, et le peroxide est réduit à l'état de potasse en abandonnant l'excès d'oxigène qu'il contenait.

Les potasses que l'on rencontre dans le commerce sont à l'état de sous-carbonate, et contiennent plus ou moins d'alcali réel; Vauquelin a remarqué que celles qui en contiennent le moins, donnent à l'eau une densité plus grande que celles qui en contiennent davantage; faute d'autres moyens, on pourrait ainsi reconnaitre approximativement la proportion d'alcali contenu dans une potasse, par la densité de la solution saturée dans l'eau. L'*alcalimètre* de M. Descroisilles est une éprouvette en verre dont la graduation indique la quantité réelle d'alcali par la quantité d'acide sulfurique d'une force connue qu'un poids déterminé de l'alcali essayé peu neutraliser. On vend cet instrument avec l'instruction pour s'en servir, ce qui nous dispense d'entrer dans plus de détails à cet égard. Voici d'ailleurs les principaux résultats obtenus par M. Descroisilles lui-même, de plusieurs milliers d'essais sur les potasses du commerce.

	Alcali réel.		
Perlasse d'Amérique........	0,63 à	0,60....	1re sorte.
— —	0,55	0,50....	2e
Potasse caustique d'Amérique.	0,63	0,60....	1re en masse rougeâtre.
— —	0,65	0,50....	2e en masse grisâtre.
— blanche de Russie...	0,58	0,52	
— blanche ou bleu de Dantzick........	0,52	0,45	

M. Descroisilles a quelquefois trouvé des potasses d'Amérique plus riches, de 0,66 à 0,72 par exemple. On trouve maintenant en outre, dans le commerce, des potasses des Vosges et des potasses factices d'Amérique.

Vauquelin a publié le tableau suivant de la composition des potasses du commerce le plus généralement connues:

	Potasse réelle.	Sulfate de potasse.	Hydrochlorate de potasse.	Résidu insoluble.	Acide carbonique et eau.	TOTAL.
Potasse de Russie................	772	65	5	56	254	1152
— d'Amérique..............	857	154	20	2	119	1152
Perlasse d'Amérique..............	754	80	4	6	308	1152
Potasse de Trèves...............	720	165	44	24	199	1152
— de Dantzick.............	603	152	14	79	304	1152
— des Vosges...............	444	148	510	34	304	1140

Les *sels de potasse* sont, excepté un très petit nombre d'entr'eux, solubles dans l'eau ; lorsqu'on y verse une dissolution de sulfate d'alumine, il s'y dépose presqu'aussitôt des cristaux octaèdres d'alun. Ceux qu'on emploie le plus, en teinture, sont les chromates, oxalates, tartrates et hydrocyanates, (prussiates); le *nitrate de potasse* (salpètre), qui se trouve dans le commerce en petits cristaux grenus, *raffiné en neige*, ou fondu, sous le nom de *cristal minéral*, n'entre que dans la préparation des bains de chamois, la colorisation du salpètre indique son impureté.

Le *chromate de potasse* est d'un jaune citron qui cristallise en petits prismes. Lorsque ce chromate est chauffé, sa couleur passe au rouge, mais par le refroidissement la couleur jaune naturelle est reproduite. Très soluble dans l'eau, même à froid, d'une saveur fraîche et piquante, il jouit de la propriété de produire dans les dissolutions métalliques des précipités diversement colorés : celui d'argent est d'un *rouge foncé*, ceux de bismuth et de zinc sont *jaunes*, celui de cuivre est *bistre*, ceux de mercure *pourpre orangé*, ceux de plomb *jaune-orangé* : on en fait principalement usage pour les couleurs jaune et orange, pour consolider des verts et des bleus sur des tissus de matière organique végétale. C'est un sel neutre.

Le *bichromate de potasse* est d'un rouge orangé qui cristallise en beaux prismes; il est moins soluble que le chromate, et ses usages sont les mêmes.

L'oxalate de potasse à l'état de sel neutre, cristallise en rhomboïdes aplatis, ordinairement terminés par des sommets dièdres. Sa saveur est fraîche et amère, à la température de 10° centigrades, 100 parties d'eau dissolvent 45 parties du sel. Le *bi-oxalate*, ou sel *d'oseille*, ainsi nommé parce qu'il existe tout formé dans l'oseille sauvage (*oxalis acetosella*) et dans le *rumex acetosa saliis sagittatis*, cristallise en parallilipipedes opaques. Sa saveur est acide, piquante et un peu amère. Il se dissout dans environ dix fois son poids d'eau bouillante, mais il est beaucoup moins soluble dans l'eau froide; on emploie le bi-oxalate de potasse, pour enlever les taches d'encre et de rouille, sur les tissus organiques végétaux, parce qu'il forme un sel double, soluble, avec l'oxide de fer.

Bi-tartrate de potasse (*crême de tartre*, *tartre*, *tartrate acide de potasse*, *sur-tartrate de potasse*). — Ce sel se précipite du vin ; il se dépose en grandes plaques cristallines sur le fond et les parois des tonneaux, d'où on le racle chaque cinq à six ans, selon que les vins y séjournent plus ou moins de tems. Il est rougeâtre ou grisâtre selon la couleur des vins dont il provient. Pour le dépouiller de ses impuretés, on le dissout dans l'eau bouillante en y ajoutant, pour le décolorer, cinq centièmes de terre argileuse. Cette décoloration est plus prompte et plus complète au moyen de deux centièmes de charbon animal. On filtre et l'on fait cristalliser. On le redissout encore et l'on procède à une seconde cristallisation s'il n'est pas assez pur.

La crême de tartre est en cristaux quadrilatères courts plus ou moins irréguliers, elle est acide, rougit la teinture de tournesol; insoluble dans l'alcool, et soluble dans soixante parties d'eau bouillante et cent de froide; quoique le bitartrate de potasse soit inaltérable à l'air, sa dissolution abandonnée à elle même ne tarde pas à se décomposer, et à la longue sa potasse se convertit en sous-carbonate, elle se compose de potasse et d'acide tartarique.

On fait un grand usage, en teinture, du tartrate acide de potasse. Il est, dans tous les cas, d'un emploi indispensable pour les couleurs délicates, on l'emploie fréquemment dans la teinture des laines; avec l'alun il forme le mordant pour fixer les couleurs de la gaude, des bois jaune, brésil, campêche, de la garance, de la cochenille, et il agit alors par son acide, et l'on doit éviter par conséquent de l'employer avec des alcalis, ou des carbonates alcalins qui s'emparant de cet excès d'acide, nuiront aux résultats; son bas prix le fait employer de préférence à l'acide tartrique et à ses combinaisons avec l'alumine, l'étain et le fer.

Hydro-ferro-cyanate de potasse (*prussiate, prussiate ferruré, hydrocyanate ferruré, hydrocyano-ferrate*, de *potasse*) ce sel que l'on obtient soit en calcinant les matières animales avec la potasse, soit en se servant du charbon qui provient de ces matières, est d'une couleur jaune, transparent; ses cristaux; de forme rhomboïdale ont une pesanteur spécifique de 1,833; insoluble dans l'alcool, l'eau à 12° en dissout 0,27 et 0,94 quand elle est bouillante. Il sert à préparer le *bleu de prusse*, à teindre la soie et le coton en bleu Raymond, et comme l'a fait observer M. Chevreul, à produire diverses nuances sur ces étoffes imprégnées de dissolutions métalliques. En effet il précipite: en *blanc*, le bismuth, l'étain, le plomb et le manganèse, mais ce dernier avec une nuance jaunâtre; en *vert* le cobalt, le nickel et le chrôme, mais ce dernier avec une nuance plus foncée, tandis que les deux autres sont fort tendres ; en *marron-brun*, le deutoxide de cuivre, et enfin l'urane en couleur de sang.

Soude (protoxide de sodium, alcali fixe minéral, effervescent.)—On connaît deux combinaisons définies du sodium et de l'oxigène ; le *protoxide*, ou la *soude*, est d'un blanc grisâtre ; le *peroxide* est de couleur orange verdâtre. Le sodium exposé à l'air absorbe l'oxigène et se convertit, à sa surface, en soude qui absorbe et décompose l'eau, en sorte que le tout devient une dissolution saturée de soude ; cet effet, analogue à celui de l'air sur le potassium, a lieu plus lentement.

On appelait autrefois la soude *alcali minéral*, parce que, sous le nom de *natron*, on la trouve native dans des sutures ou croûtes minérales. La substance impure du commerce appelée *barille* est le résidu de l'incinération du *salsoda soda*. On distingue par le nom de *kelp* ou *caillotis*, le produit en cendres de plantes marines, telles que les algues, les fucus, etc. ; cet article de commerce est encore plus impur, comme tenant à peine au-delà de deux ou trois pour cent de soude réelle, tandis que la barille en contient quelquefois jusqu'à vingt. Pour obtenir la soude pure, on fait bouillir une dissolution de carbonate de soude pure avec la moitié de son poids de chaux vive ; après que la liqueur a déposé, on la décante claire, et cette lessive qui marque 10 à 12° au pèse-acide est celle dont on se sert habituellement dans les ateliers de teinture, le marc restant servant à préparer diverses lessives moins caustiques : mais si on l'évapore dans un vaisseau de fer décapé ou d'argent, jusqu'à ce que le liquide coule comme de l'huile ; en le recevant alors sur une plaque de fer poli, il y prend l'état concret, sous la forme d'un gâteau blanc, dur, qu'il faut briser aussitôt en morceaux, qu'on renferme, étant encore chauds, dans une fiole bien bouchée. Si le carbonate de soude n'est pas parfaitement pur, alors, après l'action de la chaux vive, et la concentration de la lessive qui a lieu de suite, il faut la mettre en digestion avec de l'alcool, qui ne dissoudra que la soude caustique pure, en laissant les sels hétérogènes. En distillant ensuite l'alcool dans un alambic d'argent, l'alcali peut-être alors obtenu à l'état de pureté.

Cette substance solide, blanche, n'est cependant pas de la soude absolue, mais un hydrate, dont 100 parties consistent dans environ 23 parties d'eau et 77 parties de soude. Si l'on expose à l'air un morceau de cette soude, il se ramollit et devient pâteux ; mais il ne tombe jamais en déliquescence, en un liquide d'apparence huileuse, comme cela a lieu avec la potasse; la soude, en effet, devient promptement plus sèche à l'air, parce qu'elle en absorbe l'acide carbonique, ce qui la fait passer à l'état d'un carbonate efflorescent.

Il existe entre la soude et la potasse une telle analogie, qu'on avait confondu ensemble ces deux espèces d'alcalis, jusqu'à l'époque où Duhamel eut prouvé le premier, en 1736, que la base du sel marin est la soude, et que cette base diffère de la potasse; ses conclusions, à ce sujet, furent confirmées par Margraf en 1758.

Les effets de la chaleur sur la soude sont absolument les mêmes que ceux qu'elle produit sur la potasse; son odeur et sa saveur se rapportent exactement à celle de la potasse; son action sur les corps des animaux est la même.

Le peroxide de sodium s'obtient aisément en chauffant le sodium dans le gaz oxigène, où il brûle avec un grand éclat, et le produit de la combustion, ou peroxide, est un corps solide fusible à une température beaucoup plus élevée que celle nécessaire pour fondre le peroxide de potassium. Mis en contact avec l'eau, il est converti en soude, en dégageant l'excès d'oxigène qu'il contient.

Les soudes *artificielles*, *brutes*, ou factices que l'on trouve dans le commerce, y proviennent de la décomposition du sulfate de soude, à une température élevée, par un mélange de craie et de charbon. Elles sont en masse grisâtre, contenant au plus 0,30 à 0,35 de soude réelle.

Les soudes françaises naturelles, contiennent en alcali réel: celle de Narbonne 0,10 à 0,15; celle d'Aigues Mortes, (*blanquette*) 0,06 à 0,10; celle de Normandie (vauc) qui délayée avec un peu d'eau et d'empois développe une couleur violette par l'addition de quelques gouttes de chlorure de chaux, seulement 0,01 à 0,03.

Les soudes étrangères contiennent en alcali réel: celle d'Alicante (1re *sorte*, *douce*, *barille douce*) 0,30 à 0,40; en 2e sorte (*barille*, *mélangée*) 0,25 à 0,35; (en 3e sorte (*bourde*) 0,20 environ; celle de Carthagène (*natron*, *natras*) 0,10 à 0,33: on reconnaît ce natron à l'aspect brunâtre de sa masse boursoufflée, il est d'une légère transparence, mais il devient opaque en le mettant sur des charbons ardens, les *sels de soude* sont en général beaucoup plus solubles dans l'eau que les sels de potasse, le *sous-carbonate de soude* (*soude cristallisée*, *carbonate de soude*) est en beaux cristaux à base rhomboïdale, dont les angles aigus opposés sont assez profondément tronqués et d'une pesanteur spécifique de 1,36 ; il se dissout dans 2 parties d'eau froide, et dans beaucoup moins de son poids d'eau bouillante, de sorte qu'il cristallise par le refroidissement de cette dernière dissolution, il s'effleurit très promptement à l'air et tombe en poussiere. On emploie beaucoup ce sel pour le blanchîment des laines et des soies, pour dissoudre la matière colorante du carthame ; le dégraisseur en fait usage pour enlever certaines taches et pour débouillir les étoffes qu'il doit reteindre.

Savons. Ce sont des composés, en proportions définies, de certains principes des huiles, des graisses ou des résines, avec une base salifiable. Lorsque cette base est la potasse ou la soude, le composé sert de détersif dans le lavage du linge et des étoffes. Lorsque c'est une terre alcaline ou un oxide métallique qui sert de base salifiable, ce savon est insoluble dans l'eau et n'est guère applicable qu'à des usages médicaux.

Les graisses, suivant M. Chevreul à qui l'on doit des recherches exactes sur la constitution chimique des savons et sur la saponification, sont composées d'une substance solide et d'une substance liquide ; la première se nomme *stéarine* et la seconde, qui ressemble aux huiles végétales, se nomme *élaïne*. Lorsque l'on traite la graisse avec une lessive chaude de potasse ou de soude, les composans réagissent les uns sur les autres, de manière à engendrer la matière solide perlée *acide margarique* et la matière liquide oléique, chacune de ces matières entrant dans une espèce de combinaison saline avec l'alcali ; tandis qu'une troisième matière qui est produite, le *principe doux* reste en liberté. Nous devons en conséquence regarder notre savon commun comme un mélange de margarate et d'oléate alcalins, en proportions déterminées relativement à celle des deux acides que chaque espèce de graisse est susceptible de produire. Il est probable d'un autre côté que le savon fourni par une huile végétale est simplement un *oléate*. Les composés de résines et d'alcalis constituent les savons bruns si abondamment manufacturés depuis long temps en Angleterre et depuis quelque tems en France.

En général les seuls savons employés dans le commerce sont ceux d'huile d'olive, de suif, de graisse de porc, d'huile de palmier et de résine ; MM. Darcet aîné, Pelletier et Lelièvre ajoutent à ces substances saponifiables, les huiles d'amandes douces, les huiles animales, les huiles végétales de faîne et de pavot quand elles sont mêlées avec de l'huile d'olive ou du suif, les différentes huiles de poisson mêlées comme les précédentes avec de l'huile d'olive ou du suif, les huiles de chenevis, de noix et de lin.

La préparation des savons étant traitée d'une manière spéciale dans le *manuel du savonnier* qui fait partie de cette collection, nous n'entrerons ici dans aucun détail à cet égard. Nous ferons seulement quelques observations qui peuvent être utiles au teinturier. Le savon blanc de Marseille en premiere qualité, que l'on emploie de préférence pour les dentelles et pour la teinture fine, parce qu'ayant été édulcoré par de très faibles lessives et purifié par dépôts et décantations, il ne contient ni excès d'alcali ni corps étranger, est composé de 6 soude, 60 huile et 34 d'eau; on l'imite par du savon en tablettes qui ne contient que 4 à 5 de soude, 50 matière grasse et 45 à 46 eau. Le savon *marbré* est toujours plus dur et mérite la préférence, parce que la marbrure ne permet pas au manufacturier de varier la quantité d'eau, tandis que le savon blanc en table peut recevoir autant d'eau que le désire le manufacturier; il est même d'autant plus blanc qu'il contient plus d'eau.

Le savon d'Espagne, d'une pesanteur spécifique de 1,0705, est composé de 9 soude, 76 matières huileuses bien sèches et 15 eau avec un peu de matière colorante; on l'imite en Angleterre avec un savon d'une pesanteur spécifique de 0,9669 seulement, composé de 10 soude, 75 matière huileuse, potasse et graisse, et 15 eau.

Le savon blanc de Berry contient 8 soude, 75 matière grasse et 17 eau; le meilleur savon blanc de Glascow se compose de 6 soude, 60 suif et 34 eau avec un peu d'hydrochlorate de soude : le savon brun ou résineux de Glascow contient 6 soude, 70 résine et graisse, 24 eau.

Tous les savons de soude sont durs, et l'on peut regarder les savons ordinaires comme composés de 4 à 5 soude, 40 à 45 huile et graisse, et 52 à 56 d'eau. C'est l'usage de quelques marchands de conserver le savon dans une forte saumure, après l'avoir chargé d'une dose considérable de sel commun; quelques manufacturiers ajoutent beaucoup d'eau au savon, quand il est achevé, ce qui le rend plus blanc; d'autres y incorporent de la chaux en poudre, du plâtre, de la terre à pipe; de telles adultérations doivent être mises à découvert et leurs auteurs diffamés. La fraude de l'addition d'eau se reconnaît par la perte rapide de poids qu'éprouve le savon par son exposition à l'air sec; les autres peuvent aisément se découvrir par une dissolution dans l'alcool, qui donne lieu à un précipité des corps étrangers frauduleusement incorporés au savon.

Tous les savons de potasse sont mous; le *savon vert*, mou, de bonne espèce douce, se compose de 9 potasse, 43 à 44 graisse, 47 à 48 eau. Ce savon mou peut être converti en savon dur par une addition d'hydrochlorate de soude.

Les savons préparés avec les huiles siccatives, ne sont pas aussi blancs que ceux faits avec l'huile d'olive; leur colorisation varie du gris jaunâtre au gris verdâtre, à moins qu'on ne les colore en bleu par l'indigo; ils restent toujours glutineux et changent promptement de couleur par leur exposition à l'air.

§. XXI. SOUFRE ET SOUFRAGE; SULFATE ET HYDROSULFATE (HYDROSULFURE).

Soufre et soufrage, le soufre est abondamment répandu dans la nature et particulièrement dans le voisinage des volcans; on le retire aussi par distillation du minéral appelé pyrite. La connaissance de ce corps date des tems les plus reculés, et les anciens, qui en faisaient usage en médecine, en employaient les vapeurs au blanchîment de la laine.

Le soufre est une substante dure, cassante, de couleur ordinairement jaune, d'une saveur très faible quoique pouvant se distinguer : il est inodore et l'odeur qu'il émet est liée à la formation de vapeurs sulfureuses. Sa pesanteur spécifique varie de 1,89 à 1,99 et celle du soufre natif va jusqu'à 2,0332; le soufre est insoluble dans l'eau; les fleurs de soufre qu'on y lave, s'y dépouillent de leur acide sulfureux. Le soufre en bâtons craque et quelquefois éclate en morceaux par une chaleur douce, mais subite, comme en le pressant dans la main. Chauffé à l'air, il s'allume spontanément à la chaleur de 293° centigrades, avec une flamme d'un bleu pâle, en émettant une grande quantité de vapeurs d'une odeur très suffocante, la fusion du soufre lui fait éprouver des variations dans sa couleur jaune, de la nuance *jaune-citrin* à celle *jaune-orange*.

Le soufre se purifie par sublimation, en vaisseaux clos : l'acide sulfureux, produit de la combustion à l'air, dans la combinaison du gaz sulfureux avec l'eau, s'emploie en dégraissage; le teinturier se sert de la vapeur que l'on forme immédiatement par la combustion du soufre. Dans cet état de gaz, le soufre exerce une action plus vive; car il blanchit des fleurs que, dans son état d'acide sulfureux liquide, il fait passer au rouge comme les autres acides.

On a recours à l'exposition aux vapeurs du soufre ou au soufrage, pour donner aux soies qui sont destinées aux étoffes blanches, ainsi qu'aux étoffes de laine, le plus grand degré de blancheur qu'il soit possible de leur faire prendre. On fait choix, pour donner le soufrage, soit d'une boîte que nous avons décrite en parlant de l'atelier du teinturier, soit d'une chambre isolée et sans cheminée, dans laquelle il puisse être établi au besoin un courant d'air.

On met pour cinquante kilogrammes de soie étendue sur des perches placées à environ deux mètres de hauteur, un kilogramme de soufre en poudre grossière dans une terrine, ou marmite de fer, au fond de laquelle on a placé un peu de cendre. Après avoir allumé en plusieurs endroits cette poudre, on ferme bien la chambre pour empêcher que la vapeur du soufre ne se dissipe. Le lendemain, on ouvre les fenêtres pour lui laisser une libre issue, et faire sécher la soie; mais en hiver, après que l'odeur du soufre est passée, on referme les fenêtres, et l'on met de la braise allumée dans des réchauds pour faire sécher la soie.

Cette opération du soufrage donne non seulement une grande blancheur à la soie, mais elle en reçoit en même temps du *cri* ou du *maniement*, c'est-à-dire une espèce de trémoussement élastique qui se fait sentir lorsqu'on la presse entre les doigts; et comme il en résulte pour les soies une certaine roideur, on doit s'abstenir de soufrer celles qui sont destinées à faire de la moire, parce qu'elles résisteraient trop aux impressions de la calandre, sous laquelle on fait passer les étoffes pour les moirer.

Il ne faut pas non plus soufrer les soies destinées à la bonneterie, parce qu'elles corroderaient le fer et l'acier des métiers où on les travaille, et qu'elles produiraient de la rouille.

La soie qui a été soufrée prend mal la plupart des teintures, et lorsqu'on veut la teindre, il faut auparavant la désoufrer en la détrempant et en la lavant à plusieurs reprises dans l'eau chaude.

Si, lorsque la soie est soufrée, on remarque qu'elle n'a point assez d'azur pour la nuance qu'on désire, il faut lui en donner une seconde fois par de l'eau claire, sans y mêler de savon; et après cela, la soufrer de nouveau.

Le soufrage des draps de laine s'exécute à peu près de la même manière que celui de la soie; mais cette opération exige quelque précaution; car si la combustion du soufre se fait avec trop de rapidité, il se forme de l'acide sulfurique, qui, se déposant en gouttelettes, corrode le drap, inconvénient qu'il est difficile d'éviter entièrement.

Les *sulfures* que l'on emploie le plus habituellement en teinture sont ceux d'antimoine et d'arsenic.

Le *protosulfure d'antimoine* (*antimoine cru*) que l'on emploie pour produire sur les toiles des orangés et des bruns, se rencontre dans la nature à l'état de minérai d'un léger gris de plomb avec éclat métallique. Fondu et débarrassé de sa gangue, tel qu'on le trouve dans le commerce, il est en pains d'apparence cristalline avec aiguilles entrelacées, d'un gris bleuâtre et d'une pesanteur spécifique d'environ 4,368.

Le *sulfure d'arsenic* (orpiment) se trouve aussi dans la nature et peut s'obtenir par la sublimation d'un mélange d'arsenic et de soufre, à une chaleur suffisante pour en obtenir la fusion. On le prépare, en poudre, en le précipitant par l'acide hydrosulfurique liquide, d'une dissolution d'acide arsénieux dans l'acide hydrochlorique. Sa pesanteur spécifique est 3,4522 et celle de *l'orpin*, *réalgar* cristallisé couleur écarlate, est 3,3384. Ce dernier n'a pas de saveur, et n'est pas, à beaucoup près, aussi vénéneux que l'orpiment et les oxides d'arsénic.

Hydrosulfates (*hydrosulfures*). La propriété qu'a le soufre de s'unir très rapidement à l'hydrogène et de former ainsi *L'acide hydrosulfurique* (*hydrogène sulfuré*), doit être connu du teinturier, car cet acide, soit à l'état gazeux, soit la solution dans l'eau, jouit de la propriété de charger beaucoup de couleurs par la formation d'hydrosulfates alcalins, terreux et métalliques.

On obtient le gaz acide hydrosulfurique, entièrement pur, en faisant digérer du sulfure d'antimoine en poudre, dans de l'acide hydrochlorique; mais on le prépare habituellement en faisant fondre ensemble, dans un creuset, un mélange de trois parties de limaille de fer et de deux parties de soufre sur lequel on a versé de l'acide sulfurique ou de l'acide hydrochlorique étendu. Ce gaz est incolore, d'une odeur très fétide, ressemblant à celle des œufs pourris, et suffocante. Il est rapidement absorbé par l'eau, qui en peut prendre, quand il est pur, deux fois et demi son volume. Lorsque ce liquide est exposé à l'air, le gaz s'en dégage par degrés.

Lorsqu'on mêle ensemble les gaz acide hydrosulfurique et sulfureux, ils se décomposent mutuellement.

L'acide hydrosolfurique précipite : *en noir* les solutions

de bismuth, de mercure, de plomb, d'argent et d'or; en *brun* celles de cuivre; en *jaune* celles de deutoxide d'étain et d'arsénic; en *chocolat* celles de protoxide d'étain; en *orangé* celles d'antimoine.

L'oxide hydrosulfurique altère et détruit même plusieurs couleurs végétales.

CHAPITRE V.

MATIÈRES TINCTORIALES.

§. XXII. COLORISATIONS DIVERSES.

Les matières tinctoriales qui sont d'ailleurs de véritables agens chimiques, comme presque toutes celles qu'on emploie dans la teinture, ont été classées, celles du règne végétal, suivant les colorisations qu'elles procurent *noir-brun-fauve*, *bleu*, *rouge*, *jaune*; celles du règne minéral dans un chapitre spécial pour les teintures qu'elles fournissent.

§. XXIII. COLORISATION NOIR-BRUN-FAUVE.

Galles, acide gallique et tannin. Les *galles* noix de galle, sont des protubérences ou excroissances produites sur différentes espèces de plantes et d'arbres, notamment sur les chênes qui croissent à Alep et dans le Levant, par la piqûre d'un insecte *cynips* (*dyplopsis gallœ tinctoriœ*), de l'ordre des hymenoptées. Cet insecte, après avoir pratiqué une piqûre, y dépose ses œufs; ceux-ci éclosent, et la larve qui en provient se nourrit aux dépens du végétal; elle s'y change en insecte parfait, et perce son enveloppe pour vivre dans l'air. On connaît dans le commerce trois sortes de galles: *noire*, *blanche*, et *en sorte*, que l'on distingue encore suivant le pays où elles sont recoltées, en galles: *du Levant*, *de Smyrne*, *et d'Alep*. Elles varient dans leur grosseur; leur surface est raboteuse ou lisse; elles sont pesantes ou légères. On donne le nom de *galle noire* à celle qui présente cette couleur et qui a été recoltée avant la sortie de l'insecte: cette espèce est pesante et compacte, c'est la plus estimée dans le commerce. Les *galles blanches*, sont plus légères, plus grosses, et plus ou moins creuses dans l'intérieur; ce qui provient de ce que la larve s'est nourrie aux dépens de l'excroissance; elles sont en outre percées d'un trou. Enfin, la *galle en sorte* est un mélange variable de noire et de blanche.

La noix de galle contient trois substances distinctes: *l'acide gallique*; un principe *colorant jaune*, et du *tannin*. Une décoction d'une partie de galle noire et de 10 parties d'eau présente les caractères suivants: la solution, d'un jaune roux, a une saveur astringente et amère; il s'y forme, avec la gélatine, un précipité abondant blanc grisâtre, jaunâtre, avec les acides sulfurique et nitrique; l'acide oxalique ne la trouble que légèrement. L'acide acétique éclaircit la liqueur; mais les alcalis y font naître un précipité qui se dissout dans un excès du précipitant; on en obtient, avec l'eau de chaux, un précipité blanc, qui passe au bleu, au vert s'il y a peu d'alcali, et au rouge s'il y en a en excès; avec les sels d'alumine, un précipité jaune brunâtre; les sels de fer (protoxide) colorent la liqueur en bleu, le précipité se forme par le contact de l'air, est d'un bleu foncé avec les sels de fer (péroxide); avec les sels d'étain, le précipité est jaunâtre, blanc sale avec les sels de plomb, brun avec les sels de cuivre, jaune avec les sels de mercure.

La noix de galle est employée en teinture pour les noirs, les gris et dans la préparation du rouge d'Andrinople; comme elle doit toutes ses propriétés à l'acide gallique et au tannin, nous allons décrire ces deux corps qu'il importe au teinturier de connaître: *l'acide gallique* existe dans la noix de galle, dans le bablah, dans les écorces de chêne, de châtaigner, dans le sureau, le sumac, l'aune, etc. On doit à M. Chevreul, le procédé suivant pour préparer l'acide gallique. On fait infuser une partie de noix de galle réduite en poudre, dans 8 a 10 parties d'eau; on filtre l'infusion dans un flacon qui ne doit en être rempli qu'aux trois quarts; on le ferme et on l'adandonne dans un lieu dont la température varie de 15 à 20°; il se dépose d'abord un sédiment, signalé par M. Chevreul en 1814, comme une matière particulière, et auquel M. Braconnot a donné le nom d'acide *élagique*; puis il se produit des moisissures. Quand on juge la décomposition assez avancée, on expose le flacon a quelques degrés au-dessus de zéro; il se précipite alors de l'acide gallique du plus beau blanc; on jette le liquide sur un filtre, de manière que le sédiment et les moisissures seulement restent dans le flacon. On recueille l'acide gallique sur un filtre de papier Joseph. L'acide est de nouveau dissous dans l'eau, la solution est filtrée et évaporée, puis mise à cristalliser. On obtient alors des cristaux incolores. L'acide gallique à l'état de pureté, ne doit point précipiter la solution de colle de poisson. Il se dissout dans l'alcool; l'acétate de plomb le précipite en blanc; avec une solution de péroxide de fer, il se développe une couleur bleue. L'acide gallique ne peut pas teindre les étoffes en noir avec le fer.

Tannin, on ajoute à une infusion de noix de galle, après l'avoir filtrée, une solution de sous-carbonate de potasse jusqu'à ce qu'il ne se forme plus de précipité; on le recueille sur un filtre pour le laver avec de l'eau à zéro. Ce précipité est redissous dans de l'acide acétique et la solution est filtrée: on la décompose par l'acétate de plomb qui y forme un précipité abondant de tannate de plomb qu'on recueille de nouveau sur un filtre; puis on le lave après l'avoir délayé dans de l'eau, on y fait passer un courant d'acide hydrosulfurique (hydrogène sulfuré, jusqu'à ce que tout le sel de plomb soit décomposé; on fait alors chauffer la liqueur pour chasser l'excès d'acide, et on évapore dans le vide sec. Le résidu est traité par l'éther, qui ne dissout que le tannin et que l'on fait évaporer ensuite. Le tannin ainsi préparé est incolore, soluble dans l'eau et d'une saveur astringente, il se comporte avec les bases à la manière d'un acide, formant avec la potasse, la soude, et l'ammoniaque des tannates plus solubles dans l'eau chaude que dans l'eau froide; celui de soude est plus soluble que les deux autres.

Le tannin à l'état de pureté, n'est pas employé dans la teinture, mais en combinaison avec d'autres substances il l'est au contraire très fréquemment dans les teintures en noir, en gris et dans les nuances composées.

Le *bablah* est le fruit du *mimosa cineraria*, de la famille des légumineuses. L'enveloppe des fruits fournit seule la matière astringente. Il nous est apporté de l'Inde et du Sénégal, il paraîtrait que la plante qui fournit le bablah n'est pas la même au Sénégal, puisque le fruit présente une différence sensible qui ne permet pas de les confondre; suivant M. Chevreul, l'extrait aqueux de bablah contient: de l'acide gallique, du tannin, une matière colorante rougeâtre, peut-être immédiatement composée d'un principe jaune et d'un principe rouge, une matière azotée, de la chaux et de l'oxide de fer.

Le bablah de l'*Inde* cède à l'eau bouillante 49 parties de matières solubles, sur 100; le bablah du *Sénégal*, en cède 57 parties, et les galles *noires* première qualité en cèdent 87 parties, une partie de bablah et 10 parties d'eau bouillies ensemble un quart d'heure, donnent une liqueur d'un brun rouge, d'une odeur plus forte que celle de la noix de galle, d'une saveur douceâtre, astringente et amère.

La colle de poisson y forme un précipité épais blanc rougeâtre avec la potasse, un précipité floconneux en excès, y démontre l'acide gallique; les eaux de barite, de chaux et de strontiane y forment des précipités gris plus foncés que ceux obtenus par la noix de galle. La réaction de l'air indique qu'ils contiennent une quantité notable de gallate; les acides sulfurique, nitrique, oxalique, y forment des précipités; l'acide acétique éclaircit la couleur; les persels de fer y forment des précipités bleus mêlés de gris rougeâtre. Avec les sels de cuivre le précipité est de couleur chocolat brun; il est roux avec le proto-hydrochlorate d'étain, et d'un gris tirant sur la couleur de chair avec l'acétate de plomb.

Le bablah avait été mis dans le commerce, comme matière colorante plus riche que la noix de galle, non seulement pour les teintures en noir, mais encore pour fixer la couleur de la garance, du campêche et du Brésil; son prix était alors le même que celui de la plus belle noix de galle. Il ne tarda pas à tomber en discrédit, son prix est tombé a $\frac{1}{4}$ environ du prix de la noix de galle; cependant on peut en employer avec avantage deux parties au lieu de une partie de noix de galle, pour les teintures noires sur laine, soie et coton.

Le *sumac* ordinaire (*rhus coriaria*), famille des térébinthacées, est, suivant le docteur Ure, un arbrisseau qui croît en Syrie, dans la Palestine, en Espagne et en Portugal. On le cultive avec grand soin dans ces deux derniers pays; on coupe tous les ans ses rejetons jusqu'à la racine, puis on les fait sécher pour les reduire, au moyen d'une meule, en une poudre qui est employée pour l'usage des teintures, et pour celui des tanneries. On donne le nom de *redoul* ou *roudou*, au sumac que l'on cultive aux environs de Montpellier.

Hatchett trouva que 30 grammes de sumac contiennent environ 5 grammes de tannin. Le sumac agit précisément de la même manière que la noix de galle sur la dissolution d'argent; il réduit le métal, et cette réduction est favorisée par l'action de la lumière. De tous les astringens, c'est le sumac qui a le plus de ressemblance avec la noix de galle; cependant le précipité produit dans des dissolutions de fer, par une infusion de sumac, est moindre en quantité que celui obtenu par un poids égal de noix de galle; de sorte que, dans la plupart des cas, le sumac peut être substitué à la noix de galle, dont le prix est considérable, pourvu qu'on en augmente proportionnellement la quantité.

Une décoction de une partie de sumac et de 10 parties d'eau, contient suivant M. Chevreul, de l'acide gallique, du tannin qui paraît identique avec celui de la noix de galle, une matière colorante jaune verdâtre, dont une partie paraît provenir de la clorophylle.

L'acide gallique et le tannin paraissent y exister dans les mêmes rapports que dans la noix de galle, mais en quantité moindre pour un poids donné.

La solution de sumac est d'un jaune légèrement verdâtre; elle se trouble par le refroidissement. Son odeur est forte et sa saveur astringente; la colle de poisson la précipite en flocons gétalineux blancs; l'eau de potasse ou de soude la précipite en blanc, et la liqueur surnageante est colorée en rougeâtre ou verdâtre s'il y a excès d'alcali: l'ammoniaque agit de la même manière, mais le précipité est faible; l'acide sulfurique concentré, y forme un précipité jaunâtre, de matière astringente; l'acide sulfurique faible, la trouble; l'acide nitrique à 34° la trouble et la couleur s'affaiblit; un excès éclaircit la liqueur, et la couleur passe au rougeâtre à cause de l'acide gallique; l'acide oxalique affaiblit la couleur et précipite de la chaux; l'acide acétique affaiblit la couleur et la trouble légèrement; l'eau de chaux y forme un précipité blanc abondant, qui passe au vert ou au rouge par le contact de l'air; avec l'alun ce précipité est abondant et d'un jaune clair; le per-sulfate de fer la fait passer au bleu verdâtre et y forme des flocons bleus; ces flocons sont d'un brun jaunâtre avec l'acétate de cuivre, blancs abondans avec l'acétate de plomb, blanc-jaunâtre abondans avec le proto hydrochlorate d étain.

Le sumac donne par lui même une couleur fauve, inclinant au vert; mais il communique aux étoffes de coton imprégnées d'alumine une couleur jaune sans vivacité; avec l'oxide de fer, il donne tous les tons de gris; avec l'alumine et le fer, il fournit des nuances olives. Il est employé pour produire des noirs et des gris sur laine et sur soie. Dans une foule de cas il peut remplacer la noix de galle.

Le *cachou*, autrefois connu sous le nom de *terre du Japon*, est extrait du (mimosa cathecu) famille des légumineuses, arbre qui croît au Bombay et au Bengale. On prépare cette substance, en faisant bouillir les copeaux de l'intérieur du tronc de l'arbre avec de l'eau; on évapore la solution jusqu'à consistance syropeuse, et l'on fait dessécher cet extrait par une évaporation spontanée. On le trouve dans le commerce sous la forme de gâteaux aplatis, dont la surface est raboteuse; celui de *Bombay* est d'une texture uniforme, d'une couleur rouge foncé, d'une pesanteur spécifique de 1,39; celui du *Bengale* est plus friable et moins ferme; sa couleur à l'extérieur est chocolat, à l'intérieur, elle est bigarrée de rouge, d'une pesanteur spécifique de 1,28. En voici la composition, suivant Davy ;

	Cachou de Bombay.	Cachou du Bengale.
Tannin.............	54,5	48,5
Extractif............	34,	36,5
Mucilage............	6,5	8
Matière insoluble { sable et chaux.....	5	7

Le cachou est solide, cassant, compacte ; sa cassure est mate et d'un brun foncé. Il est sans odeur, mais d'une saveur très astringente. L'eau le dissout presqu'entièrement, et en sépare une matière terreuse qui paraît y avoir été ajoutée lors de sa préparation. L'alcool le dissout à l'exception de la matière mucilagineuse et de celle insoluble dans l'eau. Pour séparer le tannin du cachou, il faut évaporer à siccité la solution alcoolique, et traiter le résidu par l'eau froide, qui n'attaque pas sensiblement la matière extractive, et évaporer à sec cette solution aqueuse. Ce tannin diffère de celui de la noix de galle, en ce qu'il est plus soluble dans l'eau, et qu'il se dissout dans l'alcool. Il précipite le fer en olive, et le composé qu'il forme avec la gélatine passe peu à peu au brun. Une infusion de 1 partie de cachou dans 10 parties d'eau froide présente les caractères suivans : sans odeur, d'une saveur astringente, d'une couleur brun-rougeâtre que l'alun, l'acétate d'alumine, ainsi que les acides éclaircissent, et que foncent les alcalis : avec le proto-sulfate de fer, elle précipite en olive brun, avec le persulfate de fer en vert-olive, avec le deuto-sulfate de cuivre, en brun jaunâtre, avec le pernitrate de fer en vert-olive, avec le deuto-nitrate de cuivre en brun jaunâtre, avec le nitrate de plomb en rouge-saumon, avec le proto-nitrate de mercure en café au lait, avec l'hydrochlorate d'alumine en jaune brun, avec les hydrochlorates d'étain en jaune brunâtre plus ou moins foncé, avec le mercure en chocolat clair, avec le cuivre en brun abondant, avec le plomb en couleur saumon, avec le bichromate de potasse en brun abondant, Le cachou est employé pour produire des nuances cannelles, solitaires, sur coton et sur soie ; on pourrait s'en servir de même, sur laine.

Écorces de l'aune, et de plusieurs autres végétaux. — L'écorce de l'aune (*betula alba*), donne, suivant Berthollet, une décoction d'un fauve clair, qui se trouble et brunit promptement à l'air. Elle forme, avec la dissolution d'alun, un précipité jaune et assez abondant ; avec la dissolution d'étain, un précipité abondant et d'un jaune clair ; elle noircit les dissolutions de fer, et forme avec elles un précipité assez abondant ; de sorte qu'elle contient beaucoup de principe astringent : elle dissout une grande quantité d'oxide de fer ; de là vient l'usage qu'on en fait pour les cuves de noir destinées à la teinture des fils ; cependant elle ne possède pas la propriété de dissoudre le fer au même degré que la décoction de brou de noix.

Presque tous les végétaux, continue Berthollet, contiennent, plus ou moins, surtout dans leur écorce, des parties colorantes propres à donner des nuances de fauve, qui tirent du jaune au brun, au rouge, au vert. Ces parties colorantes présentent des différences plus ou moins grandes entre elles, relativement à la quantité et à leurs qualités ; elles varient encore suivant le climat et selon l'âge du végétal. On peut donc se procurer une grande variété de nuances, en modifiant le fauve naturel aux végétaux, par le moyen de différens mordans.

La décoction de la plupart des végétaux, et particulièrement des écorces, donne non seulement une couleur qui ne diffère que par des nuances, mais elle présente avec les réactifs des caractères qui s'éloignent peu les uns des autres ; elle forme un précipité jaune, plus ou moins foncé, avec l'alun, et une couleur plus claire avec la dissolution d'étain ; elle agit avec les dissolutions de fer comme astringent. Cependant la décoction de brou de noix produit un effet particulier avec les dissolutions de fer : elle prend une couleur très foncée ; mais il ne s'y fait pas de précipité, même après deux ou trois jours : la décoction, ainsi que celle de l'écorce de noyer, a une action puissante sur l'oxide de fer ; elle s'en sature et fait une liqueur noire ; et même si l'on met de la limaille de fer dans cette décoction exposée à l'air, dans deux ou trois jours elle forme une liqueur noire par le moyen de l'oxigène qu'elle attire de l'atmosphère ; mais si l'on fait bouillir la décoction à laquelle on a ajouté la dissolution de sulfate de fer, il se précipite à l'instant, un dépôt noir abondant. Ce n'est donc que par une petite circonstance que le brou de noix, ainsi que l'écorce de chêne, diffèrent des autres substances qui colorent en fauve ; cependant sa partie extractive a particulièrement la propriété de noircir par l'action de l'air ; et les pellicules qui se forment lorsqu'on la fait évaporer prennent, d'une manière très marquée, les apparences d'une substance charbonnée.

Berthollet a reconnu que, en comparant la couleur jaune que produisent plusieurs substances végétales avec le fauve que la plupart donnent, on trouve un grand rapport entre ces couleurs ; il y en a même qui peuvent se rapporter également au jaune et au fauve ; il y en a de fauves, mais qui, par le moyen de l'alun et de la dissolution d'étain, passent au jaune, et ces jaunes sont très solides. Berthollet s'est assuré qu'on peut établir cette différence. Les jaunes sont, en général, plus mobiles et plus sujets à donner des couleurs fugitives ; et c'est pour cela qu'on est obligé de fixer la couleur des substances jaunes, par le moyen des mordans, au lieu que la plupart des substances fauves donnent, par elles-mêmes, une couleur assez solide.

Brou de noix ; racine de noyer. — On appelle *brou* l'enveloppe verte et pulpeuse du fruit de noyer (*juglans regia*) famille des juglandées. Elle est verte à l'extérieur et blanche à l'intérieur ; mais elle brunit aussitôt qu'elle est exposée à l'air. Cette substance végétale fournit une des meilleures matières colorantes, dont les nuances, fauves ou brunes, sont agréables et solides ; elle forme, avec le sulfate de fer, une espèce d'encre.

Le brou de noix frais est formé, suivant M. Braconnot, d'amidon, de résine verte, d'une matière âcre et amère, qui devient brune par le contact de l'oxigène, de tannin, d'acide citrique, d'acide malique, de potasse, d'oxalate de chaux, de phosphate de chaux. M. Chevreul a examiné les propriétés de l'eau ayant séjourné quatre mois sur du brou de noix, et que voici : la couleur est d'un brun rougeâtre : l'odeur plutôt agréable que désagréable, paraissait résulter d'une faible fermentation spiritueuse ; sa saveur était douce, rappellant celle des noix fraîches ; la colle de poisson y déterminait un précipité roux ; avec le tournesol elle rougissait légèrement ; elle précipitait avec l'hydrochlorate de barite en flocons d'un jaune roux, solubles dans l'acide nitrique, sauf peut-être une trace de sulfate ; avec le nitrate d'argent en flocons bruns, difficilement solubles dans l'acide nitrique (peut-être y avait-il du chlorure) ; l'oxalate d'ammoniaque y démontrait la présence de la chaux ; la potasse y développait une belle couleur rouge brune ; les eaux de barite, de strontiane, de chaux, y formaient des précipités rougeâtres, et la liqueur était d'un assez beau rouge ; elle précipitait avec l'hydrochlorate de protoxide d'étain en roux brun ; plus légèrement avec l'alun ; avec l'acétate de plomb en rougeâtre ; avec l'acétate de cuivre, en brun rougeâtre ; avec le sulfate de peroxide de fer, en gris roux brun ; l'acide sulfurique concentré en dégage une odeur de levure ou de farine fermentée, et en précipite quelques flocons roux clair. L'acide sulfurique faible la trouble et en précipite des flocons d'un roux clair ; l'acide nitrique à 34° la trouble légèrement ; un excès fait passer la couleur au jaune roux ; l'acide oxalique la trouble seulement ; l'acide acétique en éclaircit la couleur, et paraît la troubler. Quand le brou de noix a été conservé pendant un ou deux ans dans l'eau, il donne une plus grande quantité de principe colorant.

Les parties colorantes du brou de noix ont, suivant Berthollet, une grande disposition à se combiner avec la laine ; elles lui donnent une couleur noisette ou fauve très solide, et les mordans paraissent ajouter peu à sa solidité, mais peuvent varier ses nuances et leur donner plus d'éclat. On obtient, surtout par le moyen de l'alun, avec lequel on donne un apprêt à l'étoffe, une couleur plus saturée et plus vive.

Le brou de noix est, ajoute Berthollet, d'un excellent usage, parce qu'il donne des nuances assez agréables, très solides, parce qu'étant employé sans mordant, il conserve à la laine sa douceur, et qu'il n'exige qu'une opération simple et peu dispendieuse.

On ramasse le brou de noix, continue Berthollet, lorsque les noix sont entièrement mûres ; on en remplit de grandes cuves ou tonneaux, et on y met assez d'eau pour qu'il en soit recouvert. On le conserve en cet état pendant une année et plus. Aux Gobelins, où il se fait un usage très-étendu et très varié de cette substance, on la conserve pendant deux ans avant de s'en servir. On trouve qu'alors elle fournit beaucoup plus de couleur. Elle a une odeur putride très désagréable. On pourrait aussi se servir du brou qu'on enlève aux noix avant qu'elles soient mûres ; mais il se conserve moins long-tems.

Quand on veut teindre, dit Berthollet, avec du brou de noix, on en fait bouillir pendant un bon quart d'heure, dans une chaudière, une quantité proportionnée à la quantité d'étoffe et à la nuance plus ou moins foncée qu'on veut lui donner. Pour les draps, on commence ordinairement par les nuances les plus foncées, en finissant par les plus claires ; mais pour les laines filées, c'est ordinairement par les nuances les plus claires que l'on commence, et l'on finit par les plus foncées, en ajoutant du brou de noix à chaque mise. Le drap et la laine filée doivent être simplement humectés d'eau tiède avant d'être plongés dans la chaudière, où on les retourne avec soin, jusqu'à ce qu'ils aient pris la nuance qu'on désire, à moins qu'on ne donne un alunage préliminaire.

La *racine de noyer* donne, suivant Berthollet, les mêmes nuances ; mais pour cela, il est nécessaire d'en augmenter la quantité, et que surtout cette quantité, réduite en copeaux, soit renfermée dans un sac pour que les petits copeaux ne s'attachent pas à l'étoffe. Il arrive facilement que la couleur est inégale, et qu'il s'y forme des taches : pour éviter cet inconvénient, il convient de ménager le feu dans les commencemens, afin que les parties colorantes puissent se distribuer dans le bain à mesure qu'elles sont extraites de la racine. Si quelques parties se trouvaient teintes inégalement, comme la couleur est solide, il n'y a pas d'autre moyen de remédier à cet accident que de réserver l'étoffe pour des couleurs plus foncées.

Suie.—On s'en sert pour donner une brunitur à la laine, mais sa couleur n'est pas solide ; on lui reproche de la durcir et de lui laisser une odeur forte et désagréable. La suie dont on se sert en teinture, provient de l'intérieur des cheminées dans lesquelles on a brûlé du bois dont la combustion n'a pas été complète, car, si elle eût été complète, on ne pourrait recueillir que de l'eau, de l'acide carbonique, de l'azote et des cendres.

Suivant M. Braconnot, 1,000 parties de suie sont formés de :

12,50 eau ; 30,20 matière brune, peu soluble dans l'eau, soluble dans la potasse, soluble dans l'acide sulfurique concentré. (M. Braconnot la regarde comme de l'alumine artificielle.) 20 matière azotée très soluble dans l'eau, insoluble dans l'alcool ; 14,66 sous-carbonate de chaux mêlé de sous-carbonate de magnésie ; 5,65 acétate de chaux ; 4,10 potasse ; 0,53, magnésie ; 0,20 ammoniaque ; traces de fer ; 5 sulfate de chaux ; 3,85 matière abondante en carbone, insoluble dans la potasse ; 1,50 phosphate de chaux ferrugineux ; 0,95 silice ; 0,50 principe âcre et amer, particulier (que M. Braconnot nomme *absoline*) ; 0,36 de chlorure de potassium.

Suivant M. Chevreul, une partie de suie provenant d'une cheminée dont les parois sont en plâtre, et 10 parties d'eau bouillies ensemble pendant un quart d'heure, ont donné une liqueur d'un brun roux, d'une odeur de suie, d'une saveur amère et d'un goût de suie, qui se troublait par le refroidissement et se recouvrait d'une pellicule irisée ; elle ne se troublait pas avec la colle de poisson.

Elle précipitait par l'hydrochlorate de baryte, en flocons roux ; le précipité, traité par l'acide nitrique, laissait beaucoup de sulfate provenant certainement d'un peu de plâtre mêlé à la suie ; par le nitrate d'argent, en flocons roux, épais, difficilement solubles dans l'acide nitrique ; l'oxalate d'ammoniaque y démontrait la présence de la chaux ; la potasse fonçait la couleur et rendait le jaune plus brillant, en y produisant un précipité insoluble dans un excès d'alcali ; les eaux de barite, de strontiane et de chaux, se comportaient d'une manière analogue et dégageaient, comme la potasse, de l'ammoniaque.

Avec le proto-hydrochlorate d'étain, elle précipitait en gris roux; avec l'alun en roux; avec l'acétate de plomb, en gris brun; avec l'acétate de cuivre, en jaune brun; avec le persulfate de fer, en gris jaune brun.

L'acide sulfurique concentré en dégageait une odeur de suie, et y formait des flocons d'un jaune brun; elle se troublait avec l'acide nitrique à 34° dont un excès faisait disparaître les flocons; la solution devint rouge brun; l'acide oxalique y formait sur-le-champ un précipité floconneux roux, certainement mêlé de chaux; l'acide acétique éclaircit la couleur et la précipite.

Un fait observé par M. Chevreul auquel nous empruntons cet article, c'est que l'excès aqueux de suie cède à l'alcool, et l'extrait alcoolique cède à l'éther, une matière jaune, qui communique à la laine alunée une couleur d'un jaune orangé analogue à celle que le fustet lui aurait donnée, et, ce qu'il y a de remarquable, c'est que cette même matière prend, par le contact de la potasse, une couleur rouge, analogue à celle que prend la matière colorante du fustet dans la même circonstance.

§. XXIV. COLORISATION EN BLEU.

Indigo. — L'indigo était connu des Romains du tems de Pline, et ils l'appelaient *indicum*, parce qu'il venait de l'Inde. Mais la plante de laquelle les Indiens tiraient cette fécule n'est plus en usage aujourd'hui; il paraîtrait que cette plante était la même que celle dont Margraf donne la description, en ajoutant que toute la plante est succulente, et que lorsqu'on en rompt la tige ou la racine, il en sort aussitôt un suc bleu. On fait avec cette plante de l'indigo, sans autre façon que de la piler, et d'y ajouter de l'eau, qu'on laisse écouler ensuite, lorsque la couleur est précipitée.

On tire à la Chine une teinture bleue du *tovara* ou *persicaria virginiana*, plante avec laquelle notre persicaire a beaucoup de rapport. On tire, suivant Hermann et Linné, d'une des espèces de notre galéga, une teinture bleue plus belle que celle de l'indigo, et M. Guettard a observé, *Mémoires de l'Académie des Sciences*, 1747, que les filets du galéga approchaient de ceux des indigotiers qui sont en navette.

On cultive, sous les noms d'*anil*, d'*indigofera* et d'*indigo*, la plante ou l'indigofère, à la Chine, au Japon, aux Indes, à Madagascar, en Egypte et dans les colonies de l'Amérique. Il y en a plusieurs espèces; mais en Amérique, on en compte particulièrement trois: l'*indigo franc*, *indigofera tinctoria*, qui est la plus petite, et qui produit l'indigo de plus basse qualité; mais comme il en donne une plus grande quantité, on le préfère souvent. La seconde espèce d'indigo est l'*indigofera disperma*, c'est celui que l'on cultive à Guatimala; il est plus élevé, plus ligneux que le précédent: il donne un meilleur indigo. La troisième espèce est l'*indigofera argentea*, ou l'indigo bâtard, qui est encore plus ligneux que celui qui précède; il donne le plus bel indigo, mais en plus petite quantité que les autres.

Il y a apparence que cette plante absorbe d'autant plus de substances étrangères, qui se trouvent ensuite confondues avec les parties colorantes, qu'elle est plus herbacée.

L'indigo franc des îles Antilles croît et s'élève jusqu'à deux pieds et demi de hauteur. Il exige une excellente terre et beaucoup de soin de la part du cultivateur; le terrain doit être plat, uni, humide, ou frais et gras. On sème l'indigo pendant un temps humide, au mois de mars, dans des trous alignés à un pied (32 centimètres) de distance et à trois pouces (8 centimètres) de profondeur. Les Nègres qui sèment l'indigofère mettent dix à douze semences dans chaque trou, qu'ils recouvrent de terre avec leurs pieds, mais légèrement. La plante lève quatre à cinq jours après; les tiges sont d'abord noueuses, garnies de petites branches qui portent plusieurs paires de feuilles, et qui sont toujours terminées par une impaire: il faut avoir soin de sarcler les mauvaises herbes. La plante ne tarde pas à entrer en fleur, et elle est bonne à couper au mois de mai. On y fait souvent quatre coupes de la même plante dans l'année, tandis que dans l'Amérique méridionale, on n'en obtient jamais plus de deux, et même assez ordinairement qu'une seule, la plante n'y étant bonne à couper pour la première fois qu'au bout de six mois. Le produit diminue continuellement après la première coupe, de sorte qu'il est nécessaire de renouveler les plantes, de graine, tous les ans.

Lorsque l'indigo donne des signes de maturité (ce qui se reconnaît par la facilité qu'ont les feuilles à se casser), on le coupe à deux pouces (5 centimètres) de terre dans un tems humide, et on le porte dans le *pourrissoir*; ce qui doit être fait promptement, afin que la plante ne s'échauffe pas. Le pourrissoir est un hangar de vingt pieds (64 à 65 décimètres) de haut, sans mur, et soutenu par des poteaux; on y construit trois cuves les unes sur les autres, à des hauteurs différentes; et près d'un réservoir d'eau. La première, qui est à la base, s'appelle *trempoire;* elle est disposée de façon que l'eau qu'elle contient puisse s'écouler hors du hangar. C'est dans cette cuve d'environ 148 décimètres carrés, faite en maçonnerie ou en bois, qu'on porte la plante, et qu'on l'y entasse jusqu'au 0,75 de sa capacité; on y ajoute de l'eau jusqu'à ce qu'il y en ait de 180 à 125 millimètres au-dessus des couches : les plantes sont maintenues dans cette position au moyen de planches chargées de poids qui les pressent afin d'éviter qu'elles ne flottent. Bientôt il s'y établit une fermentation très-vive, et il s'y forme beaucoup d'écume ; elle s'épaissit par degrés, et acquiert une couleur bleue inclinant au violet ; le gaz qui s'en dégage est en partie inflammable. La température la plus convenable pour cette fermentation, est celle d'environ 27 degrés centigrades, suivant Leblond : si on laisse fermenter les plantes trop long-tems, la matière colorante s'altère, et si on retire l'eau trop tôt, on perd beaucoup d'indigo.

Lorsque l'indigotier reconnaît que la fermentation est assez avancée, et que les parties colorantes sont disposées à se séparer, on fait couler la liqueur dans la seconde cuve, qu'on nomme la *batterie*, et qui a ordinairement 111 décimètres carrés sur 41 décimètres de profondeur; on y agite la liqueur pendant 15 à 20 minutes, avec des instrumens destinés à cet usage ; et c'est par l'habitude que l'indigotier apprend à saisir le véritable instant où il convient de cesser cette opération, ce qui a lieu ordinairement quand il commence à se séparer de la liqueur de légers flocons qui lui donnent un aspect caillé. Lorsqu'on a jugé, d'après la couleur bleue, que le battage est suffisant, on laisse reposer pendant environ deux heures; l'indigo forme une espèce de vase, qui s'arrête au fond de la cuve ; on laisse à l'eau qui est dessus le tems de s'éclaircir, et on la fait passer dans une troisième cuve, qu'on appelle le *diablotin ;* c'est celle où le produit des deux autres se recueille et où l'indigo s'achève. On laisse les parties colorantes se déposer dans cette cuve, dont on fait écouler la liqueur surnageante successivement au moyen de deux robinets placés les uns au-dessus des autres. On ajoute une certaine quantité d'eau de chaux, suivant Leblond, et cet emploi d'eau de chaux paraît prévenir la putréfaction, qui autrement pourrait nuire à la matière colorante ; la chaux d'ailleurs absorbe l'acide carbonique qui existait dans le liquide et qui s'opposait à la séparation de l'indigo.

On retire alors l'indigo, qui est en consistance demi-fluide, en le mettant dans des chausses ou sacs de toile serrée, à travers lesquels l'eau qu'il a pu retenir achève de s'écouler; on vide alors ces sacs dans des caissons carrés ou oblongs, d'environ deux à trois pouces (5 à 8 centimètres) de profondeur; enfin on les coupe en pains carrés pour l'envoyer en France: l'indigo doit être séché à l'air mais à l'ombre.

L'indigo qui résulte de ces opérations diffère non seulement selon les qualités de la plante qui le produit, mais aussi selon les soins qu'on a mis à le préparer. Cependant, comme sa partie colorante paraît offrir peu de différence, on en doit conclure que les qualités qui le distinguent dépendent surtout de la proportion des parties étrangères qui s'y trouvent mêlées.

De toutes les matières colorantes, l'indigo est sans contredit celle dont les espèces sont les plus nombreuses, dans le commerce, ses variétés sont divisées suivant le pays où elles ont été préparés, et aussi suivant leur couleur: on en connaît 13 espèces, partagées chacune en plus ou moins de variétés.

Les *indigos préparés en Asie* et importés en France sont au nombre de cinq: du *Bengale*, de *Coromandel*, de *Madras*, de *Manille* et de *Java*. Parmi les indigos du *Bengale* sont les variétés: de *surfin bleu*, ou *bleu flottant*, ou *bleu léger*; en masses cubiques léger, friable, d'un bleu vif; sa cassure est lisse, il est doux au toucher et prend un aspect cuivré par le frottement de l'ongle; de *surfin violet*, qui a beaucoup d'analogie avec le précédent, mais dont la couleur incline davantage au violet: de *surfin pourpre*, de *fin violet*, moins vifs que le surfin violet et un peu plus lourd; de *fin violet pourpre*; de *bon violet*, moins léger que les précédens; de *violet rouge*; *de violet ordinaire*; de *fin et bon rouge*, moins léger que les précédens et tirant davantage sur le rouge: de *bon rouge* en pâte serrée et plus compacte que le fin bon rouge: de *fin cuivré*; plus lourd et plus compact que le précédent: de *moyen cuivré*: enfin de *cuivré ordinaire et bas*, d'un bleu cuivré, rougeâtre, assez difficile à casser, et dont la pâte n'a pas d'homogénéité.

Les premières qualités des indigos de Coromandel correspondent aux qualités moyennes du Bengale, et sont en général plus durs: les qualités inférieures sont lourdes et sableuses, d'un bleu verdâtre, grisâtre ou noirâtre.

Les *indigos de Madras*, se distinguent des autres espèces par leur cassure grenue et rugeuse. Les qualités supérieures; sont plus légères et plus friables que celles de Coromandel; les qualités moyennes sont peu cuivrés; celles inférieures, sont d'un bleu terne, noirâtre, grisâtre ou verdâtre : en général ces indigos présentent l'empreinte des toiles qui ont servi à les faire sécher.

Les *indigos de Manille* portent ordinairement l'empreinte de jonc ou de nattes. Leur pâte est fine ; ils sont moins colorés que ceux de Madras. Les qualités supérieures sont en carreaux minces et alongés, assez poreux et légers. Les qualités moyennes sont violettes et inférieures au violet du Bengale. Les qualités inférieures sont en général mélangées avec les supérieures qui réduites en poudre, les recouvrent.

Les *indigos de Java* sont en carreaux plats ; les supérieurs ont le même aspect que les indigos bleu, violets et rouge du Bengale : mais ils sont moins bons.

Les indigos *préparés en Afrique* sont ceux de : l'*Égypte*, *l'Ile de France*, *le Sénégal* : l'importance de l'indigo d'*Égypte* date de peu d'années. Les qualités supérieures sont les surfins et fins violets bleus ; ils sont légers, d'une pâte assez grosse, et contiennent souvent du sable : les carreaux en sont plus plats que ceux du Bengale qui, de tous les indigos, sont ceux qui contiennent le plus de matière terreuse ; ils sont d'une bonne qualité quand on les a fabriqués avec soin : ceux de l'*Ile de France* sont très rares dans le commerce, ils ont une pâte fine et une cassure nette.

Indigos préparés en Amérique. — Les principaux sont ceux de *Guatimala*, de *Caraque*, du *Mexique*, du *Brésil*, de la *Caroline* et des *Antilles*. Celui de *Guatimala* se divise en *bleu fibre*, *sobre* supérieur, *sobre* bon, *sobre* ordinaire, *corte* supérieur, *corte* bon, *corte* ordinaire, *corte* bas. Le *flor* est d'un bleu vif, très léger et d'une grande finesse. Cet indigo et le surfin du Bengale sont les qualités les plus estimées. Les *cortes* sont violets, mais moins purs que les violets du Bengale.

Les *indigos* de *Caraque* et du *Mexique* se divisent en variétés comme ceux de Guatimala. La pâte en est moins fine et contient souvent des interstices. Les cortes sont aussi plus mélangés.

Les *indigos du Brésil*, sont en général d'une pâte ferme, à cassure nette et d'un rouge cuivré plus ou moins vif. Ceux de la *Caroline* sont de qualité inférieure. On ne rencontre presque plus dans le commerce, d'indigo *des Antilles*.

Propriétés physiques de l'indigo. — C'est une substance solide, d'un bleu vif ou violet ; plus ou moins léger. Il acquiert, par le frottement d'un corps dur, une teinte cuivrée. En général, on doit rejeter ceux qui sont d'un bleu terne, grisâtre ou verdâtre, et dont la cassure présente des veines brunes ou blanchâtres.

Les indigos du commerce sont presque tous mélangés, et il est difficile d'en déterminer la valeur d'après leurs propriétés physiques : ceux défectueux sont désignés sous les noms : *éventés*, *piquetés*, *rubanés*, *brûlés*, *pierrés*. On les dit *éventés*, lorsque la cassure intérieure présente une espèce de moisissure blanche ; *piquetés*, lorsque l'intérieur est parsemé de petits points blancs et de petites cavités blanches ; *rubanés*, quand la cassure présente des couches de nuances différentes ; *brûlés*, lorsqu'en les passant ou en les cassant, ils se divisent en fragmens plus ou moins noirs ; *pierrés* ou *sablés*, quand ils présentent à l'intérieur du sable ou des pierres.

Essai des indigos. — C'est une opération chimique très-délicate pour la faire avec une grande exactitude. La méthode suivante suffit pour les besoins de la teinture : la première opération a pour objet de déterminer la quantité d'eau : après avoir pesé 10 grammes d'indigo en poudre, on les dessèche à la température de l'eau bouillante. La différence des deux pesées donne la quantité d'eau : la perte est ordinairement de 09,03 à 0,06. On pèse ensuite 1 gramme de cet indigo desséché, et on l'incinère dans une capsule de platine. Il se sublime et se décompose en partie. Il reste un résidu qui ne doit être pour les premières qualités, que de 7 à dix centièmes : d'après le poids du résidu, on détermine la valeur des différentes espèces d'indigo.

Dans les expériences de Bergman, à qui nous devons un des traités les plus complets qui aient encore paru sur les propriétés de l'indigo, l'eau a dissous, au moyen de l'ébullition, un neuvième du poids de l'indigo qu'il y soumit : les parties ainsi dissoutes par l'eau, paraissent être en partie mucilagineuses, en partie astringentes, en partie savonneuses : la dissolution d'alun et celle du sulfate de fer et de cuivre en précipitent les parties astringentes.

Bergman introduisit dans un vaisseau de verre légèrement fermé, une partie d'indigo bien pulvérisé avec huit parties d'acide sulfurique incolore, de la pesanteur spécifique de 1,900. L'acide a attaqué promptement l'indigo en excitant une grande chaleur; après une digestion de ving-quatre heures, l'indigo était dissous, mais le mélange était opaque et noir; en ajoutant de l'eau, il s'est éclairci en donnant successivement toutes les nuances de bleu, selon la quantité d'eau. Il faut au moins dix kilogrammes d'eau dans un vaisseau cylindrique de verre de 19 centimètres de diamètre pour rendre insensible la plus petite goutte de cette dissolution.

Si l'acide sulfurique est d'abord étendu d'eau, il n'attaque que le principe terreux qui est mêlé avec l'indigo, et un peu des parties mucilagineuses.

La potasse et la soude, saturées d'acide carbonique, séparent de la dissolution d'indigo une très belle couleur bleue qui se dépose très lentement.

L'acide nitrique concentré attaque l'indigo avec une activité telle, qu'il lui fait prendre feu.

L'acide hydrochlorique, mis en digestion, et même bouillant, sur l'indigo, ne lui enlève que la matière terreuse, le fer et un peu de la matière extractive, ce qui colore l'acide en brun, mais il n'attaque en aucune manière la couleur bleue.

La potasse pure ou caustique, dissout des matières étrangères à la substance colorante de l'indigo; mais elle agit très lentement sur les parties colorantes de cette substance. L'effet de l'ammoniaque est à peu près le même. L'indigo précipité est promptement dissous, et à froid, par les alcalis, s'ils sont purs ou caustiques; la couleur bleue passe par degrés au vert, et elle finit par être détruite.

Bergman conclut de son analyse que 100 parties de bon indigo contiennent 12 parties séparables par l'eau; 6 parties de matière résineuse soluble dans l'alcool; de matière terreuse que prend l'acide acétique, lequel n'attaque point le fer, qui est ici dans l'état d'oxide, 22; d'oxide de fer pris par l'acide, 13; perte, 4. Il restait 43 parties, qui sont la matière colorante, presque à l'état de pureté; et cette matière colorante donne à la distillation, acide carbonique, 2 parties; une liqueur alcaline, 8 parties; de l'huile empyreumatique, 9 parties; et du charbon, 23 parties; perte, 1.

La propriété qu'a l'indigo de se dissoudre dans les alcalis paraît résulter de la séparation d'une partie de l'oxigène qu'il avait absorbé. Ce fait semble bien établi par l'expérience de Bergman, dans laquelle des poids égaux de sulfate de fer et d'indigo, et le poids double de chaux, sont mêlés ensemble dans l'eau, et produisent une dissolution d'indigo dans l'eau de chaux, mais si le sulfate de fer a été préalablement oxidé à un plus haut degré par une ébullition pendant plusieurs heures dans beaucoup d'eau, et par une évaporation subséquente, la dissolution ne s'effectuera pas, parce que ce fer précipité n'est pas disposé à absorber de l'oxigène.

Il paraît donc s'ensuivre que l'indigo contient, dans son état naturel, de l'oxigène; que, dans cet état, il ne s'unit pas avec la chaux et les alcalis; mais que des substances capables de lui enlever une partie de son oxigène, le rendent soluble dans la chaux ou les alcalis; et enfin que l'état naturel de l'indigo est établi par le contact de l'oxigène qu'il absorbe. C'est de cette manière que la teinture bleue est produite; la pièce d'étoffe sort de la cuve de la même couleur que la dissolution, c'est-à-dire verte; mais elle devient bleue par son exposition à l'air. L'alcali ou la chaux s'enlève par le lavage, et l'indigo reste combiné à l'étoffe qui est ainsi teinte.

M. Chevreul, qui a analysé plusieurs indigos du commerce, y a trouvé les matières suivantes : de l'indigotine; une résine rouge; des matières colorantes jaune et rouge; une matière azotée; un acide végétal; du sulfate de potasse; de l'acétate de potasse; — de magnésie; — d'ammoniaque; — de chaux; du chlorure de potassium; du phosphate de chaux; — de magnésie; du carbonate de chaux; — de magnésie; de l'oxide de fer; de l'alumine. Il a d'ailleurs remarqué que l'indigo flor, le plus riche de tous, ne contenait cependant que 45 pour cent de matière colorante bleue pure. Cette matière qu'il a nommée *indigotine*, s'obtient en plaçant sur des charbons incandescens, un creuset d'argent contenant cinq décagrammes d'indigo, et fermé de son couvercle. L'indigotine se sublime et s'attache, en cristaux aiguillés, à la partie moyenne du creuset.

L'indigotine est solide, d'une couleur pourpre, sans saveur, sans odeur, et susceptible de cristalliser en aiguilles : ainsi cristallisée, elle offre l'aspect métallique.

Chauffée au rouge avec le contact de l'air, elle se décompose et laisse un charbon volumineux.

L'air ne l'altère point; elle est insoluble dans l'eau; l'alcool bouillant la dissout sensiblement et se colore en bleu, mais elle se précipite en grande partie par le refroidissement.

L'acide sulfurique concentré la dissout, surtout à l'aide d'une douce chaleur, mais non sans quelque altération, car elle perd la propriété de se volatiliser, et peut se dissoudre dans certaines substances qui auparavant n'agissaient pas sur elle, ce que nous examinerons plus loin.

L'acide nitrique, même étendu d'eau, la décompose et la transforme en matière résineuse, et en deux substances, l'une amère, l'autre détonnante.

L'acide hydrochlorique n'agit point sur elle à la température ordinaire; par la chaleur, il perd une couleur jaunâtre qui est due à un peu d'indigotine décomposée.

Les alcalis agissent à peu près de la même manière que l'acide hydrochlorique.

Le chlore la jaunit en très peu de tems. Plusieurs substances avides d'oxigène, comme le sulfate de prototoxide de fer, un mélange de potasse et de protoxide d'étain ou de potasse et de sulfure d'arsenic, etc., etc.... la décomposent à froid ou à chaud, et la transforment en *indigo très jaune, indigotine désoxigénée*, soluble dans l'eau, surtout à l'aide des alcalis; exposé à l'air, cet indigo jaune revient à l'état d'*indigotine bleue ou oxigénée*, insoluble dans l'eau même aiguisée par les alcalis. L'indigotine n'est pas employée dans les arts; mais unie comme elle l'est aux indigos du commerce, c'est une des matières colorantes les plus importantes, et dont on ne peut guère se passer en teinture, malgré les tentatives que l'on a fait en différens tems et à cet égard.

M. Chevreul a donné, pour obtenir l'*indigotine désoxigénée*, ou *indigotine blanche*, le procédé suivant : On introduira o gramme, 50 d'indigotine bleue réduite en poudre dans un flacon d'une capacité d'un demi-litre; on y versera environ un quart de litre d'eau; puis on y ajoutera 2 solutions, l'une de 1 gramme, 83 de proto-sulfate de fer, et l'autre de 1 gramme, 60 de potasse pure; après avoir rempli d'eau le flacon, on le bouchera.

Le mélange abandonné à lui même pendant quelques heures et agité de tems en tems, présente un liquide d'un jaune foncé, avec dépôt d'oxide de fer dont une partie est à l'état de peroxide. Par le contact de l'air, ce liquide se recouvre d'une fleurée de couleur pourpre violet. Afin d'expliquer les phénomènes qui se passent dans cette opération, et qui nous serviront par la suite à rendre compte de l'action des cuves de bleu, il suffit de savoir que les différens corps jusqu'ici employés se réduisent à de l'eau, de la potasse et du protoxide de fer; car o gramme 625 de potasse neutralisent les o gramme 531 d'acide sulfurique contenu dans les 1 gramme 83 de proto-sulfate de fer, pour produire 1 gramme 155 de sulfate de potasse; il restera donc o gramme 625 de potasse libre, et o gramme 465 de protoxide de fer, et o gramme 50 d'indigotine. Or le protoxide de fer a une grande tendance à se combiner avec l'oxigène, il en enlève une portion à l'indigotine et l'indigotine désoxigénée se dissout alors dans l'excès de potasse. Pour la séparer de sa dissolution, il faut décanter avec un syphon le liquide clair dans un autre flacon, oú l'on introduit, en évitant le contact de l'air, de l'acide acétique pour neutraliser la potasse. Lorsque le dépôt est bien formé, on décante le liquide surnageant ; on passe au filtre en lavant avec de l'eau bouillie et refroidie ; ensuite on exprime le filtre entre du papier non collé, puis on le fait sécher à l'étuve sans air. L'indigotine ainsi désoxigénée est insoluble dans l'eau ; elle se dissout dans l'alcool et l'éther; elle ne s'unit pas aux acides, elle s'unit aux alcalis dont les combinaisons ainsi saturées sont d'une belle couleur jaune. Un excès de chaux forme avec l'indigotine désoxigénée une combinaison presque insoluble dans l'eau. L'indigotine désoxigénée en dissolution dans un alcali, s'unit par voie de double décomposition, à l'alumine, aux protoxides de fer, d'étain et de plomb : ces composés sont insolubles ; ils sont blancs et bleuissent promptement à l'air. Les sels de cuivre colorent en bleu la dissolution d'indigotine blanche en la réoxigénant.

Action de l'acide sulfurique sur l'indigo. — Lorsque l'on met une partie d'indigotine oxigénée en contact avec 12 parties d'acide sulfurique à 66 degrés, la couleur devient jaune dans quelques parties, elle passe au vert et finit par prendre un ton bleu très intense. Si l'on mêle 1 partie d'indigotine avec 6 parties d'acide sulfurique fumant (huile de vitriol de Saxe), on obtient promptement une liqueur d'un rouge pourpre. Dans l'un et l'autre cas il n'y a aucun dégagement de gaz acide sulfureux. Les dissolutions étendues d'eau ont une couleur bleue. Qu'on les considère comme du sulfate d'indigotine ou comme un acide sulfo-indigotique, M. Berzelius y a reconnu trois composés qui sont : du sulfate d'indigotine nommé, par M. Chevreul, *acide sulfo-indigotique* ; de l'hypo-sulfate d'indigotine ou *acide hypo-sulfo-indigotique* ; du sulfate d'*indigotine modifiée*, qu'il avait désigné sous le nom de *pourpre d'indigo* ou acide *sulfo-phénicique* de M. Chevreul.

Nous ferons remarquer que la quantité d'acide sulfo-phénicique sera d'autant plus grande que la quantité d'acide sulfurique, par rapport à l'indigo, est elle-même moins considérable : cette observation est importante pour préparer une bonne dissolution d'indigo, ou de la *distillée* (bleu soluble liquide). La dissolution d'indigo préparée comme nous venons de le dire, est étendue de 30 fois son volume d'eau, puis filtrée ; sur le filtre reste l'acide sulfophénicique qui est insoluble dans l'eau acidulée. Après filtration on fait chauffer la liqueur jusqu'à 60 degrés, et l'on y plonge des morceaux de laine tissée qu'on y laisse pendant 6 heures en entretenant une légère chaleur. On la retire pour la laver à l'eau jusqu'à ce qu'elle ne soit plus acide. Les acides sulfo et hyposulfo indigotiques restent combinés à la laine en la teignant en bleu. Pour les séparer on fait digérer la laine teinte dans de l'eau chaude aiguisée de sous-carbonate d'ammoniaque. Les deux acides se dissolvent en combinaison avec l'ammoniaque; on retire la laine et l'on évapore les liqueurs à siccité à une température de 60 degrés au plus. Le résidu est ensuite traité par l'alcool. L'hyposulfo-indigotate d'ammoniaque seul se dissout; on filtre, on lave avec de l'alcool. On dissout le sulfo-indigotate dans l'eau; on précipite par un sel de plomb; on lave, et le dépôt est délayé dans de l'eau, puis décomposé par un courant d'acide hydrosulfurique (hydrogène sulfuré); on chauffe la liqueur pour enlever l'excès d'hydrogène sulfuré; on filtre, puis on évapore à une douce chaleur, et l'on obtient l'acide sulfo-indigotique sous la forme d'une masse noire. La solution alcoolique qui contient l'hyposulfo-indigotate d'ammoniaque est précipité par un sel de plomb que l'on lave pour le traiter comme le précédent. Par l'évaporation on l'obtient sous la forme d'une masse bleue noirâtre.

Dissolution d'indigo, composition d'indigo, sulfate d'indigo des teinturiers. Ayant déjà étudié l'action de l'acide sulfurique sur l'indigotine, et cette action étant la même sur l'indigo du commerce, il ne nous reste qu'à déterminer les doses généralement suivies dans les ateliers. On prendra donc une partie d'indigo flor réduit en poudre fine, et après l'avoir délayé avec quatre parties d'acide sulfurique fumant (huile de vitriol de Saxe), on laissera le mélange en contact pendant 12 heures, en ayant toutefois la précaution de le remuer, avec un tube de verre, de tems à autre; On place ensuite le vase qui contient le mélange au bain marie d'eau bouillante et on l'y maintient pendant deux heures, en remuant; on le retire pour le laisser refroidir. Pour conserver cette dissolution on l'étend de 4 à 5 fois son volume d'eau.

Distillée, indigo soluble liquide, sulfo et hyposulfo-indigotate de soude. — Après avoir obtenu la dissolution d'indigo, on l'étend de 100 litres d'eau. A cet effet on remplit une chaudière de cette capacité environ, et après avoir porté le liquide à une température de 60 degrés on y verse lentement et en remuant la solution d'indigo préalablement étendue d'eau. Celle-ci étant introduite, on continue à chauffer mais sans porter à l'ébullition, puis on y plonge de la laine tissée, des couvertures parfaitement nettoyées, et qui d'ordinaire servent à cette opération plusieurs fois; après avoir couvert le feu et la chaudière, on les laisse tremper pendant 6 heures, ou passer la nuit. La laine se combine avec les acides bleus, et la liqueur, si toute la matière colorante a été tirée, doit être d'un vert légèrement bleuâtre. Dans le cas contraire, il faut chauffer de nouveau et mettre d'autre laine. On lave les lainages à grande eau pour enlever l'acide sulfurique; et après avoir fait bouillir une chaudière d'eau, on y ajoute, pour les proportions indiquées de dissolution 122 grammes (4 onces, de sous-carbonate de soude; on y plonge les laines teintes et les acides bleus s'y dissolvent en se combinant avec la soude. Il est facile de prévoir que la force de la *distillée* sera en rapport avec la quantité d'eau employée. On remplace maintenant la *distillée* par le bleu soluble qui n'en diffère que par la concentration. Les résultats sont identiquement les mêmes.

Bleu soluble, *carmin d'indigo*, *indigo soluble*, *indigo précipité de Bergman*; mélange de *sulfo*, *d'hyposulfo-indigotate et de sulfophenicate de soude*. Nous ferons remarquer que ces trois sels ont la propriété d'être précipités de leurs solutions par les sulfates, et c'est sur cette propriété que repose la fabrication du bleu soluble. On commence par préparer une dissolution d'indigo avec une partie d'indigo flor et 5 parties d'acide sulfurique de Saxe, en opérant comme nous l'avons indiqué plus haut. Cette solution est ensuite étendue de 15 fois son volume d'eau; on sature les acides par du sous-carbonate de soude, en n'ajoutant ce sel que par portion afin d'éviter une trop vive effervescence, et l'on cesse lorsque la saturation est presque complète; il se forme un précipité d'indigo soluble mêlé à du sulfate de soude; on jette le tout sur un filtre, et lorsque la matière est égouttée, on la lave d'abord avec de l'eau qui tient en dissolution du sulfate de soude et ensuite avec de l'eau pure; comme cette dernière dissout toujours du bleu soluble, on la met de côté afin de l'employer pour une autre opération. Le bleu soluble du commerce est en pâte, il doit avoir un beau reflet cuivré; sa saveur est salée et d'un goût particulier. Il est soluble dans l'eau bouillante, mais il se précipite par le refroidissement. Il faut 140 parties d'eau froide pour le dissoudre. Souvent l'indigo soluble est altéré par de la fécule dont on reconnaîtra facilement la présence parce qu'elle produit de l'épaississement dans les liquides quand on la fait chauffer.

Blé sarrazin. — L'on coupe les tiges de cette plante avant qu'elle soit parvenue à son entière maturité, on les laisse sécher au soleil jusqu'à ce que les semences s'en séparent aisément. Du moment qu'on les a extraites, on met les tiges en tas, on les arrose et on les laisse fermenter jusqu'à ce qu'elles commencent à se décomposer et qu'elles aient contracté une couleur bleue. En cet état, on les met en balles ou galettes que l'on fait sécher au soleil ou à l'étuve. Ces balles donnent, par l'ébullition dans l'eau, une couleur d'un bleu foncé que n'altèrent ni l'acide acétique, ni l'acide sulfurique, et que les alcalis, au lieu de verdir, tournent au contraire au rouge ; la noix de galle en poudre la convertit en noir, et en très beau vert par l'évaporation. Les étoffes teintes en bleu par ce moyen, et en suivant les procédés usités pour les autres substances végétales, sont très belles, et la couleur résiste aux agens réunis de la lumière et de l'air, etc. Cette couleur mérite de fixer l'attention des chimistes, tant à cause de ses propriétés caractéristiques que du bas prix auquel on peut l'obtenir en grande quantité.

Pastel et vouède. — On peut obtenir de l'indigo de l'*isatis tinctoria*, famille des crucifères, pastel, guède ou vouède, plante qui croît dans plusieurs parties de la France sur les côtes de la mer Baltique, et qui se trouve dans les bois en Angleterre. Le vouède sauvage et celui qu'on cultive pour l'usage des teinturiers paraissent être la même espèce de plante.

La préparation du vouède pour la teinture, telle qu'elle se pratique en France, est décrite dans le plus grand détail par Astruc, dans ses mémoires sur l'*Histoire naturelle du Languedoc*. Cette plante exige une bonne terre noire, légère et bien amendée. On la sème au printems, après deux labours donnés en automne ; on en fait plusieurs récoltes, ordinairement quatre par an. La plante pousse des tiges hautes d'un mètre, de la grosseur du doigt ; la racine est grosse, ligneuse, et pénètre profondément en terre. Elle pousse d'abord cinq à six feuilles d'environ 30 centimètres de long sur 15 centimètres de large. On sarcle cette plante au mois de mai ; lorsque les feuilles penchent en bas, ou qu'elles jaunissent, ce qui a ordinairement lieu au mois de juin, on fait la première récolte, c'est-à-dire qu'on fauche la plante ; on la lave à la rivière, et on la fait sécher au soleil. Mais il faut avoir soin que la dessiccation soit prompte ; car si la saison n'est pas favorable, ou s'il pleut, la plante court risque de s'altérer : une seule nuit suffit quelquefois pour la faire noircir. On porte ensuite les feuilles séchées dans un moulin, ayant beaucoup de ressemblance avec les moulins à huile ou à tan; et là elles sont broyées et réduites en une pâte unie. On en forme des tas bien serrés et lisses, qu'on couvre pour les garantir de la pluie, et l'on réunit la croûte noirâtre, qui se forme à l'extérieur, s'il arrive qu'elle se rompe; si l'on négligeait ce soin, il se produirait des vers dans les fentes occasionées par cette rupture, et le vouède perdrait une partie de sa force. Au bout de 10 à 15 jours de fermentation, on ouvre les tas, on mêle ensemble l'intérieur et la croûte qui s'est formée à la surface; et de toute la matière on forme des pelottes ovales, qu'on presse, pour les rendre solides, dans des moules de bois. On met ensuite ces pelottes à sécher sur des claies. Si elles se trouvent exposées au soleil, elles noircissent à l'extérieur; si c'est dans un lieu fermé, elles jaunissent, surtout si la saison est pluvieuse. Les marchands de cet article dans le commerce, préfèrent le premier mode de séchage, quoiqu'on assure que les ouvriers ne remarquent aucune différence considérable entre les deux. Les bonnes pelottes se distinguent en ce qu'elles sont pesantes, d'une odeur assez agréable, et qu'étant frottées, elles sont au-dedans d'une couleur violette.

Pour leur emploi par les teinturiers, ces pelottes exigent une préparation de plus; on les bat avec des maillets de bois, sur un plancher de brique ou de pierre, et on les réduit ainsi en une poudre grossière, dont on forme, dans le milieu de la pièce où cette opération de battage a lieu, un tas de douze centimètres de hauteur, en laissant un espace pour passer autour. La poudre étant humectée avec de l'eau, fermente, s'échauffe, et il en sort une fumée épaisse, fétide; on remue ce tas à la pelle, en avant et en arrière, en l'humectant chaque jour, pendant douze jours, après lesquels on le remue moins fréquemment sans arrosage; et, à la fin, on en forme un tas pour le teinturier.

La poudre, ainsi préparée, donne seulement à l'eau, à l'alcool, à l'ammoniaque et aux lessives d'alcalis fixes, des teintures brunâtres de différentes nuances. Si, après avoir étendu la poudre d'eau bouillante, et l'avoir laissée pendant quelques heures en repos dans un vaisseau fermé, on y ajoute environ le vingtième de son poids de chaux récemment éteinte, et qu'en faisant digérer alors à une douce chaleur, on remue le tout ensemble toutes les trois ou quatre heures, une nouvelle fermentation commence à avoir lieu; il s'élève une écume bleue à la surface de la liqueur, et quoique cette liqueur semble être par elle-même d'une couleur rougeâtre, elle teint la laine en un vert qui, semblable au vert produit par l'indigo, se change à l'air en bleu. Ce procédé, l'un des plus délicats de ceux de la teinture, ne réussit pas bien dans les expériences faites en petit.

On cultive et l'on prépare le pastel dans plusieurs parties de la France; celui des départemens méridionaux est le plus estimé; on lui donne le nom de vouède dans les départemens du Nord, et on le cultive surtout dans la basse Normandie : le vouède ne diffère du pastel ordinaire qu'en ce qu'il en faut, suivant Hellot, une plus grande quantité pour produire le même effet.

Au lieu d'employer le pastel ou le vouède fermenté et mis en pelottes, par le procédé que nous avons précédemment décrit, il est beaucoup plus avantageux de s'en servir à l'état de simple dessiccation, comme il est prouvé par les expériences de M. Pavie, et par celles de quelques teinturiers du midi de la France. Les cuves montées avec le pastel non fermenté, sont plus faciles à gouverner et moins exposées aux altérations ou maladies dont parlerons en traitant de ces cuves.

Le pastel donne, sans indigo, une couleur bleue qui n'a pas d'éclat, mais qui est très solide; comme il fournit beaucoup moins de parties colorantes que l'indigo, et comme sa couleur est inférieure en beauté, la découverte de l'indigo a diminué considérablement la culture et le commerce du pastel.

On a fait dans différens endroits plusieurs tentatives pour retirer un indigo du pastel; mais il paraît que le produit est trop faible pour que la substance colorante que l'on obtient puisse entrer en concurrence avec l'indigo ordinaire.

Il faut sécher à l'ombre l'indigo tiré du pastel; parce que le soleil détruit sa couleur.

On est redevable à M. Chevreul de l'analyse des feuilles de pastel qu'il fit en 1808 et 1811, et dont voici les résultats. Les feuilles de pastel réduites en pulpe dans un mortier de marbre blanc, puis soumises à la presse, donnent un *suc trouble* et un *résidu ligneux*.

Le suc trouble passé dans un papier, est réduit, 1° en une matière qui reste sur le filtre, et qui était appelée par les anciens chimistes *fécule verte*; 2° en *suc transparent*. La *fécule verte* est formée de chlorophyle ou viridine, matière cireuse, indigotine, substance azotée. Le *suc transparent* est formé de substance azotée coagulable par la chaleur, principe colorant bleu uni à un acide qui le rend rouge, principe jaune, substance azotée soluble dans l'eau bouillante, très probablement distincte de la substance azotée coagulable, matière gommeuse, sucre liquide, acide organique libre, fixe, acide acétique libre, principe odorant des crucifères, principe volatil ayant l'odeur de l'osmazone, citrate de chaux, sulfate de chaux, phosphate de magnésie, de fer, de manganèse, acétate d'ammoniaque, sulfate de potasse, nitrate de potasse, chlorure de sodium; c'est-à-dire 22 substances distinctes dans le suc du pastel.

§. XXV. COLORISATION EN ROUGE.

Garance. Celle qui sert à la teinture est la racine du *rubia tinctorum*, famille des rubiacées, plante cultivée pour les teinturiers à Smyrne, à Chypre, en Barbarie, dans la Zélande, en Alsace, et dans plusieurs des départemens du midi de la France. Les racines sont les seules parties de la plante qui soient employées; on les arrache lorsqu'elles ont atteint leur troisième année, et on leur fait subir ensuite différentes manipulations, qui ont pour objet de les trier, de les sécher, de les débarrasser à la fois de leur épiderme et de la terre qui les enveloppe, et de les réduire en poudre plus ou moins fine. On commence par faire sécher les racines à l'air sur des filets, ou au four; on les remue souvent avec une fourche, et on les bat légèrement pour en séparer l'épiderme, la terre et en général tout corps étranger; ces débris séparés d'abord et composés d'épiderme, d'écorce et de menues racines, sont ensuite criblés, et l'on nomme *billon* ce qui reste sur le crible.

On broie les racines épluchées dans un moulin à garance monté rarement en meules de pierre et le plus souvent, comme les moulins à tan, avec des pilons armés de couteaux. Dans certains moulins à garance d'Alsace, on se sert à la fois des pilons et des meules, et l'on sépare de la mouture, à l'aide du van ou du bluteau, ce qui reste de terre, d'épiderme, etc. On obtient ainsi la garance *non-robée*: après une seconde mouture, on en sépare comme ci-dessus la garance *mirobée*; enfin, après une troisième mouture, on obtient la garance *robée*, qui est celle que l'on regarde comme étant de la meilleure qualité, quoique la *mi-robée*, si elle provient de grosses racines, lui soit préférable.

Quelquefois on ne fait qu'une qualité, et on en sépare l'inférieure connue sous le nom de *garance-grappe*.

La garance du commerce est ordinairement en poudre: cette poudre est d'un rouge jaunâtre; elle est renfermée dans des tonneaux bien secs, où elle finit par s'agglutiner si fortement, qu'on est obligé de la couper à coups de hache lorsqu'on veut s'en servir. On trouve cependant, dans le commerce, des racines de garance entières; les teinturiers donnent la préférence à celles qui offrent une cassure d'un jaune rougeâtre très vif, et dont le diamètre est égal à celui d'un tuyau de plume: elles sont demi-transparentes et rougeâtres, ayant une odeur forte, et leur écorce est unie.

Les garances d'Alsace et de Hollande ont une couleur *jaune-safranée*, celles de Smyrne et de Chypre, une couleur *brune*, et celles de Provence une couleur rouge. Hellot attribue la supériorité de la garance qui nous vient du Levant à ce qu'elle a été séchée à l'air libre.

Les garances attirant toutes l'humidité de l'air, doivent être conservées dans un endroit sec, et autant que possible à l'abri du contact de l'air.

La garance, contient une matière colorante d'un jaune fauve, très soluble dans l'eau, et une matière colorante d'un rouge vif, qui ne s'y dissout en partie qu'à la faveur de la première.

Nous allons extraire du *Système des Connaissances commerciales*, de M. A. Claye, un excellent article sur la garance, qu'il a consigné dans le tome premier. Les lecteurs nous sauront gré de le leur avoir fait connaître; quant à nous, dussions-nous être taxés de plagiat, nous croyons, dans l'intérêt des sciences et des arts, devoir prendre le bon partout où nous le trouvons.

« La garance croît dans tous les pays et dans tous les sols; mais elle ne présente pas dans tous la même qualité, et ses parties constituantes diffèrent suivant le climat.

» Les pays principaux qui la produisent sont l'Inde, la Perse, la Syrie, l'île de Chypre, la côte de Barbarie, l'Asie-Mineure, la Grèce, l'Italie, la France, la Hollande, la Silésie, la Saxe et l'Ecosse.

» L'Asie-Mineure, dans un climat plus tempéré, la Grèce, l'Italie et le midi de la France, offrent beaucoup de plaines fertiles; cependant la garance qu'ils produisent est inférieure à celle de l'Inde, de la Perse, de la Syrie, de l'île de Chypre et de la côte de Barbarie.

» Le nord de la France, la Hollande, la Saxe, la Silésie, dans un climat souvent rigoureux et humide, mais en général très fertile, donnent les dernières sortes de garance.

» Il faut donc conclure, 1. que les pays chauds conviennent mieux à cette racine; 2. que les sols sablonneux sont loin d'être nuisibles à son accroissement, et que s'il est plus lent que dans les terrains fertiles, la couleur en est plus belle et plus abondante. C'est un essai que l'on devrait tenter, et qui pourrait devenir avantageux.

» On peut diviser la garance en trois classes. La première, celle qui contient plus de matière colorante rouge que de matière colorante brune :

» La garance de l'Inde, de Perse, de Chypre, de Barbarie.

» La seconde, celle qui contient environ parties égales de ces deux matières colorantes :

» La garance de Smyrne, d'Andrinople, d'Italie, du midi de la France.

» La troisième, celle qui contient plus de matière colorante brune que de matière colorante rouge.

» La garance d'Alsace, de Hollande, de Silésie, de Saxe, d'Ecosse.

» Par cette division, il est facile de voir que nous devons les premières sortes de garance aux climats chauds et même arides; les secondes, aux climats tempérés; les troisièmes, aux climats froids et humides. En joignant à ces documens les différences qui résultent de la culture plus ou moins prolongée, on peut facilement se faire une idée des différentes qualités d'alizari. Toutes ces racines sont cultivées, excepté l'alizari de Barbarie, qui croît spontanément. Nous ne parlerons pas des alizaris de l'Inde et de la Perse, qui sont entièrement consommés dans le pays, nous ne traiterons que de ceux qui font partie du commerce européen.

» *L'alizari de Chypre*. Que nous regardons comme le meilleur, est en racines longues, d'une grosseur qui n'excède pas celle d'un tuyau de plume, d'une couleur rouge un peu violette au-dehors, et recouvert d'une légère pellicule assez adhérente. Sa cassure nette présente un cœur ligneux tres petit et un cercle rouge assez épais.

» Il faut le choisir tel qu'il vient d'être décrit, et faire attention qu'il ne contienne pas des racines trop petites ou beaucoup de filamens, et surtout de la paille, de la terre, et autres impuretés que l'on y trouve presque toujours.

» *L'Alizari de Barbarie*, est de la même grosseur que l'alizari de Chypre. Il est d'une couleur plus foncée, et quelquefois brune à l'extérieur; la pellicule qui recouvre les racines est moins adhérente. Le cœur, ligneux, est très petit et entouré d'un cercle assez épais, d'une couleur rouge foncée. Le peu de soin qu'on a mis à le recueillir et le mauvais choix des racines, rendent sont aspect désagréable; il est presque toujours chevelu, plein de racines mortes ou flétries, de tiges, de paille, de terre et autres impuretés. Il ne doit sans doute sa couleur brune qu'au défaut des dessiccations; car on a l'habitude de le mettre dans les balles presque aussitôt qu'il est retiré de la terre.

» Cet alizari est très bon; mais il faut le choisir avec le moins des défauts que nous avons signalés, autrement il donne une perte considérable.

» *L'Alizari de Smyrne*, est en racines plus courtes que les deux premiers: elles sont aussi moins grosses. Sa couleur extérieure est presque violette; sa pellicule est adhérente; sa cassure est nette; le cœur, ligneux, est très petit, et le cercle qui l'entoure est d'une belle couleur rouge foncée. Il est sujet aux mêmes défauts que les premiers, mais ils sont moins prononcés.

» Les trois sortes d'alizari dont nous venons de parler sont les plus estimées, à cause de la beauté de leur couleur et de son abondance; il est fâcheux qu'elles soient aussi mal préparées, et qu'elles donnent autant de perte à l'emploi.

» *L'Alizari d'Andrinople*, se trouve peu sur nos places; il est ordinairement consommé dans le pays. Il est d'une couleur rougeâtre; sa cassure est nette; le cœur, ligneux, est assez gros et d'une couleur faible; le cercle qui l'entoure est peu épais et d'un beau rouge: en général il est moins long et moins gros que les premiers.

» *L'Alizari d'Italie* nous est peu connu, et ne se trouve pas sur nos places: par analogie, on peut le placer entre celui d'Andrinople et d'Avignon.

» *Alizari du comtat*. On donne ce nom aux divers alizaris que l'on tire du midi de la France. On réserve ordinairement les plus belles racines pour les mettre en poudre.

» Celui que l'on trouve dans le commerce, est souvent petit, maigre, chevelu, rougeâtre; le cœur, ligneux, est d'une couleur jaune claire, et le cercle rouge qui l'entoure n'est bien prononcé que dans les racines choisies : il doit être d'une couleur rouge foncé.

» *Alizari d'Alsace.* La remarque que nous avons faite sur les alizaris du Comtat, s'applique à ceux d'Alsace ; c'est-à-dire que l'on ne trouve dans le commerce que ceux qui n'ont pu être destinés à la pulvérisation.

» Cet alizari est assez gros, d'une couleur rougeâtre ; il possède un cœur ligneux assez fort, et le cercle qui l'entoure est très étroit et d'une couleur rouge faible.

» Il faut remarquer que la racine dont nous parlons et celle que nous allons citer attirent l'humidité de l'air. Cette observation ne peut convenir aux alizaris des pays chauds, ce qui prouverait que la matière colorante brune résiderait seulement dans la partie extractive.

» Les alizaris de Hollande ou de Zélande nous sont peu connus ; nous ne recevons que la garance moulue. Il en est de même des autres sortes, tels que ceux de Saxe, de Silésie et d'Ecosse, qui sont consommés dans le pays, et que l'on peut connaître par analogie en examinant les alizaris d'Alsace.

» Tels sont les alizaris principaux. Dans plusieurs autres contrées, cette racine croît spontanément. *Dambourney* l'a trouvée en Normandie, sur les rochers d'Oisel, et il dit qu'elle n'est pas inférieure à celles du Levant, ce qui pourrait prouver que la garance peut également prospérer dans tous les sols (1).

» Les alizaris de Chypre et du Comtat viennent en balles de toile ; ceux de Smyrne en balles de crin ; ceux de Barbarie en balles de toile avec des têtes en jonc ; elles pèsent environ 100 à 150 kilogrammes.

Tares et usages.

A Paris.	Alizari de Chypre et du Comtat.	4	p. 100.
	—— de Barbarie et Smyrne.	6	*id.*
Le Hâvre.	—— de Chypre et du Comtat.	4	*id.*
	—— de Barbarie.	7	*id.*
	—— de Smyrne.	5	*id.*
Rouen.	—— de Chypre, Smyrne et Comtat.	4	*id.*
	—— de Tripoli.	3	*id.*

(1) La garance croît naturellement dans presque tout le midi de la France, et surtout aux environs de Narbonne.

On donne quelquefois 4 à 5 kilogrammes de réduction sur les alizaris du comtat.

Marseille.	Alizari de Chypre.	2 à 5 p. 100.
	—— de Barbarie.	3 *id.*
	—— de Smyrne.	3 à 4 p. 100.
	—— du Comtat.	2 *id.*

Quelquefois 17 à 18 livres de tare, quelquefois aucune.

Londres.	1 liv. de bon poids, et 9 liv. par quintal.
Liverpool.	8 liv. par balle.
Amsterdam.	2 p. 100 de bon poids, tare, 10 kilog.
Rotterdam.	1 et demi p. 100 de bon poids, tare, 1 et demi-kilog. par balle.
Livourne.	Alizari de Smyrne, 12 liv.; de Chypre, 15 liv.; de Barbarie, 25 liv.
Trieste.	Alizari de Smyrne et de Chypre, 4 p. 100; de Tripoli, 16 liv. par balle.

» Les alizaris d'Alsace et autres non désignés se vendent à la tare nette ou 2 pour 100. Nous n'avons cité que les principales places; dans les autres on suit les usages des premières, et l'on donne tare nette.

» *Garance moulue.* — Les Orientaux n'ont pas l'habitude de lui faire subir cette préparation, et quelques-unes de nos villes manufacturières préfèrent aussi l'employer en branche.

» Les fabricans de garance font tous un secret de leur manière de la préparer; sans doute il est difficile d'obtenir d'une seule racine autant de qualités différentes, mais on peut s'apercevoir que c'est plutôt à l'habitude qu'à des moyens particuliers que l'on doit toutes ces variétés.

» Le premier soin du fabricant est de bien choisir les racines; les plus grosses, et celles dont le cercle rouge est bien prononcé, doivent être préférées. Il faut ensuite les priver de leurs radicules, qui ne donneraient qu'une poudre terne et altéreraient la beauté de celle que l'on veut obtenir.

» Le point principal est 1° de les débarrasser de la pellicule mince qui les recouvre, sans endommager le cercle rouge ou l'écorce qui donne la plus belle poudre; 2° de savoir isoler ce cercle de manière qu'elles ne contiennent pas de cœur ligneux; 3° de répartir la poudre de cette partie dans les qualités intermédiaires.

» On a soupçonné les fabricans de mêler avec la garance des substances capables de lui faire attirer plus promptement l'humidité de l'air afin qu'elle se tasse plus facilement et devienne dure en peu de tems. Nous pensons que c'est une erreur, car nous avons remarqué que les seules garances du nord attirent fortement l'humidité; que celles d'Avignon se tassent beaucoup moins vite, et qu'exposées à l'air elles sont beaucoup plus long-tems à s'altérer.

» Les garances moulues se divisent en trois sortes :

» La garance de Hollande, d'Alsace, d'Avignon.

La garance de Hollande se divise en trois qualités :

» La garance robée, non robée, mulle.

» Il existe plusieurs autres qualités intermédiaires peu appréciées.

» La première est celle qui a été entièrement dépouillée de sa pellicule. Elle est d'une belle couleur jaune brillant, et contient peu de cœur ligneux. La seconde est aussi d'une belle couleur, mais elle contient plus de cœur ligneux, et on y remarque beaucoup de petits points bruns qui proviennent des débris de la pellicule.

» La troisième ne présente presque toujours que la pellicule moulue; elle est d'une couleur brune rougeâtre, rude au toucher, et contient quelquefois de la terre et du sable.

» La garance d'Alsace se divise d'une autre manière que celle de Hollande, et elle se reconnaît aux marques imprimées avec un fer chaud sur le fond des barriques. On peut la séparer en deux grandes classes, les garances fines et les garances communes. Suivant la description que nous avons donnée du mode de préparation, on pourra les reconnaître facilement et avoir des données à peu près certaines sur la véritable qualité des diverses sortes.

» Voici les marques les plus usitées pour la garance d'Alsace :

Garances fines. SFF. FF. F.

Garances communes. MF. MC. CF. OF. O.

» La garance mulle ne porte pas de marques.

» La première est le type des garances de ce pays; celle qui est marquée F est la limite des garances fines; celle marquée MF, la plus belle des communes, et la mulle, comme dans toutes, la dernière sorte.

» La *garance SFF* est produite par le cercle rougeâtre qui entoure le cœur ligneux. Pour qu'elle réunisse toutes les conditions, il faut qu'elle ne contienne aucune partie de ce dernier, et surtout aucun débris de la pellicule. Elle doit être très fine, d'une belle couleur jaune, un peu pâle lorsqu'elle est récente, plus foncée lorsqu'elle est vieille, et l'on ne doit pas apercevoir dans la poudre des fragmens de bois qui la rendent inégale, et des points noirs qui altèrent l'éclat de sa couleur.

» La *garance SF* ne diffère pas beaucoup de la première, mais on doit y remarquer plus de cœur ligneux.

» La *garance FF* est celle dont on fait le plus fréquent usage; sa poudre est un peu inégale; on y rencontre déjà beaucoup de fragmens de bois, quelques points noirs et quelquefois de la terre. Il est à remarquer que cette sorte, ainsi que les deux suivantes, attire plus promptement l'humidité de l'air.

» La *garance F* n'est pas toujours d'une belle couleur, à cause de quelques parties de la pellicule qu'elle a retenues; elle est plus irrégulière que la précédente et un peu rude au toucher.

» La *garance MF* qui commence la série des sortes communes, ne diffère pas sensiblement de la précédente. Il en est de même de celle marquée MC; ces garances sont assez grosses, irrégulières, rudes au toucher, ternes et marquées de points noirs.

» Les quatre autres sortes sont tout-à-fait communes, surtout la mulle, qui ne présente, comme dans la garance de Hollande, que la pellicule de la racine mélangée souvent de terre et autres impuretés. Il faut remarquer que ces sortes attirent peu l'humidité de l'air, et qu'elles changent peu de couleur. Elles sont assez fines, d'une couleur plus ou moins rouge ou brune, rudes au toucher, assez légères, et on ne peut les employer que pour les teintures communes.

» C'est ordinairement la *garance FF* qui sert de base pour le prix; celles qui sont au-dessus et au-dessous augmentent ou diminuent ordinairement d'environ dix centimes par marque, la mulle seule ne participe pas à cette règle, et est toujours cotée bien au-dessous des autres garances communes.

La *garance d'Avignon* reçoit les mêmes divisions que celle d'Alsace, et elle se distingue par les mêmes marques : il faut observer cependant que la différence des qualités n'est peut-être pas aussi facile à saisir que dans la garance d'Alsace.

» Enfin la garance de Hollande se distingue par une poudre grossière et souvent inégale;

» La garance d'Alsace, par une poudre fine et égale, surtout dans les premières sortes;

» La garance d'Avignon, par une poudre très fine, assez ordinairement égale dans toutes les sortes, mais toujours plus rouge que les deux premières.

» Après avoir parlé des diverses sortes de garance, nous devons avertir ceux qui se destinent au commerce de cet article, que leurs qualités ne sont que passagères, et qu'il leur importe beaucoup, dans leurs spéculations, de bien apprécier la valeur que l'on accorde, soit à telle récolte, soit à l'âge de la garance, soit à la manière dont elle a été préparée.

» Les garances de la nouvelle récolte ont en général moins de valeur que celles des récoltes antécédentes. Elles ne sont recherchées que par les négocians qui en ont un placement direct, ou qui peuvent la conserver pendant long-tems. Celles qui ont un an sont regardées comme supérieures, mais l'on préfère toujours celles qui ont atteint deux ans; enfin, elles sont arrivées à leur plus haut degré de perfection à deux ans et demi ou trois ans. Lorsqu'elles sont plus vieilles, elles perdent de leur prix. Comme un des défauts de cette poudre est d'attirer fortement l'humidité de l'air, les soins les plus vigilans ne sauraient l'en garantir; elle pénètre à travers les pores du bois, et bientôt il se forme une croûte brune autour des barriques; à quatre ans cette croûte est déjà très épaisse, et alors il faut peu de tems pour dénaturer cette substance et lui ôter toute sa valeur.

» La garance, au lieu de perdre dans les magasins, gagne toujours en poids: mais cette augmentation ne provient que de l'humidité qu'elle a attirée. On doit donc la conserver dans des celliers un peu aérés, où elle peut se garder assez long-tems sans avarie. Lorsque l'on tire un échantillon d'une barrique, il faut avoir soin de remettre la bondé, afin que l'air ne pénètre pas dans l'intérieur, et ne rougisse pas la garance. Dans le commerce en détail, si l'on est obligé d'entamer une pièce, ce que l'on fait ordinairement en la sciant par le milieu, il faut la couvrir de toiles assujetties continuellement avec un couvercle qui dépasse la barrique.

» La garance de Hollande et celle d'Alsace viennent en barriques pesant environ 3 à 400 kilogrammes; celle d'Avignon en pièces d'environ 4 à 500 kilogrammes. Il n'est pas rare, surtout pour la garance d'Alsace, de trouver des demi-pièces et des quarts, pour la commodité des détaillans. Les barriques de garance d'Avignon et de Hollande sont un peu droites et n'ont que quatre rangs de cercles, dont quatre aux bouts et trois au milieu ; celles d'Alsace sont plus courbes et portent six rangs de cercles, dont quatre aux bouts, trois au milieu, et trois entre les deux.

» Les emplois de la garance sont très multipliés : outre le rouge précieux qu'elle donne, et que l'on est parvenu à fixer sur les laines, les cotons et les fils, elle produit une foule de nuances solides ; elle sert à consolider les autres couleurs par le garançage, c'est-à-dire, en fixant sur une partie d'une étoffe quelconque la couleur qu'on y applique. Dans la teinture en bleu, l'étoffe, après avoir subi un bain de garance, arrive au même ton de couleur que si l'on avait employé plus d'indigo. Elle remplace avantageusement la cochenille et les autres teintures rouges, et possède sur elles le mérite de la solidité ; elle n'a pas les inconvéniens du lack-dye ; ses préparations sont toutes faciles et généralement peu dispendieuses ; elle donne une laque rouge précieuse et solide ; enfin cette racine est une des plus utiles que l'on puisse cultiver, et ses produits réunissent en même tems l'éclat, la solidité et l'économie. »

MM. Robiquet et Colin viennent, dans un travail lu à l'Institut, d'en séparer la matière colorante, à laquelle ils ont donné le nom d'*alizarine*. Nous en parlerons à la fin de cet article.

Lorsque le mordant alumineux que l'on combine avec le coton contient une quantité de sulfate, ou d'acétate de fer, les teintes deviennent violettes. Or, comme le violet foncé paraît noir, l'on conçoit qu'il est possible d'obtenir avec la garance, les sels alumineux et les sels de fer, toutes les nuances qui se trouvent comprises, d'une part, entre le rouge clair et le rouge foncé ; et de l'autre entre le violet clair et le noir. C'est en effet, de cette manière qu'on se les procure dans les manufactures de toiles peintes.

On se sert aussi de la garance pour teindre la laine, et l'on y emploie ordinairement les garances d'Alsace et de Hollande, tandis qu'on réserve, pour la teinture du coton, les garances du Levant et celles de la Provence. Si l'on chauffe une partie de garance avec 25 ou 30 parties d'eau, et qu'on y plonge une partie de laine alunée, on obtiendra, ainsi que l'a annoncé M. Roard, des couleurs d'un rouge plus ou moins foncé, qui varieront en raison de l'espèce de garance, de la température à laquelle on teindra, du tems que l'on mettra à teindre, etc.

On avait, jusqu'à ces derniers tems, vainement cherché un procédé au moyen duquel on pût obtenir sur la laine des couleurs vives avec la garance. MM. Gonnin ont enfin résolu ce problème ; ils sont parvenus à faire avec cette racine une couleur aussi belle que l'écarlate de cochenille.

M. Roard assure qu'en traitant la garance, d'abord par de l'eau chargée de sous-carbonate de soude pour en séparer la matière colorante fauve, et ensuite par une dissolution d'hydrochlorate d'étain et de crême de tartre (bi-tartrate de potasse), on obtient un bain qui donne de très-beau rouge, non-seulement avec la laine, mais encore avec la soie, l'une et l'autre alunées préalablement.

La garance peut encore être employée, ainsi que l'a fait voir M. Mérimée, à préparer une laque qui peut remplacer la laque carminée. Pour préparer cette laque, il faut commencer par laver la garance à l'eau froide jusqu'à ce qu'elle ne teigne plus l'eau ; ensuite on la met en contact à la température ordinaire avec une dissolution d'alun pendant vingt-quatre heures. Cette dissolution prend une teinte foncée ; alors on précipite la laque par une dissolution faible de sous-carbonate de potasse ou de soude : les premières portions que l'on obtient sont, en général, plus belles que les dernières ; de sorte qu'il est bon de fractionner les produits. Il faut se garder de mettre un excès de carbonate ; car la laque deviendrait légèrement violette. Du reste, après l'avoir lavée à grande eau, on la recueille sur un filtre, et on la dessèche à une douce chaleur.

Toutes les couleurs de garance sont très solides, ce sont les rouges les moins altérables.

On doit considérer, dit Berthollet, la garance comme composée de deux substances colorantes, dont l'une est fauve et l'autre rouge. Ces deux substances peuvent se combiner avec l'étoffe, cependant on a intérêt à ne fixer que la partie rouge ; la partie fauve paraît plus soluble ; mais sa fixité sur les étoffes peut être augmentée par l'affinité qu'elle a pour la partie rouge.

La partie rouge de la garance n'est soluble qu'en petite quantité dans l'eau ; de sorte qu'on ne peut donner qu'une certaine condensation à sa dissolution ; si l'on augmente trop la proportion de cette substance, loin d'en obtenir un effet plus grand, on ne fait qu'accroître la proportion de la partie fauve qui est plus soluble.

La potasse, la soude et leurs carbonates augmentent la solubilité des deux parties colorantes de la garance, en sorte qu'il serait avantageux d'en ajouter une petite quantité aux bains de garance, mais il faut alors, pour tout ce qui n'est pas teinture unie, avoir la précaution de tenir les étoffes moins long-tems dans le bain, afin d'empêcher les particules colorantes de se fixer sur les parties d'étoffe qui doivent rester blanches.

La dissolution d'étain ne donne, suivant Berthollet, que des laques dont la couleur est privée d'éclat, ce qui probablement est dû à ce que les deux espèces de parties colorantes sont également précipitées. Cette dissolution d'étain, dont les avantages, comme mordant, sont si grands dans beaucoup de teintures, présente à peine quelqu'utilité dans celles de la garance. Ce mordant, cependant, est propre à relever l'éclat du rouge d'Andrinople; mais c'est à une époque de l'opération où la partie fauve a été éliminée.

La matière colorante rouge de la garance peut, suivant le docteur Ure, se dissoudre dans l'alcool, et l'évaporation à siccité de la dissolution laisse un résidu rouge foncé; un alcali fixe produit, dans cette dissolution, un précipité violet; l'acide sulfurique y en occasione un de couleur fauve, le sulfate de potasse la précipite en un beau rouge. On peut obtenir un précipité de nuances diverses avec l'alun, le nitre, la craie; le sucre de lait et l'hydrochlorate d'étain.

Les principes constituans de la racine de garance sont, suivant M. Kuhlman : matière colorante rouge; matière colorante jaune; ligneux; acide végétal (*pectique* ou l'une de ses combinaisons, suivant M. Chevreul); matière mucilagineuse; matière végéto-animale; gomme; sucre; matière amère; résine odorante; matières salines des cendres.

La matière colorante rouge, en dissolution dans l'alcool, se conserve assez facilement et finit par se précipiter sous la forme de flocons bruns; en dissolution dans l'eau, elle s'altère et se précipite par la concentration; les alcalis facilitent cette dissolution dans l'eau et ne changent pas beaucoup la nuance; les acides précipitent la matière colorante rouge de ces dissolutions.

M. Kuhlman fait remarquer que la matière azotée et la matière mucilagineuse paraissent faciliter beaucoup la précipitation de la matière colorante rouge; ce qui explique l'efficacité des bains de fiente et des mordans huileux, dans la teinture du rouge d'Andrinople dont nous parlerons plus loin.

Alisarine. MM. Robiquet et Colin, après de nombreuses recherches, sont parvenus à extraire de la garance deux principes colorans, qu'ils ont désignés sous les noms d'*alizarine* et de *purpurine.* Ils ont publié à ce sujet deux mémoires dans les *Annales de physique et de chimie*, 1826 et 1827. Ils préparent *l'alizarine* de la manière suivante : on fait macérer pendant 10 minutes 1 kilog. de garance d'Alsace en poudre avec 3 kilog. d'eau ; on met le tout à égoutter sur une toile serrée, et l'on soumet à l'action de la presse. La solution aqueuse abandonnée à elle-même se prend en gelée, et présente l'apparence de flocons gélatineux. On recueille cette espèce de gelée sur une toile, on la presse pour la dessécher. Après l'avoir réduite en poudre, on la traite par l'alcool bouillant. On distille la liqueur au cinquième de son volume ; on y ajoute alors un très léger excès d'acide sulfurique, et on étend de plusieurs litres d'eau. Il se forme un précipité de couleur tabac d'Espagne ; on le sépare et on le lave pour le débarrasser de l'acide sulfurique qu'il peut retenir. Ce précipité est l'*alizarine* impure ; elle est légèrement acide, très peu soluble dans l'eau, soluble dans l'alcool et l'éther. Les alcalis la dissolvent et se colorent en violet, s'il sont concentrés : les eaux de barite, de strontiane et de chaux la précipitent en bleu. L'eau d'alun ne la dissout que faiblement ; les alcalis en précipitent une laque brune. Chauffée, elle se sublime et fournit des cristaux aiguillés. Cette sublimation doit se faire dans un vase en verre.

La *purpurine* se prépare en traitant par l'eau d'alun le marc provenant de l'extraction de l'*alizarine*. On filtre la solution, à laquelle on ajoute un peu d'acide sulfurique. On recueille le précipité sur un filtre, on le lave et on le fait sécher ; pour obtenir la purpurine à l'état de pureté, on la sublime dans un tube de verre. Ainsi obtenue elle est sous la forme d'aiguilles d'une couleur rouge plus prononcée que l'alizarine. Elle est plus soluble dans l'eau qu'elle colore en rouge vineux. L'éther en dissout moins que l'alizarine ; la solution est rouge et abandonne des cristaux par le refroidissement, les uns sont ponceau-clair, les autres ponceau-foncé. Les alcalis la dissolvent et se colorent en rouge groseille. Le précipité par les eaux de chaux, de barite et de strontiane est rougeâtre. Elle est très soluble dans l'eau d'alun qui se colore en rose.

MM. Robiquet et Colin décrivent, sous le nom de *charbon sulfurique*, une préparation que l'on peut employer avec avantage dans la teinture. Si l'on traite ce *charbon sulfurique* par l'alcool, on obtient un extrait dont on peut également tirer un parti avantageux.

Préparation du charbon sulfurique. Sur 3 kilog. de garance d'Alsace, on verse par petites portions et en remuant, 750 grammes (une livre et demie) d'acide sulfurique à 66 degrés. On laisse en contact pendant 48 heures, on lave ensuite avec une suffisante quantité d'eau pour enlever l'acide sulfurique, puis on fait sécher. Nous ferons remarquer qu'en traitant par l'acide sulfurique la garance qui a déjà servi comme nous venons de l'indiquer, on peut l'employer une seconde fois ; mais alors il conviendra d'en employer une plus grande quantité. En opérant ainsi nous avons obtenu, par le mélange du quercitron, une teinture *aventurine* qui ne le cédait en rien à celles obtenues par la garance.

Isolement des matières colorantes de la garance. MM. Gaulthier de Claubry et J. Persoz ont proposé le moyen suivant pour isoler les matières colorantes de la garance.

On délaye dans deux kilog. d'eau 500 grammes (1 livre) de garance, on y ajoute 45 grammes environ (1 once et demie) d'acide sulfurique à 66 degrés, et préalablement étendu d'eau, puis on y fait passer un courant de vapeur d'eau pendant 15 à 20 minutes. La matière gommeuse qui oppose un obstacle au lavage de la garance, est convertie en matière sucrée, et alors on peut la laver à l'eau froide jusqu'à ce que le lavage ne soit plus acide. On traite ensuite la matière avec de l'eau aiguisée de sous-carbonate de soude (sel de soude en cristaux) : deux traitemens suffisent pour séparer la matière soluble dans ce liquide. En ajoutant à la liqueur alcaline de l'acide sulfurique, on précipite, suivant MM. Gaulthier et Persoz, le *principe rouge* de la garance.

La garance épuisée par l'eau alcaline, traitée par l'eau chaude d'alun, lui cède un principe colorant qu'on sépare par l'acide sulfurique. MM. Gaulthier et Persoz désignent ce corps sous le nom de *principe rose* et le considèrent comme analogue à la *purpurine* de MM. Robiquet et Colin.

Ce principe rouge est peu soluble dans l'eau ; soluble dans l'alcool, il y laisse par l'évaporation un résidu à reflet cuivré et vert ; il est plus soluble dans l'éther. L'acide sulfurique concentré le dissout également. Les alcalis le dissolvent et se colorent en rouge brique. Les sous-carbonates alcalins le dissolvent ; les solutions sont d'un jaune rougeâtre. Les acides le précipitent de ses dissolutions. Dissous dans l'eau de potasse avec un peu de protoxide d'étain, il teint les étoffes en rouge sale. Chauffé il donne à la distillation de l'*alizarine* des produits non ammoniacaux et un charbon volumineux.

Le *principe rose* est, en masse, d'une couleur rouge ; divisé, il est d'un beau rose. Il est très peu soluble dans l'eau, très soluble dans l'alcool, qu'il colore en rouge cerise passant au violet par la potasse. Cette solution ne précipite pas les sels alumineux, ainsi que le fait la solution du principe rouge. L'éther le dissout et se colore en brun. La solution peut cristalliser. L'acide sulfurique le dissout sans l'altérer; la solution est d'un rouge cerise; elle précipite par l'eau et les sous-carbonates alcalins. Les alcalis caustiques le dissolvent et se colorent en violet. Les sous-carbonates alcalins le dissolvent et se colorent en rouge orseille. L'alun et les sels alumineux le dissolvent; la solution est d'une belle couleur rouge cerise, très différente, sous ce rapport, de celle du principe rouge. Il donne à la distillation beaucoup plus d'*alizarine* que ce dernier.

L'examen que nous venons de faire des diverses espèces de garance et les produits qu'on en retire, offre donc pour la teinture les six préparations suivantes : extrait alcoolique du charbon sulfurique ; purpurine; alizarine; principes rouge et rose de MM. Gaulthier et Persoz; l'extrait ammoniacal du charbon sulfurique précipité par l'acide sulfurique. Ces préparations classent ainsi sept parties distinctes de la garance qui sont : écorce de la racine dite *palus;* garance ayant fermenté trois à quatre jours, puis ayant été lavée à l'eau froide; garance lavée à l'eau froide acidulée avec $\frac{1}{1000}$ d'acide tartrique; garance lavée à l'eau froide au-dessous de 10 degrés, ayant perdu 55 pour 100 de son poids; garance ayant subi un certain degré de putréfaction; garance ayant, après trois semaines environ, quadruplé son poids par l'absorption de l'humidité; intérieur de la garance *palus*.

La société de Mulhouse connaissant les altérations des garances du commerce par du sable ou sablon, des matières inertes, de la terre dont on recouvre la tige de la plante pour obtenir une plus grande quantité de racines, avait proposé un prix pour les deux questions suivantes qui restent encore à résoudre : 1° trouver un moyen prompt et facile de déterminer comparativement la valeur d'une garance à une autre ; 2° séparer la matière colorante de la garance, et déterminer ainsi la quantité qu'un poids donné de garance en contient.

MM. Robiquet, Colin, Houton-Labillardière, Kuhlmann, ont donné des procédés approximatifs pour essayer les garances; M. Chevreul s'est également occupé d'une épreuve d'essai positive dans ses leçons de chimie appliquée à la teinture; nous nous contenterons d'indiquer ici le moyen approximatif d'essai qui est généralement en usage dans les ateliers : on prend des poids égaux des garances à essayer, on les met dans des vases de même capacité avec la même quantité d'eau ; tous les vases sont placés au même bain-marie ; on y plonge des échantillons d'une même laine en poids égaux et mordancés ensemble. L'opération de teinture étant terminée, on examine comparativement les nuances pour se prononcer sur la bonté de tel ou tel autre échantillon. Si la garance contient des parties sablonneuses, il faut l'agiter dans de l'eau et décanter le liquide pour séparer le sable dont on peut ainsi déterminer le poids.

Chayaver. — C'est la racine de *l'aldenlandia umbellata*, plante qui croît naturellement sur la côte de Coromandel, et qu'on y cultive également pour l'usage des teinturiers et des imprimeurs en calicot. Elle y est employée comme la garance l'est en Europe, et l'on assure qu'elle la surpasse dans son effet, en produisant le beau rouge qu'on admire tant sur les cotons de Madras. Les essais en grand, faits en France, n'ont donné ni avantage, ni économie, à employer le chayaver au lieu de garance.

Cochenille. — On supposait autrefois que la cochenille était une graine ; elle porte même encore aujourd'hui ce nom parmi des teinturiers distingués ; mais il est bien connu, d'après les découvertes des naturalistes, qu'il en est autrement.

La cochenille *coccus cacti* est, suivant M. Thénard, un très petit insecte de l'ordre des hémiptères, qui vit sur différentes espèces de *cactus*. On en distingue deux variétés : la *cochenille sylvestre* et la *cochenille fine* (*mestèque* ou *mestique*). Ces deux variétés nous viennent du Mexique ; la première, qu'on y appelle d'un nom espagnol, *grana silvestra*, se trouve encore à Saint-Domingue, dans la Caroline méridionale, dans la Géorgie, à la Jamaïque et au Brésil. La seconde variété, ou *grana fina*, qu'on appelle aussi mestèque ou mestique du nom d'une province du Mexique, est plus petite que la cochenille fine : elle est revêtue d'un duvet cotonneux qui augmente inutilement son poids ; mais ces désavantages, qui d'ailleurs sont compensés par la facilité avec laquelle on l'élève, disparaissent en partie à force de soins.

La bonne cochenille mestèque est grosse, hémisphérique, bien nette, lisse à la surface, présentant un reflet soyeux ou argenté sur un fond rouge brun. Elle doit être sèche ; faire éprouver une certaine résistance lorsqu'on la presse dans la main, et s'en écouler facilement sans que la main soit recouverte de poussière.

La cochenille se récolte facilement ; il ne s'agit que de

l'enlever de dessus le cactus à une certaine époque, de la faire mourir dans l'eau bouillante, de la dessécher au soleil, et de passer celle qui est fine à travers un crible pour la séparer des bourres du coton, des larves des mâles : alors elle est semblable à une petite graine irrégulière, d'une couleur grise pourprée.

La couleur grise est due à une poussière, duvet ou bourre cotonneuse, dont elle est naturellement recouverte, et la teinte pourpre provient de la couleur enlevée par l'eau dans laquelle on a fait périr l'insecte.

Suivant M. Boutron-Charlard, pharmacien à Paris, la cochenille *grise jaspée* n'est autre chose que la *cochenille noire*, qui a subi une préparation qui tend à en élever la valeur commerciale ; cette préparation, qui n'est qu'une véritable altération de la cochenille, consiste à l'exposer *noire*, pendant trente-six ou quarante-huit heures dans une cave ; le peu d'humidité que cette substance est susceptible d'attirer, suffit pour qu'en la mettant avec du talc de Venise, réduit en poudre fine, dans un sac de peau ou de coutil, que l'on agite en tous sens, en la faisant sécher et en la criblant ensuite pour enlever le talc excédant, elle prenne un aspect gris jaspé.

On reconnaît facilement la fraude en frottant cette cochenille entre les mains qu'elle recouvre d'une couche farineuse; si l'on opère au-dessus d'une feuille de papier, on pourra recueillir cette poussière. L'adultération se complète souvent par des morceaux de résine laque, ou de pâte colorée roulée dans de la cochenille en poudre et ensuite dans le talc.

La cochenille peut se conserver pendant très long-tems dans des endroits secs. Hellot assure en avoir essayé des échantillons, conservés depuis cent trente années, et il trouva qu'ils produisaient une aussi belle couleur que les plus récens.

Les parties constituantes de 100 parties de l'insecte cochenille sont, suivant le docteur John : 50 matière colorante (*cochenilinc*) ; 10,5 gelée ; 10,0 cire grasse ; 14 mucus gélatineux ; 14 matière éclatante ; 1,5 sels.

MM. Pelletiér et Caventou ont trouvé que la matière colorante très remarquable qui constitue la principale partie de la cochenille, est mêlée avec une matière animale particulière, une matière grasse analogue à la graisse ordinaire, et avec différens sels. Après avoir séparé la graisse au moyen de l'éther, et traité le résidu par l'alcool bouillant, ils laissèrent refroidir l'alcool, l'évaporèrent à une très douce chaleur, et obtinrent par ce moyen la matière colorante qu'on débarrassa d'un peu de graisse et de matière animale, en la dissolvant de nouveau dans l'alcool froid et mêlant la dissolution avec de l'éther; ils précipitèrent ainsi la matière colorante dans un grand état de pureté, et lui donnèrent alors le nom de *carmine* : d'après leur analyse la cochenille se compose : de carmine, de coccine, de stéarine, d'oléine, d'acide coccinique, de phosphate de chaux, de phosphate de potasse, de sous-carbonate de chaux, d'un sel organique à base de potasse, de chlorure de potassium.

La *carmine* est grenue; son apparence est cristalline, et sa couleur d'un rouge pourpre très vif. Chauffée à 50 degrés, elle se fond; si la température est augmentée, elle se boursouffle et se décompose, mais sans donner aucune trace d'ammoniaque. Elle se dissout dans l'eau qu'elle colore en rouge cramoisi. L'alcool faible la dissout plus facilement que l'alcool concentré. L'éther ne la dissout pas. Les acides font passer au jaunâtre la solution aqueuse de carmine, l'acide borique est le seul qui la rougit. La potasse, la soude, l'ammoniaque, la barite et la strontiane la font passer au violet cramoisi. La chaux la précipite en flocons violets. Les sels neutres de potasse, de soude et d'ammoniaque la font virer au violet. Les sels acides de ces bases la font virer à l'écarlate. Les sels d'alumine font virer au cramoisi; les sels de fer au brun; les sels de cuivre au violet; les sels de plomb au violet; l'acétate seul la précipite; les proto-nitrates de mercure la précipitent en rouge écarlate.

Une décoction de 1 partie de cochenille dans 10 parties d'eau présente, suivant M. Thillaye, les caractères suivans : couleur d'un rouge vineux; odeur semblable à celle de l'acide coccinique; les acides la font virer au rouge jaunâtre, et y déterminent un léger précipité; les alcalis changent la couleur en violet pourpre; l'eau de chaux y forme un précipité violet; l'alun fait virer au violet rouge; l'hydrochlorate d'alumine y forme un précipité violet rougeâtre, le liquide surnageant est très foncé et de couleur amaranthe; le proto-hydrochlorate acide d'étain y forme un précipité rouge cerise et le liquide surnageant est jaunâtre; le sel d'étain du commerce y occasione un précipité violet; le deuto-hydrochlorate d'étain fait virer la liqueur au rouge écarlate; le proto-sulfate de fer fait virer au gris violeté; le per-sulfate y forme un précipité olivâtre; le deuto-sulfate de cuivre précipite en violet; les sels de plomb précipitent en violet; le proto-nitrate de mercure précipite en lie de vin ; le deuto-nitrate de mercure précipite en brun rouge.

Berthollet fit insérer, en 1790, dans les *Annales de Chimie*, volume v, l'extrait fait par lui d'un traité intéressant sur la culture du nopal et l'éducation de la cochenille, dans les colonies françaises de l'Amérique, par M. Thierry de Ménonville.

On voit dans ce Traité qu'on a cru assez généralement que la cochenille devait sa couleur au nopal sur lequel elle vit, et dont les fruits sont rouges; mais l'auteur fait observer que le suc qui sert de nourriture à la cochenille est verdâtre, et qu'elle peut vivre et se perpétuer sur des espèces d'opuntia dont le fruit n'est pas rouge.

La cochenille mestèque a été comparée avec la cochenille silvestre du Mexique et celle qui avait été élevée à Saint-Domingue. La décoction de la cochenille silvestre a la même nuance que celle de la cochenille de Saint-Domingue. Cette nuance tire plus sur le cramoisi que celle de la cochenille mestèque ; mais les précipités qu'on en obtient, soit par la dissolution d'étain, soit par l'alun, sont d'une couleur parfaitement égale à ceux de la cochenille mestèque ; et ce sont ces précipités qui colorent les étoffes en se combinant avec elles.

On s'est servi de chlore pour déterminer la proportion des parties colorantes que les décoctions de différentes cochenilles contenaient, en rendant toutes les circonstances autant égales qu'il était possible ; ces trois décoctions filtrées ont été versées chacune dans un cylindre de verre gradué, et on y a mêlé du même chlore, jusqu'à ce qu'elles aient été toutes trois amenées à la même nuance de jaune. Les quantités de chlore qui représentent les proportions de parties colorantes se sont trouvées à peu près dans le rapport des nombres suivans : huit pour la cochenille de Saint-Domingue, onze pour la cochenille silvestre du commerce; dix-huit pour la cochenille mestèque.

On voit donc que la cochenille de Saint-Domingue est non-seulement inférieure à la cochenille mestèque, mais même à la cochenille silvestre du Mexique; et, effectivement, elle est beaucoup plus cotonneuse et plus petite; mais, malgré ces désavantages comparatifs, l'éducation de cette variété de cochenille mérite qu'on s'en occupe.

M. Thiéry de Ménonville annonce avoir reconnu que la cochenille silvestre perdait de son coton, et devenait plus grosse par une succession de générations soignées, et dans les commencemens l'on a été obligé, dit-il, d'employer des nopals qui n'avaient pas atteint la grosseur nécessaire.

Quant à la qualité de la couleur, on a vu que la cochenille de Saint-Domingue ne le cédait pas à la cochenille mestèque ; mais si le coton dont elle est recouverte pouvait nuire dans les opérations en grand de l'écarlate, dont l'éclat peut être si facilement altéré, on en trouverait un emploi avantageux, soit pour les demi-écarlates, soit pour les cramoisis et les autres nuances, qui sont moins délicates que la plus vive des couleurs.

On trouve dans le commerce, sous le nom de *cochenille préparée*, de la *cochenille ammoniacale*, ordinairement obtenue avec des cochenilles inférieures ou avariées, et plus souvent encore avec la cochenille qui provient du *criblage ;* par conséquent elle peut contenir des matières terreuses; voici d'ailleurs le mode de sa préparation : on réduit en poudre grossière une partie de cochenille, puis on la délaye dans une terrine en grès avec deux parties d'ammoniaque. Le mélange est abandonné à lui-même pendant deux jours en ayant le soin de le recouvrir. On place ensuite la terrine au bain marie d'eau et on l'y maintient jusqu'à ce que la matière soit en pâte très épaisse. Il est bien entendu que ponr faciliter l'évaporatiou de l'ammoniaque, on doit remuer souvent. La matière est ensuite étendue sur une planche en sapin et mise à sécher soit au soleil soit dans une étuve; puis on la réduit en poudre pour s'en servir.

La cochenille s'emploie en teinture sur laine et sur soie pour obtenir des écarlates, des cramoisis, des roses et des nuances intermédiaires. Sur coton on en tire des amaranthes. La cochenille ammoniacale donne des lilas et divers gris sur la laine er sur la soie.

La *cochenille de Pologne (coccus polonicus)*, petit insecte rond qui vit sur le *sleranthus perennis*, n'est presque plus d'usage en teinture.

Le *kermès (coccus ilicis)* est un insecte qui se trouve dans plusieurs parties de l'Europe méridionale et de l'Asie. Pendant long-tems on l'a pris pour les semences du petit chêne *(quercus coccifera)*, ce qui lui a fait donner le nom de *graine de kermès, de vermillon*. Le kermès est plus gros que la cochenille mestèque, plus arrondi, d'une couleur moins rouge, sa surface est lisse et brillante. On est redevable à M. Lassaigne de l'analyse du kermès, qui se compose de carmine, de stearine et d'oléine fusibles à 45 degrés ;

de coccine; de phosphate de chaux, de soude et de potasse; de chlorure de potassium et de sodium; d'oxide de fer.

M. Lassaigne considère la matière colorante du kermès comme étant uniquement de la carmine, mais le résultat obtenu en teinture nous fait croire qu'il existe une autre matière, puisque le kermès donne des rouges tirant sur le jaune, tandis que la cochenille en donne simplement de rouges.

On doit à M. Chaptal la description intéressante qui suit, de la méthode que l'on pratique en Languedoc pour faire la récolte du kermès.

« Vers le milieu du mois de mai, on commence à recueillir le kermès, qui alors a acquis sa grosseur ordinaire; il ressemble, par sa couleur et sa forme, à une petite *prunelle*. Cette récolte dure ordinairement jusqu'au milieu du mois de juin, et quelquefois plus long-tems, si les fortes chaleurs sont retardées, ou s'il ne survient pas de fortes pluies; car une grosse pluie d'orage suffit pour mettre fin à la cueillette de l'année.

» Ce sont ordinairement des femmes qui font cette cueillette; elles partent de grand matin avec une lanterne et un pot de terre vernissé, et vont ainsi, avant le jour, détacher avec les doigts le kermès de dessus les branches. Ce tems est plus favorable, 1° parce qu'alors les feuilles qui sont garnies de piquans, incommodent moins étant ramollies par la rosée du matin; 2° parce que le kermès pèse davantage, soit parce qu'il n'est pas desséché par le soleil, soit parce qu'il s'en est échappé moins de petits, que la chaleur fait éclore. Cependant on voit des personnes assez intrépides en ramasser pendant le jour, mais c'est rare.

» Une personne peut en ramasser une ou deux livres par jour.

» Dans les premiers tems de la cueillette, le kermès pèse davantage; aussi se vend-il moins qu'à la fin; car alors il est plus sec et plus léger.

» Le prix du kermès frais varie encore suivant le besoin des acheteurs et sa rareté; il se vend communément de 75 centimes à 1 franc le kilogramme, au commencement, et de 1 franc 50 à deux francs vers la fin de la cueillette.

» Les personnes qui l'achètent sont obligées, le plus tôt possible, d'arrêter le développement des œufs pour empêcher la sortie des petits contenus dans la coque;

cette coque n'est autre chose que le corps de la mère, qui a pris de l'extension par le développement des œufs; cette femelle n'a point d'ailes; elle se fixe et s'établit sur une feuille; le mâle vient la féconder, et elle grossit ensuite par le simple développement des œufs. Pour étouffer les petits contenus dans les œufs, on fait macérer le kermès dans le vinaigre pendant dix à douze heures; ou bien, on l'expose à la simple vapeur du vinaigre, ce qui exige moins de tems, car une demi-heure suffit; on le fait ensuite sécher sur des toiles; cette opération lui donne une couleur rouge vineuse. »

Lorsqu'on écrase l'insecte vivant, il donne une couleur rouge; il a une odeur assez agréable, une saveur un peu amère, âpre et piquante; lorsqu'il est sec, il communique la même odeur et la même saveur à l'eau et à l'alcool, auxquels il donne une couleur rouge foncée; l'extrait qu'on obtient de ces infusions retient cette couleur.

Le kermès s'emploie en teinture sur laine pour obtenir des ponceaux.

La *laque (gomme laque, résine laque)* est, d'après le docteur Ure, une substance bien connue en Europe, sous les différentes dénominations de laque en *bâton*, laque en *écaille*, et laque en *grain*. La première de ces trois espèces de laque est cette substance dans son état naturel, formée en incrustation sur de petites branches ou jeunes pousses. La laque en grain est la laque en bâton enlevée de dessus les jeunes pousses, se présentant sous la forme grenue, et probablement dépouillée par l'ébullition d'une partie de sa matière colorante. La laque en écaille est la laque en bâton ayant éprouvé une simple purification, ainsi qu'il sera exposé ci-après. Outre ces trois espèces de laque, il s'en rencontre quelquefois une quatrième, qu'on appelle laque *en masse* ou *en pains*, et qu'on désigne en anglais par le nom de *lump-lac*, qui est la laque en écaille, fondue et formée en gâteaux.

La laque se recueille sur plusieurs arbres de l'Asie orientale tels que le *ficus indica*, le *ficus religiosa*, l'*arbor phraso ou plaso*, le *rhamnus jujuba*, le *mimosa corinda*, le *mimosa cinerea*, le *croton bacciferum*. L'insecte qui la fournit est une espèce de cochenille nommée *coccus ficcus*, *coccus laca*, qui vit sur ces différens arbres. Suivant M. Latreille, les femelles du *coccus lacca* se placent à côté les unes des autres, de manière à se toucher; la matière de la laque transsude de leur corps et finit par les envelopper, et chaque femelle se trouve placée dans une cellule. Les petits percent le dos de leur mère et la cellule où celle-ci était contenue. On récolte la laque deux fois par an, dans les mois de février et d'août. Pour la purifier, on la met, après l'avoir cassée en petits morceaux, dans des sacs de canevas, ou espèce de grosse toile claire d'environ un mètre de long, et n'ayant pas au-delà de quinze centimètres de circonférence. Deux de ces sacs sont constamment en travail, et chaque sac est tenu par deux hommes. Le sac est placé sur le feu, et fréquemment retourné jusqu'à ce que la laque soit assez liquide pour pouvoir passer au travers de la toile; alors on le retire de dessus le feu; les deux hommes qui le tiennent le tordent en différens sens, en le tirant en même temps de force, le long de la partie convexe d'un arbre plantain, préparé pour cet objet; et pendant que cela se fait, l'autre sac est chauffé pour être traité de la même manière. La surface mucilagineuse et lisse de l'arbre plantain empêche que le sac n'y adhère, et l'épaisseur de la couche de laque est en raison du degré de pression, en même tems que la finesse du sac détermine sa netteté et sa transparence.

La matière colorante appartient à l'insecte et non au végétal sur lequel il se nourrit. La partie colorante rouge se trouve dans les débris de l'insecte, partie à l'intérieur des cellules, et partie dans la résine qu'elle colore. On ne doit employer en teinture que la laque en bâtons, la plus haute en couleur; on sépare les bâtons, et on les réduit en poudre.

La laque en bâton, dont M. Hatchett fit l'analyse, contenait, sur 100 parties: résine, 68; extrait colorant, 10; cire, 6; gluten, 5,5: la laque en grain, résine, 88,5; extrait colorant, 2,5; cire, 4,5; gluten, 2,05. La laque en écaille se composait de résine, 90,9; extrait colorant, 0,5; cire, 4,0; gluten, 2,8. Le gluten a une grande ressemblance avec la farine de froment, s'il n'est pas précisément la même chose; et la cire est analogue à celle du myrica-cerifera. « C'est avec les deux espèces de laque en grain et de laque en tables ou en écaille, qu'on prépare la cire à cacheter, en les colorant avec le minium pour la cire rouge, le noir de fumée pour la cire noire, et l'orpiment pour la cire qui est de couleur d'aventurine. »

On fait un grand usage de la laque, comme teinture en rouge. L'eau dissout la matière colorante de la laque; mais avec trois parties de borax (borate de soude) et cinq parties de laque, le mélange devient soluble en totalité par digestion dans l'eau, à une chaleur approchant de celle de l'ébullition. Cette dissolution équivaut, pour un grand nombre de cas, à un vernis à l'esprit, et elle sert d'excellent véhicule pour les couleurs à l'eau, parce qu'étant une fois desséchée, ce liquide n'a point d'action sur elle. Les dissolutions de potasse, de soude, de carbonate de soude, dissolvent également la laque; il en est de même de l'acide nitrique, si on le met en digestion, pendant quarante-huit heures, en suffisante quantité, sur de la laque.

La matière colorante de la laque étant gardée pendant long-tems, perd considérablement de sa beauté; mais lorsqu'elle est récemment extraite et précipitée comme laque, elle est moins sujette à se détériorer. M. Stéphens, chirurgien au Bengale, envoya de ce pays une grande quantité de laque préparée de cette manière, qui fournissait une bonne couleur écarlate, sur de la toile préalablement jaunie avec du quercitron; mais cette écarlate eût probablement été meilleure, si, au lieu de précipiter avec de l'alun, il eût employé une dissolution d'étain; ou simplement évaporé la décoction à siccité.

La couleur qu'on obtient de la laque n'a pas l'éclat d'une écarlate faite avec la cochenille, mais elle a l'avantage d'avoir plus de solidité; on peut s'en servir d'une manière utile en en mêlant une certaine quantité avec la cochenille; et, si l'on n'en met pas une trop forte proportion, l'écarlate n'en est pas moins beau, et il est plus solide.

Ce qui paraît distinguer avantageusement la laque du kermès, c'est qu'elle supporte l'action de la dissolution d'étain, et qu'elle en éprouve les bons effets sans que la couleur soit changée en jaune, et même elle en exige une plus grande proportion que la cochenille.

Lac-lake et *lac-dye*. — Il a été publié, en 1816, dans les *Annales de Chimie et de Physique*, volume III, des instructions, par M. Edward Bankroft, concernant les préparations nommées *lac-lake* et *lac-dye*, et sur le moyen de parvenir à les rendre utiles, comme remplaçant la cochenille dans la teinture de l'écarlate, etc.

Voici ce qu'en citant ces instructions, M. Thénard dit à ce sujet : depuis quelque tems l'on a tenté de remplacer la cochenille par le lac-lake et le lac-dye; il paraît que les résultats qu'on a obtenus sont avantageux; le lac-lake s'obtient en pulvérisant la laque en bâton, la traitant à plusieurs reprises par d'assez grandes quantités d'eau bouillante chargée de soude, et mêlant ensuite de l'alun avec les différentes liqueurs réunies. Celle-ci, contenant non seulement le principe colorant, mais encore de la résine, il s'ensuit que le précipité que produit l'alun, et qui est le lac-lake même, est composé de matière colorante, de matière résineuse et d'alumine. La matière résineuse en forme à peu près le tiers, et l'alumine le sixième. L'on y trouve en outre de la matière végétale, provenant de l'écorce mucilagineuse d'un arbre de l'Inde, connu dans le pays sous le nom de *lodu*, et, de plus, du sable et autres matières terreuses que les manufacturiers y ajoutent pour en augmenter le poids.

Quant au lac-dye, ou laque à teindre, M. Edward Bankroft fait observer que de tous les lac-dyes, celui préparé par M. Turnbull est généralement préféré, quoique contenant presqu'autant de matières résineuses que le lac-lake de bonne qualité, et très peu de matières colorantes de plus. Il contient aussi une partie du même végétal et d'autres matières étrangères; et son principal avantage sur le bon lac-lake, est que, par quelque ingrédient particulier, ou probablement par des soins mieux étendus, il peut être *amolli*, et, en quelque sorte, *pénétré sans être dissous par l'eau bouillante*; avec cet avantage, les mordans employés dans la teinture sont en état d'agir sur la matière colorante, au point d'en rendre une grande partie capable d'être reçue par l'étoffe et avec moins de perte que lorsqu'on se sert du lac-lake.

« M. Chevreul a décrit dans ses leçons de chimie appliquée à la teinture, volume II, page 103; deux procédés au moyen desquels on peut faire du *lac-dye*. Il les a vu pratiquer par une personne qui, ayant séjourné au Bengale plusieurs années, s'y était occupée, avec beaucoup d'intelligence, de la préparation de l'indigo, du lac-dye, etc. »

» 1° Après avoir détaché la laque en bâtons des bois auxquels elle est adhérente, on la casse en morceaux dont la grosseur ne doit pas excéder celle du chenevis. On la lave à l'eau, puis on la met dans une terrine de grès bien cuite, avec deux fois son volume d'eau claire, très légèrement alcalisée de sous-carbonate de potasse ou de soude. Après avoir laissé macérer les matières pendant la nuit, on frotte le lendemain la laque contre les parois de la terrine avec la main, ou bien avec une brosse en crin. Lorsque l'eau est bien chargée de couleur, on la décante de dessus le résidu, et l'on passe dans un linge clair.

» On fait six ou huit traitemens semblables, mais avec de l'eau non alcalisée ; enfin, lorsqu'on a séparé le plus qu'il est possible de matière colorante de la laque, que tous les lavages sont réunis, on les précipite par très peu d'eau d'alun à deux degrés. Dès que le précipité est bien déposé, on décante l'eau, et on jette le résidu sur des filtres. Quand il est bien égoutté, on l'enlève, on le presse après l'avoir enveloppé dans de la toile, puis on le divise en pains carrés qu'on fait sécher.

» 2° On met 1 partie de laque réduite en petits morceaux dans un tonneau, avec 40 parties d'eau alcaline marquant ½ degré. On agite pendant un demi-heure, puis on laisse les matières réagir pendant cinq heures, en ayant le soin de les agiter de tems en tems.

» La liqueur bien claire, après un repos d'une heure, est décantée et passée dans un tamis de crin.

» On la précipite avec de l'eau d'alun acidulée, marquant 3 degrés ; on agite pendant cinq à six minutes ; on laisse reposer, on décante l'eau qui doit être incolore, et on traite le dépôt comme dans le premier procédé.

Orseille. — On a donné ce nom à la matière colorante extraite de plusieurs espèces de *lichens* et de *variolaires*. On en distingue deux espèces sous les noms d'*orseille de mer* et d'*orseille de terre*.

L'*orseille de mer* nommée aussi *orseille d'herbes, orseille des îles, orseille des canaries* est préparée avec le *lichen rocella* que l'on récolte sur les rochers des îles canaries, des Açores, du Cap-vert, de Corse et de Sardaigne. L'*orseille de terre* nommée aussi *orseille de Lyon*, *orseille d'Auvergne*, *orseille de parelle* : se prépare avec le *variolaria orcina*, ou *parelle d'Auvergne* ; le *variolaria aspergella* ; le *variolaria dealbata* ; le *lichen corallinus*.

De ces quatre espèces de plantes, susceptibles de donner de l'orseille, une seule a été soumise à l'analyse, par M. Robiquet ; c'est le *variolaria dealbata* ; comme étant l'espèce capable de fournir la meilleure qualité d'orseille de terre. Il l'a trouvé formé d'une matière azotée d'un brun rougeâtre, qui ne présente aucune propriété digne d'être remarquée ; d'une résine très facile à liquéfier, qui paraît formée en grande partie de chlorophyle ; d'une matière grasse résineuse ; du tissu organique de la variolaire ; d'oxalate de chaux ; de varioline ; d'orcine.

Il y a, suivant Hellot, plusieurs autres espèces de mousse et de lichen, qui pourraient peut-être servir en teinture si elles étaient préparées comme l'orseille; et il donne un moyen de découvrir si elles possèdent cette propriété. Ce moyen consiste à mettre un peu de ces plantes dans un vaisseau de verre; on l'humecte d'ammoniaque et de quantité égale d'eau de chaux; et, après avoir ajouté un peu d'hydrochlorate d'ammoniaque, on bouche le vaisseau. Après trois ou quatre jours, si la plante est de nature à donner du rouge, le peu de liqueur qui coulera en inclinant le vaisseau qu'on a ouvert, sera d'une teinte rouge cramoisi, et la plante elle-même prendra cette couleur. Si la liqueur ne prend pas cette couleur, on ne peut, dit Hellot, rien espérer, et il devient inutile de tenter sa préparation en grand.

La fabrication de l'orseille varie suivant les pays; elle a toujours pour base de développer la matière colorante par l'influence d'un alcali. A Florence, on emploie l'urine ammoniacale, la potasse et la chaux. Dans les îles, on suit un procédé à peu près semblable à celui d'Auvergne, indiqué par M. Cocq, qui a publié un très bon mémoire sur la fabrication et l'emploi de l'orseille.

Après avoir recueilli les lichens ou variolaires, on les fait sécher avec soin, si on ne veut pas le mettre de suite en opération. Pour en séparer la mousse qui s'y trouve mêlée, on étend la plante sur un sol uni en couches minces; on y passe doucement, et à plusieurs fois, une étoffe de laine dont les poils sont assez longs pour s'attacher aux brins de mousse.

On introduit 100 kilogrammes de variolaire dans une cuve évasée en bois, de 2 mètres de long à la partie inférieure, et de 2 mètres $\frac{1}{2}$ à la partie supérieure sur 7 décimètres de profondeur; le fond de la cuve ayant 4 décimètres de largeur, et la partie supérieure 8 décimètres. Après avoir arrosé la variolaire avec 120 à 160 kilog. d'urine, selon la bonté de la plante, on recouvre la cuve, on brasse le mélange de trois heures en trois heures pendant quarante-huit heures. Cette première opération terminée, on y met 5 kilog. de chaux éteinte passée par un tamis fin, 250 grammes (8 onces) d'acide arsénieux (oxide blanc d'arsénic), et autant d'alun en poudre. Après avoir relevé le mélange aux deux extrémités de la cuve, on y verse ces deux matières que l'on recouvre avec soin pour éviter la poussière de l'arsénic. Les matières ajoutées étant mouillées, on brasse vivement le mélange, et après l'avoir laissé reposer un quart d'heure, on le brasse de nouveau en écrasant avec le rable les parties grossières; on continue de remuer de demi-heure en demi-heure ou d'heure en heure selon que la fermentation est plus ou moins active. Après deux jours, la fermentation diminue; on la fait renaître en ajoutant un kilog. de chaux vive éteinte et passée par un tamis, et l'on remue d'heure en heure; en général, on doit se guider d'après la fermentation. Le cinquième jour on remue de deux heures en deux heures; le sixième, de trois en trois; le septième, de quatre en quatre; le huitième jour, la couleur violette est assez vive, l'on brasse de six heures en six heures, et l'on continue ainsi pendant quinze jours : la couleur à cette époque est vive; elle atteint son maximum après huit jours. On la renferme dans des tonneaux pour la livrer au commerce. L'orseille récemment préparée, est inférieure à celle qui a une année, elle ne peut se conserver au-delà de trois ans sans se détériorer. On doit toujours la maintenir humide, en y mettant de l'urine fraîche.

M. Cocq présume, ainsi que M. Robiquet, qu'il y aurait avantage à remplacer l'urine par de l'ammoniaque, et que l'orseille vendue dans le commerce sous le nom d'*orseille de terre épurée* a été préparé par ce moyen.

L'orseille de bonne qualité, a l'odeur de violette; pressée entre du papier blanc non collé, elle doit le teindre d'une belle nuance cramoisie violetée. En l'écrasant entre les doigts, on ne doit point y sentir de parties graveleuses. Elle doit être en pâte d'un violet rougâtre, et laisser apercevoir les débris des végétaux qui ont servi à la préparer; ils ne doivent point être trop forts; mais être entrelacés.

Une partie d'orseille dissoute dans 10 parties d'eau bouillante, a présenté les résultats suivans : couleur cramoisi violet; odeur, saveur, acides; potasse, soude et ammoniaque; eau de chaux; alun; proto-sulfate et pernitrate de fer; deuto-sulfate de cuivre; proto-chlorure d'étain; deuto-chlorure d'étain; sels de plomb, et de mercure.

L'orseille donne très facilement sa couleur à l'eau, aux alcalis, à l'alcool. Sa teinture alcoolique est employée pour colorer les thermomètres. La couleur de l'orseille se détruit par l'exposition à l'air; et l'on remarque, dit le docteur Ure, qu'un effet semblable est produit sur cette couleur par l'exclusion de l'air dans les tubes hermétiquement scellés : c'est ainsi que les teintures alcooliques d'orseille, dans de grands thermomètres, deviennent en peu d'années, incolores. L'abbé Nollet observe, dans les *Mémoires de l'Académie*, publiés pour l'année 1742, qu'en rompant le tube dans lequel l'alcool teint d'orseille a été ainsi décoloré, sa couleur se rétablit promptement par l'admission de l'air, et que ce double effet peut être successivement produit un certain nombre de fois. Il ajoute qu'une infusion aqueuse d'orseille renfermée dans des tubes thermométriques, perd sa couleur en trois jours, et que dans un vaisseau profond, cette infusion devenait incolore dans la partie inférieure du vaisseau ; tandis qu'à la partie supérieure, elle conservait sa couleur.

Une dissolution aqueuse de l'orseille, appliquée au marbre froid, lui communique une belle couleur violette ou bleue tirant sur le pourpre, qui résiste beaucoup plus longtems à l'air que les couleurs de l'orseille appliquées à d'autres substances. M. Dufay dit avoir vu du marbre teint de cette couleur, qui l'avait conservée au bout de deux ans sans altération sensible : cette couleur pénètre dans le marbre quelquefois à la profondeur d'environ vingt-cinq millimètres, et elle s'étend en même tems sur la surface, à moins qu'elle ne soit restreinte, ou bordée avec de la cire ou quelque autre substance semblable. Il semble qu'elle rende le marbre un peu plus cassant.

Dans les ateliers de teinture, on prépare la décoction d'orseille en la mettant la veille infuser avec son poids d'urine, et le lendemain on la fait bouillir dans l'eau. L'addition de l'urine développe la matière colorante et la rend plus soluble dans l'eau. On l'emploie principalement sur laine, pour produire des violets, des gris, des amaranthes, des pourpres, et comme mélange dans les couleurs composées. Le teinturier dégraisseur en fait un fréquent usage pour reteindre.

Bois de Brésil. — L'arbre qui produit ce bois, le *cæsalpinia crista* de Linnée, est ainsi nommé du lieu d'où il nous est d'abord venu. Il prend encore les noms de bois de *Sapan* ou de *Japon (cæsalpinia sapan)*, de *Fernambouc*, de *Sainte-Marthe (cæsalpinia echinata)* et de *Brésillet (cæsalpinia vesicaria.* Le fernambouc est le plus estimé, et le brésillet l'est le moins. Aujourd'hui que le véritable bois de Brésil est très rare, on le remplace par le bois de *Nicaragua (cæsalpinia echinata)* province du Mexique.

Le bois de Brésil, dont on fait principalement usage pour la teinture, est très dur, susceptible de recevoir un très beau poli, et si pesant qu'il se précipite au fond de l'eau. Il est d'abord pâle quand il est nouvellement coupé, et présente des veines jaunâtres à l'intérieur ; mais sa couleur devient plus foncée par son exposition à l'air. L'intensité de la couleur varie dans différentes espèces.

Les plus foncées sont celles qu'on estime le plus ; malheureusement il est très difficile de les reconnaître, surtout en copeaux, car les qualités inférieures sont frauduleusement saupoudrés de santal pour leur donner l'aspect d'un rouge plus vif; souvent aussi on mélange des copeaux de plusieurs qualités. Le bois de Brésil a une saveur douceâtre quand on le mâche, et il se distingue du bois de santal rouge par la propriété qu'il a d'abandonner à l'eau sa couleur, ce que ne fait point celui-ci. Quand on a fait bouillir le bois de Brésil dans l'eau pendant un tems convenable, dit le docteur Ure, il communique au liquide une belle couleur rouge; le résidu est d'une couleur très foncée, et les dissolutions alcalines lui enlèvent encore une portion considérable de matière colorante. L'alcool se charge aussi de la matière colorante du bois de Brésil; il en est de même de l'ammoniaque, et l'une et l'autre de ces dissolutions sont plus foncées que l'infusion aqueuse. Dufay a reconnu que la teinture alcoolique teint le marbre chaud en rouge pourpre, qui passe au violet par une chaleur plus élevée. Si l'on couvre le marbre de cire après l'avoir teint, et qu'on le chauffe fortement, il passe par toutes les nuances de brun, et se change en une couleur chocolat permanente.

M. Chevreul a désigné par le nom de *Brésiline* la matière colorante des bois de Brésil, dont la composition est analogue, sauf la couleur, au bois de campêche. Une infusion aqueuse de bois de Brésil contient : la brésiline, une matière particulière, une huile volatile ayant l'odeur et la saveur du poivre, de l'acide acétique libre; des acétates de chaux, de potasse et d'ammoniaque; du sulfate de chaux et une substance azotée.

Les couleurs que le bois de Brésil communique aux étoffes, suivant le docteur Ure, sont peu durables : une très petite portion d'alcali, ou même de savon, les fait passer au pourpre, d'où il suit que le papier teint de cette couleur peut servir de réactif pour reconnaître les points de saturation. L'alun, ajouté à la décoction de ce bois, y produit un précipité d'un beau rouge cramoisi, une laque, dont la quantité augmente par l'addition d'alcali à la liqueur. L'hydrochlorate d'étain y précipite aussi, en grande quantité, une poudre d'un rouge cramoisi. Les sels de fer lui font prendre une teinte sombre; les acides changent la dissolution en jaune, mais la dissolution d'étain la ramène à sa couleur.

Il a été rapporté, dans le *Journal physique* de février 1783, des expériences curieuses sur l'action que les acides exercent sur la couleur du Brésil; si, après l'avoir fait passer au jaune par le moyen du tartre et de l'acide acétique, on y verse de la dissolution hydrochloronitrique d'étain, il se forme aussitôt un précipité rose très abondant; si l'on ajoute à la dissolution, amenée au jaune par un acide, une plus grande quantité de cet acide ou d'un acide plus puissant, l'on rétablit la couleur rouge. L'acide sulfurique est le plus propre à produire cet effet. Quelques sels font aussi reparaître la couleur rouge du Brésil, qui a disparu par l'action des acides.

On a observé, dit Berthollet, que la décoction du bois de Brésil, qu'on appelle *suc* ou *jus* de Brésil, était moins propre à la teinture lorsqu'elle était récente, qu'étant vieille et même fermentée; elle prend, en vieillissant, une couleur rouge jaunâtre. Hellot recommande, pour faire cette décoction, de se servir de l'eau la plus dure; mais ainsi que le fait remarquer Berthollet, cette eau doit foncer sa couleur en raison des sels terreux qu'elle contient. Après avoir fait bouillir le bois réduit en copeaux, ou, ce qui est plus avantageux encore, en poudre, pendant trois heures, on verse cette première eau dans une tonne; on remet de nouvelle eau sur le Brésil, on l'y fait bouillir encore pendant trois heures, puis on la mêle à la première. Lorsqu'on emploie le bois de Brésil dans un bain de teinture, il convient de l'enfermer dans un sac de toile claire, ainsi que tous les bois colorans. Il est essentiel de placer la tonne de Brésil dans un endroit qui ne soit pas exposé à certaines exhalaisons, telles que celles qui s'échappent des lieux d'aisance, parce que ces exhalaisons altèrent et finissent même par détruire la couleur du Brésil.

La méthode de réduire en poudre les bois de teinture est avantageuse, et devrait être, suivant Berthollet, adoptée. On se sert, en Angleterre et en Hollande, de moulins destinés à cet usage; il convient, lorsqu'on emploie ces bois ainsi réduits en poudre, de les renfermer dans un sac pour les mettre dans les bains de teinture.

Quand on emploie du bois de Brésil d'une qualité inférieure, tels que les bois de *Bimas*, de *Sainte-Marthe*, d'*Aniola*, de *Nicaragua*, de *Siam*, de *Sapan*, etc., on peut, suivant M. Dingler, les épurer de leur couleur fauve, et les substituer ainsi avec succès au véritable *Fernambouc*, par le procédé suivant :

Après avoir extrait la matière colorante et fait évaporer la décoction obtenue jusqu'à ce que, par exemple, sur deux kilogrammes de bois employé, il ne reste que six à sept kilogrammes du liquide, on laisse refroidir, et 12 à 18 heures après, on y verse un kilogramme de lait écrémé : on remue ce mélange, on le fait bouillir pendant quelques minutes, puis on le fait passer par un morceau de flanelle d'un tissu bien serré. La couleur fauve reste sur le filtre avec la matière caseuse, à laquelle elle s'attache, tandis que la couleur rouge passe dans le plus grand état de pureté et sans qu'il s'en perde la moindre partie.

Veut-on se servir de cette dernière liqueur pour teindre en rouge; on la délaie dans suffisante quantité d'eau pure, et l'on y plonge ou l'on y passe les étoffes à teindre.

Mais si l'on veut en faire usage pour avoir un rouge d'application, on fera de nouveau évaporer la liqueur jusqu'à ce qu'il ne reste que deux et demi à trois kilogrammes de liquide. On épaissira ensuite avec l'amidon, auquel on ajoutera une quantité convenable soit de dissolution d'étain, soit d'acétate d'alumine, et on aura un rouge d'application aussi beau que celui qu'aurait pu donner le véritable Fernambouc.

On trouve dans le commerce des extraits de Brésil qui, bien préparés, servent dans les ateliers pour produire des amaranthes, des roses, des bruns, etc.

Carthame. — Le carthame est la matière colorante qui s'extrait de la fleur du *carthamus tinctorius* de Linnée, de la famille des synanthérées, plante annuelle que l'on cultive en Espagne, en Égypte et dans quelques contrées du Levant. Il y en a deux variétés, l'une qui a les feuilles grandes, et l'autre à feuilles plus petites : c'est la variété à grandes feuilles que l'on préfère dans le commerce.

On cultivait autrefois le carthame en Thuringe et en Alsace; mais la préférence que l'on donne à celui du Levant en a fait abandonner presque entièrement la culture dans tout autre climat.

En Égypte, ceux qui récoltent les fleurs de carthame les compriment entre deux pierres pour en exprimer le suc; ils les lavent avec de l'eau chargée de sel marin, les pressent ensuite entre les mains, et les dessèchent à l'ombre; pour empêcher que la dessiccation ne soit très-prompte, il les exposent à la rosée pendant la nuit. On les retourne de tems en tems, et lorsqu'on les trouve sèches au point convenable, on les retire, et on les conserve pour les mettre dans le commerce sous le nom de *safranum*, *safran bâtard*, *safran des Indes*.

On lave d'abord, suivant M. Thénard, la fleur du carthame à grande eau. Pour cela, les teinturiers la mettent dans un sac de toile serrée, la laissent tremper dans l'eau pendant quelque temps, et la foulent ensuite à la rivière jusqu'à ce qu'elle ne donne plus de couleur jaune. Ce lavage a pour objet de dissoudre toute la matière colorante jaune qui accompagne la matiere colorante rouge, et qui paraît être combinée avec elle. Lorsque la fleur ne colore plus sensiblement l'eau, on la met en contact à la température ordinaire, avec environ son poids de sous-carbonate de soude, dissous dans 5 à 10 parties d'eau. Au bout d'une heure, on passe la liqueur à travers une toile serrée, on y verse du jus de citron en quantité suffisante pour saturer l'alcali, et on y plonge ensuite les écheveaux de coton. L'acide citrique contenu dans ce jus, décompose le sous-carbonate de soude et en précipite la matière colorante, qui se combine promptement avec le coton; alors, après avoir lavé le coton, on le traite par une nouvelle dissolution de sous-carbonate de soude, qui redissout la matière colorante, et on la précipite de nouveau par le jus de citron; elle se rassemble peu à peu au fond du vase En la séparant de la liqueur surnageante et la faisant sécher, elle prend l'aspect cuivré, et peut être conservée indéfiniment : on la désigne quelquefois dans cet état sous le nom de *carthamine;* il n'en faut qu'une parcelle pour donner à l'eau une couleur rose très foncée. Si, dans cette opération, on précipite d'abord la matière colorante rouge sur du coton, pour la redissoudre ensuite, c'est afin de la séparer d'une petite quantité du principe colorant jaune qui se trouve combiné avec elle, mais qui, une fois fixé sur le coton, n'est plus attaqué par les alcalis. La matière colorante rouge, seule ou combinée avec d'autres substances, et fixée sur la soie, le fil et le coton, leur donne une multitude de nuances qui varient depuis le rose couleur de chair jusqu'à la cerise. Toutes ces nuances sont, en général, peu solides, surtout le rose; cependant, comme elles sont très éclatantes, les teinturiers font un grand usage du carthame.

C'est encore avec le carthame, dit M. Thénard, qu'on prépare le rouge dont les femmes se servent pour la toilette. Il suffit alors de se procurer la matière colorante rouge comme on vient de le dire, mais sans la recevoir sur le coton, de la dessécher sur des assiettes, et de la broyer exactement avec du talc réduit en poudre fine et passé au tamis de soie.

Beckmann publia, en 1774, dans le *Recueil de la Société royale de Gottingue*, pour ladite année, une suite d'expériences faites avec le plus de soin, sur le carthame, et sur l'application de ses couleurs à la laine, au fil et au coton. Depuis cette époque jusqu'en 1804, dit le docteur Thomson, il avait été peu ajouté à nos connaissances sur cette substance, lorsque Dufour, pharmacien, fit insérer dans les *Annales de Chimie*, vol. XLVIII, des expériences et observations *sur la composition chimique de la fleur du carthame*. Les observations de Dufour furent confirmées quelque tems après par celles de Marchais.

Les fleurs du carthame contiennent, d'après l'analyse qu'en fit Dufour, deux matières colorantes: l'une jaune, soluble dans l'eau, dont on n'a fait jusqu'ici aucun usage; l'autre rouge, dont se servent les teinturiers, etc. Quoique la matière colorante jaune se dissolve facilement dans l'eau, il est très-difficile de la séparer en totalité par ce moyen. Dufour, après avoir mis le carthame dans un linge, le pétrit pendant long-tems entre ses doigts, sous un filet d'eau; en continuant ainsi, et en tenant le carthame en macération dans l'eau, il acquit une belle couleur rouge. Le liquide qui passa, après qu'on l'eut filtré, afin d'en séparer une portion du carthame et quelques impuretés qui s'y étaient mêlées, était de couleur jaune. Ce liquide ayant été chauffé à environ 83° centigrades, il s'y forma des flocons qui étaient de l'albumine, ou plutôt du gluten. On les sépara par la filtration, et le liquide fut évaporé à siccité. L'extrait obtenu était de couleur jaune et d'une saveur forte. L'eau le dissolvait en totalité, à l'exception d'une très petite portion de matière brune qui avait les propriétés de la résine. La dissolution aqueuse rougit les couleurs bleues végétales, et donne un précipité abondant par l'infusion de noix de galle, ce qui n'a pas lieu avec la colle forte. Le chlore détruit la couleur jaune, et la rend blanche. En évaporant à siccité, et en traitant le résidu par l'alcool, il ne s'en dissout qu'une partie qui est principalement de l'extractif; la partie insoluble est la matière colorante jaune.

Lorsqu'on fait digérer pendant assez long-tems le carthame résidu, le liquide prend une couleur rouge de brique. Si cette dissolution alcoolique est suffisamment concentrée par l'évaporation, il s'en sépare une matière grenue qui a l'apparence du miel et des propriétés analogues à celles de la cire. On ne peut qu'avec beaucoup de peine obtenir de la dissolution alcoolique quelque matière colorante.

Après plusieurs tentatives infructueuses pour obtenir à l'état de séparation la matière colorante rouge du carthame, Dufour parvint à l'isoler par un procédé fondé sur la grande affinité qui existe entre la matière rouge et le coton. Après avoir dépouillé par le moyen de l'eau, autant que cela lui fut possible, le carthame de sa matière colorante jaune, il le fit macérer pendant une heure dans une dissolution faible de carbonate de soude. Il décanta alors cette dissolution, il y introduisit une certaine quantité de coton, et il y versa ensuite du suc de citron jusqu'à ce que le liquide eût acquis une belle couleur rouge de cerise. Ce liquide, abandonné à lui-même pendant vingt-quatre heures, perdit sa couleur rouge, la matière colorante s'étant unie tout entière au coton, qu'elle avait teint en rouge. Le coton fut retiré et lavé dans l'eau à plusieurs reprises, afin d'en séparer tout ce qui avait pu y adhérer de la matière colorante jaune. On le mit alors dans une dissolution très étendue de carbonate de soude; cet alcali sépara la matière colorante du coton, il s'en chargea et prit une couleur jaune. Le coton ayant été retiré après une heure d'immersion dans la lessive alcaline, on y versa du suc de citron, et il s'en sépara, peu à peu, une poudre d'une belle couleur rose, qui finit par se précipiter. Cette poudre était la matière colorante rouge nommée depuis, *carthamine*.

On voit, d'après ce procédé, que la matière colorante rouge a une plus grande affinité pour le coton que la matière colorante jaune, et qu'à l'aide du coton on peut séparer les deux matières colorantes. On voit aussi que la matière colorante rouge est soluble dans les carbonates alcalins, et qu'elle est précipitée par les acides. Les alcalis la dissolvent également; mais ils en altèrent la nature. Sa dissolution dans les carbonates alcalins est jaune, elle est insoluble dans l'eau. L'alcool la dissout facilement, et acquiert une belle couleur rose. Si l'on échauffe cette teinture, elle prend une nuance orangée. Elle se dissout aussi dans l'éther, mais avec moins de facilité. Les huiles, soit fixes, soit volatiles, n'ont sur elle aucune action. A la distillation, elle fournit très peu d'eau, à peine aucun gaz, un peu d'huile et une portion de charbon égale aux 0,33 de son poids. Si l'on brûle ce charbon, il ne laisse aucune trace sensible de cendres. D'après ces propriétés, dont on doit la connaissance à Dufour, ainsi que de presque tous les faits concernant le carthame, il paraît que la matière colorante rouge du carthame diffère de toute autre substance végétale connue.

On fait usage du carthame, suivant le docteur Ure, pour teindre la soie en ponceau, nacarat, cerise, couleur de rose et couleur de chair. On met le carthame, dont on a extrait la matière colorante jaune, dans une cuve ou barque de bois de sapin, et on l'y saupoudre, à diverses reprises, avec de la potasse, ou mieux encore, avec de la soude, l'un ou l'autre de ces alcalis bien pulvérisé et tamisé, dans la proportion de 3 kilogrammes pour 50 kilogrammes de carthame. On mêle bien le tout à mesure qu'on met l'alcali. Cet alcali devrait être, à l'état de carbonate, saturé d'acide carbonique. Après cette opération, on met le carthame dans une petite barque sur une grille de bois, après en avoir garni l'intérieur d'une toile serrée. On place cette barque sur une barque plus grande, et l'on jette de l'eau froide dessus jusqu'à ce que la barque inférieure soit pleine. On transporte ensuite le carthame sur une autre barque; on y passe de nouvelle eau, et l'on renouvelle ces opérations, en ajoutant, vers la fin, un peu d'alcali, jusqu'à ce que le carthame soit épuisé, et qu'il soit devenu jaune. On met alors dans le bain du jus de citron, jusqu'à ce qu'il soit tourné à une belle couleur de cerise; et après l'avoir bien remué, on y plonge la soie. On la tord, on l'écoule, et elle est passée sur de nouveaux bains, en la lavant et la faisant sécher entre chaque opération, jusqu'à ce qu'elle soit parvenue au degré de couleur convenable. Alors on lui donne un avivage dans un bain d'eau chaude auquel on a ajouté du suc de citron. Lorsqu'on veut teindre la soie en ponceau ou couleur de feu, on lui donne d'abord un léger pied de rocou; mais la soie ne doit pas être alunée. Pour une couleur de chair extrêmement tendre, il faut mettre dans le bain un peu de savon. Tous ces bains s'emploient aussitôt qu'ils sont faits, et toujours à froid, parce que la chaleur détruit la couleur de la fécule rouge.

Berthollet rapporte des expériences faites par Beckmann, sur l'application de la couleur rouge du carthame au coton; il a fait macérer pendant deux heures du coton dans du saindoux fondu, il l'a bien lavé, et après cela, il l'a teint à la manière ordinaire, avec le carthame privé de la substance jaune. Ce coton a pris une couleur plus foncée que celui qui n'avait par reçu de préparation. Le savon a réussi également, l'huile d'olive encore mieux; ensuite Beckmann a passé du coton plusieurs fois dans l'huile, en le faisant sécher alternativement. Après la dernière dessiccation, il l'a lavé et séché; il l'a passé dans le bain jaune de carthame, auquel il a ajouté de la noix de galle et de l'alun; enfin il l'a teint avec la solution alcaline de carthame et le suc de citron. Il a obtenu ainsi une couleur rouge, belle et saturée. Le coton, traité sans avoir été imprégné d'huile, a pris une couleur de même espèce, mais qui était moins saturée et qui a moins résisté à l'influence de l'air. Berthollet pense, d'après ces expériences, qu'il faudrait donner au coton qu'on voudrait teindre avec le carthame, des préparations analogues à celles qu'il reçoit dans la teinture du rouge d'Andrinople.

On trouve dans les *Mémoires sur l'Egypte*, que dans ce pays on donne au coton, et même au lin, une couleur très saturée, et par-là même assez solide, par le moyen du carthame. On fait subir au carthame deux macérations successives, chacune de vingt-quatre heures, dans l'eau de puits, qui est un peu alcaline; après cela, on le mêle avec le lin, avec le cinquième de son poids d'une cendre qu'on achète des Arabes, et qui contient peu de carbonate de soude; un on fait passer ce mélange sous la meule d'un moulin. On filtre à travers le mélange une médiocre quantité d'eau du Nil; on a, par ce moyen, un liquide très chargé de substance colorante. On commence par teindre avec la dernière portion qui a filtré et qui est chargée, en y mettant un peu de suc de citron; alors on mêle dans une chaudière la première portion du liquide avec une quantité considérable de suc de citron, et l'on teint à une chaleur de 40 à 50 degrés du thermomètre de Réaumur. On finit par passer l'étoffe dans une eau acidule, et on la sèche.

Le carthame est une plante beaucoup trop négligée en France, et qui, cependant, peut être d'une grande utilité; ses tiges peuvent nourrir les bestiaux pendant l'hiver; sa fleur sert, ainsi qu'on vient de le dire, à teindre la soie en diverses couleurs; ses graines fournissent une huile douce, et peuvent servir à nourrir la volaille.

La partie colorante rouge du carthame ne va pas au-delà des cinq millièmes de son poids; et, selon les expériences de Dufour, 1,000 parties de carthame se composent de: 62 humidité; 34 sable et petites parcelles de la plante; 55 gluten; 268 matière colorante jaune; 42 extractif; 3 résine; 9 cire; 5 matière colorante rouge; 466 fibre ligneuse; 5 alumine et magnésie; 2 oxide rouge de fer; 12 sable; 7 perte.

Le bois de *santal rouge* (*pterocarpus santalinus*) est celui d'un grand arbre qui croît sur la côte de Coromandel et dans plusieurs parties de l'Inde: il est d'abord d'un rouge vif; mais par son exposition à l'air, il devient d'une couleur très foncée. Compacte, très pesant, sans odeur, sans saveur, il se distingue aisément du bois de Brésil, par cette propriété qu'a le santal de ne pas abandonner à l'eau la matière colorante qui d'ailleurs est soluble dans l'alcool. La teinture alcoolique est d'un beau rouge, qui se change en jaune quand on l'étend avec une grande quantité de liqueur spiritueuse. M. Pelletier, en faisant bouillir dans l'alcool, 100 parties de poudre de bois de santal, filtrant la liqueur et faisant évaporer à siccité, obtint 16 à 17 parties de matière résineuse rouge à laquelle il a donné le nom de *santaline*.

La santaline, à peine soluble dans l'eau est très soluble dans l'alcool ou l'éther. Cette solution vire au violet par les alcalis, précipite en pourpre par le chlorure d'étain, en violet par les sels de plomb, en écarlate par le deutochlorure de mercure, en violet foncé par le sulfate de fer, en rouge brun par le nitrate d'argent. La santaline se dissout dans l'acide acétique.

On distingue, suivant Berthollet, trois sortes de bois de santal : le blanc, le citron et le rouge; le rouge est le seul qui s'emploie en teinture. C'est un bois solide, compacte, pesant, qu'on nous apporte de la côte de Coromandel, et qui brunit en restant exposé à l'air, on l'emploie ordinairement moulu en poudre très fine; il donne une couleur fauve brune tirant sur le rouge; par lui-même il fournit peu de couleur, et on lui reproche de durcir la laine; mais sa partie colorante se dissout mieux lorsqu'il est mêlé avec d'autres substances, telles que le brou de noix, le sumac, la noix de galle ; d'ailleurs la couleur qu'il donne est solide et modifie d'une manière avantageuse celles des substances avec lesquelles on le mêle.

On voit, dans les *Annales* de Crell, pour 1791, que Vogler, ayant observé que l'alcool délayé, ou l'eau-de-vie, dissolvait beaucoup mieux que l'eau la partie colorante du santal, fit emploi de cette dissolution soit seule, soit mêlée avec six à dix parties d'eau, pour teindre des échantillons de laine, de soie, de coton et de lin, échantillons qu'il avait auparavant préparés, en les imprégnant de dissolution d'étain, les lavant et les faisant sécher. Ils ont pris également une couleur rouge de ponceau. Des échantillons préparés de même avec l'alun ont pris une couleur d'écarlate saturée : préparés avec le sulfate de cuivre, une belle couleur cramoisi clair ; préparés avec le sulfate de fer, une belle couleur violette foncée. Vogler teignit à froid dans la liqueur spiritueuse; mais il a employé une légère ébullition dans celle qui était mêlée avec l'eau. Ce mélange se fait sans que la transparence soit troublée.

La Mana. — Cette nouvelle matière tinctoriale a été extraite en 1826, par Vauquelin, de l'écorce d'un arbre provenant de la Mana, dans la Guiane française, dont les échantillons, bois et écorce, avaient été envoyés par le baron Milins, comme paraissant susceptibles de servir à la teinture.

L'écorce de cet arbre est grisâtre en dehors, et d'un rouge vif en dedans; la saveur est amère et astringente, elle ne colore presque pas la salive; la texture est graineleuse; elle est comme pâteuse, et ne se réduit que difficilement en poudre; elle ne communique qu'une très faible couleur à l'eau froide, un peu plus à l'eau bouillante; la décoction a une saveur amère et astringente comme l'écorce; elle se trouble par le refroidissement, et dépose une sorte de laque rouge. La couleur de la décoction de cette écorce n'éprouve pas de changement très visible par le mélange des acides et des alcalis; cependant ces derniers le rembrunissent un peu; ce qui est d'un bon augure pour l'usage et la durée de cette couleur. Les étoffes qui en seront teintes ne seront pas exposées à être tachées par ces agens, comme cela arrive à celles qui sont teintes avec le bois de teinture ordinaire, et même avec la cochenille; mais cette écorce ne donnant que très peu de couleur à l'eau même bouillante, il en faudra une grande proportion pour teindre les étoffes en couleur saturée. Dans la décoction de cette écorce, faite avec 10 grammes d'écorce moulue et 300 grammes d'eau bouillante, ont été trempés pendant une demi-heure des écheveaux de laine, de soie et de coton, apprêtés pendant vingt-quatre heures dans une dissolution de 15 grammes d'alun dans 400 grammes d'eau. Ces fils, exprimés, lavés et séchés, ont présenté, savoir, la soie, une couleur amaranthe saturée et très vive; la laine, une couleur de même espèce, mais beaucoup moins saturée et le coton presque pas de couleur.

Le bois a une couleur rouge pâle, une saveur amère et astringente comme l'écorce; il ne cède point la couleur à l'eau, même après un espace de temps très long; l'eau bouillante n'en tire non plus qu'une fort petite quantité de couleur; en effet, six grammes de ce bois, qui avait d'abord trempé pendant vingt-quatre heures dans 180 grammes d'eau, et ensuite bouilli, n'ont pas suffi pour teindre à saturation un écheveau de soie pesant 45 centigrammes.

D'après ces essais, que la petite quantité de matière m'a empêché de varier davantage, ajoute Vauquelin, il est certain que l'écorce, ainsi que le bois de la Mana, ne pourront guère servir que pour la laine et la soie, mais ce sera toujours une couleur chère; que l'écorce donne beaucoup plus de couleur à l'eau que le bois, quoiqu'elle-même ne lui en communique que fort peu : elle sera donc préférable au bois. J'ai lieu de penser, d'après quelques essais, que cette couleur, convenablement appliquée à la laine et à la soie, sera solide et ne sera pas altérée par le contact des acides ni du savon; mais il faudrait faire sur cette couleur des épreuves en grand, en variant la nature des mordans pour constater la solidité.

§ XXVI. COLORISATION EN JAUNE.

La *gaude* ou *vaudé* (*reseda luteala*) de Linnée, famille des câpriers, est une plante fort commune dans les environs de Paris, dans plusieurs parties de la France, et dans presque toutes les contrées de l'Europe. Toute la plante, excepté la racine, sert à teindre en jaune, quoiqu'il ait été assuré que ce sont les semences seules qui fournissent la matière colorante.

On distingue deux sortes de gaude : la gaude bâtarde ou sauvage, qui croît naturellement dans les campagnes; et la gaude cultivée, dont les tiges sont plus petites et moins hautes. Cette dernière est préférée pour la teinture; elle est plus abondante en matière colorante, et on l'estime d'autant plus que les tiges en sont plus déliées.

Lorsque la gaude est mûre, on l'arrache; et après l'avoir laissé sécher, on la met en bottes. C'est dans cet état qu'on en fait usage.

On doit toujours choisir de préférence la gaude dont les tiges sont le plus déliées et le plus chargées de graine, car la matière colorante se trouve en plus grande abondance dans les enveloppes des fruits. Il faut rejeter les gaudes d'un jaune brun, ayant une odeur de moisi.

La gaude est une matière tinctoriale précieuse, parce que la couleur jaune qu'elle fournit aux étoffes n'a pas le défaut de passer au roux, comme le font les autres matières colorantes jaunes; elle donne des jaunes, des verts, des olives, sur la laine, la soie et le coton.

La *lutéoline* extraite par M. Chevreul de la décoction de gaude, est d'une apparence cristalline; cette décoction refroidie et filtrée, contient en outre une matière non azotée qui communique de la viscosité à l'eau; une matière azotée; une matière colorante, jaune-roux, qui est probablement de la lutéoline altérée; une matière saccharine; une matière amère, incolore, soluble dans l'eau et dans l'alcool; un principe odorant; un acide organique libre; des citrates et des phosphates de chaux et de magnésie; des sulfates de chaux et de potasse; du chlorure de potassium; un sel organique de potasse; un sel ammoniacal.

La lutéoline se comporte à peu près comme la décoction de gaude, dont la couleur est jaune-roux, l'odeur particulière désagréable, la saveur douceâtre amère, et de la manière suivante avec les réactifs : rougit sensiblement le tournesol, vire au jaune d'or verdâtre par les alcalis; fonce de couleur par l'acide nitrique, se trouble avec les autres acides; précipite en beau jaune par la chaux et par la barite; fournit, par l'alun, un léger précipité jaune; colore en brun rougeâtre le persulfate de fer, en précipitant à la longue en brun; précipite abondamment en jaune par le protohydrochlorate d'étain et l'acétate de plomb, en jaune tirant sur le vert par l'acétate de cuivre; fonce de couleur par tous les sels de chaux.

Le *quercitron* est l'écorce du (*quercus nigra*) de la famille des amentacées. Cet arbre, auquel on a donné le nom de *quercitron*, croît spontanément dans l'Amérique septentrionale. Le docteur Bancroft découvrit, vers l'an 1784, que l'écorce intérieure de cet arbre contient une grande quantité de matière colorante; et, depuis ce temps, elle a été très généralement employée par les teinturiers. On la prépare, pour leur usage, en détachant l'épiderme (qui contient une matière colorante brune) et en faisant alors moudre l'écorce, elle se divise, en partie, en filamens déliés, et en partie en une poudre très fine. Une partie de cette poudre fournit autant de matière colorante que huit ou même dix parties de gaude, et autant que quatre parties de bois jaune. L'écorce du quercitron communique facilement sa matière colorante à l'eau, chauffée à la température de 38 degrés centigrades. A ce degré de chaleur, l'eau dissout environ les 0,085 de l'écorce employée. L'infusion de quercitron concentrée de manière à marquer de 2 à 4 degrés au pèse-acide de Beaumé, laisse déposer une matière jaunâtre grenue et cristalline que M. Chevreul a nommé *quercitrin* : elle est légèrement acide; plus soluble dans l'alcool que dans l'éther; légèrement soluble dans l'eau, qu'il colore en jaune pâle. Les alcalis la font virer au jaune vert. L'alun y développe une belle couleur jaune. L'acétate de plomb, l'hydrochlorate de protoxide d'étain, et l'acétate de cuivre la précipitent en flocons jaunes. Les sels de fer la font virer à l'olive, et y forment au bout de quelques instans un précipité olive plus ou moins brun.

D'après M. Chevreul, une décoction de 1 partie de quercitron et 10 parties d'eau, bouillies ensemble un quart d'heure, est d'un rouge orangé brun; elle ne se trouble pas par le refroidissement, mais elle dépose après plusieurs jours du quercitrin cristallisé: son odeur est celle de l'écorce du chêne; elle a une saveur amère et très astringente; le papier de tournesol y dénote la présence d'un acide. Les alcalis en foncent la couleur, et l'eau de chaux agit de même, en précipitant de plus des flocons d'un jaune-roux: L'alun éclaircit la liqueur, et n'y forme qu'un léger précipité. Il s'y forme un précipité, roux avec le proto-hydrochlorate d'étain, jaune avec l'hydrochlorate d'étain, jaune-roux avec l'acétate de plomb, jaune-verdâtre avec le deutacétate de cuivre précipité, brun olive avec le persulfate de fer.

Le quercitron s'emploie en teinture, plutôt sur coton que sur laine et sur la soie pour des nuances jaunes, olivâtres; avec la garance, il produit des orangés et des cannelles, avec le bleu tous les tons des verts.

Le *bois jaune* est le bois d'un grand arbre, le *morus tinctoria*, qu'on nous envoie des Antilles, et surtout de Tabago, sous la forme de gros tronçons; il est léger, peu compacte, d'un jaune veiné d'orangé. On rencontre dans l'intérieur des branches, une matière pulvérulente, jaune ou blanchâtre, qui jouit à un haut degré de la propriété tinctoriale. Sa décoction bien chargée, est un jaune rougeâtre foncé; les acides la troublent légèrement et en affaiblissent la teinte; les alcalis la rendent presque rouge, orangée ou brun-verdâtre; l'alun et le tartre agissent à peu près comme les acides, en éclaircissant le jaune jusqu'au serein; le sulfate de fer brunit la couleur; l'hydrochlorate d'étain y forme un précipité abondant d'un beau jaune, plus ou moins doré; les sels de cuivre précipitent les vert-foncés.

Outre la matière colorante jaune, à laquelle M. Chevreul a donné le nom de *morin*, la décoction contient un principe rouge, un principe brun, et du tannin. En traitant par l'éther, la poussière intérieure des bûches de bois jaune, on dissout le morin dont elle est presqu'entièrement formée, et qui cristallise par une évaporation ménagée. En traitant par l'éther, la matière blanc-rosé, le principe rouge se dépose, et l'on obtient par évaporation des cristaux moins jaunes que ceux du morin; en les lavant à l'éther, on les blanchit, et ils prennent alors le nom de *morin blanc*, quoiqu'il soit faiblement coloré. Sa propriété la plus remarquable est de fournir, par le proto-sulfate de fer, du *rouge grenat*, tandis que dans les mêmes circonstances, le morin ordinaire donne du *vert-olive*.

Le bois jaune est très riche en matière colorante : aussi suffit-il d'une partie de bois pour teindre seize parties de drap. L'opération se fait en fendant le bois en éclats, ou, ce qui est mieux, en le réduisant en copeaux, et même en poudre, et en l'enfermant dans un sac, qu'on plonge ensuite dans vingt-cinq à trente parties d'eau bouillante. On met dans ce bain, d'après le conseil de M. Chaptal, des rognures de peaux pour l'aviver, et on y passe la couleur claire. Il paraît que la gélatine des peaux en précipite une matière d'un fauve rougeâtre, analogue au tannin.

La gaude, ainsi que le fait observer Berthollet, ne donne au drap, qui n'a pas reçu de préparation, qu'un jaune pâle qui ne résiste pas long-tems à l'air; mais le bois jaune produit, sans le secours des mordans, une couleur jaune tirant sur le brun, qui, à la vérité, est terne, mais qui résiste assez bien à l'air : on donne de la vivacité à sa couleur, et l'on augmente sa solidité par le moyen des mêmes mordans qu'on peut employer pour la gaude, et qui exercent sur lui une action tout-à-fait analogue : ainsi l'alun, le tartre et la dissolution d'étain rendent sa couleur plus claire; le sel marin et le sulfate de chaux la rendent plus foncée. On peut donc appliquer au bois jaune les procédés indiqués pour la gaude, avec cette différence que, pour obtenir une même nuance, il faut employer beaucoup moins de bois jaune. Cependant les couleurs qu'on obtient par ces procédés tirent plus à l'orangé, et sont plus ternes que celles de la gaude; on mêle quelquefois l'un à l'autre, selon l'effet qu'on veut obtenir.

Le bois jaune s'emploie principalement en teinture, sur laine, pour des jaunes, verts, bronzes et autres couleurs composées. Les jaunes ont l'inconvénient de prendre un ton roux, à l'air.

La *graine d'Avignon*, qu'on appelle aussi *graine de Perse*, est la baie du *ramnus infectorius* (l'épine cormier) de la famille des rhamnées : On la cueille, avant sa maturité, dans plusieurs départemens qui comprenaient l'ancien comtat Venaisin, la Provence, le Languedoc et le Dauphiné. Sa teinte est verdâtre; la variété désignée sous le nom de *graine de Perse*, est plus grosse, plus arrondie, et fournit davantage de matière colorante.

Les principales substances contenues dans cette graine, sont, suivant M. Chevreul : un principe colorant jaune, uni à une matière insoluble dans l'éther, peu soluble dans l'alcool concentré, très soluble dans l'eau, et qui paraît être volatil; une matière remarquable par son amertume, soluble dans l'eau et l'alcool; un principe rouge, en petite quantité, tendant à se décomposer en matière brune sous l'influence de l'air, se trouvent surtout dans l'extrait aqueux de la graine d'Avignon; insoluble dans l'alcool et l'éther.

Une décoction d'une partie de graine d'Avignon dans 10 parties d'eau bouillies ensemble un quart d'heure, est d'un jaune brun tirant un peu au verdâtre. Elle ne se trouble pas par le refroidissement. Elle est odorante; sa saveur est très amère.

La gélatine y forme au bout de quelques heures un précipité.

L'acide sulfurique la trouble; la couleur est un roux tirant sur le verdâtre.

L'acide nitrique à 34° en affaiblit la couleur sans la troubler, un excès développe une belle couleur rouge brune.

L'acide oxalique affaiblit la couleur et en précipite de la chaux.

L'acide acétique affaiblit la couleur et ne la trouble que légèrement.

Les eaux de potasse, de soude et d'ammoniaque, la font passer à l'orange verdâtre sans la précipiter.

Les eaux de chaux, de barite et de strontiane, la font passer à l'orange verdâtre et en précipitent quelques flocons.

Les sels d'alumine affaiblissent la couleur sans la précipiter.

Le persulfate de fer, la fait passer au vert olive.

Le sulfate de cuivre la fait virer au jaune vert olive.

L'acétate de cuivre y forme un léger précipité jaune roux verdâtre.

L'acétate de plomb ne la trouble qu'au bout d'une demi-heure.

Le proto-hydrochlorate d'étain acide la fait virer au jaune verdâtre sans la troubler sensiblement.

La graine d'Avignon est rarement employée en bonne teinture sur laine, soie et coton; mais comme elle est riche en couleur, on la substitue souvent à la gaude pour l'impression des toiles, quoiqu'elle lui soit inférieure en qualité; elle sert le plus fréquemment à reteindre les vieilles étoffes, après dégraissage.

Saule; peuplier; trèfle; fleurs blanches. Scheffer indique les *feuilles de saule* comme propres à donner à la laine, à la soie et au lin, une belle couleur jaune. Il faut, suivant Bergman, se servir des feuilles du laurier saule (*salix pentendra*), parce que la couleur que donnent les feuilles du laurier commun se dissipe promptement en plus grande partie au soleil.

Le procédé de Scheffer consiste à laisser pendant une nuit la laine dans une dissolution refroidie d'un cinquième d'alun et d'un seizième de tartre; le bouillon se fait avec les feuilles que l'on a ramassées vers la fin d'août, ou au commencement de septembre, et qu'on a laissé sécher dans un endroit ombragé, mais aéré. On en prend la quantité qu'on juge convenable, et on les fait bouillir pendant une demi-heure; on y ajoute un deux cent cinquante-sixième de potasse blanche, pour rendre la couleur plus vive et plus foncée; après quoi on passe le bain au tamis; on l'y tient dans un état voisin de l'ébullition, et on y laisse la laine jusqu'à ce qu'elle ait pris la couleur que l'on veut obtenir. Scheffer prescrit, pour la soie et pour le lin, le même procédé, si ce n'est qu'il augmente d'un seizième la proportion de l'alun. D'après ce que rapporte Bergman, il a été observé que la couleur était plus chargée en faisant macérer le lin avec une grande qualité d'alun, le tordant, le séchant avant de le teindre, et que, pour l'extraction complète du principe colorant, il fallait aussi augmenter la quantité de potasse.

L'écorce, et surtout les jeunes branches du *peuplier d'Italie* et de quelques autres espèces de peupliers, donnent à la laine, selon d'Ambourney, une couleur jaune, belle et solide, surtout lorsque la laine a été préparée avec la dissolution d'étain; il faut à peu près sept parties en poids de ce bois pour en teindre une de laine.

Dazé a fait insérer dans les *Annales de Chimie*, des expériences comparatives faites par lui avec le trèfle et la gaude. Il en est résulté que la semence de trèfle donne à la laine un beau jaune orangé, et à la soie un jaune verdâtre; que la dissolution d'étain ne peut être employée pour cette teinture, mais qu'elle exige un alunage; enfin, que le bleu appliqué sur le jaune, qui vient de la semence de trèfle, fait un vert moins beau et plus terne que celui pour lequel on s'est servi de la gaude.

Il y a, fait observer Berthollet, un grand nombre d'autres substances qui peuvent être employées pour teindre en jaune, et qui donnent des nuances plus ou moins belles, plus ou moins solides. En général, les alcalis rendent la couleur de ces substances plus foncée et plus orangée: ils facilitent l'extraction des parties colorantes ; ce n'est même que par leur moyen qu'on l'obtient du rocou ; mais ils en favorisent la destruction. Le sulfate de chaux, l'hydrochlorate de soude, l'hydrochlorate d'ammoniaque foncent la couleur des substances jaunes; les acides l'éclaircissent et la rendent plus solide ; l'alun et la dissolution d'étain, en la rendant plus claire, lui donnent plus d'éclat et de solidité.

Les fleurs blanches, ainsi que l'a observé Lewis, colorent en jaune, même foncé, l'eau avec laquelle on les fait bouillir; les acides, les alcalis et les autres sels agissent sur cette couleur comme sur celles des autres substances végétales jaunes.

Sarrette, gènestrole, camomille, fène grec. Ces plantes sont aujourd'hui remplacées avec avantage, en teinture, par la gaude et le quercitron.

La *sarrette* (*serratula tinctoria*) est une plante vivace qui croît abondamment dans les prairies et dans les bois. Elle donne sans mordant une couleur jaune-verdâtre qui n'a pas de solidité. L'alun la fixe et en modifie la couleur en un jaune solide et agréable. Scheffer recommande de préparer la laine avec l'alun et un douzième de tartre, et il annonce que si on la prépare avec trois seizièmes de dissolution d'étain et autant de tartre, elle prend une couleur beaucoup plus vive que la précédente.

Le *genêt des teinturiers* (*genista tinctoria* de Linnée), ou la *genestrole*, est une plante très commune de la famille des légumineuses; on la rencontre dans les lieux secs et montueux. Ce genêt se trouve très abondamment en France, en Allemagne et en Angleterre. On s'en sert pour colorer en jaune; il n'a pas une nuance aussi belle que la gaude ou la sarrette, mais il est assez solide quand on le fixe avec l'alun, le tartre, le sulfate de chaux.

La *camomille* (*camomilla matricaria*) est une plante bien connue, avec laquelle on peut obtenir une faible couleur jaune assez agréable, mais qui n'a aucune solidité. Avec les mordans tels, entre autres, que l'alun, le tartre et le sulfate de chaux, elle en acquiert un peu plus.

Scheffer assure avoir donné à la soie un beau jaune en versant goutte à goutte, dans la décoction de cette plante, un peu de dissolution d'étain saturée par le tartre, jusqu'à ce que la couleur devienne assez jaune. On maintient la décoction chaude, mais sans ébullition, pour y teindre la soie; il faut avoir attention de n'employer que de bonne eau, qui ne précipite pas la dissolution d'étain.

Les semences moulues du *fène grec* (*trigonella fœnu græcum*) peuvent teindre en jaune pâle assez solide ; les meilleurs mordans à employer avec ces semences sont l'alun et l'hydrochlorate de soude.

Le datisque ou cannabine, (datisca cannabina.) Fournit une couleur d'un jaune-brillant. Cette plante vivace, de la famille des orties, croît naturellement dans l'île de Candie; elle a l'aspect du chanvre ; sa racine supporte les froids les plus rigoureux de nos hivers ; elle pousse environ 100 tiges qui s'élèvent jusqu'à plus de 8 pieds et forment un large buisson ; elles sont garnies de feuilles d'un pied, d'un vert jaunâtre ; ailées avec impaire, etc. D'après les expériences de M. Braconnot, la couleur jaune du datisque se fixe très bien sur le coton, le lin, la soie et principalement sur la laine même sans mordant. La couleur qu'elle communique à cette dernière est d'un jaune serin très joli, qui résiste à l'action de l'air et de la lumière ; si la laine est alunée, cette couleur est très belle, très vive, très intense et très solide. L'extrait de datisque, délayé dans l'eau, avec lequel on fait bouillir de la laine alunée, lui donne une couleur aussi éclatante que celle que l'on obtient avec la décoction de la plante. Ce sont les feuilles et les jeunes tiges de datisque qui donnent le plus de matière colorante. Cette plante croît dans tous les sols, à toutes les expositions et ne réclame aucun soin. Sa croissance est prompte et précoce ; on pourra, probablement, les faucher 3 ou 4 fois dans le cours de l'année. On la sème en automne avec des graines qui doivent être récoltées sur des plantes voisines des pieds mâles, sinon elles seraient stériles. On la multiplie aussi par l'éclat des racines au printemps ou en automne, avant que les tiges paraissent, ou dès quelles sont flétries.

Curcuma longa. Cette racine, que l'on connaît aussi dans le commerce sous le nom de *terra merita*, *terre-mérite* ou *safran des Indes*, provient, d'une plante de la famille des amomies, qui croît dans les Indes orientales; elle est riche en couleur ; on en tire le jaune orangé le plus éclatant que l'on connaisse ; mais malheureusement il n'a point de solidité ; on s'en sert quelquefois pour dorer les jaunes de gaude et donner plus de feu à l'écarlate.

On distingue deux espèces de curcuma, le long et le rond ; le premier a la racine tubéreuse, alongée, noueuse ; jaunâtre, de la grosseur du doigt : le second a les racines tubéreuses, mais dans un moindre degré.

La racine doit être récoltée, après défloraison, nettoyée

et séchée avec soin pour se bien conserver; elle est alors pesante, difficile à casser et cette cassure doit avoir un aspect résineux. La racine vermoulue ou pulvérulente doit être rejetée, et c'est une raison pour ne jamais acheter de curcuma en poudre. La racine de curcuma, a une odeur très forte, une saveur âcre-amère, et se compose, suivant MM. Vogel et Pelletier, d'une matière ligneuse, d'une fécule amylacée, d'une matière colorante jaune que M. Chevreul a nommée *curcumine*, d'une matière brune, d'une petite quantité de gomme, d'une huile volatile odorante et très âcre ; d'une petite quantité d'hydrochlorate de chaux.

L'eau froide mise en contact avec le curmuma dissout une petite quantité de la matière colorante jaune et brune, de la gomme, de l'huile volatile et de l'hydrochlorate de chaux ; l'eau bouillante en dissout davantage et montre de l'amidon. L'acide acétique, l'alcool et l'éther dissolvent la matière colorante du curcuma.

La *curcumine* s'obtient en traitant le curcuma en poudre par l'alcool bouillant, filtrant et évaporant la solution jusqu'à consistance d'extrait que l'on traite ensuite par l'éther sulfurique, qui dissout la curcumine mêlée à un peu d'huile volatile et d'hydrochlorate de chaux. On évapore ensuite à siccité.

La curcumine est solide, d'un brun rougeâtre, plus pesante que l'eau ; sa saveur est âcre et poivrée. Elle est peu soluble dans l'eau qu'elle colore en jaune ; l'alcool et l'éther la dissolvent facilement ; les solutions sont de couleur rouge orangé brun, lorsqu'elles sont concentrées, et passant au jaune quand elles sont étendues.

La solution alcoolique de curcumine précipite la solution de gélatine et forme un composé presque insoluble dans l'alcool bouillant ; les alcalis la font passer au rouge brun ; les chlorures d'étain y forment des précipités rougeâtres ; l'acétate de plomb précipite en couleur marron ; les nitrates d'argent en jaunâtre, les sels de fer ne précipitent pas et la liqueur brunit.

Les mordans ne peuvent, dit Berthollet, augmenter convenablement la solidité du jaune qu'on obtient du curcuma. L'hydrochlorate de soude et l'hydrochlorate d'ammoniaque sont les substances qui fixent le plus cette couleur ; mais ils la foncent et la font tirer au brun ; quelques-uns recommandent une petite quantité d'acide hydrochlorique. Il faut réduire cette racine en poudre pour l'employer ; mais, en général, ajoute Berthollet, la nuance qui est due au curcuma ne tarde pas à disparaître à l'air.

La matière colorante du curcuma se combine facilement avec les substances animales, suivant MM. Vogel et Pelletier, qui ont remarqué avec surprise que les échantillons teints avec le curcuma, sans mordant de tartre ou d'alun, étaient ceux dont la couleur a résisté le plus long-tems à l'air. On l'emploie en teinture écarlate et verts de compositions, sur laine; en verts et jaunes, jonquilles sur soie.

On reconnaît facilement le jaune de curcuma par le simple contact d'un alcali, du savon, et même de la salive, qui suffit pour virer sa couleur au rouge.

Le *fustet* (rhus cotinus) de Linnée, de la famille des térébinthacées, est un arbrisseau qui croît dans les parties méridionales de la France, à Antibes, en Italie et à la Jamaïque; il s'élève à la hauteur de dix à douze pieds, les tiges sont faibles, l'écorce est lisse et le bois jaunâtre. Ce bois quoique peu compact, est assez dur, sa couleur doit être d'un jaune vif mêlé d'un vert pâle; il doit être dépouillé de son écorce. On le trouve dans le commerce réduit en petits morceaux (*effilé*).

Une décoction de 1 partie de fustet dans 10 parties d'eau offre les résultats suivans avec les principaux réactifs : la liqueur, d'un jaune orange brun, a l'odeur semblable à celle du chêne, et une saveur douceâtre mêlée d'amertume; la gélatine, y forme des flocons roux; les alcalis la font virer au rouge sans la précipiter; l'eau de chaux la fait virer au rouge et y détermine un précipité jaune orangé; l'alun affaiblit la couleur et y produit un léger précipité orangé brun; le persulfate de fer la fait passer au vert olive et il se forme un précipité brun; le proto-hydrochlorate d'étain y produit un précipité orangé rougeâtre; l'acétate de cuivre en forme un brun marron; l'acétate de plomb en donne un rouge orangé.

Le fustet est employé en teinture sur laine, soie et coton, mais il l'est rarement seul, bien qu'il fournisse une belle couleur orangée, mais elle n'a pas de solidité. Il entre dans les écarlates jaunes, les aurores, les capucines, les verts, les chamois, saumons, quelques olives ou gris olives. La couleur du fustet ainsi fondue avec d'autres couleurs se soutient mieux, et s'affaiblit d'ailleurs sans que la nuance soit altérée. C'est surtout dans les couleurs de fantaisie que le fustet est employé pour les tissus de laine, le coton et les mélanges de laine et de soie, de laine et coton.

Le *rocou* ou *roucou* se prépare avec la graine du roucoyer (*bixa orellana*), arbrisseau de la famille des liliacées, qui croît dans la Guiane, à Saint-Dominque et aux Indes-orientales; dans un bon terrain il s'élève à la hauteur de 5 à 6 mètres. Les graines sont renfermées dans des capsules hérissées d'aiguillons moux. M. Leblond a décrit le mode suivant des opérations pratiquées dans la Guyane française : on se sert de quatre canots ou troncs d'arbres creusés en forme de cuve, qui sont la *pile*, la *trempoire*, la *décharge*, le *canot à caler le roucou*. On cueille les capsules lorsqu'elles sont mûres, et après en avoir ôté les semences on les broye dans la *pile*; pour les mettre ensuite à macérer dans la *trempoire*; on les recouvre d'eau, on les y laisse pendant plusieurs semaines; on exprime alors la matière dans des tamis placés au dessus de la *trempoire*, et le résidu est porté dans la *décharge* où il est recouvert avec des feuilles de bananier : on l'y conserve jusqu'à ce qu'il s'échauffe en fermentant. On le broye alors, on le met à macérer de nouveau dans la trempoire et on exprime dans un tamis au-dessus de la trempoire. Ces opérations se répètent jusqu'à ce qu'on n'obtienne plus de matière colorante. On fait égoutter l'eau de la trempoire, et le dépôt est délayé avec de l'eau puis passé à travers un tamis, qui se place au-dessus du *canot à caler*. Cette opération a pour but de séparer les parties grossières de la graine. Après avoir laissé reposer le roucou pendant 15 jours environ, et décanté la liqueur surnageante, on réduit le dépôt en consistance de pâte, dans des chaudières placées sur des fourneaux; on achève ensuite la dessiccation à l'air libre et à l'ombre, en plaçant la pâte dans des caisses qui ont de 7 à 8 pouces de profondeur. M. Chevreul a reconnu dans le rocou deux principes colorans : un de couleur jaune et l'autre de couleur rouge à l'état sec. Le rocou le mieux préparé contient proportionnellement plus de principe jaune que le rocou du commerce; il est soluble dans l'eau, l'alcool, et faiblement dans l'éther; il teint facilement en jaune la soie et la laine alunées. Le principe rouge est peu soluble dans l'eau; il est soluble dans l'alcool et l'éther qu'il colore en rouge orangé. Il est soluble dans l'eau de potasse ou de soude; la solution est d'un rouge orangé foncé.

Le commerce apporte le rocou sous la forme de pains enveloppés de roseaux très larges. C'est à Cayenne qu'on prépare le mieux le rocou, et celui de cette colonie à une valeur supérieure à celui de toutes les autres, dans les marchés d'Europe. Pour être d'une bonne qualité, il doit être couleur de feu, plus vif en dedans qu'en dehors, doux au toucher. Celui qui a été séché au soleil est noir; celui qui, n'ayant pas été bien desséché, a moisi, est d'un rouge pâle; celui qui est frelaté ne se dissout pas entièrement dans l'eau.

Leblond, qui a publié sur la culture du rocouyer et la fabrication du rocou un mémoire dont l'extrait, par M. Vauquelin, a été inséré dans le quarante-septième volume des *Annales de Chimie*, a proposé, pour la préparation du rocou, un procédé plus expéditif. Ce procédé consiste à séparer des semences, par la macération et le lavage, la matière colorante, qui ne réside qu'à leur surface; et alors on la précipite de l'eau par un acide. Le rocou est ordinairement en morceaux durs, bruns à l'extérieur et rouges en dedans. Il se dissout beaucoup plus facilement dans l'alcool que dans l'eau. Les lessives alcalines faibles le dissolvent également avec facilité. La décoction du rocou avec l'eau a une odeur particulière et une saveur désagréable. Sa couleur est le jaune rougeâtre; les alcalis la font passer à l'orangé; l'alun et la dissolution d'étain les changent en jaune citron; le sulfate de fer donne une teinte brunâtre; les acides y produisent un précipité orangé.

On peut opérer ce précipité à l'aide du vinaigre ou du jus de citron, en faisant cuire à la manière ordinaire et faisant ensuite égoutter dans des sacs, ainsi que cela a lieu pour l'indigo.

Berthollet nous apprend que l'efficacité de ce procédé proposé par Leblond, fut confirmée dans le tems, par les expériences de M. Vauquelin, faites sur des graines de rocou remises par Leblond, et par des essais qu'en firent alors des teinturiers de Paris, il paraît qu'une partie de ce rocou, extrait ainsi par simple lavage, produit le même effet que quatre parties de rocou ordinaire du commerce; qu'en outre, il était plus facile à employer; qu'il exigeait moins de dissolvant, qu'il n'embarrassait pas autant dans la chaudière, et qu'il fournissait une couleur plus pure.

M. Chevreul a fait l'examen de deux espèces de rocou, l'un qui lui avait été envoyé et préparé par M. Saint-Yves, aux Indes orientales, et l'autre tiré du commerce.

100 parties de rocou en pâte, du commerce, séché à 100° ont perdu 68 p. d'eau. C'est dans cet état qu'il a été comparé à celui de M. Saint-Yves également séché. Après les avoir réduits en cendre dans une capsule de platine, M. Chevreul a obtenu les résultats suivans :

		Rocou de M. St.-Yves.	*Du commerce.*
Matière organique détruite.		93	89 5
Cendres.	Silice et sable. Alumine. Oxide de fer. Chaux. Magnésie.	7	10 5
		100	100

Cette méthode d'analyse est insuffisante pour juger de la qualité du rocou, que l'on adultère non seulement avec la brique pilée, mais encore avec des matières végétales. Le rocou sert principalement en teinture sur soie, rarement sur laine; on l'emploie sur coton pour rehausser et dorer les teintes chamois produites par l'oxide de fer.

Le *bois de campêche*, désigné aussi sous le nom *de bois d'Inde*, *de bois noir*, est le tronc de *l'hæmatoxylum campechianum*, arbre épineux de la famille des légumineuses, qui croît au Mexique et aux Antilles. Son nom lui vient de la baie de Campêche, (environs de Campeachy, baie de Honduras), entrepôt d'où on l'exportait autrefois en Europe, en bûches dépouillées de leur écorce, et plus ou moins grosses. Ce bois doit être très dur, compacte, pesant, d'un brun rougeâtre à l'extérieur, et à l'intérieur d'une couleur orangée rougeâtre; on doit rejeter les bûches qui sont noirâtres à l'extérieur et brunes à l'intérieur.

Le *campêche*, d'après M. Chevreul est composé de: ligneux, hématine avec une matière particulière qui lui est intimement unie; substance azotée, huile volatile, matière résineuse; acide acétique; chlorure de calcium; acétates de potasse et de chaux; sulfate, oxalate et phosphate de chaux; alumine; oxide de fer et de manganèse.

M. Chevreul qui a fait connaître, en 1810, la matière colorante du bois de campêche, lui a donné le nom d'*hématine*; il la préparait de la manière suivante: après avoir réduit en poudre grossière du campêche aussi frais que possible, et d'une couleur orangée plutôt que rouge; on en fait une infusion avec de l'eau, à la température de 50 degrés centigrades; on filtre la liqueur, et après qu'elle a été évaporée à siccité, on met pendant un jour entier le résidu en digestion dans de l'alcool d'une pesanteur spécifique de 0,837 (36 degrés). Après avoir filtré cette liqueur alcoolique, on la concentre par évaporation, on y ajoute alors un peu d'eau; et l'évaporation étant poussée encore un peu plus loin, on abandonne la liqueur à elle-même. Il s'y dépose en grande quantité des cristaux d'hématine qui, étant lavés à l'alcool et séchés, sont en petites écailles, d'un blanc rosé, d'une odeur légèrement astringente, et d'une saveur âcre.

L'eau bouillante dissout facilement l'hématine, et se colore en un rouge orangé, qui passe au jaune par le refroidissement de la dissolution, mais qu'on fait reparaître en la chauffant. En évaporant cette dissolution, l'hématine cristallise; l'alcool la dissout et se colore en rouge brun. Les acides font passer cette solution au jaune, puis au rouge: les alcalis lui font prendre une couleur pourpre, qui devient d'un bleu violet; si l'on ajoute de ces alcalis avec un grand excès, cette couleur passe ensuite au rouge brun, et à la fin au brun jaunâtre. L'hématine est alors décomposée, et sa couleur ne peut plus être rétablie par l'addition d'acides.

Les oxides de plomb, d'étain, de fer, de cuivre, de nickel, de zinc, d'antimoine et de bismuth, s'unissent à l'hématine qu'ils colorent en bleu avec une nuance de violet. Le peroxide d'étain agit sur elle, comme le font les acides minéraux. La colle forte la précipite en flocons rougeâtres.

L'infusion de campêche présente avec les réactifs à peu près les mêmes phénomènes que la solution d'hématine. M. Thillaye a trouvé qu'une partie de bois infusé dans 10 parties d'eau, pésentait les résultats suivans, avec les réactifs: la solution d'un rouge vineux, est d'une saveur douceâtre et ensuite astringente; les acides la font virer au jaune sale; la potasse, la soude et l'ammoniaque lui communiquent une couleur bleu violeté; la chaux, la barite et la strontiane y déterminent des précipités bleus; les sels d'alumine et surtout l'hydrochlorate y forment des précipités violets bleus; si les sels sont en excès, le précipité se redissout; les proto sels de fer y déterminent un précipité gris violeté; les per sels de fer y occasionent un précipité violet bleuâtre; les proto-sels d'étain y forment un précipité violet bleuâtre; les per-sels d'étain en produisent un violet rougeâtre; les sels de cuivre précipitent en bleu; et les sels de plomb en violet grisâtre; la décoction de campêche étendue d'eau ne tarde pas à se décomposer; une grande partie de la matière colorante est détruite et une autre se précipite au fond du vase avec une certaine quantité de matière résineuse; c'est une raison pour ne jamais en préparer plus que les besoins ne l'exigent.

Le campêche est employé, en teinture, pour obtenir des

noirs, des gris, des violets et des bleus : il entre dans la préparation des couleurs composées, et l'on trouve dans le commerce un *extrait de campêche*, dont on doit se défier, car il est souvent falsifié ou altéré par l'application d'une chaleur trop élevée.

L'orcanette est la racine du *lithospermum tinctorium*, famille des boraginées, que l'on cultive en France dans les environs de Montpellier. Elle est en brins plus ou moins gros, d'une couleur brune rougeâtre. Comme la couleur de cette racine ne réside que dans l'écorce, les petites racines sont celles qui fournissent le plus de couleur. La racine d'orcanette, qui ne cède pas sensiblement de matière colorante à l'eau, la cède facilement à l'alcool, en lui communiquant une belle couleur rouge ; on n'employe même que cette solution. La matière colorante que l'on désigne sous le nom *d'orcanettine*; s'obtient facilement en traitant la racine d'orcanette par l'éther bouillant, et filtrant la solution que l'on fait ensuite évaporer jusqu'à siccité. Dans cet état, elle ressemble à une résine ; dont la couleur est tellement foncée qu'elle en paraît noire, et elle fond à 60°.

L'acide acétique dissout la matière colorante de l'orcanette et se colore en rouge ; cette solution qui se trouble par l'eau a une saveur astringente, et ne précipite pas la gélatine. La solution alcoolique se comporte de la manière suivante avec les réactifs : avec les alcalis, elle vire au violet ; elle précipite avec l'hydrochlorate d'étain, en cramoisi ; avec l'acétate de plomb en bleu ; avec les sels de fer, en gris violeté ; avec les sels d'alumine, en violet ; l'orcanette n'est employée en teinture que pour produire des gris et des lilas sur le coton.

TROISIÈME PARTIE.

TEINTURES POUR TOUTE ESPÈCE DE TISSUS.

CHAPITRE VI.

COULEURS SIMPLES.

§. XXVII. TEINTURE EN NOIR.

Laine. — La matière colorante de la teinture en noir pour la laine est, suivant M. Thénard, un composé de tritoxide, *peroxide* de fer, d'acide gallique et de tannin; ce composé est indissoluble dans l'eau. Sa couleur naturelle est d'un gris violet, elle ne semble noire qu'autant qu'elle est concentrée; par conséquent, en fixant une grande quantité de cette teinture sur les étoffes, elles paraîtront noires; en fixant de moins en moins, elles passeront depuis le gris-violet le plus brun jusqu'au plus clair.

Les étoffes en laine sont susceptibles de recevoir trois teintures: une en laine brute, une autre en fil de laine, et la troisième en drap. Teindre en laine brute, c'est teindre directement la laine après l'avoir dégraissée, avant de la mettre en œuvre; teindre en fil, c'est teindre la laine en écheveaux; teindre en drap, c'est teindre la laine ourdie en étoffe. Avant de teindre le drap en noir, on commence par donner à la laine un pied de bleu pour que le noir soit d'une nuance plus fine et plus intense.

Les proportions ordinaires, pour le noir, sont cinq parties de noix de galle, cinq de sulfate de fer et trente de bois de campêche pour cent parties d'étoffe; l'addition d'un peu d'acétate de cuivre est avantageuse, et un peu de sulfate de fer en excès ne nuit pas. M. Vitalis a remplacé avec succès le sulfate de fer par le tritacétate de fer (*pyrolignate de fer*, *pyrate de fer*, *pyrolignite de fer*, *mordant de rouille*, *bouillon noir*, *acétate de fer au maximum*), et dans les divers procédés de teinture en noir que nous allons décrire, on peut substituer le tritacétate au sulfate de fer. On donne, comme étant du succès le plus avantageux, pour teindre les laines ou les étoffes de cette substance en noir, la recette qui suit.

On prend, pour cent aunes d'étoffes passées au bain bleu; noix de galle, dix livres (4 à 5 kilogrammes); bois d'Inde, sulfate de fer, acétate de cuivre, deux livres (environ un kilogramme). On élève le tout à une température de 100 degrés, pour faire bouillir le mélange. Lorsque le bain est bien noir, on partage la liqueur en trois; on laisse le premier tiers à 40 degrés, on y trempe l'étoffe, on l'agite sur des moulinets (c'est ce qu'on appelle *brasser*); on la lève ensuite, on l'évente; on ajoute le deuxième tiers de la liqueur dans le bain, avec huit livres (3 à 4 kilogrammes) de vitriol ou sulfate de fer: on trempe l'étoffe, on l'évente encore; enfin on y met le troisième tiers de la liqueur avec deux nouvelles livres (environ 1 kilogramme) de vitriol ou sulfate de fer, en y ajoutant cinq livres (2 à 3 kilogrammes) du sumac; on fait jeter un bouillon; on agite toujours; on rafraîchit le bain avec de l'eau froide; on retire l'étoffe, on l'évente de nouveau, on la lave ensuite à la rivière, jusqu'à ce que l'eau ne sorte plus colorée; ensuite on la porte au foulon pour en faire sortir le noir non combiné, et on la fait sécher.

Ordinairement on fait usage de procédés plus simples; ainsi, par exemple, on peut se contenter de passer le drap bleu sur un bain de noix de galle, où on le fait bouillir pendant deux heures; on le passe ensuite dans un bain de bois d'Inde et de sulfate de fer, pendant deux heures sans faire bouillir; après quoi on le lave et on le dégorge au foulon.

Hellot annonce s'être assuré qu'on pouvait teindre de la manière suivante: pour 18 mètres de drap bleu pers (on avait ainsi désigné anciennement une couleur entre le vert et le bleu), on fait un bain de 0 kilogram., 75 de bois jaune, 2 kilogrammes de bois d'Inde et 5 kilogrammes de sumac. Après y avoir fait bouillir le drap pendant trois heures, on le lève, on jette 5 kilogrammes de sulfate de fer dans la chaudière, et on y passe le drap pendant deux heures; on l'évente ensuite, et on le remet dans le bain pendant une heure; enfin on le lave et on le dégorge.

On ne peut se dispenser, même pour les draps de peu de valeur: de donner un pied de bleu, qu'en donnant un *racinage*, avant la teinture en noir; on *racine* les draps en général, par une teinture préalable de racine de noyer, et l'on achève ensuite le noir par l'un des procédés que nous venons de donner ou par toute autre teinture en noir. Les teinturiers anglais, après avoir teint d'abord le drap de laine en bleu foncé, lui donnent le plus généralement le noir par une addition, pour 50 kilogrammes de drap, d'environ 2 kilogrammes de sulfate de fer, autant de noix de galle, et 15 kilogrammes de campêche. Ils commencent par engaller le drap; ensuite ils le passent dans la décoction de campêche, à laquelle ils ont ajouté le sulfate de fer.

On peut donner encore un beau noir sur laine par le procédé suivant : pour 25 kilogrammes d'étoffe, on met 5 kilogrammes de noix de galle, 2 kilogrammes 5 de sumac, et 2 kilogrammes de bois de Campêche ; on fait bouillir environ deux heures, en ayant soin d'enlever les féces autant que possible; on retire et on évente ; on ajoute au bain 2 kilogrammes de sulfate de fer, on brasse, on remet l'étoffe dans le bain et on laisse deux heures sans chauffer au gros bouillon, mais seulement que le bain frémisse; on retire et on évente; on ajoute encore un kilogramme de sulfate de fer, et on laisse l'étoffe une heure; on ajoute 1 litre ou 2 de dissolution de vert-de-gris, on brasse, on remet l'étoffe une heure; on retire et on évente; puis on remet tremper l'étoffe à froid pendant douze heures, l'on retire et on évente.

Quand le drap est complètement teint, on le lave dans une rivière, et on le passe dans un moulin à foulon, jusqu'à ce que l'eau en sorte claire et sans couleur.

M. Thillaye recommande, pour obtenir un beau noir, le procédé suivant : pour 5 kilogrammes (10 livres) d'étoffe de laine, on fait bouillir dans une suffisante quantité d'eau trois kilogrammes (6 livres $\frac{1}{4}$) de gaude pendant une heure; après avoir retiré la gaude, on y fait dissoudre 1224 grammes (2 livres $\frac{1}{2}$) de sulfate de fer et 1224 grammes (2 livres $\frac{1}{2}$) de crême de tartre. On y entre l'étoffe que l'on manœuvre sur le moulinet pendant deux heures; on retire l'étoffe que l'on évente, puis on rince. On monte ensuite un bain neuf avec une suffisante quantité d'eau au bouillon et une décoction de 2 kil. 45 (5 livres) de bois de Campêche. On y manœuvre au bouillon pendant une heure et demie; on lève et on rince.

Soie. — Nous avons dit que la soie, en général, demandait à être dégraissée, avant d'être soumise à la teinture, et quoique la soie *crue* prenne le noir plus facilement, il est toujours nécessaire de la décreuser avant de la teindre en noir. Sans cette opération préalable, le noir a une intensité moins parfaite.

Quoique la soie crue prenne plus facilement la couleur noire, cependant le noir en est moins parfait pour l'intensité, et il résiste beaucoup moins aux réactifs qui sont propres à dissoudre les parties colorantes, que le noir de la soie qui a été décreusée ou dépouillée de sa gomme.

Pour décreuser la soie destinée au noir, on la fait bouillir ordinairement avec le cinquième de son poids de savon blanc, pendant quatre à cinq heures, ou bien jusqu'à ce qu'elle ait blanchi. Elle perd ainsi le quart de son poids; car la matière mucilagineuse et jaunâtre qui recouvre la soie, et qui se dissout dans le savon, en forme les 0,25. La soie ainsi décreusée est exposée à la vapeur du soufre qui achève de la blanchir, ou bien on la met tremper dans une eau peu chargée d'acide sulfureux; on la relave ensuite, puis enfin on la fait passer dans une eau de savon légère.

On prend les trois quarts de son poids de noix de galle, et après en avoir fait une forte décoction, on passe la soie dedans, on l'y fait bouillir un peu, et on l'y laisse pendant trente-six heures; on lave ensuite et l'on tord. Cette soie s'est tellement saturée de tannin, que cent livres de soie, ainsi engallée pèsent cent vingt-cinq livres. On jette ensuite dans le bain du sulfate de fer et de la gomme, suivant la quantité de matière à teindre; on chauffe, on trempe la soie engallée, on la retire lorsqu'elle est bien noire; on la place dans des baquets pleins d'eau froide, où on la tourne au cylindre; on la fait ensuite passer dans une eau de savon sans bouillir.

Voici le procédé de teinture en noir de la soie, à l'aide du tritacétate de fer, décrit par M. Vitalis: quoique l'on puisse teindre sur cru, on commence par donner à la soie, la cuite ordinaire avec vingt livres de savon, et après que la soie a été bien lavée et bien dégorgée, on la met à sécher. La dessiccation étant achevée, on passe les matières dans une décoction de galle *en sorte*, dans la proportion de 2 onces (61 grammes) pour 1 livre (48 à 49 décagrammes) de soie. Le bain de galle doit être médiocrement chaud. On y lisse d'abord les mateaux et on les y foule légèrement, afin de faire pénétrer la galle et de bien unir la couleur; on abat ensuite dans le bain, qui doit être tenu tiède pendant quinze ou dix-huit heures, on lève ensuite et on sèche. La soie étant bien sèche de galle, on la met dans un bain tiède de tritacétate de fer, qui marque 5 degrés de l'aréomètre de Beaumé. On lisse pendant quelque tems la soie dans ce bain pour bien unir la couleur; on l'abat ensuite; on l'y tient plongée, et un peu chaudement, pendant cinq à six heures, ayant soin de la relever et de l'éventer de tems en tems.

Au sortir du bain de tritacétate de fer, on exprime, on

tord à la cheville ou on sèche à l'air ou sous un hangar, suivant le tems.

La soie étant sèche, on donne une ou deux battures et on procède à un nouvel engallage, qui se fait avec le restant de l'engallage précédent, augmenté d'une once et demie (45 grammes) de galle, par livre (48 à 49 décagrammes) de soie ; on laisse tremper, comme il a déjà été dit, puis on relève, on tord et on sèche.

Ce second engallage est suivi d'un bain neuf et tiède de tritacétate de fer, à quatre degrés de Beaumé, avec les précautions recommandées plus haut, on relève encore, on exprime, on met à sécher.

Après avoir donné une ou deux battures on passe à un troi-troisième engallage, préparé avec une once et demie (15 grammes) de galle neuve, par livre (48 à 49 décagrames) de matières, en opérant comme dans les engallages précédens.

On donne ensuite un bain de tritacétate de fer à 3 degrés ; on sèche et on lave.

Si l'on veut avoir un noir pesant, on fera un quatrième engallage neuf, avec une once (30 grammes) de galle, par livre (48 à 49 décagrammes) de soie, suivie d'un quatrième bain de trit-acétate à 3 degrés de Baumé.

On plonge la soie pour lui donner du brillant, après qu'elle a reçu la teinture et en la lisant, pendant quelque tems, dans un léger bain de savon tiède ; après quoi on lave et on fait sécher pour la dernière fois. On peut encore, pour donner le brillant, ajouter à la gomme un bain ferrugineux.

Mais quant à l'engallage de la soie, comme le prix de la galle d'Alep est souvent élevé, on y mêle plus ou moins de noix de galle blanche, dont la portion est ordinairement, à Paris, de huit à dix parties de cette galle, sur deux parties de noix de galle d'Alep.

Les teinturiers en soie conservent une cuve pour le noir, et sa composition très compliquée varie dans les différens ateliers. Ces cuves sont ordinairement établies depuis de longues années, et lorsque la teinture noire s'y épuise, on la renouvelle par ce qu'on appelle un *brevet*. Lorsque le dépôt qui s'y accumule est trop considérable, on le retire ; de sorte qu'au bout de quelque tems, il ne reste plus rien de plusieurs ingrédiens qui entraient dans le bain primitif, mais qui ne sont pas employés dans le brevet,

Ordinairement on ajoute, au bain de teinture, de la limaille de fer, à laquelle quelques teinturiers substituent *la moulée*, ou boue des meules qui servent à aiguiser, et qui n'agit probablement que par les parties de fer qu'elle contient et qui s'y trouvent très divisées.

Pendant qu'on finit par disposer les soies à la teinture, on échauffe le bain, en ayant soin de remuer de tems en tems, pour que le marc qui est au fond n'acquière pas trop de chaleur. Ce bain ne doit jamais être amené jusqu'à l'ébullition; l'on y ajoute plus ou moins de gomme et de dissolution de fer, suivant les différens procédés, et quand on juge que la gomme est dissoute, et que le bain est parvenu à un degré voisin de l'ébullition, on le laisse reposer environ une heure; ensuite on y plonge les soies qu'on divise ordinairement en trois parties, pour les mettre successivement dans le bain. Chaque partie est légèrement torse trois fois, et mise à éventer chaque fois. Le but de cette opération est d'exprimer la liqueur dont la soie est imprégnée, et qui s'est épuisée, pour y en faire pénétrer de nouvelle, mais surtout d'exposer la soie à l'influence de l'air, qui fonce la couleur. Après que chaque partie de la soie a éprouvé trois torses, on est obligé de réchauffer le bain, en y remettant de la gomme et du sulfate de fer, comme la première fois; et l'opération qui se fait dans l'intervalle d'un réchauffement à l'autre, constitue ce qu'on appelle un *feu*. On ne donne que deux feux pour le noir léger, mais on en donne trois pour le noir pesant; et même des teinturiers laissent séjourner la soie dans le bain après le dernier feu, pendant environ douze heures. On teint ordinairement trente kilogrammes de soie dans une opération, ce que l'on appelle une *chaudée*. Si on ne teint que la moitié de cette quantité, l'on n'a besoin que d'un feu pour le noir léger. L'opération de la teinture étant achevée, on met de l'eau froide dans une barque, et on y disbrode la soie en la lisant.

La soie en sortant de la teinture en noir, a beaucoup d'âpreté; l'opération par laquelle on l'en dépouille est ce qu'on appelle l'*adoucissage*. On verse dans un grand vaisseau rempli d'eau, la dissolution de 2 à 3 kilogrammes de savon. On fait passer la dissolution de savon à travers une toile; on mêle bien cette dissolution, on y met les soies, on les y laisse pendant environ un quart-d'heure, après quoi on les tord et on les fait sécher.

Quand on teint la soie crue en noir, celle de couleur jaune est préférée; la liqueur de noix de galle et le bain doivent l'un et l'autre être froids, pour empêcher la dissolution de se couvrir de gomme. Si la liqueur de noix de galle est faible, il est nécessaire de laisser la soie dedans pendant quelques jours.

Lin et coton. — La teinture en noir pour le lin et pour le coton se prépare au moyen d'une dissolution de fer, que l'on tient, à cet effet, dans ce qu'on nomme *la tonne au noir*. On appelle ainsi une cuve qui fournit constamment et pendant long-tems, la base du bain pour teindre en noir. Pour obtenir une liqueur acide qui revienne à plus bas prix, on jette de la ferraille dans du vinaigre, de la petite bière ou de la piquette, que l'on fait aigrir avec de la farine de seigle ou d'autres ingrédiens, et l'on abandonne cette dissolution pour s'en servir au besoin, en ayant soin de ne pas l'employer avant six semaines ou deux mois depuis sa préparation.

M. Vitalis est parvenu à donner au lin et au coton une couleur noire aussi belle que solide, en n'employant que la noix de galle et le tritacétate ou pyrolignate de fer, et ce procédé, généralement suivi maintenant, nous semble bien supérieur à celui que nous décrirons ensuite d'après M. Le Pileur d'Appligny.

On commence par engaller le coton avec un huitième de bonne noix de galle noire, ou tout du moins de galle en sorte. L'engallage fait avec la noix de galle, le sumac et le bois d'Inde, réussit encore mieux, et diminue même la dépense, parce qu'alors il faut moins de noix de galle. On passe avec soin le coton dans la décoction, à un degré de chaleur tel qu'on y puisse à peine tenir la main, et on laisse le coton tremper quelques heures dans cette décoction. On relève ensuite le coton, on le tord légèrement et on le fait sécher en plein air si le ciel est serein, et sous des hangards si le tems est humide ou pluvieux.

Le coton étant bien sec, on le plonge dans un bain d'eau tiède, où l'on a versé environ un dixième en poids de pyrolignate de fer du commerce, que l'on mêle bien au liquide; on y travaille le coton environ pendant une demi-heure, pendant laquelle on le relève et on le rabat à diverses reprises, en éventant chaque fois, pendant quelques minutes; après quoi on relève et on évente pendant dix à douze minutes.

On engalle de nouveau, puis on donne, sans sécher, un second bain de pyrolignate de fer, comme la première fois, si ce n'est que l'engallage et le bain de teinture sont un peu plus faibles. On répète encore une fois ces deux opérations à la suite l'une de l'autre, et sans sécher. On relève alors le coton; on évente pendant un quart-d'heure, puis on lave et on met à sécher.

Après que le coton a été teint en noir, on le rend plus doux, et on donne plus de brillant à la couleur, en passant le coton à froid, dans un bain blanc semblable à celui qui est employé pour le rouge des Indes, et que l'on prépare en versant 36 ou 40 parties en poids d'eau de soude à un degré de Baumé, sur une partie d'huile grasse ou *tournante*, ce qui revient à peine à 1 once (30 grammes) d'huile par livre (par 48 ou 49 décagrammes) de coton. On tord ensuite le coton et on le fait sécher; on lave enfin avec soin à la riviere, et le coton est alors d'un noir aussi solide et aussi parfait qu'on peut le désirer.

Dans son *Art de la teinture des fils et étoffes de coton*, M. Le Pileur d'Appligny décrit ainsi le procédé, qu'on suit, dit-il, à Rouen pour les fils de lin et de coton. Après les avoir d'abord teints en bleu de ciel sur la cuve, on les tord et on les met au sec. On les engalle ensuite à raison d'une partie de noix de galle sur quatre parties du fil, et on les laisse pendant 24 heures dans cet engallage, puis on les tord de nouveau et on les fait sécher.

On verse ensuite, dans un baquet 4 à 5 litres du bain de la tonne au noir pour une livre (48 à 49 décagrammes) de fil. On y passe et on y travaille à la main le fil, livre à livre, un quart d'heure environ; on le tord et on le fait éventer. On répète deux autres fois cette opération, en ajoutant chaque fois une nouvelle dose du bain de noir qui doit avoir été écumé avec soin. On fait encore éventer le fil, on le tord et on le lave à la rivière, pour le bien dégorger, et on le fait sécher. Lorsqu'on veut teindre le fil, on fait bouillir pendant une heure, dans une chaudière, de l'écorce d'aune, à raison d'un kilogramme d'écorce dans une suffisante quantité d'eau, pour un kilogramme de fil : on y ajoute environ moitié du bain qui a servi à l'engallage, et une partie en poids de sumac pour deux parties de l'écorce d'aune; on fait bouillir de nouveau le tout ensemble pendant l'espace de deux heures, après quoi l'on passe ce bain au tamis. Lorsqu'il est froid, on y met le fil sur des bâtons, on l'y travaille livre à livre, on l'évente de tems en tems, puis on le rabat dans le bain, où on le laisse pendant vingt-quatre heures; on le tord et on le fait sécher.

Pour adoucir ce fil, lorsqu'il est sec, on est dans l'usage, dit M. Le Pileur d'Appligny, de le tremper et de le travailler dans un restant de bain de gaude, qui a servi à d'autres couleurs, auquel on ajoute un peu de bois d'Inde; on le relève et on le tord, et à l'instant on le fait passer dans un baquet d'eau tiède dans laquelle on a versé une once (environ 30 grammes) d'huile d'olive par livre (par 48 à 49 décagrammes de matière); enfin on le tord et on le fait sécher.

M. Le Pileur d'Appligny décrit encore un procédé qui lui a parfaitement réussi, et au moyen duquel il assure qu'on obtiendra, pour les fils de lin et de coton, un noir très beau et très solide. Après avoir décreusé le fil comme à l'ordinaire, puis l'avoir engallé et aluné, on le passe sur un bain de gaude; au sortir de ce bain, il faudra le teindre dans une décoction de bois d'Inde, à laquelle on ajoutera quatre onces (environ 12 décagrammes) de sulfate de cuivre par livre (par 48 à 49 décagrammes) de matière; après l'avoir retiré de ce bain, on le lavera à la rivière, on le tordra et on le lavera à plusieurs reprises, sans néanmoins tordre trop fort; enfin on le teindra dans un bain de garance à raison d'une demi-livre (24 à 25 décagrammes) de cette teinture, par livre (par 48 à 49 décagrammes) de matière. M. Le Pileur d'Appligny fait observer que le noir obtenu par ce procédé ne sera point sujet à décharger, si l'on a soin après la teinture, de passer les fils sur un bain de savon bouillant.

On employait, suivant Bancroft, l'acide du goudron (acide pyrolygnite) à Manchester, pour les teintures en noir du coton. M. Chaptal faisait usage, dans ses teintures, de l'acide pyroligneux ou pyrolignique (acide acétique sali par de l'huile empyreumatique et du goudron); mais M. Bosc assure avoir obtenu, par l'emploi de cet acide, un beau noir, en opérant ainsi qu'il suit (1): après avoir rempli une chaudière de fonte d'acide pyrolignique, et y avoir ajouté de la vieille ferraille bien oxidée, on fait bouillir: la dissolution de l'oxide aura rapidement lieu; lorsque le fer sera bien décapé, et que cette dissolution sera noire comme de l'encre, on jettera le tout dans une tonne pour s'en servir au besoin. On prépare le coton comme à l'ordinaire; et après avoir engallé, on passe les mateaux de coton sur un bain de dissolution de pyrolignate de fer étendu d'eau tiède. On renouvelle les engallages et les passages dans le bain de pyroliguate de fer, jusqu'à ce qu'on ait obtenu un noir foncé et brillant; enfin on termine par passer le coton à l'huile d'olive. Cette opération simple consiste à jeter sur de l'eau tiède un peu

(1) Le procédé de M. Bosc a été perfectionné par M. Vitalis; c'est celui que nous avons décrit au commencement de cet article.

d'huile d'olive; en passant le coton sur ce bain, il absorbe l'huile; on le manie long-tems dans le bain pour étendre l'huile également. Ce procédé adoucit, assouplit le coton et lui donne beaucoup de brillant. Après avoir alors fait sécher les cotons à l'ombre, ils sont d'un noir parfait et très solide. Il faut, à chaque fois qu'on s'est servi du bain de prolygnate de fer, le jeter comme inutile, et jamais n'ajouter dans la tonne les vieux bains.

Les étoffes teintes par le moyen de l'acide pyroligneux, conservent avec beaucoup de ténacité, fait observer M. Bosc, l'odeur de cet acide, et il faut, pour les en débarrasser, les laisser pendant quelque tems exposés à l'air avant de les ployer et de les renfermer.

M. Thillaye dit qu'on peut obtenir un très beau noir velouté sur coton ou le lin, en imprégnant les étoffes d'un mordant préparé avec un mélange de 1 partie d'acétate d'alumine à 5 degrés et de 1 partie de pyrolignite de fer à 5 degrés également : on fait sécher les pièces pendant 3 jours à la chambre chaude; on les dégomme dans une eau à 60 degrés de chaleur, on les nettoie ensuite avec de la craie; enfin on les teint avec trois livres (1 kil. 47) de bois de Campêche par pièces de 30 aunes. Il faut entrer à froid, monter la chaleur graduellement pour arriver au bouillon en deux heures; abattre, puis nettoyer. Si l'on employait le mordant de fer seul, on obtiendrait un noir tirant sur le rouge.

Tissus divers. — La teinture en noir de ces tissus est d'autant plus difficile que les matières premières qui les composent sont plus nombreuses. On fabrique maintenant un grand nombre de tissus de soie et fil ou coton, ou même de soie, laine, fil et coton, et les procédés que nous avons indiqués successivement pour la teinture des étoffes d'une seule matière, doivent en conséquence être modifiés convenablement pour ces tissus composés de matières différentes.

Soie, coton et fil. — Préparez un bain de galle en prenant, pour 50 aunes d'étoffes, 5 kilogrammes de galle que vous faites bouillir pendant deux heures, ou jusqu'à ce qu'elle s'écrase entre les doigts, dans une chaudière contenant 70 à 80 litres d'eau; tirez ce bain à clair, et mettez-y tremper les 50 aunes de tissus pendant tout une nuit (1).

(1) Si le tissu à teindre l'avait été déjà en noir, il faudrait s'abstenir de le faire tremper dans le bain de galle, car il le corromprait.

Retirez le lendemain le tissu de l'engallage, tordez et mettez dans un bain de forte bruniture, en maniant bien, et 15 à 20 minutes après, tordez et éventez. Passez ensuite le tissu dans un bain d'eau de chaux, tordez et remettez dans le bain de galle tiède; remuez et retirez après une demi-heure d'immersion; remettez demi-heure dans la bruniture, et ainsi de suite jusqu'à sept fois en passant alternativement de la bruniture à l'eau de chaux, puis à l'engallage et de nouveau à la bruniture, qui termine la septième fois.

La bruniture corrompant l'engallage, il faut diviser le bain de galle, après y avoir laissé tremper le tissu pendant la nuit, en deux portions, qui servent chacune à l'une des sept fois prescrites.

Dans un bain de campêche préparé avec deux kilogrammes de campêche et quantité suffisante d'eau pour les 50 aunes de tissu, tiré au clair, et devenu tiède, ajoutez un demi-litre de dissolution de vert-de-gris, et trempez le tissu en le remuant demi-heure; retirez, éventez et lavez.

Laine, soie, coton et fil. — Pour ce tissu, ajoutez au bain de campêche du sulfate de fer; mettez une heure sur le feu, éventez et remettez ainsi trois fois de suite, puis ajoutez le vert de gris et laissez tremper dans ce bain pendant tout une nuit; retirez, éventez et lavez.

Chalys, cachemirienne. Pour le premier bain d'une pièce de 32 aunes sur $\frac{3}{4}$, on emploie 36 seaux d'eau au bouillon; on y fait dissoudre 2 livres (0, kilog. 98) de sulfate de fer, 2 livres (0, kilog. 98) de crême de tartre, $\frac{3}{4}$ de livre (0, kilog. 37) d'alun et 3 onces (92 grammes) de sulfate de cuivre. On y entre la pièce que l'on y manœuvre pendant deux heures; on lève et l'on rince.

On monte un bain neuf avec 46 seaux d'eau à 75 degrés; on y ajoute une décoction de 3 livres (1, kilog. 47) de bois de Campêche; on y manœuvre la pièce environ une heure, ou mieux jusqu'à ce que le noir soit bien monté: on lève et l'on rince.

§. XXVIII. TEINTURE EN NOIR-BLEU.

Laine. — Pour 10 aunes d'étoffe, faites bouillir pendant une heure 4 kilogrammes de tan avec la quantité d'eau convenable, tirez à clair et mettez dans le bain l'étoffe que vous y laisserez bouillir pendant une heure, tordez et éventez.

Composez, avec un kilogramme de campêche, un bain que vous tirez à clair, ajoutez 12 à 13 décagrammes de vitriol bleu (deuto-sulfate de cuivre), et 48 à 49 décagrammes de couperose verte (proto-sulfate de fer); faites bouillir dans ce bain l'étoffe pendant une heure, tordez et éventez, remettez dans le bain et éventez une seconde fois; remettez encore dans le bain et éventez une troisième fois; remettez pour la quatrième fois dans le bain, et après avoir éventé, passez à une légère eau de potasse, puis lavez de suite à grande eau.

Soie. — Pour 4 à 5 kilogrammes de soie, mettez 7 à 8 kilogrammes de tan dans une chaudière contenant 70 à 80 litres d'eau; laissez bouillir pendant une heure, puis tirez au clair, et passez-y la soie en la menant bien.

Composez un bain de campêche et de vitriol bleu (deuto-sulfate de cuivre), dans lequel vous passez la soie, en l'éventant et la remettant au bain de tan jusqu'à ce qu'elle soit assez montée en couleur (puis passez-la dans un bain de campêche et de couperose verte (proto-sulfate de fer); et enfin dans un bain tiède de potasse, après quoi il faut laver de suite.

Coton et fil. — Composez, pour 20 aunes, un bain de 5 kilogrammes de tan, bouilli pendant une heure, passé au clair et auquel vous ajoutez 1 kilogramme de sumac: faites y tremper l'étoffe pendant une heure, tirez et éventez: passez au bain vigoureux de campêche et de deuto-sulfate de cuivre, et remettez au bain de tan et ainsi de suite, quatre fois; puis passez au bain de campêche et de proto-sulfate de fer; enfin passez au bain de potasse et lavez: il faut que la chaleur de ces bains soit très modérée, que l'étoffe soit bien menée, bien éventée, et séchée rapidement à l'ombre.

§. XXIX. TEINTURE EN GRIS.

Les nuances du noir sont les gris, depuis le plus brun jusqu'au gris le plus clair.

Laine. — Pour faire les gris, on prépare une décoction de noix de galle concassée, et l'on fait dissoudre à part du sulfate de fer. On fait un bain, selon la quantité d'étoffe qu'on veut teindre, de la nuance la plus claire; et lorsqu'il est assez chaud pour y pouvoir tenir la main, on y verse de la décoction de noix de galle et de la dissolution de sulfate de fer. On y passe alors la laine ou l'étoffe; lorsqu'elle est au point qu'on désire, on la retire, et on ajoute au même bain de la décoction et de la dissolution; on y passe une étoffe pour lui donner une nuance plus foncée qu'à la précédente. On continue ainsi jusqu'aux nuances les plus brunes en ajoutant toujours des deux liqueurs; mais il vaut mieux, pour le gris de maure et les autres nuances foncées, donner auparavant à l'étoffe un pied de bleu plus ou moins fort.

Il n'est guère possible de fixer la dose des ingrédiens, la quantité d'eau et le tems nécessaires pour les opérations : si le bain est fort chargé de couleur, la laine y restera moins; au contraire, il faudra plus de tems si le bain commence à être épuisé. Lorsque l'on trouve que l'étoffe n'est pas assez brune, on la remet une seconde, une troisième fois, etc. ; si la couleur était trop foncée, il faudrait passer l'étoffe sur un bain nouveau tiède, dans lequel on aurait mis un peu de décoction de noix de galle, ou encore sur un bain de savon ou d'alun; mais il vaut beaucoup mieux tâcher de saisir d'abord la nuance qu'on désire en retirant de tems en tems l'étoffe du bain. Il faut éviter que le bain ne bouille, et il faut avoir soin qu'il soit plutôt tiède que trop chaud ; de quelque manière qu'on ait teint les gris, on doit les laver de suite à grande eau, et même dégorger les bruns avec le savon.

On peut encore obtenir les gris : bon-teint avec la cochenille ammoniacale et le bleu soluble ; faux-teint avec l'orseille et le bleu soluble. On donne pour le gris par la cochenille, un bouillon de 4 onces (122 grammes) d'alun et 4 onces (122 grammes) de tartre par livre (0, kilog. 49) de laine pendant 1 heure; on lève et l'on rince. Dans un bain neuf, on ajoute de la cochenille ammoniacale et du bleu soluble en quantités convenables à la nuance que l'on veut. En y manœuvrant les pièces, presqu'au bouillon, de 1 à 2 heures.

Soie. — Tous les gris, excepté le gris de maure, s'appliquent sur la soie sans lui avoir fait subir l'alunage. On compose le bain avec le fustet, le bois d'Inde, l'orseille et le sulfate de fer. On varie ces ingrédiens selon la nuance que l'on veut donner; ainsi, l'on emploie plus d'orseille pour ceux qui doivent tirer sur le rougeâtre, plus de fustet pour ceux qui doivent incliner au roux et au verdâtre, et enfin plus de bois d'Inde pour ceux qui doivent avoir un gris plus foncé ; et pour le gris de fer, on ne se sert que de bois d'Inde et de dissolution de fer; au surplus, pour toutes ces nuances, qui peuvent varier à l'infini, c'est plutôt par le jugemement de l'œil que par des règles particulières que le teinturier doit se guider.

Les gris de maure exigent l'alunage, après quoi on passe les soies à la rivière, ensuite on leur donne un bain de gaude, on jette une partie de ce bain pour y substituer du jus de bois d'Inde. Lorsque la soie en est imprégnée on y ajoute la dissolution de fer en quantité suffisante, et quand on est à la nuance qu'on désire, on lave la soie et on la tord. Lorsque le gris se trouve plus foncé qu'on ne veut l'obtenir, on passe la soie dans une dissolution de tartre, ensuite dans l'eau chaude, et si la couleur est trop affaiblie, on lui redonne un nouveau bain de teinture.

On obtient un gris pâle : en alunant la soie à froid, dans un bain composé de 245 grammes (8 onces) d'alun pour 10 litres d'eau ; en levant après quatre heures ; en rinçant et passant dans un bain tiède d'orseille et de bleu soluble, convenablement composé pour la nuance.

Lin et Coton. — Pour le lin et le coton, on donne un pied de bleu, au gris de maure, de fer et d'ardoise, et non aux autres. Toutes ces nuances exigent un engallage proportionné au gris qu'on veut se procurer ; on emploie même souvent des bains de noix de galle qui ont déjà servi.

Lorsque les fils ont été engallés, tordus et séchés, on les passe sur des bâtons dans un baquet plein d'eau froide, auquel on ajoute une quantité convenable du bain de la tonne au noir, et d'une décoction de bois d'Inde. On y travaille les fils en parties séparées, on les tord, on les lave et on les fait sécher. Suivant M. Le Pileur d'Appligny, on peut obtenir des gris dont la teinture est plus fixe, par deux procédés qu'il indique, ainsi qu'il suit : 1. On engalle le fil, on le passe sur un bain très faible de la tonne au noir, et on le garance ensuite ; 2. on passe les fils sur une dissolution très chaude de tartre, on tord légèrement et l'on fait sécher. On teint alors ce fil dans une décoction de bois d'Inde ; la teinture paraît noire ; mais en passant le fil et le maniant avec attention sur une dissolution chaude de savon, le superflu de la teinture se décharge, et il reste, dit M. Le Pileur d'Appligny, un gris ardoisé agréable et solide.

Les gris sur tissus de coton ou de lin, varient suivant les procédés, soit avec la noix de galle, soit avec le sumac, soit avec le bois de campêche, le ton des nuances dépendant à la fois de la force du mordant de fer et de la quantité de matière colorante employée.

Gris au baquet par la noix de galle. Pour une pièce de 30 aunes montez un baquet avec 100 litres d'eau à 50 degrés dans laquelle vous versez une décoction de 100 grammes environ (3 à 4 onces) de noix de galle; entrez y la pièce et manœuvrez sur le moulinet pendant environ 15 minutes; levez et rincez: passez ensuite dans un deuxième baquet qui contient 100 litres d'eau froide et $\frac{1}{2}$ litre de pyrolignite de fer à 10°; manœuvrez environ 10 minutes; retirez et rincez.

Gris au baquet par le sumac. Dans un baquet ou une chaudière qui contient 128 litres d'eau à 40 degrés, mettez une décoction de 0, kilog. 49 (1 livre) de sumac; entrez-y la pièce, manœuvrez 15 minutes, retirez, et après l'avoir rincée, passez dans un baquet qui contient 100 litres d'eau froide et 0, kilog. 49 (1 livre) de sulfate de fer; manœuvrez jusqu'à la nuance désirée; levez et rincez.

Gris au bois de campêche. Foulardez la pièce dans du pyrolignite de fer à un demi-degré, puis séchez à la chambre chaude. Dégommez ensuite en eau chaude avec craie et teignez avec 0, kilog. 49 (1 livre) de bois de Campêche; la température et la quantité de bois déterminent la nuance.

Gris à l'orcanette, (*faux teint*). Foulardez la pièce dans du pyrolignite de fer à 1°; après avoir séché à la chambre chaude pendant 2 jours; dégommez en eau froide. Foulardez ensuite dans une teinture d'orcanette, obtenue en faisant macérer pendant 48 heures 61 grammes (2 onces) d'orcanette par litre d'alcool : après avoir foulardé dans ce bain alcoolique, passez la pièce dans un baquet qui contient de l'eau à 40°; rincez ensuite.

Tissus, schals, imprimés ou brochés à palmes ou à fleurs. — Lorsque ces tissus ont été flétris et jaunis par l'usage ou par des blanchissages répétés, on peut leur donner de très beaux gris par le procédé suivant qui exige beaucoup d'adresse pour éviter le coulage des couleurs des bordures: mouillez le schal avec soin, plongez-le cinq minutes dans un bain tiède de 48 à 49 décagrammes de sumac passé au tamis; rincez à l'eau claire et tiède; plongez-le cinq minutes dans un bain tiède de 12 à 13 décagrammes de couperose blanche (sulfate de zinc), rincez à l'eau claire et tiède, et continuez à plonger et à rincer alternativement dans l'un et l'autre bain, jusqu'à ce que vous ayez la nuance voulue; passez à l'eau faible d'alun teintée avec un litre de bois de campêche; lavez, tordez entre deux linges, et séchez vivement.

§. XXX. TEINTURE EN BLEU.

Bleu de cuve, par l'indigo et le pastel. — On trouve décrits avec beaucoup de soin, dans l'ouvrage de Hellot, sur l'art de la teinture des laines, la plupart des différens procédés dont on peut faire usage pour teindre en bleu par le moyen de l'indigo.

La préparation pour teindre en bleu ne se fait pas dans des chaudières comme pour les autres couleurs, mais dans de grands vaisseaux de bois auxquels on donne le nom de cuves, et que l'on établit dans un emplacement qu'on appelle *guèdres* ou *guesde*, rendu propre à conserver la chaleur. On distingue par le nom de *guèdrons* ou *guesdons* les ouvriers destinés à soigner ces cuves, et qui doivent être assez instruits pour prévenir les accidens auxquels elles sont sujettes.

On prépare aujourd'hui et avec raison, dans un grand nombre d'ateliers, une cuve en cuivre, enfoncée en terre, dans le guesde, à hauteur d'appui et qui n'est enterrée que de 6 à 7 décimètres, à partir de son fond. A cette hauteur, on pratique un fourneau sans grille, où l'on fait passer un tuyau de vapeur destiné à chauffer le pourtour de la chaudière, afin de tenir constamment le bain à une chaleur de 30 à 50 degrés centigrades.

On distingue, suivant M. Thenard, sous le nom de bain de teinture, trois espèces de cuves : 1. la cuve à la chaux et au vitriol (sulfate de fer) ; 2. la cuve d'Inde ; 3. la cuve de pastel.

La cuve au vitriol peut se composer de 300 litres d'eau, 2 kilogrammes d'indigo, 2 kilogrammes et demi de sulfate de fer du commerce, 2 kilogrammes de chaux et un demi-kilogramme de soude du commerce. On commence par réduire l'indigo en poudre très fine, et à éteindre la chaux ; ensuite on lessive la poudre d'une part, et de l'autre, on fait dissoudre le sulfate de fer. Cela étant fait, on verse l'eau, l'indigo, la chaux, la soude et le sulfate de fer dans une chaudière profonde ; on remue bien le tout, on élève le bain à une température de 40 à 50 degrés, et on l'y maintient pendant vingt-quatre heures en le remuant de tems en tems pendant les deux premières heures ; alors on y passe l'étoffe. Lorsque, après s'en être servi, le bain commence à s'affaiblir, on y ajoute 2 kilogrammes de sulfate de fer et un kilogramme de chaux vive, afin de dissoudre la portion d'indigo qui, par son contact avec l'air, s'est oxigénée et précipitée ; ce n'est que quelque tems après cette addition qu'il est nécessaire d'y jeter une nouvelle quantité d'indigo.

La cuve d'Inde résulte, toujours d'après M. Thenard, d'un mélange de 100 seaux d'eau, 6 kilogrammes de potasse ou de soude, 2 kilogrammes de son, et 2 kilogrammes de garance. L'alcali, la garance et le son étant délayés dans l'eau, on fait bouillir celle-ci pendant quelque tems, l'on porte ensuite la liqueur et le marc dans une chaudière conique placée dans un fourneau d'une forme appropriée, après quoi l'on ajoute l'indigo bien broyé; on agite le tout. L'on couvre la cuve, et l'on fait un peu de feu autour pour entretenir le bain entre 40 et 50 degrés centigrades. Bientôt on agite de nouveau le bain, et l'on répète cette opération toutes les douze heures, jusqu'à ce qu'il soit propre à la teinture, ce qui a ordinairement lieu au bout de quarante-huit heures. Le bain doit alors être d'un beau jaune, couvert de plaques cuivrées et d'écume bleue. A mesure qu'on teint, le bain s'affaiblit, et même beaucoup plus vite qu'on ne pourrait se l'imaginer, si l'on en jugeait par la quantité d'indigo qui se combine avec l'étoffe. Cet effet est dû à l'oxigénation et à la précipitation d'une grande partie de matière colorante. On la redissout en faisant bouillir une portion de la liqueur de la cuve, et en y ajoutant le quart de la quantité d'alcali, le quart de la quantité de son, et le quart de la quantité de garance employés primitivement, et en versant le mélange dans la cuve même. Au surplus, lorsqu'on reconnaît que l'indigo est épuisé, on en ajoute une nouvelle quantité. Il est évident que dans la cuve d'Inde, les corps qui désoxigènent l'indigo sont le son et la garance. La garance agit encore d'une autre manière : c'est que se combinant avec l'étoffe, elle la rend susceptible d'être portée au même ton par une moindre quantité d'indigo.

M. Thenard, à qui nous empruntons tous ces détails sur les trois espèces de cuves pour la teinture de l'indigo, trouve que la troisième de ces cuves, ou celle de pastel, a beaucoup d'analogie avec la cuve d'Inde, qu'elle n'en diffère qu'en ce qu'il entre une certaine quantité de pastel et de chaux dans sa composition, et point de potasse ou de soude. Les quantités de matières qu'on peut employer sont celles qui suivent, savoir : eau, 4000 à 4500 litres; pastel, 200 kilogrammes; gaude, 4 kilogrammes; son, 2 kilogrammes; chaux, 1 kilogramme; indigo, 10 kilogrammes.

1. Il faut faire bouillir l'eau dans une chaudière pendant trois heures, avec la gaude, la garance et le son, retirer la

gaude et transvaser la liqueur dans une cuve de bois, dans laquelle on a jeté le pastel bien divisé. Cette cuve a à peu près 26 décimètres de profondeur et 16 décimètres de diamètre. Cette cuve, placée dans un lieu bien clos, est enfoncée en terre jusqu'à hauteur d'appui. Pendant tout le tems qu'on transvase, et pendant au moins un quart d'heure après, l'on doit agiter toutes les matières contenues dans le bain, afin de les bien mêler.

2. Il faut couvrir exactement la cuve, la laisser six heures en repos, agiter le bain pendant une demi-heure, répéter cette opération de deux en trois heures, jusqu'à ce qu'on aperçoive des veines bleues à sa surface, ajouter la chaux et immédiatement après l'indigo broyé; agiter de nouveau deux fois le bain dans l'espace de six heures, et le laisser déposer; il prend une couleur de jaune d'or; c'est alors qu'on y passe des étoffes, après y avoir plongé toutefois un treillis fait avec de grosses cordes pour éviter que l'étoffe touche le dépôt. Ce treillis se nomme une *champagne*.

3. A partir de l'époque où le bain est en état de servir, il est nécessaire d'y verser tous les jours un demi-kilogramme de chaux éteinte, et de le réchauffer tous les deux à trois jours, afin de l'entretenir à une température de 35 à 50 degrés. Cette seconde opération se fait en transvasant une grande partie de la liqueur dans une chaudière sous laquelle on fait du feu, en reportant ensuite cette liqueur dans la cuve, et couvrant celle-ci avec soin, jusqu'à ce qu'on s'en serve.

Cette cuve au pastel doit se monter différemment, suivant M. Pavie, et voici la méthode qu'il propose : tandis que l'eau passe dans la cuve, on y jette environ 75 kilogrammes de coques de pastel, qui ont été préalablement ramollies dans l'eau et bien développées, et on ajoute 6 kilogrammes d'indigo broyé au moulin, avec la plus petite quantité d'eau possible, et amené à la consistance d'une bouillie épaisse, et ayant soin de pallier la cuve pour bien mêler les matières.

Dès que la cuve est remplie, on sème légèrement à sa surface 3 kilogrammes de bonne garance de Provence, 2 kilogrammes de chaux éteinte à l'air, et 4 litres de son; on ferme ensuite la cuve de son couvercle, sur lequel on étend de grosses couvertures de laine, et on la laisse reposer pendant six heures.

On pallie de nouveau la cuve de trois heures en trois heures, une demi-heure à chaque fois, jusqu'à ce qu'on aperçoive des veines bleues à sa surface.

On pallie encore deux fois, dans l'espace de six heures, et sur la fin du dernier de ces deux palliemens, on répand légèrement à la surface 24 à 25 décagrammes de chaux. Le palliement étant achevé, on couvre la cuve comme il a été dit plus haut.

Trois heures après, on pallie de nouveau, sans ajouter de chaux, à moins que la fermentation, qui s'annonce par un bruit sourd et léger, n'allât trop vite; ce qui se reconnaît par le pied qui monte à la surface. Lorsque cela arrive, on donne sur la fin du palliement 70 à 75 décagrammes de chaux et on couvre la cuve.

A cette époque, le bain doit être d'un jaune d'or; en heurtant la cuve avec le rable, le pied ou la partie que l'on ramène avec l'instrument, ne doit être ni rude, ni gras au toucher; sa couleur, qui est verdâtre, doit brunir à l'air; les bulles qui viennent se rassembler à sa surface, persistent un certain tems avant de se rompre. L'odeur de la cuve ne doit être ni trop douce, ni trop piquante. Ce dernier symptôme indiquerait une trop grande quantité de chaux. Il ne faut donc administrer la chaux qu'avec beaucoup de réserve et de circonspection.

On reconnaît encore que la cuve est en bon état, lorsqu'on voit paraître à sa surface des *veines bleues*, une écume légère d'un beau bleu, qu'on appelle *fleurie*, et des plaques cuivrées.

On pallie alors la cuve de trois heures en trois heures, jusqu'à ce qu'un échantillon, plongé pendant une demi-heure dans la cuve, et deux heures après le palliement, en sorte coloré d'un beau vert, et déverdisse promptement à l'air, pour prendre la couleur bleue.

On pallie encore la cuve pour la dernière fois, et trois heures après, elle est en état de teindre.

On ouvre la cuve par une mise de trente aunes de drap, ou l'équivalent de son poids en laine bien dégraissée; on passe cette mise toujours couverte de bain, ou entre deux eaux, pendant une bonne demi-heure. On tord le drap au moyen d'un moulinet, ou d'un double crochet, placé au-dessus de la cuve. Si le drap ou la laine, après avoir été bien déverdis à l'air, n'étaient pas d'une nuance assez forte, on donne un ou deux *rejets*, suivant l'intensité du bleu que l'on veut avoir.

On lave bien ensuite à la rivière, et on fait même passer les étoffes au foulon avec un peu de savon qui n'altère pas le bleu. Quelques teinturiers passent en outre dans une solution chaude d'alun.

Après cette première *ouverture*, on pallie la cuve et on la garnit de chaux.

Le *réchaud* de la cuve s'exécute en transvasant environ les deux tiers du bain de la cuve dans la chaudière, et en faisant chauffer jusqu'à 93 degrés centigrades. On fait alors repasser le bain dans la cuve, et à mesure qu'il y arrive, on pallie le pied et on ajoute en même tems 1 à 2 kilogrammes d'indigo, et de tems en tems un peu de pastel, de son et de garance; on couvre la cuve qui doit être maintenue pleine à quelques centimètres du bord.

La cuve réchauffée se gouverne comme la cuve neuve, et peut ainsi, quand elle est bien conduite, durer plusieurs années. Mais quand elle ne travaille pas il faut avoir le soin de la pallier au moins deux fois par semaine, et de la nourrir de chaux.

L'usage des cuves en cuivre dispense de la manœuvre du *réchaud*, qui est dispendieuse et nuisible au bain, en ce qu'il y répand l'oxigène que les matières désoxigénantes lui avaient enlevé, et l'indigo réoxigéné, cessant d'être soluble, se précipite au fond de la cuve.

La cuve au pastel est principalement sujette à deux accidens. Le premier a lieu lorsqu'elle devient *raide* ou *rebutée*, selon le langage des guédrons. On reconnaît cet accident à l'odeur piquante, et à la couleur noirâtre que la cuve acquiert, ainsi qu'à la disparition des veines et de l'écume qui se forment à sa surface. Il est causé par un excès de chaux: les guédrons y remédient en jetant du tartre, du son, de l'urine ou de la garance dans le bain, ou bien on se contente de le faire chauffer.

La seconde altération à laquelle la cuve est sujette est au contraire produite par le défaut de chaux, ce qui ne permet pas au pastel de fermenter. Quand cette altération a lieu, les veines et les écumes bleues de la cuve disparaissent aussi; elle prend une teinte rousse, exhale une odeur fétide, et le dépôt qu'elle contient se soulève; dans ce cas, on y ajoute une nouvelle quantité de chaux.

On voit aussi qu'une juste distribution de chaux est l'objet qui demande le plus d'attention dans la conduite d'une cuve de pastel; elle doit modérer la fermentation du pastel et des autres substances qui servent à désoxider l'indigo; car cet effet, poussé trop loin, détruit les parties colorantes; mais une action plus vive de la chaux devient un obstacle trop grand: il faut donc attendre que l'excès de chaux disparaisse, sans doute par la formation successive de l'acide carbonique, ou augmenter la cause de la fermentation, ou saturer une partie de la chaux par un acide végétal. Une autre utilité de la chaux est de tenir en dissolution les parties colorantes de l'indigo, et celles du pastel qui se trouvaient désoxidées.

Pour prévenir ces accidens et quelques autres qui rentrent toujours dans l'une de ces altérations que nous venons de signaler, il est un moyen bien simple, c'est celui de faire usage de pastel ou vouëde récolté sans fermentation. Une cuve ainsi montée est plus promptement en œuvre, on y peut teindre laine, soie, fil et coton, et elle dure tant qu'on veut, tandis qu'avec le pastel fermenté, la cuve ne dure qu'un an ou dix-huit mois au plus. D'ailleurs il est plus facile de modérer la fermentation que de la provoquer.

Les laines et les étoffes teintes en bleu doivent être lavées avec beaucoup de soin, pour entraîner les parties qui ne sont pas fixées sur la laine; et même pour les étoffes d'un bleu un peu foncé, il devient nécessaire qu'elles soient dégorgées au foulon avec un peu de savon, qui n'altère pas le bleu. Il faut traiter de même les étoffes destinées à être teintes en noir.

Soie. — On se sert, pour teindre la soie en bleu, de la cuve d'Inde ci-dessus décrite; l'on y met ordinairement plus d'indigo que la dose qui a été indiquée; mais les proportions de son et de garance sont à peu près les mêmes. Les autres cuves dont il a été précédemment parlé ne sont pas propres à teindre la soie, parce qu'elles ne la colorent pas avec assez de promptitude.

Lorsque la cuve d'Inde dont on doit faire usage est en état, on y ajoute environ un kilogramme de cendres gravelées, et un huitième de garance, et l'on remue bien le tout; après quatre heures, elle peut servir à la teinture. Il faut avoir soin que la chaleur soit assez ralentie pour qu'on y puisse tenir la main sans éprouver de douleur.

On plonge alors la soie dans ce bain après l'avoir préalablement fait cuire avec 30 kilogrammes pour 100 de savon, et l'avoir ensuite bien dégorgée de son savon, par deux battues ou même plus, dans une eau courante. Comme la soie est sujette à prendre une couleur peu unie, il convient de ne la teindre que par petites parties; et, en conséquence, l'ouvrier y plonge chaque mateau l'un après l'autre, après l'avoir passé sur un cylindre de bois; et lorsqu'il l'a tourné plusieurs fois dans le bain, il l'évente, puis il le jette dans de l'eau pure, après quoi il le tord plusieurs fois sur le rouleau ou espart.

Il faut avoir soin que la soie qu'on vient de teindre sèche très promptement ; pendant l'hiver et dans les tems humides, on la fait sécher dans une chambre échauffée par un poêle, en l'exposant sur une espèce de châssis qu'on tient agité.

Quand le bain s'affaiblit, on y ajoute 50 décagrammes de cendres gravelées, un peu de garance et une poignée de son bien lavé. Lorsque l'indigo se trouve épuisé, il faut aussi en rendre à la cuve avec les proportions convenables de cendres gravelées ou de potasse ou de soude, et de garance et de son.

L'indigo seul ne peut donner un bleu foncé à la soie, il faut, en conséquence, la préparer en lui donnant une autre couleur ou pied. Pour le bleu *turc*, qui est le plus foncé, en donne d'abord un bain très fort d'orseille, et un moins fort pour le bleu de roi ; ensuite on passe sur une cuve neuve et bien garnie ; les autres bleus se font sans pied.

On fait encore un bleu aussi foncé que le bleu de roi, mais pour lequel on emploie, au lieu d'orseille, un bain de cochenille, afin de lui donner plus de solidité ; ce qui fait désigner ce bleu par le nom de bleu fin.

Pour teindre en bleu les soies écrues, il faut, après avoir choisi celles qui sont naturellement blanches, les bien pénétrer d'eau, et ensuite les passer dans la cuve en mateaux séparés, comme les soies cuites. Les soies crues prennent, en général, la teinture avec plus de facilité et d'activité que les soies cuites. On a soin de passer, s'il est possible, dans la cuve les soies cuites avant celles qui sont crues.

M. Le Pileur d'Appligny fait observer, dans son *Art de la teinture des fils et étoffes de coton*, que la teinture du fil de coton en bleu ne présente aucune difficulté. On se sert à cet effet de la cuve à froid, dont nous avons donné la composition. Voici celle qu'indique M. Le Pileur d'Appligny, on monte ordinairement ces cuves dans des pipes, ou grands tonneaux, de la contenance d'environ cinq cents litres, nouvellement vidés d'eau-de-vie, ou dans des tonnes qui ont servi à contenir des huiles, et qu'on défonce par un bout. Si l'on fait emploi de ces derniers, il faut avoir soin de les bien dégraisser avant de s'en servir. On y parvient aisément en y faisant éteindre de la chaux, et en frottant l'intérieur de la tonne avec un balai, jusqu'à ce que la chaux ait enlevé toute la graisse.

La quantité d'indigo qu'on emploie pour ces sortes de cuves est ordinairement de trois à quatre kilogrammes. On met cuire cet indigo tiré à clair dans une lessive, formée du double de son poids de potasse, et d'une quantité de chaux égale à celle de l'indigo. Mais, avant de faire cuire ensemble ces matières, on met l'indigo par portion et en différentes fois, dans un mortier de fer; on l'y pile en l'humectant chaque fois avec un peu de la lessive ci-dessus, en quantité suffisante pour que l'indigo ne se dissipe pas en poussière, mais pas assez grande pour empêcher l'action du pilon. A mesure que chaque portion d'indigo est bien écrâsée et réduite en pâte, on la met dans une chaudière de fer qui puisse contenir environ vingt litres; lorsque tout est pilé, on remplit la chaudière avec de la lessive; et après avoir fait du feu dessous, on fait bouillir jusqu'à ce que tout l'indigo soit bien pénétré de cette lessive, ce qui a lieu lorsqu'étant à la surface, il y forme une espèce de crême, et qu'en sondant le fond avec un bâton, on ne sent plus de matière au fond. On reconnaîtra à ces indices que l'indigo est suffisamment cuit; si le bain tarissait trop avant la cuisson parfaite, il faudrait ajouter de nouvelle lessive en quantité suffisante pour empêcher l'indigo de brûler; et pendant la cuisson, surtout au commencement, il faut avoir soin de remuer avec un bâton pour empêcher l'indigo de s'attacher.

Pendant la cuisson de l'indigo, on fait éteindre un poids égal de chaux vive, on y ajoute environ vingt litres d'eau chaude, et on fait dissoudre du sulfate de fer en quantité double de celle de la chaux. Lorsque la dissolution du sulfate de fer est complètement opérée, on la verse dans la cuve, qu'on doit avoir auparavant remplie d'eau jusqu'à la moitié environ. On verse ensuite par dessus la dissolution d'indigo, en ayant soin de rincer à plusieurs reprises la chaudière, avec de la lessive qui n'a pas servi à la cuisson de l'indigo, afin qu'il n'y reste rien, et l'on ajoute alors le restant de cette lessive. Lorsque tout est versé dans la cuve, on achève de la remplir d'eau à deux ou trois doigts du bord; on la pallie, c'est-à-dire qu'on remue avec un râble la matière qui y est contenue, deux ou trois fois par jour, jusqu'à ce qu'elle soit en état de teindre, ce qui a lieu au bout de quarante-huit heures, souvent plus tôt, suivant la température de l'air, qui accélère plus ou moins la fermentation de cette cuve.

On est dans l'usage d'ajouter, en faisant cuire l'indigo, quelques poignées de son; ce qui peut être fort utile pour corriger la mauvaise qualité des eaux qu'on aurait pu employer, et dégraisser la cuve.

Lorsqu'on veut teindre le coton dans ces cuves, contique M. Le Pileur d'Appligny, on le distribue par mateaux, qu'on pose en travers sur la cuve. On commence par humecter ces mateaux dans l'eau tiède, on les tord légèrement, puis on les passe dans les bâtons; on les retourne fréquemment jusqu'à ce qu'ils prennent la couleur avec égalité; on les laisse ainsi jusqu'à ce qu'ils aient pris la nuance qu'on cherche à obtenir, si la cuve est assez forte; sinon, on les passe de suite dans une autre cuve. Lorsque ces mateaux sont entièrement teints, quelques teinturiers sont dans l'usage de les tordre sur la cuve avant de les laver à la rivière, et de les secouer et éparpiller; mais il vaut beaucoup mieux se contenter de les laisser égoutter en partie sur le bain de teinture, en les rinçant ensuite dans l'eau. Il n'y a point de perte d'indigo à craindre en lavant ce coton au sortir de la teinture, pourvu que ce ne soit pas dans une eau courante; on a pour cet effet des baquets ou des tonneaux remplis d'eau, dans lesquels on plonge le coton teint, en le remuant convenablement. La couleur qui se détache tombe au fond de l'eau et sert, ainsi que cette eau, à remplir les cuves lorsqu'elles en ont besoin, et à en monter de nouvelles.

Quand une cuve a teint trois ou quatre fois, elle commence à s'altérer; lorsqu'on la pallie, on n'aperçoit plus de veines à sa superficie, ou elle noircit; alors il faut la *nourrir;* et pour cela on y ajoute deux kilogrammes de sulfate de fer et un de chaux vive, et on la pallie deux fois; on peut nourrir trois ou quatre fois une cuve, en diminuant la dose en proportion de ce qu'elle déchoit en force et en qualité.

Dans les cuves dont il vient d'être parlé, c'est la potasse et la chaux qui donnent la solubilité à l'indigo, qui est désoxidé par l'action du fer précipité. Il faut en conclure que le sulfate de fer dont on fait usage doit être peu oxidé; car, lorsqu'il est à un grand état d'oxidation, il ne produit aucun effet.

Pour teindre les toiles, on les maintient étendues sur des châssis, en fixant leurs lisières à de petits crochets dont les traverses horizontales des châssis sont garnies. On plonge, à l'aide d'une poulie mouflée, le châssis dans la cuve; on lui donne pendant quelque tems un léger mouvement, pour que la toile se mouille plus également, et l'on suspend le châssis de manière que toute la largeur de la toile soit dans la cuve, et que la partie inférieure du châssis ne touche point au dépôt. Bergman décrit une cuve qui est très commode et très expéditive pour le fil et pour le coton, et il est aussi fait mention de cette cuve dans l'*Essai sur l'art de la Teinture*, par Scheffer ; on introduit 12 gram. d'indigo bien pulvérisé, pour chaque litre de liqueur, dans une dissolution très forte d'alcali ; après quelques minutes, quand l'indigo en est bien pénétré, on met dans la liqueur 24 grammes d'orpiment en poudre ; il faut bien pallier, et dans très peu de tems le bain devient vert, et montre une pellicule bleue ; alors il faut cesser le feu et teindre.

Cette cuve ne diffère de la préparation dont on se sert pour appliquer sur les toiles de coton, et qu'on appelle *bleu d'application*, que par les proportions d'orpiment et surtout d'indigo, qui sont beaucoup plus grandes que dans cette dernière. Pour cette préparation, on emploie, selon Hausmann, sur 100 kilogrammes d'eau, 15 kilogrammes de potasse, 6 kilogrammes de chaux vive, autant d'orpiment, et 8 kilogrammes d'indigo. M. Oberkampf, dont tous les procédés ont été perfectionnés avec tant de soin, emploie une proportion encore plus forte d'indigo. Dans le procédé de Bergman, l'indigo forme à peu près le vingt-quatrième de l'eau : cette proportion est moindre dans le procédé de Scheffer ; et dans ceux d'Hausman et Oberkampf, la proportion d'indigo est du douzième et même du neuvième de l'eau. Les proportions des autres ingrédiens varient dans ces différens procédés. On a tenté de préparer le bleu d'application au moyen de l'oxide d'étain, mais on n'a pas encore trouvé le degré de concentration de la dissolution alcaline suffisant pour la dissolution de l'oxide et de l'indigo, et telle qu'elle soit susceptible d'épaississement par les gommes. Si l'on y parvient, on aura un bleu de pinceau, qui offrirait le très grand avantage de ne pas donner lieu au dépôt volumineux qui embarrasse toujours les vaisseaux où se fait le bleu d'application par les procédés usités, et qui, quelque bien lavé qu'il soit, entraîne toujours une perte considérable d'indigo.

En exprimant sur une toile de l'indigo broyé avec de l'oxide d'étain, et en passant la toile dans une dissolution d'oxide d'étain par la potasse, on a des bleus faïencés faits dans une seule cuve. Berthollet annonce n'avoir pu faire ainsi que des bleus légers, et il pense que ce procédé, s'il était amené au point de produire des bleus plus montés, présenterait de grands avantages.

Dans les ateliers de teinture, pour les bleus et verts unis sur coton, les dispositions de la cuve sont généralement celles de la fig. 3, pl. 1 ; la cuve rectangulée ABCD a neuf pieds (2,^{m} 92^{c}) de longueur sur quatre et demi (1,^{m} 46^{c})

de largeur et huit ($2,^{m} 60^{c}$) de profondeur, avec une capacité de 1200 litres environ. On monte la cuve à la manière ordinaire, avec 14 à 15 kilogrammes (30 livres) d'indigo broyé, 44 kilogrammes (90 livres) de chaux vive et 29 kilogrammes (60 livres) de sulfate de fer. La roulette *a b c d* entre dans la cuve et peut s'enlever au moyen d'une poulie, les rouleaux inférieurs étant disposés de manière à rester éloignés du marc. La pièce passe dans tous les rouleaux; en E sont les rouleaux d'appel où s'engage la pièce: elle vient ensuite, dans la cuve FGHI qui contient de l'eau aiguisée avec de l'acide sulfurique marquant 2 degrés, en passant sur les rouleaux *f g h*, d'où elle sort entre les rouleaux d'appel K pour tomber ensuite dans l'eau. Suivant l'intensité du bleu que l'on veut obtenir, on passe plus ou moins de fois les pièces dans la cuve, et pour ne pas arrêter l'opération on les épingle. Par cette méthode, on évite les points blancs qui ont toujours lieu sur les lisières lorsque l'on s'est servi du cadre dit *champagne*.

On désigne sous le nom de *cuve trouble* celle où l'on teint dans le marc, ce qui se pratique en bleu pâle et en gris bleu sur étoffes de coton, principalement les brillantés et les cotelines. Dans cette cuve, de la capacité de 6000 litres, on met 1 kilogramme (2 liv.) d'indigo en poudre fine, ou mieux broyé à l'eau; après avoir rablé la cuve, on y met 6 kilogrammes (12 liv.) de chaux vive éteinte avec assez peu d'eau, pour rester en poudre qu'on tamise: on rable, puis on ajoute une solution de 2 kil, 45 (5 livres) de sulfate de fer; on rable de nouveau et l'on ajoute une solution de 1 kilogramme (2 livres) de sel de soude ou de potasse; on rable plusieurs fois dans la journée, et le lendemain on peut teindre.

On reconnaît que cette cuve est en bon état: 1° lorsqu'après l'avoir rablée, les veines qui se forment à la surface, deviennent promptement bleues; 2° lorsqu'en donnant un coup de rable à la surface, et voyant le liquide par transmission, il paraît d'une belle couleur gorge de pigeon; 3° si le précipité qui existe dans la cuve ne se dépose pas trop rapidement lorsqu'elle a été rablée; 4° si, lorsqu'après l'avoir agitée, en soufflant légèrement dessus, le cercle qui se forme est contourée d'une fleurée bleue, qui vient se réunir promptement.

On reconnaît que cette cuve a besoin d'être nourrie; si la cuve a une teinte jaunâtre lorsqu'on la rable, c'est qu'elle est trop forte en chaux, et l'on y ajoute 245 grammes ($\frac{1}{2}$ livre) d'indigo et 1 kil. 47 (3 livres) de sulfate de fer; si le dépôt au contraire, après avoir rablé la cuve, se précipite promptement, c'est qu'elle manque de chaux, et l'on y en ajoute 2 kilogrammes environ (3 à 4 livres) en poudre; si les bleus que fournit la cuve sont trop clairs, on la garnit avec 0, kil.,489 (1 livre indigo), 2 kil. 22 (5 livres) de chaux vive en poudre, 1 kil. 45 (2 livres et demie) de sulfate de fer, et 0, kil. 489 (1 livre) de potasse, en opérant comme on l'a fait pour monter la cuve.

Pour teindre en cuve trouble, mouillez les pièces; encadrez-les sur la *champagne*; après avoir rablé la cuve dans toutes ses parties, descendez-y la pièce; imprimez un mouvement de balancement au cadre durant le cuvage qui doit durer de 10 à 20 minutes; retirez le cadre; laissez déverdir à l'air, et rincez ensuite en eau courante. Passez alors les pièces dans un baquet qui contient de l'acide sulfurique à 3 degrés; rincez en eau courante; séchez à l'air libre et à l'ombre. En général, tous les bleus demandent à être séchés à l'ombre, le soleil les altérant plus ou moins.

Bleu de Saxe par la dissolution d'indigo. — On fait, suivant M. Thénard, toutes les teintures en bleu, avec l'indigo, le bois de campêche et le bleu de Prusse; c'est avec l'indigo seul qu'on en obtient de solides.

Il y a, dit ce savant, deux manières de combiner l'indigo avec les fils ou les tissus.

L'une consiste à dissoudre l'indigo dans l'acide sulfurique concentré, à étendre la dissolution de 100 à 150 parties d'eau, pour en précipiter la matière colorante, à y plonger l'étoffe à teindre, à une température plus ou moins élevée, selon que l'on veut avoir une teinte plus ou moins foncée, à la laver et à la sécher.

Les bleus que l'on obtient ainsi sont connus sous les noms de *bleu de Saxe* ou de *composition;* ils sont plus vifs, mais moins solides et moins foncés que ceux qui sont faits par la cuve; ce qui provient, sans doute de ce que dans le traitement par l'acide sulfurique, l'indigo éprouve une altération sensible.

On donna à la teinture pour laquelle on fait usage de la dissolution de l'indigo par l'acide sulfurique, le nom de bleu de Saxe; parce que c'est à Grossen-Hayn, en Saxe, que cette teinture fut découverte vers l'an 1740, par le conseiller Barth. Cette découverte, tenue pendant quelque tems secrète, se répandit peu à peu. On ne faisait pas d'abord la dissolution avec l'indigo seul; mais on ajoutait de l'alumine, de l'antimoine, et encore d'autres substances minérales, qu'on mettait préalablement en digestion avec l'acide sulfurique. On ajoutait ensuite l'indigo, et lorsque la dissolution était faite, on s'en servait pour la teinture.

La seconde manière dont parle M. Thenard, d'unir l'indigo aux fils et aux tissus, consiste à le ramener au *minimum* d'oxidation; de faciliter, sous cet état, sa dissolution dans l'eau par un alcali, et de mettre alternativement, et à plusieurs reprises, le corps à teindre en contact, d'abord avec le bain de teinture, à la température de 40 à 45 degrés centigrades, et ensuite avec l'air. Chaque immersion a pour objet d'imprégner le corps d'une certaine quantité d'indigo désoxigéné, et chaque exposition à l'air de rendre cet indigo insoluble, en le ramenant à son état naturel, et d'opérer sa combinaison. A sa première sortie du bain, le corps paraît jaunâtre; bientôt il devient vert, parce qu'il se trouve imprégné de jaune et de bleu; et enfin il passe entièrement au bleu.

On ne fait pas usage, dit M. le Pileur d'Apligny, de la teinture connue sous le nom de bleu de Saxe, pour les fils de lin et de coton, attendu que cette couleur, qui passe très vite à l'air, résisterait encore moins au débouilli du savon; mais on l'emploie dans quelques endroits pour les velours de coton.

Bergman a fait un grand nombre d'expériences, qu'il a décrites, sur la dissolution de l'indigo par l'acide sulfurique. Dans l'une de ses expériences, il employa une partie d'indigo bien pulvérisé avec huit parties d'acide sulfurique, d'une pesanteur spécifique de 1,900. Ce mélange ayant été fait dans un flacon de verre légèrement bouché, il excita une grande chaleur; et après une digestion de vingt-quatre heures à une chaleur de 30 à 40 degrés, Bergman trouva que l'indigo était dissous, mais que le mélange était tout-à-fait opaque et noir. En ajoutant de l'eau, ce mélange s'éclaircit, et Bergman en obtint successivement toutes les nuances de bleu, selon la quantité d'eau ajoutée. Dans d'autres expériences, Bergman ayant tenu pendant vingt-quatre heures, dans l'eau bouillante, l'étoffe destinée à être teinte, il en mit un poids déterminé dans un bain plus ou moins fort, jusqu'à ce que le bain fût décoloré. Il résulte de ces expériences, 1. qu'une partie d'indigo peut, par ce procédé, produire un bleu noir, sur 260 parties d'étoffe, qui paraît alors être saturée, et ne pouvoir prendre, d'une manière solide, plus d'indigo. 2. que le bain froid agit tout aussi bien que le bain chaud; 3. que l'opération peut se faire sans perte d'indigo, car le bain peut se décolorer entièrement ; et s'il a été trop chargé, on peut ajouter de l'étoffe qui ne soit pas saturée et qui absorbe toute la couleur restante. 4. Que le bain saturé avec du sel de soude ne donne qu'une couleur très pâle, et qu'avec le sulfate de soude il donne un bleu clair, mais beaucoup moins affaibli : de sorte que ces sels nuisent plus ou moins à cette teinture.

Il a été fait des expériences semblables sur la soie, qui avait été également trempée dans l'eau chaude, et qui a été retirée du bain après cent quarante-quatre heures. La teinture d'indigo fait du bleu sur la soie comme sur l'étoffe ; mais l'affinité qui doit précipiter les molécules bleues est plus faible ; quoique les échantillons de soie résistent fort bien à l'eau seule, ils ne peuvent cependant supporter l'action du savon.

Les fils et cotons n'ont pu prendre par cette teinture que des nuances très pâles.

Bergman assure que les nuances les plus foncées qu'on peut obtenir par ce procédé, en employant de l'acide sulfurique concentré, ne s'altèrent point à l'air ; il trouva qu'après deux mois d'exposition, de tous les échantillons au soleil, les bleus perses et turquins s'étaient à peine affaiblis, mais que les nuances claires avaient souffert beaucoup plus, qu'elles étaient devenues ternes et qu'elles avaient verdi. Quatrêmère annonce avoir trouvé le moyen de faire pénétrer la teinture d'indigo par l'acide sulfurique dans l'intérieur de l'étoffe, ce qu'on appelle *percer* ou *trancher*, en y introduisant de l'alcali fixe (potasse ou soude) dans le rapport d'une partie d'alcali contre une partie d'indigo, et six parties d'acide sulfurique. Il assure avoir teint avec cette préparation un échantillon du bleu le plus vif et le plus foncé, et la tranche était aussi foncée que la surface.

Poerner, dans son *Instruction sur l'Art de la Teinture*, indique aussi l'addition de l'alcali comme un moyen de rendre les couleurs plus agréables et de les faire pénétrer davantage. Dans le procédé qu'il décrit pour cette préparation, on n'emploie que quatre parties d'acide sulfurique contre une partie d'indigo. Après avoir versé quatre parties d'acide sulfurique concentré sur une partie d'indigo réduit en poudre fine, il recommande de remuer pendant quelque tems le mélange, et de le laisser ensuite reposer pendant vingt-quatre heures ; alors on y ajoute une partie de potasse sèche réduite en poudre fine, on remue bien le tout, puis on laisse bien reposer pendant vingt-quatre heures; il ne s'agit plus alors que d'y ajouter peu à peu une quantité plus ou moins grande d'eau.

Bancroft, tout en adoptant les proportions d'acide sulfurique et d'indigo proposées par Poerner, est même d'avis qu'on peut affaiblir jusqu'à un certain point l'acide sulfurique, surtout si l'on fait usage de l'indigo de Guatimala, qu'il regarde comme plus propre que les autres à cette dissolution.

Bancroft assure qu'en précipitant par le carbonate de chaux la dissolution d'indigo, on a un précipité bleu qui peut servir à teindre immédiatement.

Dans la préparation et l'emploi de la dissolution d'indigo, il faut rendre aussi faible qu'il est possible l'altération que cette substance éprouve. Nécessairement, et par conséquent, il convient de ménager la chaleur, la concentration et la quantité d'acide sulfurique; lorsque la dissolution est faite, il est bon de l'étendre d'eau pour la conserver, afin que la dégradation ne fasse pas de progrès.

Une petite quantité d'alcali peut être avantageuse; une quantité plus considérable serait nuisible, puisque l'alcali a la propriété de dissoudre les molécules bleues précipitées de l'acide sulfurique.

Dans le procédé dont on fait usage pour teindre en bleu de Saxe, on prépare le drap avec l'alun et le tartre; on met dans le bain une proportion plus ou moins grande de dissolution, suivant la nuance plus ou moins foncée qu'on a l'intention d'obtenir. On donne, dans les ateliers, à cette dissolution, le nom de *composition*. Les nuances claires peuvent se faire à la suite des nuances foncées; mais elles ont plus d'éclat si on les fait en bain frais. Pour les nuances foncées, il est avantageux de verser l'indigo par partie, en relevant le drap sur le tour.

Bleu sur tissus de laine, de laine et soie et de soie, par le bleu soluble et la distillée. — On fait bouillir la laine pendant une heure dans un bain de crême de tartre à raison de 122 grammes (4 onces) par demi-kilogramme (1 livre) d'étoffe; levez sur le moulinet; mettez ensuite dans le même bain rafraichi du bleu soluble préalablement dissous dans l'eau ou de la distillée, manœuvrez au bouillon jusqu'à la nuance désirée; retirez et lavez. Sur tissus soie et laine on donne un bouillon de crême de tartre et d'alun, et l'on teint comme pour la laine, mais sans bouillir; pour la soie, on alune à tiède et l'on met dans le bain d'alun, après avoir lavé l'étoffe, du bleu soluble en quantité plus ou moins grande suivant la nuance que l'on veut obtenir.

Bleu-campêche. — Les couleurs bleues que l'on obtient par le moyen du campêche ne peuvent être comparées, sous le rapport de la solidité, à celles qui sont dues à l'indigo et au prussiate (hydrocyanate) de fer. On ne teint, suivant M. Thenard, que la laine en bleu, par le bois de campêche; cette teinture se fait comme le rouge du Brésil, si ce n'est qu'on ajoute au bain une certaine quantité de vert-de-gris ou d'alcali. On peut employer pour une partie de laine alunée $\frac{2}{3}$ de partie de bois, 15 à 20 parties d'eau, et $\frac{1}{20}$ de partie de vert-de-gris.

Le campêche ne sert pas seulement à teindre la laine en bleu, on s'en sert encore pour la teindre en violet, ainsi que la soie. Alors on se contente d'aluner ces substances, sans rien ajouter au bain. La laine se teint au bouillon, et la soie à la température de 30 ou 40 degrés. Le campêche entre aussi dans la composition des bains de teinture en noir, comme donnant à cette teinte du lustre et du velouté; enfin, en le mêlant avec d'autres substances colorantes, on obtient un grand nombre de couleurs composées.

On se sert encore de bains de campêche et de vert-de-gris pour *remonter*, un pied léger de bleu solide ou de cuve; mais ces *bleus remontés*, qui ne sont d'aucune solidité, se distinguent aisément des autres bleus, en les trempant dans l'eau aiguisée par quelques gouttes d'acide sulfurique; le *bleu remonté* disparaît alors et il ne reste plus que le pied de bleu solide.

§ XXXI. TEINTURE EN ROUGE.

Garance sur laine, soie, fil et coton. — La laine ne recevrait, dit le docteur Ure, de la garance qu'une teinture périssable si l'on n'en fixait pas les parties colorantes par une base qui donne lieu à leur combinaison plus intime avec l'étoffe, qui les défend, jusqu'à un certain point, de l'influence destructive de l'air. C'est pour remplir ce but que l'on commence par faire bouillir les étoffes de laine avec de l'alun et du tartre pendant deux ou trois heures, après quoi on les laisse égoutter; on les exprime alors légèrement, puis on les met dans un sac de toile, que l'on porte dans un lieu frais où on le laisse pendant quelques jours.

Les quantités d'alun et de tartre, de même que leurs proportions, varient beaucoup dans les différens ateliers, Hellot recommande, suivant le docteur Ure, l'emploi de 155 grammes, 38 d'alun, et de 31 grammes de tartre pour 372 grammes, 55 de laine. Si la proportion du tartre est augmentée jusqu'à un certain point, au lieu du rouge, on obtient une couleur cannelle foncée et durable, parce que les acides ont, ainsi qu'on l'a reconnu, une tendance à donner une teinte jaune aux parties colorantes de la garance (Poerner diminue un peu la proportion du tartre : il n'en prescrit qu'un septième de l'alun; Scheffer, au contraire, recommande l'emploi du tartre en quantité double de l'alun); mais Berthollet trouva qu'en employant moitié de tartre, la couleur tirait sensiblement plus sur la cannelle que lorsque le tartre avait été réduit au quart de l'alun.

Dans la teinture avec la garance, il faut éviter que le bain ne soit porté au degré de l'ébullition, parce qu'à ce degré de chaleur, il y aurait dissolution des parties colorantes du fauve, qui sont moins solubles que celles du rouge, et la couleur serait différente de celle qu'on cherche à obtenir.

La quantité de garance que Poerner emploie n'est que du tiers du poids de la laine, et Scheffer ne porte cette proportion qu'au quart.

Si, après avoir fait bouillir la laine pendant deux heures avec un quart de sulfate de fer, et l'avoir ensuite lavée et mise dans l'eau froide avec un quart de garance, on fait bouillir pendant une heure, il se produit une couleur café. Bergman ajoute que si la laine n'ayant pas été mouillée, on la met en teinture avec une partie de sulfate de fer et deux parties de garance, on obtient un brun tournant au rouge. Berthollet employa de différentes manières, une dissolution d'étain pour la préparation et le garançage de la toile; il fit usage de diverses dissolutions d'étain, et trouva que la teinte était toujours plus colorée en fauve, quoique parfois plus vive que celle obtenue par le procédé ordinaire.

Le procédé suivant est le plus simple de tous ceux qu'on pratique pour teindre la laine en rouge de garance très solide.

On donne d'abord à l'étoffe un bouillon de deux heures environ, avec le quart de son poids d'alun et le sixième de tartre; on chauffe ensuite un bain d'eau pure dans lequel on verse un poids de bonne garance-grappe, équivalent au tiers du poids de l'étoffe, lorsque le bain arrive de 35 à 40 degrés centigrades, et on ajoute $\frac{1}{24}$ de dissolution d'étain étendue de son poids d'eau. On agite pour opérer le mélange, et l'on y abat ensuite la laine qu'on y tient à une température qui doit graduellement arriver à 80 degrés centigrades pendant l'espace d'une heure, puis on fait bouillir pendant trois ou quatre minutes.

M. Gubliche décrit un procédé pour teindre la soie avec la garance. Il prescrit pour une livre (48 à 49 décagrammes) de soie, un bain de quatre onces (122 grammes) d'alun et d'une once (30 grammes) de dissolution d'étain; après avoir laissé reposer la liqueur, on la décante; on y trempe la soie avec soin, et on l'y laisse pendant douze heures; après cette opération on la plonge dans un bain contenant une demi-livre (24 à 25 décagrammes) de garance, rendue molle en la faisant bouillir avec une infusion de noix de galle dans du vin blanc. Il faut maintenir ce bain médiocrement chaud pendant une heure; après quoi on le fait bouillir pendant deux minutes. La soie étant retirée du bain, on lave dans un courant d'eau, et on la fait sécher au soleil. M. Gubliche compare la couleur ainsi obtenue, et qui est très durable, au rouge d'Andrinople ou de Turquie; si l'on ne fait pas usage de l'infusion de noix de galle, la couleur est plus claire. On peut donner à la première de ces couleurs un grand degré de vivacité après l'avoir fait passer à travers un bain de bois de Brésil, auquel on ajoute une once (30 grammes) d'une dissolution d'étain. La couleur ainsi obtenue est, dit M. Gubliche, très belle et très durable.

Les noix de galle ou le sumac disposent le fil ou le coton à recevoir la couleur de la garance, et le mordant qui convient est l'acétate d'alumine.

Les nitrate et hydrochlorate de fer, employés comme mordant, produisent un meilleur effet que les sulfate et acétate du même métal; ils fournissent une belle couleur violette bien saturée.

On fait usage de la garance pour teindre en rouge le lin et le coton, et même pour leur donner plusieurs autres couleurs au moyen de différens mélanges; c'est la substance colorante la plus utile pour cette espèce de teinture. Il est donc important de faire connaître les différens moyens par lesquels on peut assurer cette teinture, la rendre plus belle, et en varier les effets. Le lin prend plus difficilement la couleur de la garance que le coton ; mais les procédés qui réussissent le mieux pour l'un sont aussi préférables pour l'autre.

M. Le Pileur d'Appligny décrit avec le plus grand détail le procédé qu'on suit à Rouen (1) pour teindre le coton en rouge ; nous croyons ne pouvoir mieux faire que de le présenter tel qu'il l'indique. Le coton doit être décreusé, puis engallé à raison d'une partie de noix de galle contre quatre de coton ; et enfin, aluné avec une dissolution d'alun ordinaire, ou mieux d'acétate d'alumine, étendue d'eau un peu chaude, en quantité suffisante pour que la liqueur marque de 5 à 6 degrés ; on ajoute à la dissolution d'alun un vingtième de dissolution de soude faite avec 25 décagrammes de soude ordinaire par litre.

Lorsque le coton a été retiré du mordant, on le tord légèrement à la cheville, et on le fait sécher. Plus il sèche avec lenteur, plus la couleur est belle. On ne teint ordinairement que 10 kilogrammes de coton à la fois, et il est même plus avantageux de n'en teindre que la moitié, parce que lorsque l'on a une trop grande quantité de mateaux à travailler dans la chaudière, il est bien plus difficile de les teindre également.

La chaudière dans laquelle on teint cette dernière quantité de coton doit contenir environ 240 litres d'eau qu'on fait chauffer. Lorsqu'on ne peut y tenir la main qu'avec peine, on y met trois kilogrammes de bonne garance-grappe de Hollande, qu'on distribue avec soin dans ce bain. Lorsqu'elle y est bien mêlée, on y plonge le coton, mateau par mateau, qu'on a précédemment passé dans des bâtons et qu'on laisse reposer sur les bords de la chaudière. Tout le coton étant plongé dans le bain, on travaille et on tourne successivement les mateaux passés dans chaque bâton, pendant trois quarts d'heure, en maintenant toujours le bain au même degré de chaleur sans bouillir. Ce tems expiré, on relève et on retire le coton sur les bords de la chaudière ; on verse dans le bain environ un demi-litre de la lessive de soude dont on a parlé; on rabat le coton dans la chaudière, et on le fait bouillir pendant douze à quinze minutes; enfin, on le relève, on le laisse égoutter, on le tord, on le lave à la rivière, et on le tord une seconde fois à la cheville.

(1) Suivant M. Vitalis, le rouge de garance sur coton n'est plus employé dans les fabriques de Rouen, quoiqu'il pût y figurer d'une manière avantageuse.

Deux jours après, on donne à ce coton un second garançage, à raison de moitié de garance, en le travaillant de la même manière que pour le premier garançage, avec la différence qu'on n'ajoute point de lessive, et qu'on se sert pour le bain d'eau de puits. Ce garançage étant fini, on laisse refroidir le coton, on le lave, on le tord et on le fait sécher.

M. Le Pileur d'Appligny, considérant que la manière de teindre à deux bains consomme plus de tems et de bois, que le second garançage ne peut fournir beaucoup de teinture, les sels du mordant ayant été épuisés par le premier, propose une autre méthode, qu'il annonce être suivie avec succès par plusieurs teinturiers; cette méthode consiste à donner au coton deux alunages et à le teindre ensuite en un seul bain.

Pour aviver ce rouge, on met dans une chaudière ou dans un baquet, une quantité d'eau tiède suffisante pour abreuver le coton; on y verse environ un demi-litre de lessive, on trempe dans ce bain le coton par parties, on l'y laisse un instant, on le relève, on le tord, et on le fait sécher. M. Le Pileur d'Appligny regarde cet avivage comme une opération inutile, parce que, dit-il, le coton rouge étant destiné à fabriquer des toiles dont on est obligé d'enlever l'apprêt en partie, lorsqu'elles sont tissées, la couleur du coton s'avive en même tems, parce qu'on les passe dans l'eau chaude aiguisée par un peu de lessive. Lorsqu'on les retire de cette eau, on lave les toiles à la rivière, et on les étend sur le pré, oú le rouge s'avive beaucoup mieux que cela n'aurait lieu par toute autre opération.

Le rouge d'Andrinople ou de Turquie a un degré d'éclat auquel il nous est difficile d'atteindre par aucun des procédés dont il a été fait jusqu'ici mention. Ce rouge, qui, pendant long-tems, ne nous vint que par le commerce du Levant, excita l'industrie de nos artistes; mais les tentatives furent pendant long-tems infructueuses, ou bien les succès restèrent enfouis dans un petit nombre d'ateliers. L'abbé Mazéas publia des expériences qui répandirent un grand jour sur cette teinture, et le gouvernement fit publier, en 1765, d'après des renseignemens qu'il s'était procurés, une instruction sous ce titre : *Mémoire concernant le procédé de la teinture du coton rouge incarnat d'Andrinople, sur le coton filé*. On trouve aussi une description du même procédé dans le *Traité sur l'art de la teinture des fils et étoffes de coton* de M. Le Pileur d'Appligny; mais on n'a pas réussi complètement avec ce procédé. On fait mystère dans les différens ateliers des changemens qu'on y a faits, et par le moyen desquels on réussit plus ou moins parfaitement. Berthollet parle d'un procédé qui paraît différer très peu de la pratique ordinaire, et qui lui fut communiqué par le chef ouvrier qui dirigeait avec succès un établissement de teinture de coton; nous croyons devoir décrire ici, dans le plus grand détail, le procédé de teinture en rouge d'Andrinople, tel que le rapporte le docteur Ure, en y ajoutant les petites différences qui existent entre ce procédé et les meilleurs procédés suivis en France.

Les commissaires pour les manufactures en Écosse, payèrent, dit-il en 1790, à M. Papillon, qui avait formé quelque temps auparavant, à Glascow, un établissement de teinture en rouge d'Andrinople, une prime pour qu'il communiquât son procédé à feu le professeur Black, à condition de le tenir secret pendant un certain nombre d'années, après l'expiration desquelles le procédé devait être rendu public. Cette condition ayant été remplie, le docteur Ure donne la description ainsi qu'il suit :

Première opération. Pour 100 livres (48 à 49 kilogrammes) de coton, il faut avoir 100 livres (48 à 49 kilogrammes) de soude d'Alicante, 20 livres (979 décagrammes) de perlasse, 100 livres (48 à 49 kilogrammes) de chaux vive.

On mêle la soude avec de l'eau douce dans un cuvier profond ayant à sa partie inférieure un petit trou percé d'abord, avec une cheville. Ce trou est couvert intérieurement au moyen d'une toile soutenue par deux briques, afin d'empêcher que les cendres ne s'étendent au-delà, et ne s'arrêtent lorsque la lessive filtre au travers. Au-dessous de ce cuvier, on en place un autre pour recevoir la lessive, et l'on fait passer à plusieurs reprises, de l'eau pure à travers le premier cuvier pour avoir des lessives de différentes forces, que l'on met à part, jusqu'à ce que l'on en constate le degré. Celui de la plus grande force qu'il puisse être nécessaire d'obtenir est indiqué au moyen d'un œuf, pouvant flotter sur le liquide, qu'on désigne alors par six degrés de l'hydromètre français. Les lessives plus faibles sont ensuite amenées à ce degré de force, en y faisant passer de nouveau de la soude; mais on met en réserve une certaine quantité de liqueur faible marquant deux degrés à l'hydromètre ci-dessus, pour dissoudre l'huile, la gomme et le sel dont on aura ultérieurement à faire usage. Cette lessive de deux degrés s'appelle la liqueur de soude faible; l'autre est cette liqueur forte.

On fait dissoudre la perlasse dans dix seaux (130 litres) d'eau dure, et la chaux dans quatorze seaux (212 litres).

Après avoir laissé reposer toutes ces liqueurs jusqu'à ce qu'elles soient devenues claires, on en mêle dix seaux de chacune.

On fait bouillir le coton pendant cinq heures dans ce mélange; on le lave ensuite dans l'eau courante, et on le fait sécher.

Cette opération du *décantage* s'exécute à Rouen, suivant M. Vitalis, en faisant bouillir le coton pendant cinq ou six heures, dans une lessive de soude, à un degré de l'aréomètre. On fait égoutter ensuite au-dessus de la chaudière, on rince bien à l'eau courante, et on fait sécher à l'air.

Deuxième opération, ou *bain gris*. On prend une quantité suffisante (dix seaux) de l'eau de soude forte, et on la mêle dans un cuvier avec deux seaux pleins de crottin de mouton; on verse alors dans ce mélange environ deux litres d'acide sulfurique, une livre (48 a 49 décagrammes) de gomme arabique, et une livre (48 à 49 décagrammes) de sel ammoniac; ces deux substances préalablement dissoutes dans une suffisante quantité d'eau de soude faible, et enfin vingt-cinq livres (un peu plus de douze kilogrammes) d'huile d'olive, dissoute ou mêlée dans deux seaux de liqueur de soude faible.

Les matériaux de ce bain étant bien mêlés, on y met, en le foulant, le coton jusqu'à ce qu'il soit bien trempé; on l'y tient ainsi pendant vingt-quatre heures, après quoi on le tord, puis on le fait sécher.

Le coton, après avoir été ainsi trois fois successivement trempé pendant vingt-quatre heures, tordu et séché, est à la fin bien lavé et séché.

Cette opération du *bain de fiente*, ou *bain bis*, comme l'appelle M. Vitalis, a pour but de communiquer, autant que possible, au coton les propriétés dont jouissent les substances animales d'entrer plus aisément en combinaison avec les matières colorantes, et de former avec elles des composés plus solides et plus durables.

La fiente de mouton contient une certaine quantité d'albumine et de matière animale particulière; elle s'emploie à Rouen à raison de 25 à 30 kilogrammes pour 100 kilogrammes de coton; on la fait tremper pendant quelques jours dans une lessive de soude à 8 ou 10 degrés; on la délaie ensuite avec 500 litres de lessive moins forte, et on l'écrase à la main, en même tems, dans une bassine de cuivre dont le fond est criblé de trous. On verse la liqueur dans un baquet avec 2 à 3 kilogrammes d'huile *grasse* ou *tournante*, et on mêle jusqu'à ce que le tout soit bien homogène et de la même couleur dans toutes ses parties.

On imprègne le coton de ce bain, en l'y travaillant pente à pente ; on le tord à la cheville et on laisse les pentes sur une table pendant dix à douze heures, avec l'attention de n'en mettre que deux ou trois l'une sur l'autre, pour que la charge ne fasse pas couler la couleur, après quoi on porte à l'étendage sur des pentes de bois blanc, ayant soin de secouer et de retourner de tems en tems les pentes, afin que le coton puisse sécher le plus également possible. Après que le coton a subi un certain degré de dessiccation, on le porte dans le séchoir chauffé de 55 à 60 degrés centigrades, où il perd le reste de l'humidité qu'il a conservée, et qui l'empêcherait de se combiner aux autres *mordans* qu'il doit recevoir ensuite. Ce qui reste du bain se nomme *avances*, et s'ajoute au bain suivant.

On donne au coton deux et même jusqu'à trois bains de fiente, lorsqu'on veut avoir des couleurs bien nourries.

Lorsque le coton a reçu les bains de fiente, il faut se donner bien de garde de le laisser long-tems entassé, dans la crainte qu'il ne s'enflamme, comme cela est arrivé plusieurs fois, par l'effet de la fermentation qui s'établit.

Troisième opération : trempe ou *bain blanc*. Cette partie du procédé est exactement la même que dans l'opération précédente, si ce n'est qu'il n'entre pas de crottin de mouton dans la composition de la trempe.

Ce bain se prépare, suivant M. Vitalis, en versant sur 3 kilogrammes d'huile grasse, 50 litres environ d'eau de soude à 1 degré, quelquefois moins, suivant que par un essai préliminaire on s'est assuré de la qualité de l'huile ; on mêle bien en agitant avec un râble, et en traversant plusieurs fois le bain d'un baquet dans un autre. On est assuré que le bain blanc est tel qu'il doit être, lorsque la lessive de soude reste combinée avec l'huile pendant quatre à cinq heures, au moins, et que celle-ci ne remonte pas à la surface ; on passe à l'eau le coton comme dans le bain de fiente ; on le laisse 10 à 12 heures sur la table, on l'étend et on le fait sécher.

Le bain blanc doit être répété deux, trois ou même un plus grand nombre de fois, suivant que l'on veut donner plus ou moins de corps à la couleur.

Quatrième opération : bain de noix de galle, ou *engallage*.

On fait bouillir vingt-cinq livres (plus de 12 kilogrammes) de noix de galle concassées dans dix seaux (150 litres) d'eau de rivière, jusqu'à diminution par ébullition du quart, du cinquième, ou de la moitié de cette quantité d'eau. On filtre la liqueur dans un cuvier, et l'on verse de l'eau froide sur les noix de galle restées sur le filtre, pour leur enlever par le lavage toute leur teinture.

Dès que la liqueur est portée à une douce chaleur, on y plonge le coton poignée à poignée, en le maniant avec soin pendant tout le tems, et on l'y laisse ainsi tremper pendant vingt-quatre heures; on le tord alors complètement et également, après quoi on le fait bien sécher sans le laver.

Cette opération de l'*engallage* est précédée, dans le procédé décrit par M. Vitalis, de deux autres opérations: l'une appelée *sels*, et qui consiste à réunir le reste des bains blancs, et en y ajoutant environ 100 litres de lessive de soude à 2 ou 3 degrés, à brasser le tout, et à presser le coton dans ce bain, une ou deux fois; l'autre nommée *dégraissage*, et qui consiste à faire tremper le coton pendant 5 ou 6 heures dans une dissolution tiède de soude, à 1 degré au plus de l'aréomètre; à laisser égoutter, à y jeter de l'eau ensuite, et au bout d'une heure à le laver pente à pente, afin de le purger entièrement de l'huile non combinée qui l'empêcherait de bien prendre la galle; ensuite à le tordre et à le faire sécher.

Les doses pour l'engallage sont d'ailleurs les mêmes, et la manipulation est la même que pour les bains huileux; on étend et l'on obtient de même la dessiccation bien uniforme. On remplace quelquefois, par économie, une pente de la galle, par du sumac; d'ailleurs l'engallage peut se faire en dix reprises, en faisant sécher entre chacun des deux engallages.

Cinquième opération: premier bain d'alun. On fait dissoudre vingt-cinq livres (plus de 12 kilogrammes) d'alun de Rome dans quatorze seaux (212 litres) d'eau chaude, mais sans porter cette eau jusqu'à l'ébullition. Après avoir bien écumé la liqueur, on y ajoute deux seaux (30 litres) d'eau de soude forte, puis on abandonne ce mélange jusqu'à ce qu'il ne soit plus que tiède; on y plonge alors le coton, en le maniant poignée par poignée, et on le laisse pendant vingt-quatre heures dans le bain; on le tord ensuite également, et on le fait sécher sans le laver.

M. Vitalis fait observer, avec raison, pour cet alunage, qu'il est indispensable que l'alun soit parfaitement pur et purgé complètement de la plus petite quantité de sels ferrugineux, sans quoi le rouge virerait infailliblement à la couleur lie de vin : il prescrit d'ailleurs 12 à 15 kilogrammes d'alun pour 100 litres d'eau, et l'addition d'une dissolution de soude faite avec la seizième partie du poids de l'alun, trop de soude pouvant décomposer l'alun.

Sixième opération : second bain d'alun. Cette opération est, en tous points, semblable à la précédente; mais le coton étant sec, on le fait tremper pendant six heures à la rivière; on le lave ensuite, et on le fait sécher.

Après avoir dit que les teinturiers qui engallent en deux fois, alunent aussi en deux fois, et pour les mêmes raisons, M. Vitalis fait du lavage de l'alun une huitième opération.

Septième opération : bain de teinture. Le coton ne se teint que par environ dix livres (4 à 5 kilogrammes) à la fois. Pour cela, on fait le mélange dans une chaudière de cuivre de vingt-huit seaux (424 litres) d'eau à une douce chaleur avec environ neuf litres de sang de bœuf; après avoir bien remué le mélange, on y ajoute vingt-cinq livres (un peu plus de 12 kilogrammes) de garance; puis on remue bien le tout ensemble.

On plonge alors dans la liqueur le coton, que l'on a étendu d'avance sur des bâtons, on l'y remue en le retournant continuellement pendant une heure, et en augmentant par degrés la chaleur, jusqu'à ce qu'au bout de ce tems la liqueur commence à bouillir. On retire alors le coton de dessus les bâtons, et on le fait bouillir dans la liqueur une heure de plus; enfin on le lave et on le fait sécher.

On prend ensuite assez de la liqueur bouillante qui reste pour porter à une douce chaleur avec de l'eau fraîche la liqueur dont on charge de nouveau la chaudière, et qui sert à préparer, de la même manière que ci-devant, une liqueur de teinture pour la nouvelle quantité suivante de dix livres (4 à 5 kilogrammes) de coton.

Le *garançage*, au bain de teinture, se compose, dans le procédé décrit par M. Vitalis, de 25 kilogrammes de garance que l'on ajoute à 400 litres d'eau où l'on a versé 25 litres de sang de bœuf ou de mouton : dès que le mélange d'eau et de sang commence à tiédir, on y plonge jusqu'à 25 kilogrammes de coton; mais le plus ordinairement 12 à 13 kilogrammes seulement, suspendu sur les lisoirs à deux matteaux par lisoir. On agite et on retourne pendant une heure ou cinq quarts d'heure, en conduisant le feu de manière que le bain soit dans cet espace de tems arrivé au bouillon ; on retire alors les mateaux du lisoir, et on soutient l'ébullition pendant trois quarts d'heure ou une heure au plus, puis on retire le coton de la chaudière, et on laisse égoutter et refroidir ; on lave à la rivière jusqu'à ce que l'eau soit claire, et on fait sécher. Pour obtenir une couleur plus unie, on teint ordinairement en deux fois, en partageant en deux aussi les 25 kilogrammes de garance, et on lave, sans sécher, entre les deux garançages.

Huitième opération : bain pour fixer. Après avoir mêlé ensemble parties égales de la liqueur des bains gris et blanc ci-dessus, en quantité de cinq ou six seaux (75 à 90 litres chacun) ; on enfonce le coton dans ce mélange, et on l'y laisse tremper pendant six heures ; on le tord alors médiocrement et également, et on le fait sécher sans le laver.

Cette opération, dit M. Vitalis, paraît maintenant abandonnée : mais on *sikioute* le coton teint, c'est-à-dire qu'on le passe dans un bain blanc ordinaire qui prend le nom de *sikiou*, et qu'on le fait sécher. Dès qu'il est sec, on le fait bouillir dans un bain de 3 à 4 kilogrammes de savon, et on donne ensuite l'*avivage* avec un bain de 1 à 2 kilogrammes d'huile grasse, 2 à 3 kilogrammes de savon blanc de Marseille et 600 litres d'eau de soude à 2 degrés. Dès que l'avivage a enlevé au *gros rouge* la teinte brune et sombre, et que le rouge est bien découvert, on cesse le feu, on laisse refroidir le coton dans la chaudière ; on exprime ensuite, on lave bien à la rivière, on tord à la cheville et sans sécher ; on procède au *rosage*, qui s'exécute avec 600 litres d'eau dans lesquels on fait dissoudre 8 à 9 kilogrammes de savon blanc, auquel on ajoute, quand il est bien dissous et que le savon a jeté quelques bouillons, 60 à 70 décagrammes de *sel d'étain* dans deux litres d'eau tiède aiguisée avec 20 à 25 décagrammes d'acide nitrique à 20 degrés, le *sel d'étain* ainsi préparé se verse peu à peu, tandis qu'un ouvrier agite et mêle le bain, de manière à ce qu'il soit bien homogène. On y jette le coton, on fait bouillir à petit feu, et on retire dès que le rouge a acquis un beau vif ; on lave le coton encore chaud, on fait sécher, et tout le procédé de teinture, suivant M. Vitalis est terminé.

Neuvième opération : bain d'avivage. Après avoir fait dissoudre avec soin et complètement dix livres (4 à 5 kilogrammes) de savon blanc dans soixante ou quatre-vingts livres (29 ou 39 kilogrammes) d'eau chaude, en observant qu'il ne reste aucun petit morceau du savon non dissous, ce qui occasionerait des taches sur le coton, on ajoute quatre seaux (60 litres) d'eau de soude forte, et l'on remue bien. On enfonce le coton dans cette liqueur, on l'y maintient au moyen de bâtons assujettis dessus, et on la couvre après l'avoir fait alors bouillir doucement pendant deux heures; on le lave, puis on le fait sécher, et tout le procédé de teinture du coton est terminé.

On trouve dans les Mémoires de l'Institut, volume II, un exposé par M. Chaptal, des principes sur lesquels sont fondées les opérations si multipliées de la teinture en rouge d'Andrinople, qui est par elle-même d'une grande importance, et dont les procédés peuvent trouver partiellement plusieurs applications utiles.

M. Chaptal fait voir que ces opérations ont pour objet une triple combinaison: la première, celle de l'huile avec l'étoffe; la seconde, celle du tannin avec la première; la troisième, celle de l'alumine avec les deux précédentes; enfin, on ajoute à cette triple combinaison, celle de la substance colorante de la garance. On en sépare la partie fauve par l'avivage; on augmente l'éclat de la partie rouge par une application bien ménagée de la dissolution d'étain.

Pour rendre l'huile disposée à se combiner avec l'étoffe, on lui communique de la solubilité dans l'eau au moyen de la soude; mais il est nécessaire que l'huile soit peu retenue par l'alcali; on ne doit donc employer qu'une faible dissolution de soude, et l'huile doit rester dominante pour que l'alcali ne puisse l'enlever et la séparer de l'étoffe.

Pour que l'huile soit propre à se combiner avec l'étoffe, il ne faut pas que ce soit une *huile fine*; mais elle doit être disposée à former une combinaison solide, et, par conséquent, elle doit contenir une forte portion de principe extractif.

La noix de galle a de l'avantage sur les autres astringens, parce que l'acide gallique tendant à se combiner avec l'alcali, qui a été retenu par l'étoffe, favorise la combinaison plus intime de l'huile avec l'étoffe et le tannin.

M. Chaptal fait observer, à cette occasion, qu'il est possible de reconnaître la combinaison de l'huile avec le tannin, en mêlant une décoction de noix de galle avec une dissolution de savon. Il importe d'opérer cette combinaison dans de justes proportions; car si l'astringent domine, elle devient noire; s'il est en trop petite quantité, la couleur est trop faible.

Lorsqu'on mêle du sulfate ou de l'acétate d'alumine avec une décoction de noix de galle, il se forme un précipité grisâtre; de même, le coton engallé devient gris à l'instant où on le plonge dans une dissolution alumineuse; on doit éviter de se servir d'une dissolution trop chaude, parce qu'une portion de l'astringent se dissoudrait, ce qui apauvrirait la couleur.

M. Haussman, fabricant de toiles peintes, avantageusement connu parmi les chimistes qui s'occupent utilement du perfectionnement des arts, publia, en 1801, des observations intéressantes sur le garançage, suivies d'un procédé simple et constant, pour obtenir de la plus grande beauté et solidité, la couleur connue sous la dénomination de rouge du Levant, ou d'Andrinople. Ce fabricant annonce, dans ses observations, s'être servi avec succès de la dissolution d'alumine par l'alcali. Pour obtenir cette dissolution, il précipite l'alumine du sulfate d'alumine par la potasse rendue caustique, dont il ajoute une quantité suffisante pour que tout le précipité qui s'est formé d'abord soit redissous; il ajoute à cette dissolution un trente-troisième d'huile de lin, qui forme une liqueur ayant l'apparence du lait. Comme l'huile se séparerait avec le tems, il faut agiter la liqueur avant de s'en servir. Les écheveaux de coton, ainsi que ceux de lin, doivent y être successivement trempés, exprimés également, et séchés à l'ombre pendant vingt-quatre heures; après cela, on lave et l'on renouvelle l'opération. Deux imprégnations suffisent pour donner un beau rouge; mais, au moyen d'une troisième ou d'une quatrième, on a des couleurs très brillantes.

L'intensité du rouge, continue M. Haussman, dépend de la quantité de garance que l'on emploie dans la teinture; avec partie égale en poids des écheveaux, la couleur devient rosée par l'avivage; avec quatre parties, on obtient le plus beau rouge. M. Haussman prescrit d'ajouter toujours du carbonate de chaux à la garance, lorsque l'eau dont on fait usage n'en contient pas naturellement; il n'emploie pour l'avivage que l'eau contenant un sachet de son, dont il soutient l'ébullition pendant huit heures en renouvelant celle qui s'évapore.

On peut se procurer une grande variété de nuances différentes, en donnant au coton une autre couleur avant de le passer au bain huileux.

Si l'on fait bouillir pendant quelques minutes, dans de l'eau de savon, du coton teint par un procédé quelconque avec la garance, il prend une couleur rosée; si on le comprime, alors on en exprime une matière grasse qui a la couleur du rouge d'Andrinople. Il a été observé, dès 1764, par Œtinger, que l'huile avait la propriété de dissoudre la partie colorante du rouge d'Andrinople, de manière que si on l'humecte d'huile, sa couleur se communique au coton blanc avec lequel on le frotte quelque tems. Dans ses recherches sur la cause physique de l'adhérence de la couleur rouge, insérées dans les *Mémoires des savans étrangers*, l'abbé Mazéas a, depuis long-tems, prouvé que l'huile est d'un emploi indispensable dans la préparation de la teinture en rouge d'Andrinople.

L'espèce de garance qu'on emploie influe beaucoup sur la couleur qu'on obtient, il paraît indispensable, pour avoir une couleur égale à celle du rouge d'Andrinople, de faire usage, de préférence, de l'espèce de garance qui nous vient du Levant, et qu'on distingue ordinairement par le nom d'*alizari*. La teinture qu'elle fournit est en effet, suivant M. le Pileur d'Appligny, incomparablement plus belle que celle que donne la plus belle garance de Zélande.

On doit distinguer, dans le coton teint en garance, la faculté de résister long-tems à l'action de l'air, et celle de ne point éprouver l'action des alcalis et du savon. Cette dernière faculté ne peut s'obtenir que par le moyen des graines et des huiles; mais la première dépend principalement des mordans qu'on a employés et des autres manipulations.

Il convient donc, indépendamment de la beauté de la couleur, d'employer des procédés analogues à celui du rouge d'Andrinople, pour les objets qui sont sujets à éprouver des lessives et de fréquens savonnages.

M. Thyllaye recommande, pour la teinture en rouge d'Andrinople, sur tissu de coton et de lin, le procédé suivant, réduit à quatre opérations principales : *huiler*, *mordancer*, *teindre*, *aviver*; avant lesquelles les pièces ne doivent recevoir que des demi-blancs. On les fait bouillir dans un bain de savon de 122 grammes ($\frac{1}{4}$ de livre) par pièce, pendant quatre heures; on les rince; cette opération préliminaire a pour but de leur faire prendre uniformement le bain blanc.

1re *Opération. Huiler.* — Nous supposerons en travail six pièces de 30 à 32 aunes sur $\frac{5}{4}$, pesant environ 3 kil. 50 (7 livres) afin de fixer les bases de chacune des opérations.

Le bain blanc se prépare en mettant dans une cuve en bois blanc 23 kil. 25 (25 livres) d'huile tournante; après y avoir ajouté 30 pots d'eau de rivière que l'on porte à 25° dans l'hiver, et avoir brassé le mélange pour que l'eau et l'huile aient la même température, on y met 3 kilogrammes (6 livres $\frac{1}{2}$) de potasse, et l'on brasse jusqu'à ce que la potasse soit dissoute; si l'opération a été bien dirigée, il ne doit pas surnager d'huile à la surface du bain, et celui-ci doit présenter l'apparence de la crême.

On plaque les toiles avec ce bain au moyen du foulard, on les place dans une chambre chaude, dont la température doit être de 40 à 50° : il faut environ trois heures pour les sécher. Si le tems le permet, on expose les toiles sèches sur le pré et au soleil pendant deux heures, on relève, et on les plaque de nouveau dans le bain blanc, comme nous venons de l'indiquer; il faut passer les pièces six fois dans le bain blanc, sécher entre chaque opération, et exposer sur le pré si le tems le permet. Dans l'hiver, où le tems ne permet pas l'exposition sur le pré, on donne douze passages; dans le printems ou l'automne il en faut huit. Nous observerons que la pratique est le seul guide que l'on doive suivre à cet égard. Quelquefois on peut manquer de bain blanc pour les derniers passages, alors on ajoute l'eau provenant du foulage sur lequel nous allons revenir, en ayant toutefois le soin de la faire chauffer à une température un peu plus élevée que celle du bain blanc; sans cette précaution, l'huile s'en séparerait et viendrait nager à la surface; on peut obvier à cet accident en l'enlevant et y ajoutant 225 grammes ($\frac{1}{2}$ livre) de potasse. La pratique a démontré que dans l'hiver il vaut mieux employer un ancien bain blanc qui a déjà servi, qu'un bain nouveau.

Les rouges que l'on obtient avec l'exposition au soleil, sont très vifs, tandis qu'il est difficile d'en obtenir autrement. Dans l'été, lorsqu'on expose les pièces sur le pré pendant trois ou quatre heures, surtout à midi, le rouge tire sur l'écarlate; mais si on laisse plus long-tems, l'étoffe perd de sa force. L'altération est d'autant plus grande, que la quantité d'huile acidifiée sur le tissu est plus considérable.

Lorsque l'on emploie la crotte de mouton pour mêler au bain blanc, il faut avoir le soin de la délayer de suite dans une portion de bain, afin d'éviter qu'elle ne se décompose; un pot suffit pour les proportions indiquées. Soit que l'on emploie la crotte de mouton, ou seulement le bain blanc, il faut éviter de laisser les pièces entassées les unes sur les autres, au sortir du séchoir ou du pré; elles s'échauffent quelques fois au point de se carboniser et même de s'enflammer, accident dont nous avons été malheureusement témoin. Dans l'été, cela peut arriver dans l'espace de huit à douze heures; c'est pour éviter l'échauffement que l'on est dans l'usage de placer les pièces les unes à côté des autres, de les éventer avant de les sortir du séchoir, en ouvrant portes et fenêtres. Il est à remarquer que les accidens ont lieu, surtout, lorsque l'on s'est servi de crotte de mouton.

L'huilage des toiles de coton ou de lin, a pour but, de former autant de sur-margarate de potasse ou de soude que possible sur le tissu. Ce sel insoluble fixe d'une manière intime l'alumine et les matières colorantes de la garance, et les rend par cela même capables de résister à l'action des opérations de l'avivage.

Après que les toiles ont été imprégnées des bains blancs, pour les disposer à recevoir le mordant, on les dégorge afin d'en séparer l'huile non combinée à l'étoffe. A cet effet, on place une cuve en bois dans un endroit frais, on y met les pièces par couches; on les recouvre avec de l'eau tiède dans laquelle on a préalablement fait dissoudre 245 grammes (8 onces) de potasse, et après avoir couvert le baquet, on les laisse tremper pendant dix-huit heures. On les retire, puis en les tord pour en extraire le bain: on met deux ou trois pièces dans un baquet avec de l'eau tiède, puis on les foule au pied ou avec le foulon, et on les tord. Le liquide qui reste dans ces deux opérations est désigné sous le nom de bain blanc faible. Après avoir dégorgé à l'eau courante et lorsque celle-ci en sort limpide, on fait sécher.

2e *Opération. Mordancer.* — On peut, avant de mordancer les pièces, les engaller: quelquefois cependant, on supprime l'engallage, quoique les rouges obtenus par cette opération résistent mieux aux avivages.

On prépare le bain de galle, en dissolvant dans vingt pots d'eau chaude, 2 kil. 94 (6 livres) alun auquel on ajoute à froid six pots de décoction de galle à 6°. On foularde les pièces dans ce bain, et l'on sèche à la chambre chaude; après deux jours, on les dégomme avec craie et bouse à 50°; on nettoie à fond, et l'on sèche.

On foularde ensuite dans un bain d'alumine composé de trente-deux pots d'eau, 8 kilogrammes (16 livres) d'alun, (sulfate d'alumine et de potasse) et 8 kilogrammes (16 livres) d'acétate de plomb; on tire à clair; on sèche; et après trois jours, on dégomme les pièces en eau de craie à 50°; on nettoie ensuite à fond.

3e *Opération. Garancer.* — Cette opération doit se faire en deux fois, à raison de 4 kilogrammes (8 livres) de garance d'Avignon. On monte la chaudière avec 12 kilogrammes (24 livres); on conduit l'opération pendant trois heures; on arrive jusqu'au bouillon; on met bas et l'on rince; pour le deuxième garançage, on met les 12 kilogrammes (24 livres) et l'on fait bouillir une heure; l'opération doit également se faire en trois heures; on nettoie bien exactement, en ayant soin de tenir au large de tems à autre pour bien égaliser la teinte.

4e *Opération. Aviver.* — Cette dernière opération se subdivise en *avivage* et *rosage*. Dans la chaudière d'*avivage*, lorsqu'elle est prête à bouillir, on met pour les six pièces; 2 kil. 45 (5 livres) sous-carbonate de soude; 1 kil. 47 (3 livres) savon; puis on ajoute, en remuant, 91 à 92 grammes (3 onces) sel d'étain; on y entre les pièces attachées bout à bout, et l'on place un toile claire sur la chaudière, pour éviter que les pièces ne bouchent les orifices. On doit y entrer les pièces au bouillon, et le continuer 13 heures; on les retire pour rincer.

Pour le rosage, on dispose la chaudière de la même manière; on y dissout 1 kil 47 (3 livres) savon, puis on y verse par portions 91 à 92 grammes (3 onces) sel d'étain; on y entre les pièces et on laisse bouillir pendant 10 heures; on tord, on bat et l'on rince: afin de dégraisser, on donne une légère eau de son et un bain de chlorure de potasse.

Il arrive quelquefois que l'on est obligé de donner encore un autre avivage lorsque les pièces sont trop grasses ou même que le rouge tire trop sur le brun, ce qui provient de ce que les pièces n'ont pas été bien dégorgées du bain blanc superflu, ou de ce que l'on a employé beaucoup trop de garance. On peut obvier au premier de ces inconvéniens en remplaçant le sous-carbonate de soude, dans l'avivage, par 2 kil. 45 (5 livres) de potasse, et au second en passant fortement les toiles en chlorure de potasse étendu d'eau.

Si le rouge prend une teinte rosée dans l'avivage, il faut en conclure: ou que la quantité d'huile combinée avec l'étoffe n'est pas assez grande, et il n'y a qu'à augmenter le nombre des passages; ou que la qualité de l'huile était mauvaise, et c'est inutilement alors que l'on voudrait forcer le rouge en augmentant le degré du mordant et la quantité de garance; le rose reparaît par l'opération de l'avivage. Lorsque le rouge prend une teinte trop cramoisie, on expose les pièces sur le pré pendant deux jours, il acquiert ainsi une nuance écarlate en prenant de la vivacité.

Rose garance-huilé. On donne pour les fonds roses, 4 à 5 huilages comme nous l'avons indiqué pour le rouge d'Andrinople. On ne plaque pas en mordant, mais on passe les pièces dans du mordant d'alumine, à tiède, de 2° à 3°; on donne 5 à 6 tours; on rince et l'on sèche. On passe les pièces dans une légère eau de craie, et l'on garance avec

2 kilogrammes (4 livres) par pièce. Ces roses s'avivent comme les rouges, seulement on diminue les proportions de moitié.

Violet sur tissu huilé. — Préparez les pièces comme pour le rose, et, au lieu de passer dans le bain d'alumine, manœuvrez les pièces dans un baquet qui contient pour 40 pots, 1 pot nitrate de fer; rincez, séchez, dégommez en eau de craie, et teignez avec 2 kilogrammes (4 livres) garance; avivez comme les roses.

Cochenille, en écarlate sur laine. — C'est la plus belle et la plus éclatante des couleurs de la teinture. On n'est pas d'accord sur la nuance qu'on préfère. On la désire quelquefois d'un rouge parfait et plus foncé, et plus souvent on veut que cette nuance incline plus ou moins à la couleur du feu.

La teinture écarlate sur laine s'exécute, suivant M. Thénard, en deux opérations : la première s'appelle *bouillon*, et la seconde *rougie*.

Première opération ou *bouillon.* — Supposons qu'il s'agisse de teindre 50 kilogrammes de drap, on versera 800 à 900 kilogrammes d'eau, et 3 kilogrammes de crême de tartre, dans une chaudière d'étain ou de cuivre étamé. Lorsque la liqueur sera parvenue à la température de 50 degrés, on l'agitera pour dissoudre la crême de tartre; on y versera deux hectogrammes et demi de cochenille en poudre, et un moment après, deux kilogrammes et demi de dissolution d'étain très limpide. Alors il faudra y plonger le drap, le faire circuler rapidement pendant deux ou trois tours, ralentir le mouvement, laisser le drap dans la teinture bouillante pendant deux heures, le retirer du bain, l'éventer, le laver à la rivière, et procéder à la seconde opération.

Deuxième opération ou *rougie.* — Cette opération se fait en prenant la moitié de l'eau de l'opération précédente, la versant dans la chaudière, la chauffant jusqu'à ce qu'elle soit prête à entrer en ébullition, y projetant 2 kilogrammes 75 de cochenille pulvérisée et tamisée, agitant fortement le bain, y ajoutant, au bout d'un certain tems, 7 kilogrammes de dissolution d'étain (1), puis y plongeant le

(1) M. Thénard indique comme le moyen le plus sûr à employer pour préparer la dissolution d'étain, celui ci-après : on prend 8 grammes d'acide nitrique à 30 degrés, 1 gramme de sel ammoniac et 1 gramme d'étain d'Angleterre ou de Malaca : on fait d'abord dissoudre le sel ammoniac dans l'acide, après quoi on y ajoute l'étain en grenaille, puis on étend la dissolution d'un quart de son poids d'eau.

drap, le faisant circuler comme la première fois, le laissant dans le bain pendant une demi-heure, à la température de l'ébullition, le retirant, l'éventant et le faisant sécher.

Les proportions de cochenille et d'étain, soit du *bouillon*, soit de la *rougie*, varient d'ailleurs suivant la nuance plus ou moins foncée d'écarlate que l'on veut obtenir. La qualité de la cochenille influe encore aussi bien que celle de la dissolution d'étain, sur ces mêmes proportions.

Pour donner plus de feu et de vivacité à l'écarlate, on lui communique une teinte jaunâtre en ajoutant une certaine quantité de fustet ou de curcuma au premier bain.

Le second bain, qui a servi à teindre, n'est pas épuisé de matière colorante, lorsqu'on en retire le drap. On peut s'en servir, dit M. Thénard, pour obtenir les nuances capucine, cassis, orange, jonquille, couleur d'or, de cerise, de chair, de chamois, etc., etc., en y ajoutant des quantités variables de fustet, d'hydrochlorate d'étain et de crême de tartre. L'écarlate paraît être, suivant M. Thénard, une combinaison de laine, de matière colorante, d'acide tartrique, d'acide hydrochlorique, et de peroxide d'étain. Ce n'est pas inutilement qu'on a divisé en deux parties l'opération par laquelle on la prépare; si l'on faisait bouillir ensemble tous les corps qui entrent dans la composition de cette teinture, on n'obtiendrait qu'une nuance peu foncée.

Lorsque l'on traite à plusieurs reprises du drap écarlate par l'eau bouillante, il prend d'abord une couleur cramoisie, et finit par devenir couleur de chair. La combinaison qui constitue l'écarlate est donc altérable par l'eau; elle l'est aussi par les alcalis et le savon; ces substances la font passer sur-le-champ au cramoisi, même à la température ordinaire; mais on peut la ramener au rouge en la mettant en contact avec les alcalis faibles.

On voit d'après cela, continue M. Thénard, qu'on peut teindre en cramoisi les draps déjà teints en écarlate, et qu'à cet effet, il suffit de les traiter par un alcali : l'ammoniaque est celui qui réussit le mieux. On parvient encore aux mêmes résultats, en se servant d'une dissolution bouillante d'alun; toutefois l'on n'emploie guère ces procédés que dans les cas où la couleur écarlate n'est pas belle, et dans toute autre circonstance, on teint directement en cramoisi en faisant bouillir le drap dans le bain de teinture; et composant ce bain pour chaque partie du drap, par exemple, de 15 à 20 parties d'eau, de $\frac{1}{5}$ de partie d'alun, de $\frac{1}{10}$ de crême de tartre, de $\frac{1}{12}$ de cochenille, et d'une très petite quantité de dissolution d'étain.

Les cramoisis solides s'obtiennent toujours en teignant directement en cette couleur : on les brunit en les passant dans une dissolution de sulfate de fer à laquelle on ajoute un peu de décoction de bois de fustet, si on veut leur donner un œil de jaune.

Cochenille en amaranthe sur coton. — On foularde une pièce de coton dans un mordant d'acétate d'alumine à 10 degrés, dit M. Thillaye, et après avoir séché à la chambre chaude pendant deux jours, on dégomme dans une eau de craie à une chaleur de 50 degrés; puis on nettoie.

On prépare une décoction de 245 grammes (8 onces) de cochenille dans 10 litres d'eau environ ; on verse cette décoction dans une chaudière qui contient de l'eau froide et en même tems une autre décoction de 92 grammes (3 onces) de noix de galle. On y entre la pièce ; on élève la chaleur du bain graduellement jusqu'au bouillon ; on lève et nettoie. L'opération doit durer environ deux heures. Si l'on ajoute du bois de campêche au bain de cochenille, on obtient de très beau lilas.

Kermès ; Ecarlate de graine, et de demi-graine, sur laine. — Pour teindre, dit le docteur Ure, la laine filée, on commence par la faire bouillir pendant une demi-heure dans de l'eau avec du son, et ensuite deux heures dans un bain frais avec un cinquième d'alun de Rome, et un dixième de tartre ; on y ajoute ordinairement l'eau *sure.* On la retire après cette ébullition, on l'enferme dans un sac de toile, qu'on porte dans un lieu frais, où on le laisse pendant quelques jours. Pour avoir une couleur saturée, on jette dans un bain tiède trois quarts de kermès, ou même partie égale en poids de la laine que l'on met dans le bain au premier bouillon. Comme la densité du drap est plus grande que celle de la laine, soit filée, soit en toison, il demande un quart de moins des sels dans le bouillon, et de kermès dans le bain ; la couleur que le kermès communique à la laine a beaucoup moins d'éclat que l'écarlate qu'on fait avec la cochenille ; d'où il résulte que cette dernière teinture en écarlate a été préférée généralement dès qu'on a connu l'art de relever la couleur propre à la cochenille par le moyen de la dissolution d'étain.

Cette couleur a, suivant Berthollet, beaucoup de solidité, et l'on peut en effacer les taches de graisse sans l'altérer. C'est un rouge de sang, qui s'est conservé sans éprouver de changement dans les anciennes tapisseries. On donne à l'écarlate de kermès le nom d'*écarlate de graine*, parce qu'on prenait cet insecte pour une graine.

On appelle écarlate *demi-graine*, celle pour laquelle on emploie moitié kermès et moitié garance. Ce mélange donne une couleur très solide, mais qui n'est pas vive, et qui tire un peu sur la couleur du sang. Il a été publié en 1790, dans les *Annales de Chimie*, vol. 11, quelques essais par M. J. P. Vogler, sur le kermès et sur son utilité dans l'art de la teinture. On y voit, 1. que M. Vogler, après avoir trempé des échantillons de soie, laine, fil et coton, dans une dissolution de quatre gros (14 gr., 30) d'alun, trois gros (11 gr.,47) de sel commun, et douze onces (367 grammes) d'eau, et les avoir lavés et séchés, les trempa dans une dissolution de baies de France, *Rhamus insec.* Linnée. La soie et la laine étaient d'un ponceau vif; le fil et le coton étaient rose-lilas.

2. En saturant ces mêmes échantillons de décoction de kermès, les échantillons de laine et de soie sont devenus cramoisi sombre, et les deux autres lilas foncé.

3. En trempant les échantillons dans une dissolution d'hydrochlorate, ou nitrate, ou sulfate de magnésie, de chaux, et en les plongeant ensuite dans une décoction de kermès, ils ont tous pris une teinte de rose pâle.

4. Si après avoir fait tremper ces échantillons pendant six heures dans du nitrate d'étain, on les plonge dans une décotion de kermès, la laine et la soie prennent une couleur écarlate, le fil et le coton, une couleur rouge-jaune pâle. Si, à la décoction du kermès, on ajoute depuis un quart jusqu'à une demi-partie de baies de France. *Rhamus insec.* Lin., les échantillons y prendront une couleur plus orangée.

5. Si, après avoir trempé les échantillons dans une dissolution d'alun et de sel commun, on les plonge dans une décoction de noix de galle, ils y prendront une couleur verdâtre.

6. Les mêmes échantillons, trempés pendant six heures dans une dissolution de nitrate d'étain, et plongés ensuite dans une décoction de noix de galle, y prendront une couleur jaunâtre.

7. Si l'on trempe les échantillons dans une dissolution de nitrate d'étain, ensuite dans une dissolution d'alun et de sel marin, et qu'après, on les plonge dans une dissolution de kermès, la laine et la soie deviendront jaune-rouge pâle. Le fil et le coton prendront une couleur cramoisie,

aussi belle que celle que le bois de Fernambouc et la cochenille pourraient leur procurer.

Il y a plusieurs autres insectes qui pourraient également, suivant Berthollet, donner une couleur rouge; quelques-uns même ont été employés, mais les avantages que présente la cochenille en ont fait abandonner ou négliger l'usage.

Laque sur laine. — Le procédé pour teindre en écarlate de laque est le même que celui de l'écarlate de cochenille ; il se divise de même en deux opérations, le *bouillon* et la *rougie* : les seules modifications qu'exige l'emploi de la laque, sont, suivant M. Vitalis, 1. d'augmenter la quantité de dissolution d'étain d'un quart ou d'un cinquième environ ; 2. de ne mettre à la rougie la laque dans le bain qu'après que la cochenille a bouilli avec la dissolution d'étain, pendant le tems convenable, et que le bain a été rafraîchi, et de ne chauffer ensuite qu'à une température très modérée sans quoi la laque teindrait d'une manière inégale ; 3. de laver le drap très chaud au sortir de la chaudière, parce que les parties résineuses qui s'y sont formées ne s'en détachent que très difficilement lorsqu'elles sont refroidies.

Orseille, laine et soie. — Pour teindre avec l'orseille, Berthollet indique de délayer dans un bain d'eau, lorsqu'elle commence à devenir tiède, la quantité d'orseille qu'on juge nécessaire selon la quantité de laine ou d'étoffe qu'on a à teindre, et selon la nuance à laquelle on veut les porter; on chauffe ensuite le bain (dans lequel on ajoute un peu de dissolution d'étain), jusqu'à ce qu'il soit prêt à bouillir, et l'on y passe la laine ou l'étoffe sans autre préparation que d'y tenir plus long-tems celle qu'on veut rendre plus foncée. On obtient ainsi un beau gris de lin tirant sur le violet; mais cette couleur n'a aucune solidité, de sorte qu'on emploie rarement l'orseille dans une autre vue que de modifier, de rehausser, et de donner de l'éclat aux autres couleurs.

Hellot assure qu'ayant employé l'orseille sur la laine bouillie avec l'alun et le tartre, la laine n'a pas plus résisté à l'air que celle qui n'a reçu aucune préparation ; mais il dit avoir obtenu de l'orseille d'herbe une couleur beaucoup plus solide, en mettant dans le bain un peu de dissolution d'étain, par-là, dit-il l'orseille perd sa couleur naturelle, et en prend une qui approche plus ou moins de l'écarlate, selon la quantité de dissolution d'étain qu'on emploie. Il faut exécuter ce procédé à peu près de la même manière que celui de l'écarlate, si ce n'est qu'on peut teindre dans un seul bain. L'orseille d'herbe est préférable à l'orseille d'Auvergne (matière colorante extraite du lichen parellus), par un plus grand éclat qu'elle communique aux couleurs, et par une plus grande quantité de parties colorantes; elle a, de plus, l'avantage de soutenir l'ébullition; enfin cette dernière ne peut s'allier avec l'alun, qui en détruit la couleur; mais l'orseille d'herbe a l'inconvénient de teindre d'une manière inégale, à moins qu'on n'ait l'attention de passer le drap dans l'eau chaude aussitôt qu'il sort de la teinture.

On ne se sert pas de l'orseille seule pour teindre la soie, si ce n'est pour les lilas; mais on passe souvent la soie dans un bain d'orseille, soit avant de la teindre dans d'autres bains, soit après qu'on l'y a teinte, pour modifier différentes couleurs, et pour leur donner de l'éclat.

On fait bouillir dans une chaudière de l'orseille en quantité proportionnée à la couleur qu'on veut avoir; on fait écouler toute chaude la liqueur claire du bain d'orseille, en laissant le marc au fond, dans une barque de grandeur convenable, sur laquelle on lise, avec beaucoup d'exactitude, les soies qui viennent d'être dégorgées du savon, jusqu'à ce qu'elles aient atteint la nuance que l'on désire; après cela, on leur donne une battue à la rivière.

En général, fait observer Berthollet, l'orseille est un ingrédient très utile en teinture; mais, comme elle est très riche en couleur, et qu'elle communique un éclat séduisant, les teinturiers sont souvent tentés d'en abuser et de passer les proportions qui peuvent ajouter à la beauté, sans nuire, d'une manière dangereuse, à la solidité des couleurs; néanmoins, la couleur qu'on en obtient lorsqu'on emploie de la dissolution d'étain, est moins fugitive que sans cette addition; elle est rouge et approche de celle de l'écarlate. Il paraît que c'est le seul ingrédient qui puisse augmenter sa solidité. On peut employer la dissolution d'étain, non seulement dans le bain de teinture, mais pour la préparation de la soie: alors, en mêlant l'orseille à d'autres substances colorantes, l'on peut obtenir des couleurs qui ont de l'éclat, et une solidité suffisante.

Brésil sur laine, soie et coton.—La laine plongée dans le jus de Brésil ne prendrait, ajoute Berthollet, qu'une teinte faible, qui se détruirait promptement, si on ne le préparait convenablement. Pour cela, on fait bouillir la laine dans une dissolution d'alun, à laquelle on ajoute seulement le quart, ou même moins, de tartre: une plus grande proportion de tartre rendrait la couleur plus jaune; on tient la laine imprégnée, au moins pendant huit jours, dans un lieu frais; après cela, on la teint dans le jus de Brésil, en le faisant bouillir légèrement; mais les premières parties colorantes qui se déposent donnent une couleur moins belle; de sorte qu'il convient de faire passer d'abord dans le bain une étoffe grossière. On obtient, de cette manière, un rouge vif qui résiste assez bien à l'air.

On peut donner ainsi, et par d'autres moyens, assez de solidité aux couleurs du Brésil; cependant ces couleurs ne peuvent être comparées, sous ce rapport, à celles qu'on obtient par la cochenille ou la garance. On donne quelquefois de l'éclat à la couleur qu'on tire de cette dernière substance, en passant le bois qui est teint, dans le jus de Brésil; mais cet éclat disparaît bientôt.

On fait usage, suivant Berthollet, du bois de Brésil pour teindre la soie en cramoisi, que l'on nomme *faux*, pour le distinguer du cramoisi que l'on fait par le moyen de la cochenille, et qui est beaucoup plus solide.

La soie doit être cuite, à raison de vingt parties de savon sur cent, et ensuite alunée: l'alunage n'a pas besoin d'être aussi fort que pour le cramoisi fin; on rafraîchit la soie à la rivière et on la passe dans un bain plus ou moins chargé de jus de Brésil, selon la nuance qu'on veut lui donner; lorsqu'on s'est servi d'eau, dépourvue de sels terreux, la couleur est trop rouge pour imiter le cramoisi; on lui donne cette qualité, ou en passant la soie dans une légère dissolution alcaline, ou en ajoutant un peu d'alcali dans le bain; on pourrait aussi la laver dans une eau dure, jusqu'à ce qu'elle eût pris la nuance qu'on désire.

Pour faire les cramoisis plus foncés, mais faux, ou rouges-bruns, on met dans le bain de Brésil, après que la soie en est imprégnée, du jus de bois de campêche; on y ajoute même un peu d'alcali selon la nuance qu'on veut obtenir.

La dissolution d'étain ne peut être employée avec le jus de bois de Brésil, pour la teinture de la soie, de même qu'avec la cochenille, et la raison en est la même: les molécules colorantes se séparent trop promptement pour pouvoir se fixer sur la soie, qui n'a pas pour elles une attraction aussi efficace que la laine; mais, ainsi que le fait remarquer Bergman, on peut, en faisant macérer la soie dans une dissolution froide d'étain, améliorer de beaucoup la couleur des bois de teinture. Une forte décoction de bois de Brésil donne, suivant lui, à la soie jaune une couleur d'écarlate, inférieure, à la vérité, à celle de la cochenille, mais plus belle et plus solide que par la seule macération dans l'alun ; et elle peut résister à l'épreuve du vinaigre comme le cramoisi et le ponceau fin.

Poerner a fait un grand nombre d'essais sur les moyens que l'on peut employer pour teindre le coton, par le moyen du bois de Brésil, en faisant usage de différens mordans tels que l'alun, la dissolution d'étain, le sel ammoniac, la potasse, etc., dans le bain ou dans la préparation de l'étoffe; mais il n'a pu obtenir des couleurs qui résistassent à l'action du savon, quoique quelques-unes pussent assez bien résister à l'action de l'air et au lavage à l'eau : il recommande de faire sécher à l'ombre les cotons qui ont reçu ces couleurs.

Pour se diriger, d'après Berthollet, dans la recherche des moyens propres à procurer plus de solidité aux couleurs belles et variées que l'on obtient à peu de frais du bois de Brésil, il faut se rappeler quelques-unes de ses propriétés.

Les parties colorantes du bois de Brésil sont facilement affectées et rendues jaunes par l'action des acides; alors elles deviennent des couleurs solides; mais ce qui les distingue de la garance et du kermès, et ce qui les rapproche de la cochenille, c'est qu'elles reparaissent sous leur couleur naturelle lorsqu'on les précipite à l'état de combinaison avec l'alumine, ou avec l'oxide d'étain. Ces deux combinaisons paraissent les plus propres à les rendre durables; il faut donc chercher les circonstances qui peuvent le mieux convenir pour favoriser la formation de ces combinaisons selon la nature de l'étoffe.

Le principe astringent (tannin) paraît aussi contribuer à la solidité des parties colorantes du Bois de Brésil ; mais il fonce leur couleur, et il ne peut être employé pour les nuances claires.

Les parties colorantes du bois de Brésil sont très-sensibles à l'action des alcalis, qui leur donnent une nuance pourpre; et on trouve plusieurs procédés dans lesquels on fait usage des alcalis, soit fixes, soit volatils, pour former des violets et des pourpres ; mais les couleurs qu'on obtient par ces moyens, faciles à varier selon le but qu'on se propose, sont périssables et n'ont qu'un éclat passager.

§. XXXII. TEINTURE EN JAUNE.

Gaude sur laine, soie et coton. — Pour avoir une décoction de gaude qui fournit du jaune très solide, on la fait bouillir pendant trois quarts d'heure, ou une heure, ou mieux jusqu'à ce qu'elle se précipite au fond de la chaudière, et lorsqu'elle est cuite, on la retire avec un rateau. La quantité de gaude à mettre dans la chaudière, varie suivant la force de la nuance que l'on se propose d'obtenir; le plus ordinairement deux ou trois parties suffisent pour une livre de matière à teindre.

La couleur jaune que la gaude communique à la laine a peu de solidité si la laine n'a pas été préparée auparavant par quelque mordant. C'est de l'alun et du tartre qu'on se sert à cet effet; et, au moyen de ces mordans, la plante donne un jaune très pur, qui a l'avantage d'être solide.

Pour le bouillon, qui s'exécute à la manière ordinaire, Hellot prescrit, dit le docteur Ure, quatre parties d'alun pour seize parties de laine, et seulement une partie de tartre; cependant plusieurs teinturiers emploient un quart d'alun et un huitième de tartre en poids de l'étoffe. Le tartre rend la couleur plus claire, mais plus vive.

Quant au gaudage, ou à la teinture avec la gaude, continue le docteur Ure, on fait bouillir dans un bain frais la plante renfermée dans un sac de toile claire, qu'on charge d'une croix de bois pesant, pour qu'il ne s'élève pas au haut du bain. Quelques teinturiers font bouillir la plante jusqu'à ce qu'elle tombe au fond de la chaudière, et alors ils posent une croix dessus; d'autres la retirent avec un rateau, lorsqu'elle est bouillie, et ils la jettent. Hellot détermine les proportions de cinq à six parties de la gaude par chaque partie de drap; mais les teinturiers en emploient rarement autant, se contentant de trois ou quatre parties, ou même du beaucoup moins.

En ajoutant au bain des alcalis, de l'alun, du sulfate de fer, de la dissolution d'étain, etc., on obtiendra des jaunes de toutes nuances. On modifie aussi la couleur jaune, en passant le drap, au sortir du gaudage, dans des *brunitures* de suie ou de brou de noix, ou dans un léger bain de garance.

Pour teindre la soie en jaune franc, l'on n'emploie pas ordinairement d'autre ingrédient que la gaude; la soie doit être cuite dans la proportion de vingt parties de savon sur cent, ensuite alunée et rafraîchie, c'est-à-dire lavée après l'alunage.

On prépare un bain avec deux parties de gaude pour chaque partie de soie; et après un quart d'heure d'ébullition, on la passe à travers un tamis ou une toile, dans une cuve appelée barque; lorsque ce bain est assez refroidi pour pouvoir y tenir la main, on y plonge la soie, et on la laisse jusqu'à ce que la couleur soit devenue uniforme. Pendant cette opération, on fait bouillir la gaude une seconde fois dans de nouvelle eau; on rejette environ la moitié du premier bain, que l'on remplace par la décoction fraîche. Ce second bain peut être employé un peu plus chaud que le premier; cependant il faut éviter un trop grand degré de chaleur, afin qu'il ne puisse rien se dissoudre de la couleur qui s'est déjà formée. On lise la soie comme la première fois; et, pendant ce tems, on fait dissoudre de la cendre gravelée ou de la potasse dans une partie de la seconde décoction. On retire la soie du bain, pour y ajouter plus ou moins de cette dissolution alcaline, suivant la nuance qu'on veut obtenir; après l'avoir retournée quelquefois, on la tord sur la cheville, pour voir si la couleur est assez pleine et convenablement dorée. Si elle ne l'est pas assez, on ajoute un peu de la dissolution alcaline, dont l'effet est de foncer la couleur et de lui donner une nuance dorée. L'on continue de procéder ainsi jusqu'à ce que la soie ait acquis la nuance qu'on veut lui donner. On peut aussi ajouter de la dissolution alcaline en même tems qu'on ajoute de la seconde décoction, en ayant toujours l'attention que le bain ne soit pas trop chaud.

Si l'on veut obtenir des jaunes plus dorés, ou de couleur jonquille, il faut ajouter au bain, en y mettant l'alcali, une quantité de rocou en proportion de la nuance qu'on désire avoir.

Pour avoir des *jaunes clairs*, il faut que la soie ait été cuite comme pour le bleu, c'est-à-dire à raison de 30 kil. de savon pour 100 kil. de soie. Si l'on veut que le jaune tire sur le vert, on y ajoute plus ou moins de la cuve de bleu, en supposant toutefois que la soie ait été cuite sans azur.

Pour teindre le coton en jaune, on commence, suivant Berthollet, par le décreuser dans un bain préparé avec une lessive de cendre de bois neuf; ensuite on le lave et on le fait sécher; on l'alune avec le quart de son poids d'alun; après vingt-quatre heures, on le tire de cet alunage, et on le fait sécher sans le laver; on prépare ensuite un bain de gaude à raison d'une partie un quart de gaude par partie de coton. On y teint le coton en le lisant et le maniant jusqu'à ce qu'il ait acquis la nuance que l'on désire; on le retire de ce bain pour le faire macérer pendant une heure et demie dans une dissolution de sulfate de cuivre dans la proportion d'un quart de ce sel, contre le poids du coton. On le jette ensuite sans le laver dans une dissolution bouillante de savon blanc, faite dans les mêmes proportions; après l'avoir bien agité, on l'y fait bouillir pendant près d'une heure, après quoi il faut bien le laver et le faire sécher. Si l'on veut un jaune plus foncé, qui tire sur la couleur de jonquille, on ne passe point le coton à l'alunage ; mais on emploie deux parties et demie de gaude pour la quantité de coton, et l'on y ajoute un peu de vert-de-gris délayé dans une portion du bain ; on y plonge le coton, et on l'y travaille jusqu'à ce qu'il ait pris une couleur unie ; on le relève de dessus le bain pour y verser un peu de lessive de soude ; on le replonge et on le passe sur ce bain pendant un bon quart d'heure ; on le retire, on le tord et on le fait sécher.

Pour obtenir de la gaude toute la couleur qu'elle peut fournir, il faut qu'elle ait bouilli pendant trois quarts d'heure ; on retire du bain les bottes de gaude ; après quoi on y passe les toiles à une température un peu inférieure à celle de l'ébullition. Elles ne doivent y rester qu'environ vingt minutes.

Les procédés d'exécution pour obtenir les jaunes de gaude sur les tissus de coton et de lin sont exactement les mêmes que ceux que nous allons décrire pour le quercitron.

Quercitron sur laine, soie et coton. — Pour teindre la laine il suffit, suivant Berthollet, de faire bouillir pendant deux minutes le quercitron avec son poids, ou un tiers de plus que son poids, d'alun ; on introduit l'étoffe en donnant d'abord la nuance la plus foncée et en finissant par la couleur de paille. On peut aviver ces couleurs en faisant passer l'étoffe, au sortir du bain, dans une eau chaude blanchie par un peu de craie lavée ; mais la couleur que l'on obtient par ce procédé n'est pas aussi solide que lorsqu'on soumet l'étoffe à un bouillon avant de la passer dans le bain de teinture : dans cette seconde méthode, on fait bouillir l'étoffe pendant une heure ou une heure et un quart, dans une dissolution d'alun, d'un sixième ou d'un huitième du poids de la laine ; il ne faut pas y faire entrer le tartre ; ensuite on teint dans un bain préparé avec un poids de quercitron égal à celui de l'alun employé, jusqu'à ce que la couleur paraisse assez montée ; alors on introduit de la craie dans le bain pour aviver la couleur, et on rabat de nouveau pendant huit à dix minutes.

La couleur est plus vive, suivant Bancroft, en versant dans le bain un poids de dissolution d'étain égal à celui du quercitron. Sept à huit parties de cette dissolution contre dix de quercitron, et cinq d'alun, suffisent pour avoir un jaune d'or brillant et moins orangé. En ajoutant aux ingrédiens précédens un peu de tartre, on arrive à une couleur citrine tirant sur le vert.

Le quercitron peut être substitué à la gaude pour les différentes nuances que l'on veut donner à la soie, qui doit d'abord être alunée. La dose est d'une à deux parties de quercitron pour douze parties de soie, et l'on teint à la température de 30 à 40 degrés centigrades. On peut aviver la couleur en ajoutant un peu de craie ou de potasse vers la fin de l'opération ; on peut aussi faire usage de la dissolution d'étain avec l'alun qui doit être en plus grande proportion.

Pour obtenir les jaunes sur les tissus de coton et de lin, on commence par les foularder dans de l'acétate d'alumine à 7 degrés. On fait sécher à la chambre chaude et après trois jours on peut teindre. Les pièces seront dégommées dans de l'eau à 40 degrés dans laquelle on mettra 1 kil. à 1 kil. 45 (2 à 3 livres) de craie ; ensuite on nettoiera exactement.

Dans une chaudière ne contenant que la moitié de l'eau nécessaire, on fait bouillir 1 kil. à 1 kil. 45 (2 à 3 livres) par pièce, de quercitron renfermé dans des sacs d'un tissu lâche. Après trois quarts d'heure d'ébullition, on retire les sacs et l'on y ajoute de l'eau froide, puis une solution de 15 grammes (4 gros) de colle par 48 à 49 décagrammes (1 livre) de quercitron, en n'amenant la chaleur qu'à 35 degrés. On y entre les pièces et on les y manœuvre pendant environ 15 à 20 minutes, ou mieux jusqu'à ce que la nuance soit montée. Nous ferons observer ici de nouveau, que l'emploi de la vapeur pour échauffer les bains de teinture, surtout pour les jaunes, est préférable aux chaudières.

En effet, les étoffes touchant la paroi de la chaudière, qui est d'une température plus élevée que le bain, prennent dans leur contact avec elle une nuance plus foncée qui salit le jaune.

Les proportions que nous venons d'indiquer pour le mordant et pour le quercitron, fournissent la nuance jaune pour meubles. On obtient des jaunes plus clairs, en diminuant le degré du mordant, la quantité de quercitron, et le degré de chaleur.

Bois jaune sur laine et soie. — Le bois jaune n'est employé seul que pour la laine et la soie ; quelquefois on l'associe à la gaude pour teindre le coton.

On teindra la laine, en lui donnant un bouillon de 122 grammes (¼ de livre) d'alun et autant de crême de tartre par 48 à 49 d'étoffe et sans rincer ; on fera bouillir pendant un quart d'heure à une demie heure dans un bain de 25 à 49 décagrammes (½ à 1 livre) de bois jaune auquel on ajoutera un peu de dissolution d'étain pour l'écarlate.

On teindra la soie, en lui donnant un mordant d'alun, lavant, et teignant à tiède dans la décoction du bois.

Rocou sur soie, laine et coton. — Pour employer le rocou, on le mêle toujours, dit Berthollet, avec un alcali qui en facilite la dissolution et qui lui donne une couleur qui tire moins au rouge; on coupe le rocou par morceaux, et on le fait bouillir pendant quelques momens dans une chaudière, avec un poids égal de cendre gravelée, à moins que la nuance qu'on veut obtenir n'exige une quantité moins considérable d'alcali. On peut ensuite teindre les draps dans ce bain, soit avec ces seuls ingrédiens, soit en y ajoutant d'autres pour en modifier la couleur, mais il est rare qu'on fasse usage du rocou pour la laine, parce que les couleurs qu'il donne sont trop fugitives, et qu'on peut les obtenir d'ingrédiens plus solides : c'est presque uniquement pour la soie qu'on en fait usage.

Il suffit, suivant Berthollet, que les soies destinées à être mises en aurore et orangé, aient été cuites à raison de vingt parties de savon pour cent; après qu'elles ont été bien dégorgées, on les plonge dans un bain qu'on a préparé avec l'eau, à laquelle on a mêlé avec soin une quantité plus ou moins grande de dissolution alcaline de rocou, selon la nuance que l'on veut obtenir. Ce bain doit avoir un degré de chaleur moyen entre l'eau tiède et l'eau bouillante. Lorsque les soies sont unies, on retire un des mateaux, on le lave, et on le tord pour voir si la couleur est assez pleine; si elle ne l'est pas assez on ajoute de la dissolution de rocou, et on lisse de nouveau. Cette dissolution se conserve sans s'altérer.

Quand on a obtenu la nuance que l'on désire, il ne reste qu'à laver les soies et à leur donner deux battures à la rivière, pour les débarrasser du superflu du rocou, qui nuirait à l'éclat de la couleur.

Ce qu'on vient de dire s'applique aux soies auxquelles on veut donner les nuances d'aurore : mais pour faire l'orangé, qui est une nuance beaucoup plus rouge que celle d'aurore, il faut, après la teinture en rocou, rougir les soies par le vinaigre, par l'alun ou par le jus de citron. L'acide, en saturant l'alcali dont on s'est servi pour dissoudre le rocou, détruit la nuance de jaune que cet alcali lui avait donnée, et le ramène à sa couleur naturelle, qui tire beaucoup sur le rouge.

Les soies teintes par le rocou doivent être *séchées à l'ombre.*

On voit dans le *Traité de la teinture des soies*, par Macquer, que pour les nuances très foncées, les teinturiers de Paris sont dans l'usage de les passer dans l'alun; et si la couleur ne se trouve pas encore assez rouge, on la passe sur un bain de bois de Brésil léger. A Lyon, les teinturiers qui emploient le carthame, font quelquefois usage des vieux bains de cet ingrédient pour y passer les orangés foncés.

Pour donner une couleur orangée au coton, il faut, suivant Wilson, broyer le rocou en l'humectant, le faire bouillir dans l'eau avec le double de son poids d'alcali, laisser déposer pendant une demi-heure, faire passer la liqueur éclaircie dans un vase chauffé, et y plonger le coton, qui prendra une teinte orangée. Alors on verse dans le bain une dissolution de tartre encore chaude, de manière qu'il devienne faiblement acide; on y lisse encore le coton, et on l'y tourne s'il est en pièce. Par là, la couleur devient plus vive et se fixe mieux. On donne ensuite un léger lavage au coton, et on le sèche dans une étuve.

Jaune nankin.—De toutes les nuances de jaune de rouille, le nankin est celle que l'on teint le plus ordinairement à Rouen; et M. Vitalis annonce être parvenu à faire cette couleur d'une manière très sûre, et à lui conserver parfaitement le ton du véritable nankin des Indes, par le procédé suivant :

On commence par donner un demi-blanc au coton, après quoi on le fait bouillir, pendant une demi-heure, dans un bain préparé avec le tan (écorce de chêne moulue), dans la proportion de huit à dix onces (25 à 28 décagrammes environ) par livre (par 48 à 49 décagrammes) de matière, ayant soin de l'enfermer dans un sac.

Le coton prend dans ce bain une couleur fauve très foncée. On laisse refroidir le coton, on le lave bien, puis on avive la couleur par un léger bain de savon, modérément chaud.

Pour donner à la couleur nankin le petit œil rougeâtre que porte avec lui le nankin des Indes, on ajoute au bain de tan environ un centième de garance en poids du coton.

Jaune-fauve. — Parmi les substances, en très grand nombre qu'on peut employer pour produire les couleurs fauves, on distingue particulièrement le *brou de noix, le sumac, la racine de noyer*, *l'écorce d'aune*, *le santal*, *la suie* et quelques autres substances propres à donner aussi cette couleur. Nous avons mentionné déjà, en décrivant ces matières tinctoriales, leur action dans la teinture sur tissus, ce qui nous dispense d'entrer ici dans de nouveaux détails à cet égard.

CHAPITRE VII.

COULEURS COMPOSÉES.

§ XXXIII. PROCÉDÉS GÉNÉRAUX DE LA TEINTURE EN COULEURS COMPOSÉES.

Les procédés au moyen desquels on parvient à obtenir les couleurs composées consistent, en général, à plonger successivement le corps à teindre dans plusieurs bains de couleurs simples : c'est ainsi que les verts se font, en passant les fils ou les tissus, dans un bain bleu et dans un bain jaune : quelquefois on obtient une couleur composée en plongeant le corps à teindre dans un seul bain formé de diverses matières colorantes.

La teinture en couleurs composées est de toutes les parties de l'art du teinturier, dit Berthollet, celle où les lumières de l'artiste peuvent lui être les plus utiles pour varier ces procédés et pour parvenir au but qu'il se propose par la voie la plus simple, la plus courte et la moins dispendieuse. Mais les procédés de la teinture en couleurs composées, pouvant varier presqu'à l'infini, Berthollet pense qu'il peut suffire d'indiquer les procédés généraux servant d'exemple et de guide, pour assurer les principes et la marche des cas les plus variés. Nous nous bornerons donc à donner ici les mélanges les plus habituels et desquels on pourra déduire tous les autres sans difficulté.

On trouvera d'ailleurs une grande variété de nouveaux mélanges dans le *Manuel du fabricant d'indiennes* qui fait partie de cette collection.

§ XXXIV. MÉLANGE VERT.

Bleu et jaune. — C'est, suivant Berthollet, par le mélange du bleu et du jaune que les teinturiers font le vert, dont on distingue un grand nombre de nuances.

On peut obtenir le vert, soit en commençant par la teinture en jaune, soit en commençant par la teinture en bleu.

Si l'on commence par la teinture en jaune, on risque de salir le linge par le bleu qui décharge toujours un peu, et d'altérer la cuve en bleu par le jaune qui s'y dissolvant en partie, la verdit et la rend désormais impropre à toute autre teinture que la teinture verte. En général, on commence par la teinture en bleu et surtout pour les étoffes de laine. Le plus ordinairement c'est la cuve du pastel qui sert pour le mélange vert; cependant on peut, pour quelques verts, employer avec succès la dissolution d'indigo par l'acide sulfurique; alors ou l'on teint séparément en bleu et en jaune, ou bien l'on mêle tous les ingrédiens pour teindre par une seule opération; enfin l'on peut se servir des dissolutions de cuivre et de substances jaunes. De ces différens procédés, Berthollet décrit particulièrement, ainsi qu'il suit, celui dans lequel on se sert de la cuve de pastel: le pied de bleu que l'on donne au moyen de cette cuve, doit être proportionné au vert qu'on veut obtenir; ainsi, pour le vert canard, il faut un bleu foncé; pour le vert perroquet, un pied de bleu de ciel; pour le vert naissant, un pied de bleu blanchi.

Lorsque les draps ont reçu le pied de bleu convenable, on les lave au foulon et on leur donne un bouillon comme pour le gaudage ordinaire; mais, pour les nuances claires, on diminue la quantité des sels. Plus souvent on commence par donner le bouillon aux draps destinés aux nuances claires; et après les avoir retirés, on ajoute du tartre et de l'alun, et l'on continue ainsi jusqu'aux draps destinés aux nuances les plus foncées, en ajoutant de plus en plus du tartre et de l'alun.

Le gaudage s'exécute comme pour le jaune; mais on emploie une plus grande quantité de gaude, à moins qu'on n'ait à teindre que des nuances claires, pour lesquelles il faut au contraire en diminuer la quantité. Ordinairement on teint en même tems une suite de nuances, depuis les plus foncées jusqu'aux plus claires; on commence par les nuances plus foncées et l'on passe successivement aux plus claires; entre chaque mise, qu'on laisse de demi-heure à trois quarts d'heure, on ajoute de l'eau au bain. Quelques teinturiers passent deux fois chaque mise dans le bain; ils commencent dans le premier tour, par les nuances les plus foncées, et par les nuances les plus claires dans le second; dans ce cas, chaque mise doit rester moins de temps dans le bain. Il faut avoir attention qu'il ne brouille pas pour les nuances très claires.

On donne une bruniture au vert très foncé, avec du bois de campêche et un peu de sulfate de fer.

Dans la teinture en mélange vert, il est plus difficile encore pour la soie que pour le drap, d'éviter que le vert ne soit taché et n'ait des bigarrures. La cuite destinée aux verts se fait comme pour les couleurs ordinaires; cependant, pour les nuances claires, il faut qu'elle soit cuite à fond comme pour le bleu.

On ne commence pas, pour la soie, par la teindre en bleu, comme le drap; mais, après un fort alunage, on lave légèrement la soie à la rivière, et on la distribue en petits mateaux pour qu'elle puisse se teindre également; après cela on la lisse avec attention sur un bain de gaude; quand on juge que le pied est à la hauteur convenable, on fait un essai dans la cuve, pour voir si la couleur a le ton qu'on désire: si elle n'a point assez de fond, on ajoute de la décoction de gaude; et quand on s'est assuré que le jaune est au point convenable, on retire la soie du bain, on la lave et on la passe en cuve comme pour le bleu.

On choisit pour teindre en vert sur cru les soies naturellement blanches, comme pour le jaune; après les avoir trempées, on les alune, et on suit les mêmes procédés que pour les autres soies.

Le vert, qu'on obtient par le moyen de la dissolution d'indigo, par l'acide sulfurique, est connu sous le nom de vert de Saxe; il a plus d'éclat, mais moins de solidité que celui qui vient d'être décrit. C'est en Saxe que ce procédé a commencé à être exécuté; mais l'expérience a appris à obtenir ce vert d'une manière plus expéditive et même plus sûre. On donne le bouillon comme pour le gaudage; ensuite on lave le drap; on met dans le même bain du bois jaune réduit en copeaux et enfermé dans un sac; on le fait bouillir pendant une heure et demie; on le lève, on rafraîchit le bain au point de pouvoir y tenir la main; on y verse peu à peu 60 décagrammes de dissolution d'indigo pour chaque pièce de drap de 22 mètres qu'on a à teindre; on tourne vite dans les commencemens, et ensuite lentement; on lève le drap avant que le bain entre en ébullition. Lorsqu'on ne met d'abord que les deux tiers de la dissolution avant de lever le drap, et qu'après deux ou trois tours on ajoute le dernier tiers, la couleur s'unit mieux; si l'on s'aperçoit qu'elle ne prenne pas bien, on ajoute un peu d'alun calciné et réduit en poudre. On teint le vert de pomme de Saxe sur le bain qui a servi au vert de Saxe, après en avoir jeté le tiers ou la moitié et l'avoir rafraîchi; on y tourne le drap jusqu'à ce qu'il approche de l'ébullition. On préfère, pour obtenir dans ce cas un vert décidé, le bois jaune aux autres substances colorantes, parce que sa couleur est moins affectée par l'acide sulfurique, qui éclaircit et affaiblit considérablement celle des autres substances.

Quand on se sert de *bleu soluble*, dit M. Thillaye, on donne un bouillon de deux heures avec 72 décagrammes (1 ½ livre) de crême de tartre et autant d'alun pour 4 kilog. (8 livres) d'étoffe. Retirez l'étoffe et faites bouillir dans le même bain pendant une demi-heure 3 kilog. 67 (7 livres ½) de bois jaune en copeaux; après avoir retiré le bois, versez du bleu soluble dont la quantité sera déterminé par la nuance de vert que vous voudrez; puis teignez au bouillon. Pour teindre la soie, alunez à tiède et rincez; donnez un premier bain de gaude à tiède, et un deuxième bain à 60 degrés; lorsque le jaune est monté, ajoutez dans une petite quantité de ce bain de l'eau, puis du bleu soluble selon la force du jaune; manœuvrez la soie jusqu'à ce qu'elle vienne au ton du vert désiré : pour teindre en *vert sur soie par le curcuma*, alunez la soie; passez dans un bain tiède de curcuma et de dissolution d'indigo; manœuvrez jusqu'à la nuance désirée; puis rincez.

Pour donner une couleur verte aux fils de lin et de coton, on commence par les bien décreuser; on les teint dans la cuve de bleu, on les fait dégorger dans l'eau, et on les passe dans le gaudage; on proportionne la force du bleu et du jaune à la couleur qu'on veut obtenir.

M. Chaptal obtient, ajoute Berthollet, de beaux verts sur coton par les procédés suivans : 1. il passe le coton teint en bleu de ciel dans une forte décoction de sumac, et l'y laisse jusqu'à ce qu'elle soit bien refroidie; il le fait sécher, le passe au mordant d'acétate d'alumine, sèche encore, lave et travaille le coton pendant deux heures dans un bain tiède où l'on a fait infuser environ 12 kilogrammes de quercitron, par 50 kilogrammes de coton.

2. Pour 100 kilogrammes de coton, il met 15 kilogrammes d'alun, 10 kilogrammes de sulfate de cuivre, 10 de sulfate de fer, 7 kilogrammes, 5 d'acétate de plomb; 1 kilogramme, 5 de soude, et autant de craie; il y passe le coton teint en bleu, puis à l'eau de chaux, et de là au bain de quercitron.

M. Chaptal a remarqué que le jaune de la gaude s'unit

mal avec celui du sumac, et que le mélange de leurs couleurs donne au bleu une mauvaise teinte; mais qu'en passant ensuite le coton à une lessive marquant un demi-degré, la couleur s'unit et devient assez fixe. La couleur de la gaude s'unit parfaitement à celle du tan. M. Chaptal préfère encore teindre les cotons destinés à être verts dans une cuve de bleu montée avec le sulfure d'arsénic, parce qu'il est difficile d'obtenir un beau vert s'il y a dans la cuve une trop forte proportion de sulfate de fer.

Le vert qu'on obtient en donnant une couleur jaune à une étoffe qui a été préalablement teinte en bleu, et lavée après cela, n'offre rien d'obscur. La couleur incline plus ou moins au jaune ou au bleu, selon le degré du bleu qu'on a donné, et d'après la force du bain jaune; on augmente l'intensité du jaune par les alcalis, par le sulfate de chaux et par les sels ammoniacaux; on la diminue par les acides, l'alun et la dissolution d'étain.

Pour obtenir des verts sur les tissus de coton, il faut, après les avoir cuvés, les passer en acide sulfurique; ensuite dans de l'eau à 40 degrés et qui contient environ 24 à 25 décagrammes (8 onces) de soude pour 200 litres d'eau; on rince et l'on sèche; on mordance en acétate d'alumine à 6 degrés, et l'on teint comme pour le jaune meuble.

§. XXXV. MÉLANGE VIOLET, POURPRE.

Rouge et bleu. — On obtient, de ce mélange, suivant Berthollet, le violet, le pourpre, et un grand nombre d'autres nuances, qui sont déterminées par la nature des substances dont on combine la couleur rouge avec une couleur bleue, desquelles l'une devient plus ou moins dominante sur l'autre, selon les proportions des ingrédiens et les circonstances du procédé.

Il y a, d'après Poërner, de l'avantage à se servir, pour obtenir les couleurs qui résultent du rouge et du bleu, de la dissolution d'indigo par l'acide sulfurique, parce qu'on peut facilement se procurer une grande variété de nuances, et parce que le procédé est moins long et moins dispendieux; mais les couleurs qu'on obtient ainsi sont beaucoup moins solides que lorsqu'on fait usage du bleu de cuve; cependant il assure qu'elles ont assez de solidité si l'on emploie de la dissolution d'indigo à laquelle on ajoute de l'alcali.

On distingue deux sortes de violets sur la soie, le violet fin et le violet faux : le dernier se fait ou par le moyen de l'orseille, ou au moyen du bois de Brésil.

Pour le violet fin, on commence par teindre avec la cochenille, et ensuite on passe à la cuve en bleu. On prépare la soie et on lui donne le cochenillage comme pour le cramoisi, avec cette différence qu'on ne met dans le bain ni tartre ni dissolution d'étain, qui servent à exalter la couleur; on met plus ou moins de cochenille, suivant l'intensité de la nuance qu'on veut avoir. La dose ordinaire pour un beau violet est d'un huitième de cochenille relativement à la soie. Quand la soie est teinte, on la lave à la rivière, en lui donnant deux battures; on la passe ensuite sur une cuve en bleu plus ou moins forte, suivant la hauteur que l'on veut donner au violet; enfin on lave et l'on sèche avec les précautions qui conviennent à toutes les couleurs qui passent à la cuve.

Poërner fait usage du bois de Brésil et de la dissolution d'indigo pour obtenir différentes couleurs, qui tirent plus ou moins sur le bleu et sur le rouge, par un procédé semblable à celui qui a été indiqué pour la cochenille. Ces couleurs sont belles; mais on ne peut espérer par ce moyen d'en obtenir de solides. Les ingrédiens qui leur procurent beaucoup plus de fixité sont le sulfate de chaux, le sulfate de zinc, l'acétate de cuivre, ou les cristaux de verdet, qu'il faut ajouter dans le bain.

Le mélange direct des couleurs bleu et rouge ne donne, dit Berthollet, sur les fils et les étoffes de coton, qu'une nuance sombre et sans éclat, et qui approche du noir pour peu que ces couleurs soient foncées. M. Chaptal annonce cependant avoir obtenu un violet assez agréable en teignant en bleu des cotons rouges, pour la préparation desquels il avait diminué les quantités d'huile et de noix de galle, et augmenté au contraire celle de l'alun, ainsi que la force de l'avivage. M. Chaptal assure être parvenu, par un grand nombre d'expériences, à donner au coton une couleur violette, qui ne le cède ni en solidité, ni en éclat au rouge qui se faisait dans ses ateliers; et après avoir été conduit, par ses recherches, à une grande variété de procédés, qui donnaient avec plus ou moins de facilité la couleur qu'il désirait, il annonce s'être arrêté au procédé qui suit, comme étant de l'exécution la plus simple et la plus sûre.

On prépare le mordant pour 100 kilogrammes de coton avec 25 kilogrammes de sulfate de fer, et 6 kilogrammes d'acétate de plomb; on sépare la liqueur claire du dépôt qui s'y est formé; on y passe avec grand soin, et le plus chaud qu'il est possible, le coton qui a reçu trois huiles comme pour le rouge d'Andrinople. En sortant du bain, on le tord et on le travaille bien ; dès qu'il a pris, par le refroidissement, la teinte chamois, on le lave fortement, on l'exprime et on le sèche en l'étendant très clair. Pour le teindre, on emploie un poids égal de garance; lorsque le bain est tiède on y plonge le coton, on le tourne en augmentant graduellement le feu, sans faire bouillir; dès que le coton est devenu d'un noir bleuâtre, on le retire et on le lave ; on l'avive ensuite au savon pendant 15 à 20 minutes.

La méthode la plus ordinaire pour teindre en violet le fil et le coton consiste à donner d'abord sur la cuve un pied de bleu proportionné à la nuance qu'on désire, et à le faire sécher. On engalle ensuite à raison de trois parties de noix de galle par seize parties de matière ; on laisse pendant 12 à 15 heures dans le bain de noix de galle, après lesquelles on tord et on fait sécher. On passe après cela le fil et le coton dans une décoction de bois de campêche ; et quand le bois est bien imbibé, on le retire et on ajoute à ce bain $\frac{1}{60}$ d'alun et $\frac{1}{100}$ de vert-de-gris délayé; on replonge les écheveaux passés sur les bâtons, et on les lisse pendant un bon quart d'heure; on les retire ensuite pour les laisser éventer à l'air, puis on les replonge entièrement dans le bain pendant un quart d'heure, après lequel on les relève et on les tord; enfin on vide le baquet qui a servi à cette teinture, on y verse une moitié de la décoction de bois de campêche qu'on a réservée, on y ajoute autant d'alun que dans la première opération, et l'on y passe de nouveau le fil, jusqu'à ce qu'il soit à la nuance convenable. La décoction de bois de campêche doit être plus ou moins chargée, selon la nuance plus ou moins foncée que l'on veut avoir. Ce violet résiste passablement à l'air; mais il ne peut être comparé pour la solidité à celui qu'on vient de décrire.

§. XXXVI. MÉLANGE ROUGE ET JAUNE.

Le mélange du rouge et du jaune ne présente pas, suivant Berthollet, d'observations différentes de celles qui ont été exposées relativement aux mélanges du bleu et du jaune, et du rouge et du bleu.

Pour quelques couleurs, on allie le bleu au rouge et au jaune ; c'est ainsi qu'on fait les olives. On donne un pied de bleu, puis on passe à la teinture jaune; enfin, on donne un léger garançage. La nuance qui résulte de cette opération dépend de la proportion des trois couleurs dont elle est composée ; pour les nuances foncées, on donne une bruniture avec une dissolution plus ou moins chargée de sulfate de fer.

On ne se sert pas de bleu de cuve pour faire les olives sur soie; mais après l'alunage, on passe la soie sur un bain très fort de gaude, après quoi on ajoute à ce bain du jus de bois d'Inde; et lorsqu'on y plonge la soie, on y mêle un peu de dissolution alcaline, qui le verdit, et lui fait prendre une couleur olive. On passe de nouveau la soie sur ce bain, jusqu'à ce qu'elle ait pris la nuance convenable pour la couleur, qu'on appelle *olive rousse* ou *olive pourrie*. Après le gaudage, on ajoute dans le bain du fustet et du bois d'Inde sans alcali; si l'on veut que la couleur soit plus rougeâtre, on ne met que du bois d'Inde. On fait aussi une espèce d'olive rougeâtre, en teignant la soie dans un bain de fustet, auquel on ajoute plus ou moins de sulfate de fer et de bois d'Inde.

On fait, selon Le Pileur d'Appligny, un bel olive sur fil et coton, en faisant bouillir dans une suffisante quantité d'eau, quatre parties de gaude sur une de potasse. On fait bouillir à part avec un peu de vert-de-gris, du bois de Brésil, qu'on a fait tremper la veille; on mêle les deux dissolutions en proportions différentes, suivant les nuances qu'on désire, et on y passe le fil et le coton. Les couleurs qui résultent du mélange du jaune avec le rouge, s'obtiennent sur toiles peintes à l'aide la gaude et de la garance; on imprime pour mordant de l'acétate d'alumine; on garance légèrement, et on finit par le gaudage.

Pour varier les nuances, il suffit d'augmenter ou de diminuer la durée de l'une ou des deux teintures, ou la proportion des matières qu'on y emploie.

§ XXXVII. MÉLANGE DU NOIR AVEC LES AUTRES COULEURS ET BRUNITURES.

Le noir renferme une prodigieuse quantité de nuances, à commencer depuis le gris blanc ou de perle, jusqu'au gris noir, et enfin au noir. C'est à raison de ces nuances que le noir est mis par les teinturiers au rang des couleurs primitives; car la plupart des bruns, de quelque couleur que ce soit, sont achevés avec la même teinture qui, sur la laine blanche, ferait un gris plus ou moins foncé. Cette opération se nomme bruniture. Les deux plus beaux noirs doivent d'abord recevoir un pied de bleu pers.

Pour faire une bruniture, on fait quelquefois, suivant Berthollet, passer l'étoffe qui vient de recevoir une teinture, dans une dissolution de sulfate de fer, à laquelle on a mêlé un astringent, et qui forme par conséquent un *bain de noir*; plus souvent, on ajoute dans un bain d'eau une petite quantité de dissolution de fer, et on y en met jusqu'à ce que l'étoffe teinte que l'on y passe, soit montée à la nuance que l'on désire; plus rarement on ajoute du sulfate de fer au bain de teinture; mais on obtient avec plus de précision l'effet qu'on désire, en passant l'étoffe colorée dans la dissolution de sulfate de fer. Les autres brunitures n'offrent rien de particulier pour l'opération.

On obtient, dit Berthollet, une grande variété de nuances par le mélange du bois de Brésil, de celui de Campêche, de l'orseille, de la noix de galle, et par une bruniture avec le sulfate de fer; mais ces nuances sont toutes plus ou moins fugitives quoiqu'elles aient assez d'éclat.

Lorsqu'on passe une étoffe qui a reçu une couleur dans un bain de noir plus ou moins délayé, l'effet qu'on obtient est simple; c'est une nuance de noir plus ou moins foncée, qu'on allie à la première couleur. Il n'en est pas de même lorsqu'on passe l'étoffe colorée dans une dissolution de sulfate de fer; alors les parties colorantes qui sont fixées sur l'étoffe, agissent sur le sulfate de fer, prennent une partie de son oxide, et le combinent avec elle et avec l'étoffe. La couleur qui résulte de cette combinaison est plus ou moins foncée, non pas selon la couleur propre au parties colorantes, mais principalement suivant l'action qu'elles exercent sur l'oxide métallique, conformément aux principes ci-devant établis; ainsi, le bois de Fernambouc et le bois de Campêche, qui entreront dans une couleur, produiront un effet beaucoup plus marqué dans la bruniture que la garance et la cochenille; la noix de galle et le sumac en produiront encore un plus considérable, quoiqu'ils n'eussent influé sur la couleur primitive que par la couleur fauve.

Comme les premières couleurs, d'après Berthollet, qu'on puisse donner au lin et au coton, sont tirées de la garance, il convient de faire attention aux moyens qu'on a indiqués en traitant de cette substance, pour rendre cette teinture plus solide, et l'on pourra en foncer la couleur par différens bains de noir.

Le brou de noix est substitué quelquefois aux dissolutions de fer, pour rembrunir les couleurs. Berthollet pense qu'il présente un grand avantage pour les laines destinées aux tapisseries; sa teinte ne jaunit pas par une longue exposition à l'air, comme il arrive aux brunitures qui sont dues au fer; mais elle se conserve pendant très long-tems sans altération; il est vrai qu'elle a un ton morne qui convient aux ombres et aux carnations de vieillards, et qui ne produirait que des couleurs tristes et sans éclat pour les étoffes. Cependant Berthollet est d'avis que la bonté de cette couleur et son bas prix devraient en étendre l'usage pour les couleurs sombres que la mode fait rechercher quelquefois, au moins pour les étoffes communes.

On donne au lin et au coton les couleurs cannelle et mordoré, en commençant à les teindre avec le vert de-gris et la gaude, on les passe ensuite sur une décoction de sulfate de fer qu'on appelle *bain d'assurage;* on les tord et on les fait sécher. Lorsqu'ils sont secs, on les engalle, à raison de 122 grammes de noix de galle par kilogramme, on les sèche encore, on les alune comme pour le rouge, et on les garance. Lorsqu'ils sont teints et lavés, on les passe dans une eau de savon très chaude, on les lisse jusqu'à ce qu'ils soient suffisamment avivés; quelquefois, on ajoute de la décoction du bois jaune à l'alumine.

M. Chaptal annonce avoir obtenu un joli nacarat en prenant du coton, qui avait reçu les préparations nécessaires pour le rouge d'Andrinople, et qui avait été engallé, le passant dans du nitrate de fer, l'engallant de nouveau, en l'alunant. M. Chaptal prépare le nitrate de fer avec l'eau forte du commerce, étendue de moitié d'eau, dans laquelle il plonge des morceaux de fer qu'il retire lorsqu'il s'aperçoit que la dissolution se ralentit; la liqueur est alors d'un rouge-jaunâtre, fortement acide, et marque à l'aréomètre de 40 à 45 degrés.

Si, après avoir engallé du coton passé aux huiles, on l'alune dans un bain auquel on ajouté un huitième du poids du coton de cette dissolution de fer, le coton sort noir, et il devient violet-ponceau par le garançage et l'avivage.

M. Chaptal obtient une suite de nuances, en passant dans un mordant composé d'alun, de sulfate de fer et d'acétate de plomb, le coton qui a reçu deux ou trois huiles, et en faisant varier les proportions des sels qui entrent dans sa composition.

Dans la fabrication des toiles peintes, on obtient de la garance les couleurs qui résultent du mélange du rouge et du noir; elles ont pour mordans des mélanges à différentes proportions d'acétate de fer et d'acétate d'alumine.

On peut employer ces procédés pour la teinture du coton en écheveaux. Il convient alors de prendre les plus grandes précautions pour imprégner et sécher très également le coton; car on éprouve beaucoup de difficultés à empêcher que quelques parties ne se chargent inégalement de l'un ou de l'autre des mordans.

CHAPITRE VIII.

COULEURS MINÉRALES

§ XXXVIII. NUANCES FOURNIES PAR LES SELS ET OXIDES DE FER.

Bleu de Prusse (prussiate, hydrocyanate de fer), sur soie et coton filé. — La teinture en bleu de Prusse ne prend bien, suivant M. Thenard, que sur la soie; elle ne s'éxécutait, il y a quelques années, que dans les laboratoires, parce qu'on ne l'obtenait jamais que terne; mais en 1811, époque à laquelle M. Raymond est parvenu à l'aviver et à la rendre tout à la fois foncée et brillante, les arts s'en sont emparés et versent aujourd'hui dans le commerce, sous le nom de *bleu Raymond*, une grande quantité de soies teintes en bleu de Prusse.

Pour teindre la soie, il faut, dit M. Thenard, après l'avoir décreusée, la plonger pendant un quart-d'heure, à la température ordinaire, dans de l'eau contenant environ la vingtième partie de son poids d'hydrochlorate de tritoxide de fer (combinaison de l'acide hydrochlorique ou muriatique avec l'oxide rouge de fer ou colcothar), la laver, la tenir pendant une demi-heure dans un bain de savon presque bouillant, la laver de nouveau et la mettre à froid dans une dissolution très faible de prussiate (hydrocyanate) de potasse acidulée par l'acide sulfurique ou l'acide hydrochlorique. Dès que la soie y est plongée, elle devient bleue, et n'a plus besoin, au bout d'un quart d'heure, que d'être lavée et séchée pour être versée dans le commerce. Dans cette opération, la soie s'empare d'une certaine quantité du sel ferrugineux; le savon enlève l'acide de ce sel; l'acide sulfurique ou l'acide hydrochlorique s'unit à la potasse du prussiate *(hydrocyanate)* de potasse, et l'acide prussique (hydrocyanique) se porte sur l'oxide de fer retenu par la soie.

Macquer essaya d'abord de tremper du fil de coton, de la laine et de la soie dans une dissolution d'alun et de sulfate de fer, ensuite dans une dissolution alcaline qui était en partie saturée d'acide prussique (hydrocyanique), puis dans une eau acidulée d'acide sulfurique, qui devait dissoudre la partie de l'oxide de fer qui n'est pas combinée avec l'acide prussique, et qui a été précipitée par l'alcali non combiné avec cet acide. En répétant des immersions successives, il obtint un beau bleu, mais très inégal : la laine et la soie étaient devenues rudes au toucher par l'action de l'alcali, ainsi que par celle de l'acide sulfurique.

Macquer essaya, dans un autre procédé, de faire bouillir ses échantillons dans une dissolution d'alun et de tartre, et il les passa ensuite dans un bain où il avait mécaniquement mêlé du bleu de Prusse; ces échantillons s'y teignirent également et étaient doux au toucher; mais la nuance était faible sans qu'il fût possible de la rendre plus foncée. Il fut proposé par Menon, pour teindre le fil et le coton, un autre procédé, qui consiste à teindre d'abord l'étoffe en noir et à la laisser ensuite tremper pendant quelques minutes dans une dissolution de prussiate (hydrocyanate) de potasse ou d'un alcali quelconque; on la fait bouillir alors dans une dissolution d'alun, où elle prend un bleu très foncé. Il s'est formé, suivant Menon, une combinaison bleue, et l'alun dissout les parties qui sont restées noires.

M. Vitalis indique deux procédés pour teindre le coton à l'aide du bleu de Prusse : le premier consiste à délayer du bleu de Prusse de la plus belle qualité et réduit en poudre, dans trois ou quatre fois son poids d'acide hydrochlorique, et à le laisser digérer à froid pendant vingt-quatre heures, avec le soin de l'agiter cinq ou six fois, dans cet intervalle de tems. On blanchit le coton et on le passe ensuite au mordant d'acétate d'alumine, à cinq ou 6 degrés de Beaumé, et tiède. On fait sécher, et après avoir bien lavé du mordant, on verse quantité suffisante de la composition précédente dans vingt ou vingt-cinq fois son poids d'eau chaude, jusqu'à nuance convenable; on y plonge le coton qu'on lise bien d'abord pour unir la couleur. On l'abat ensuite dans le bain où on le tient plongé jusqu'à ce qu'il cesse de prendre de la couleur. On retire, on tord, on évente pendant un quart d'heure on lave et on met sécher : on passe à l'eau aiguisée par $\frac{1}{60}$ d'acide sulfurique; on tord de nouveau; on lave avec soin et on fait sécher. Voici le second procédé :

On donne au coton un pied plus ou moins fort de jaune de rouille; en le passant alternativement, et à deux ou trois reprises, dans une dissolution de sulfate de fer à 3 ou 4 degrés de Beaumé, et dans une lessive de potasse à deux degrés; on exprime, on fait sécher et on lave.

On fait dissoudre dans l'eau chaude, le dixième en poids de bleu de Prusse, par rapport au poids du coton; on ajoute au bain $\frac{1}{40}$ d'acide sulfurique concentré; on mêle bien, et on passe dans ce bain le coton piété de rouille, ayant soin de remettre du bleu de Prusse et de l'acide, quand le bleu monte lentement, et de laisser le coton plongé jusqu'à ce qu'il cesse de monter en couleur.

On évente pendant une heure, on lave et on met à sécher.

Le coton teint en bleu, par ces procédés, reçoit une nuance d'un très bel éclat; malheureusement sa solidité ne répond pas à son éclat; les alcalis enlèvent complètement cette couleur, sans qu'il en reste le moindre vestige.

M. Thillaye, pour un bleu de Prusse solide sur coton, recommande de foularder en bain de chamois à 1°½; sécher à la chambre chaude; dégommer en eau de craie à 60°, puis de teindre avec 153 grammes (5 onces) prussiate de potasse, et 61 grammes (2 onces) acide sulfurique, pour 100 litres d'eau à 3° de chaleur; il faut rincer, et pour aviver, passer dans un bain d'acide sulfurique à 1°½.

Bleu de Prusse sur laine, par M. Raymond *fils.* — La base de la teinture par le bleu de Prusse, est une dissolution de fer préparée de la manière suivante :

On verse dans une cuve de bois, de la capacité de 6 à 700 litres et communiquant avec une chaudière à vapeur, placée à proximité, 60 kilogrammes d'acide sulfurique à 66°, pareille quantité d'acide nitrique à 36°, et 260 kilogrammes d'eau de source. On dispose ensuite dans l'intérieur de la cuve un panier d'osier, de manière qu'il ne plonge que de 3 ou 4 pouces (8 à 10 centim.) dans le liquide, et l'on y jette peu à peu 360 kilogrammes de couperose verte de bonne qualité.

Il s'établit aussitôt une vive effervescence; le protoxide de fer de la couperose se convertit en peroxide; et pour aider à cette action, on établit la communication avec la chaudière à vapeur : à mesure que la liqueur s'échauffe, l'effervescence et le dégagement des vapeurs recommencent; on continue le feu jusqu'à ce que la dissolution entre en ébullition. Après quelques bouillons, on supprime la communication avec la chaudière, et l'on jette dans le panier d'osier un mélange, préparé quelques heures à l'avance, de 65 kilogrammes d'acide sulfurique à 66°, 150 kilogrammes de crême de tartre rouge et 100 kilogrammes d'eau, la dissolution étant complète, on pallie bien la liqueur en y versant de l'eau de source, jusqu'à ce qu'on l'ait amenée à marquer environ 36° à l'aréomètre de Beaumé. On la laisse ensuite reposer et s'éclaircir pendant trois ou quatre jours, après quoi elle est soutirée et fermée dans des tonneaux pour être employée au fur et à mesure des besoins. L'auteur nomme cette dissolution liqueur de tartro-sulfate de peroxide de fer.

Les opérations de teinture sont au nombre de deux, savoir : le bain de rouille et le bain de bleu. Le premier se prépare en versant dans une cuve de bois, d'une capacité convenable et munie d'un tour, du tartro-sulfate de fer marquant 36°, jusqu'à ce qu'il occupe environ un trente-cinquième de la capacité de la cuve; on remplit ensuite celle-ci d'eau de source, en agitant fortement la liqueur avec un râble. Si le mélange est bien fait, la liqueur marquera un demi-degré à l'aréomètre, l'eau employée étant supposée marquer zéro. Le bain étant chauffé à la vapeur jusqu'à 30 ou 40° centigrades, on place la pièce de drap sur le tour et on le fait mouvoir en maintenant le drap bien tendu dans le sens de la largeur. Après quelques bouillons, le drap aura pris un pied de rouille assez foncé pour produire avec l'acide hydrocyanique, la nuance de bleu désirée: on le relève ensuite sur le tour, et, sans le laisser égoutter trop long-tems on le porte dans une eau courante pour le laver avec le plus grand soin.

Si les pièces de drap que l'on veut faire passer successivement dans un même bain de rouille sont destinées à y prendre des nuances diverses, on doit commencer par les nuances les moins foncées, en observant de bien ménager le feu, pour que la température ne s'élève pas trop brusquement et que la couleur ait le tems de s'unir; il en est de même des nuances très tendres, telles que le bleu de ciel, pour lesquelles il faut une si petite quantité d'oxide de fer, que l'on est obligé de leur donner le fond de rouille absolument à froid; les nuances très foncées au contraire, exigent un pied de rouille si intense, qu'on ne peut l'obtenir qu'à l'aide de l'ébullition, néanmoins il convient toujours de mettre le drap dans le bain long-tems avant que celui-ci entre en ébullition, de cette manière la couleur est plus unie.

Quoiqu'on puisse passer successivement un grand nombre de pièces dans le même bain, en ayant soin d'ajouter, chaque fois, une quantité de dissolution de fer à 36°, proportionnelle à celle que l'on juge avoir été enlevée par les draps déjà teints, de sorte que le bain conserve toujours une densité primitive d'un demi-degré; il convient cependant de le renouveler entièrement de tems en tems, parce qu'il arrivera un moment où il contiendra un si grand excès d'oxide (l'oxide métallique se portant seul sur l'étoffe), qu'il ne sera plus possible de faire monter la couleur.

Le bain de bleu, destiné à saturer d'acide hydrocyanique le peroxide de fer fixé sur la laine, se compose de deux opérations, du bain d'hydrocyanate de potasse et du bain d'acide hydrocyanique. Le premier se prépare dans une cuve de bois munie d'un tour, qu'on remplit d'eau de source chauffée à 30° centigrades par un courant de vapeur. On arrête ensuite le feu et on jette dans le bain, après les avoir fait dissoudre dans de l'eau bouillante, 85 grammes d'hydrocyanate de potasse du commerce pour chaque kilogramme de drap à teindre en bleu Perse, soient 850 grammes pour la pièce de 10 kilogrammes.

Le bain étant convenablement pallié, on jette la pièce de drap sur le tour et on la dévide pendant douze à quinze minutes, après quoi on la relève. Le résultat de cette première partie du bain de bleu étant de ne porter sur le drap que du peroxide de fer pur et une petite quantité de bleu de Prusse, on passe à la seconde partie qui a pour objet de saturer complètement l'oxide de fer par l'acide hydrocyanique.

La pièce de drap étant relevée sur le tour, on prend une quantité d'acide sulfurique à 66°, égale à celle de l'hydrocyanate de potasse employée, soient 850 grammes de cet acide. Après l'avoir étendue de trois ou quatre fois son poids d'eau, on verse environ un tiers du mélange dans le bain d'hydrocyanate de potasse et on pallie avec soin. La pièce de drap est alors remise en mouvement pendant un quart d'heure, puis relevée pour verser dans le bain un autre tiers de 850 grammes d'acide sulfurique : on pallie de nouveau et l'on dévide encore le drap pendant quinze minutes; enfin on le relève une troisième fois pour mettre dans le bain ce qui reste d'acide sulfurique. La liqueur palliée, le drap y est remis : lorsqu'il a été devidé pendant quelques instans, on le fait plonger en entier dans le bain, où il est laissé une demi-heure sans le remuer. Au bout de ce tems on le replace sur le tour, et c'est seulement alors qu'il faut réchauffer le bain, en ayant soin de n'élever la température que graduellement : après quelques bouillons, on relève le drap et on le passe à une eau courante.

Si, au lieu d'une seule pièce de drap, on a un certain nombre à passer dans le bain de bleu, on les coudra à la suite les unes des autres, et on les passera d'abord dans l'hydrocyanate de potasse et ensuite dans l'acide hydrocyanique.

Il est assez difficile de déterminer les proportions d'hydrocyanate de potasse nécessaires pour telle ou telle nuance; mais en supposant que toutes les nuances se réduisent à cinq, également distantes l'une de l'autre, on trouvera que pour un kilogramme de bleu d'enfer ou bleu très foncé, il faut 100 grammes d'hydrocyanate de potasse; 85 grammes pour pareille quantité de bleu-pers; 65 grammes pour le bleu-turquin; 40 grammes pour le bleu-céleste; et 15 grammes seulement pour le bleu-naissant.

Entre le bain de bleu et l'avivage, dont nous allons parler, vient se ranger une opération qui consiste à fouler le drap dans une dissolution froide de savon, composée d'un demi-kilogramme de savon pour 10 litres d'eau. Lorsque le foulage a duré un quart d'heure ou vingt minutes, tems nécessaire pour dégorger l'étoffe des molécules de bleu de Prusse qui n'y sont qu'interposées, on fait arriver dans l'auge du foulon un courant d'eau fraîche jusqu'à ce qu'elle en sorte bien limpide.

L'avivage des bleus foncés se fait dans un bain d'eau froide à laquelle on ajoute environ un trois centièmes d'ammoniaque liquide, Après avoir essayé ce bain en y plongeant un échantillon du bleu à aviver, on y jette le drap et on le dévide pendant vingt-cinq à trente minutes : au bout de dix à quinze minutes, le bleu a l'œil rouge qui lui est nécessaire.

Après ce bain d'avivage, le drap peut être ramé et séché sans qu'il soit nécessaire de le laver, parce que l'alcali volatil non combiné est bientôt évaporé.

Quant à l'avivage des bleus clairs, le drap de cette nuance, après avoir été foulé au savon froid, est plongé dans une cuve en bois remplie d'eau de source et placée à portée d'une chaudière à vapeur; elle devra contenir, pour chaque litre d'eau, un mélange de 5 grammes d'acide sulfurique à 66°, et pareille quantité de tartre rouge dissous dans dix grammes d'eau de source. Le bain étant pallié, on le chauffe jusqu'à ce qu'il prenne le bouillon : on y jette le drap sur le tour; on le dévide sur le tour pendant douze à quinze minutes en soutenant l'ébullition, puis on le relève et on le lave à l'eau courante; on peut ensuite le ramer et le sécher.

Après avoir indiqué le procédé au moyen duquel on peut teindre les tissus de laine par le bleu de Prusse, l'auteur s'occupe de l'application de ce procédé à la teinture des laines en toison.

Il faut d'abord que ces laines soient parfaitement désuintées, sans cela elles ne prendraient pas une couleur unie dans le bain de rouille. Quant à la manière de préparer et de donner ce bain, elle est absolument la même pour les toisons que pour les étoffes; mais on doit éviter, autant que possible, d'y remuer des laines.

Il faut laver les toisons avec beaucoup de soin, soit après le bain de rouille, soit après le bain de bleu. A l'égard de celui-ci, on le prépare comme pour les draps, toutefois sans fractionner l'acide sulfurique destiné à dégager l'acide hydrocyanique. Après avoir passé les laines dans l'hydrocyanate de potasse, on les relève une seule fois pour verser dans le bain tout l'acide sulfurique nécessaire à la décomposition de l'hydrocyanate de potasse. Au sortir du bain de bleu, elles sont immédiatement mises en fabrique pour être cardées, filées et tissées. L'huile dont on les imprègne pour les filer, n'altère nullement la couleur bleue. Après le tissage, l'étoffe doit être passée au foulon pour y être feutrée et pour s'y dégorger des parties d'hydrocyanate de fer non combinées qu'elle a rapportées du bain de bleu : ce foulage se fait au savon froid. Lorsque l'étoffe est convenablement feutrée, on la garnit, et ce n'est qu'après le garnissage qu'on doit la passer dans le bain d'avivage alcalin ou acide, suivant que le comportera l'intensité de la nuance bleue.

Si l'on veut faire entrer des laines teintes par le bleu de Prusse dans les draps dit de mélange, il faut que les couleurs avec lesquelles on désire les marier soient insensibles à l'action des avivages alcalins ou acides, puisque ceux-ci ne peuvent être donnés à l'étoffe qu'après qu'elle a été foulée.

L'auteur annonce que le procédé de teinture au bleu de Prusse, quoique moins simple que celui où l'on emploie l'indigo, exige moins de soins et moins de frais que ce dernier; que les draps teints de cette manière sont très solides à l'eau, à l'air, au soleil et au frottement, et font autant d'usage que les draps teints à l'indigo.

Bain chamois. — Dans 100 litres d'eau bouillante on fait dissoudre, dit M. Thillaye, 36 à 37 kilogrammes (75 livres) de sulfate de fer, 2 kil. 45 (5 livres) d'alun, en ajoutant, par portion et pour saturer l'acide, 1 kil. 22 (2 livres et demie) de sel de soude, puis 12 kil. 24 (25 livres) pyrolignite de plomb ; on agite le mélange pour faciliter la réaction, et on laisse reposer, pour employer le liquide clair. Pour meuble, le bain de chamois doit être employé à 10 degrés : on y foularde les pièces, on sèche à la chambre chaude, et après trois jours, on nettoye les pièces à la rivière, soit à la batte, soit au rouleau. Ensuite pour faire monter la nuance, on prépare une chaudière ou cuve qui contient de l'eau à 40° on y ajoute du sel de soude environ 122 grammes (4 onces) par pièce. On manœuvre les étoffes dans ce bain; après les avoir laissé égoutter pendant 10 ou 15 minutes, on les retire, puis on les rince à la rivière.

Nous ferons observer que la nuance du chamois est déterminée d'une part par la fonce du bain, et d'autre part par le degré de chaleur employée.

Si l'on veut des chamois faibles il suffira d'employer le bain de teinture à un degré moindre, avec un peu moins de sel de soude, en opérant à une température plus basse.

Mordans, cuir de botte. — Dans 10 litres d'eau bouillante on fait dissoudre suivant M. Thillaye, 5 kilogrammes (10 livres) sulfate de fer, et 5 kilogrammes (10 livres) pyrolignite de plomb : ce mordant pèse 17 degrés. On y foularde les pièces, puis on les met à la chambre chaude, et on les laisse oxider pendant trois jours; ensuite on passe les pièces au foulard dans une lessive caustique de soude ou de potasse à 8°. Au sortir de la lessive on les étend au crochet pendant 4 heures pour donner le tems au fer de s'oxider. On les retire et on les fait tremper à l'eau courante pendant deux heures. On retire, on passe au rouleau et l'on sèche.

§ XXXIX. NUANCES FOURNIES PAR LE MANGANÈSE.

Les sels qui servent à produire ces nuances sont le sulfate, l'hydrochlorate et l'acétate de manganèse. Le plus ordinairement, dit M. Thillaye, on fait usage de l'hydrochlorate que l'on trouve tout préparé dans le commerce, mais on peut indistinctement employer les deux autres.

On foularde les pièces dans une solution de ces sels, dont le degré sera déterminé par la nuance que l'on veut obtenir. On fait sécher à la chambre chaude, et pour monter le solitaire on passe les pièces au foulard dans une lessive caustique, à 10 degrés et au bouillon; on les étend dans un endroit humide, et le lendemain on les fait tremper à l'eau courante, puis on les rince.

Si l'on veut faire monter de suite le solitaire, après le passage en lessive caustique, on passe les pièces dans un bain de chlorure de potasse ou de soude dont la force est telle qu'une partie de ce chlorure puisse décolorer 4 parties de liqueur d'épreuve. L'oxigène, nécessaire pour faire monter la nuance, est fourni par la décomposition de l'eau dont l'hydrogène entre en combinaison avec le chlore et forme de l'acide hydrochlorique.

En employant le sel de manganèse à 3 ou 4 degrés, on obtient des nuances claires tirant sur celle de cannelle. De 8 à 10 degrés on aura des nuances moyennes; de 16 à 20 degrés on aura des solitaires très foncés.

Nous ferons remarquer que pendant l'oxidation du manganèse, la toile éprouve une destruction plus ou moins forte, suivant que la quantité d'oxigène absorbé est plus ou moins considérable. Cet effet se remarque principalement dans les couleurs fournies par les oxides de manganèse et de fer. Il n'en serait sans doute pas ainsi si l'on pouvait fixer sur la toile ces oxides directement au maximum d'oxidation, car le coton s'altère parce qu'il se trouve engagé dans l'effet chimique qui amène l'oxidation au maximum.

Mélange du fer avec le manganèse. — On obtient, dit M. Thillaye, la nuance carmélite en foulardant les pièces dans un mordant à parties égales d'hydrochlorate de manganèse à 12 degrés, et de pyrolignite de fer au même degré, séchant à la chambre chaude. Après 2 jours on manœuvre les pièces comme pour les nuances fournies par le manganèse. En variant les proportions de ces deux sels, on obtiendra une foule de nuances analogues.

§ XL. NUANCES FOURNIES PAR LE CUIVRE.

Vert. — Pour l'obtenir, dit M. Thillaye, on prépare un mordant d'un litre d'eau, dans lequel on fait dissoudre 367 grammes (12 onces) sulfate de cuivre, et 122 grammes (4 onces) vert-de-gris, avec 7 à 8 grammes (2 gros) de colle de Flandre préalablement dissoute.

On foularde deux fois la pièce dans ce bain, on fait sécher à la chambre chaude. On foularde après dans une lessive caustique de soude ou de potasse, à 8 degrés, on rince à l'eau, et les pièces mouillées sont passées au foulard dans une solution de 245 grammes (8 onces) acide arsénieux (deutoxide d'arsénic) et 122 grammes (4 onces) de potasse; le tout étendu dans 8 litres d'eau; on rince et l'on sèche à l'ombre.

Mélange du cuivre avec le fer. — On prépare, dit M. Thillaye, un premier bain de pyrolignite de fer à 12°, et un second bain avec 2 pots d'eau, dans lesquels on fait dissoudre 1 kil. 47 (3 livres) sulfate de cuivre, et 48 à 49 décagrammes (1 livre) deutacétate de cuivre.

L'*olive jaunâtre* s'obtient avec la première partie du premier bain et la seconde partie du second bain ; on foularde et on laisse sécher.

L'*écru foncé* s'obtient avec la première partie du premier bain et la première partie du second bain ; on foularde et on laisse sécher.

La *cannelle* s'obtient avec la deuxième partie du premier bain et la première partie du second bain ; on foularde et on laisse sécher.

Pour monter ces nuances, on passe les pièces soit au foulard ou au baquet, dans la lessive caustique à 8° pour le foulard et 4° pour le baquet ; ensuite on rince. En variant les proportions de ces bains, ou en les étendant d'eau, on peut obtenir une foule de nuances analogues.

Mélange du cuivre avec le manganèse. — On prépare, dit M. Thillaye, un premier bain d'hydrochlorate de manganèse à 8°, et un second bain avec deux pots d'eau, dans lesquels on fait dissoudre 1 kil. 47 (3 livres) sulfate de cuivre, et 48 à 49 décagrammes (1 livre) deutacétate de cuivre.

La *terre d'ombre* s'obtient avec la première partie du premier bain et deux parties du second bain ; on foularde et on laisse sécher.

L'*ellébore* s'obtient avec la première partie du premier bain et la deuxième partie du second bain. On foularde et on laisse sécher.

On monte ces deux nuances comme les précédentes, et, par la combinaison des deux bains, on peut les varier.

§ XLI. NUANCES FOURNIES PAR LE CHRÔME.

Jaune chrôme. — On foularde, dit M. Thillaye, dans un bain de bi-chromate de potasse à 122 grammes (4 onces) par pot, puis sortant du foulard sans sécher ; on foularde de nouveau dans un bain d'acétate de plomb à 122 grammes (4 onces) par pot ; on lave et on laisse sécher. On peut encore obtenir un jaune chrôme en opérant d'une manière inverse, c'est-à-dire en foulardant en acétate de plomb à 122 grammes (4 onces) par pot et 15 grammes (2 onces) colle de Flandre ; laissant sécher ; foulardant en bichromate de potasse ; rinçant ensuite. Nous ferons observer que ce dernier mode est sujet à donner des pièces nuancées.

Pour obtenir un jaune citron clair, il faut foularder en acétate de plomb à 245 grammes (8 onces) par pot, sécher, ensuite passer les pièces en eau de chaux trouble ; rincer, puis passer en bichromate de potasse, et rincer.

Orange, sous chromate de plomb. — On fait dissoudre dans un pot de sous-acétate de plomb, 1 kilogramme (2 livres) acétate de plomb; on foularde trois fois de suite les pièces dans ce bain, et on les fait sécher à la chambre chaude; on passe les pièces au baquet dans une eau de chaux trouble pendant 10 minutes, en les tenant au large, et l'on rince; on passe au bichromate de potasse tiède pendant un quart d'heure, à raison de 153 grammes (5 onces) par pièce, et l'on rince. Enfin, après avoir monté une chaudière avec de l'eau de chaux claire, on porte au bouillon et l'on y passe la pièce à la roulette, en se guidant, pour la vitesse sur la nuance, qui doit être d'un bel orange.

§ XLII. NUANCES MÉTALLIQUES DIVERSES.

Jaune doré sur soie par le sulfure de cadmium. — Plusieurs composés minéraux, dit M. Lassaigne à qui nous empruntons cet article, remarquables par une couleur vive et solide, ainsi que par leur inaltérabilité à la lumière, ont déjà été appliqués à la teinture de certains tissus : tels sont l'hydro-ferro-cyanate de fer (bleu de Prusse), le sulfure d'arsénic (orpiment), le chrômate de plomb, etc.

Quelques-unes de ces applications sont aujourd'hui même exécutées en grand avec avantage dans quelques ateliers de teinture et fabriques de toiles peintes; et il est probable que, par la suite, à mesure que de nouvelles expériences le feront connaître, le nombre des matières colorantes tirées du règne minéral, qu'on pourra employer dans ces arts, s'accroîtra.

Si les résultats que nous avons présentés à l'Académie des sciences l'année dernière, ne peuvent trouver encore d'application directe, par la rareté de la matière première dont nous avons signalé un nouvel emploi, nous aurons du moins fixé l'attention des chimistes sur plusieurs faits dont quelques-uns étaient, nous le pensons, encore inconnus.

1. Parmi les composés métalliques qui jouissent de la propriété d'être colorés par eux-mêmes, nous avons tenté une série d'expériences dans le but de les fixer sur les différens tissus : les uns nous ont présenté des résultats négatifs; d'autres, en petit nombre encore, nous ont donné la satisfaction de réussir. Le sulfure de cadmium, dont la couleur est si vive et si belle, nous a particulièrement occupé.

Ce composé, dont la connaissance résulte de la découverte faite par M. Stromeyer, peut être fixé sur la soie, comme nous l'avons observé, en imprégnant d'abord cette substance d'une certaine quantité de chlorure de cadmium, et la mettant ensuite en contact avec une solution faible d'hydrosulfate de potasse ou de soude. Il est facile d'exécuter cette opération en tenant la soie plongée dans une solution de chlorure de cadmium à une température de + 50 à 60° pendant 15 à 20 minutes, la tordant ensuite, et la mettant en contact, à la température ordinaire, avec une solution d'hydrosulfate de potasse étendue d'eau.

Dès l'immersion de la soie dans cette liqueur, cette matière prend une teinte jaune dorée par le sulfure de cadmium qui se produit, et qui reste intimement combiné à la substance de la soie. Il est possible, suivant les quantités de chlorure de cadmium qui sont appliquées sur la soie, d'obtenir différentes nuances de ce jaune.

Cette teinture en jaune par le sulfure de cadmium est inaltérable à la lumière solaire; les acides affaiblis et les solutions alcalines étendues d'eau ne lui font éprouver aucun changement.

La facilité avec laquelle la soie peut être traitée par le procédé que nous avons indiqué ci-dessus, peut faire présumer que si le cadmium devenait un jour plus commun qu'il n'est en ce moment, son sulfure serait non seulement employé en peinture, comme il a déjà été proposé, mais que l'art de la teinture pourrait, en le fixant sur certaines étoffes de soie, les teindre en une couleur jaune brillante, inaltérable à l'air, à la lumière et aux différens agens qui détruisent ordinairement les couleurs. La coloration des tissus par ce nouveau composé minéral n'aurait pas les inconvéniens qui sont naturellement attachés à la teinture par le sulfure jaune d'arsénic et le chromate de plomb.

Couleur amarante obtenue par l'action du proto et deutonitrate de mercure, sur la matière azotée, par M. Lassaigne. — M. Lebaillif, qui s'occupe, comme on le sait, avec un zèle infatigable, de recherches microscopiques et chimiques, nous fit part, il y a quelque tems, de la coloration en rouge cramoisi, qu'il avait remarquée en mettant en contact avec une dissolution nitrique de mercure certaines partie de végétaux, et principalement celles dans lesquelles on rencontrait des substances azotées. Ce savant rechercha bientôt sur un grand nombre de substances l'effet de ce réactif, et il reconnut que les matières de nature animale produisaient surtout cette coloration avec la dissolution mercurielle ; que parmi les matières végétales, cette couleur ne se manifestait que sur celles qui admettaient au nombre de leurs principes des matériaux plus ou moins azotés : toutefois il observa la nullité d'effet, en mettant en contact ces mêmes substances avec les dissolutions séparées de proto-nitrate et de deuto-nitrate de mercure.

Ces premiers résultats nous ayant été communiqués par M. Lebaillif, nous fîmes ensemble de nouveaux essais, et nous ne tardâmes pas à reconnaître que l'effet colorant se produisait constamment lorsqu'on opérait avec une dissolution nitrique de mercure contenant tout à-la-fois du proto-nitrate et du deuto-nitrate, tels que ces deux sels se rencontrent dans la dissolution nitrique faite à une douce chaleur.

La manifestation de la couleur est si facile à produire, que si, après avoir humecté avec la dissolution mercurielle une matière animale solide, telle que du blanc d'œuf desséché, du caséum, de la corne, du parenchyme des os, etc., on l'expose à une douce chaleur, en la plaçant sur une lame de platine à la distance de cinq à six pouces de la flamme d'une bougie, elle rougit légèrement en moins de 8 à 10 secondes, et prend ensuite une belle couleur rouge cramoisi. Pour déterminer le même effet avec une matière animale liquide, telle que du *lait*, du *mucus*, de la *gélatine dissoute*, on verse sur une goutte de ces matières une goutte de la dissolution mercurielle ; on délaie bien ensuite avec un tube de verre le précipité qui s'y forme, et on chauffe comme nous l'avons indiqué.

La connaissance de ces premiers résultats nous suggéra l'idée d'examiner sur un grand nombre de matériaux organiques simples et composés, l'action de ce nouveau réactif ; car, comme il a été dit plus haut, nous avions observé, M. Lebaillif et moi, qu'il colorait principalement les matières azotées et toutes les substances végétales où il se trouvait de celles-ci, soit à l'état du mélange, soit à l'état de combinaison.

Il est facile de vérifier directement ces résultats en opérant à part sur *de l'amidon pur de froment et du gluten.* On s'assure aisément qu'il est possible de reconnaître les plus petites quantités de *gluten* dans de l'amidon mal préparé, par la coloration rose qu'il prend en l'humectant avec la dissolution nitrique de mercure, et l'exposant à une douce chaleur.

Nous avions d'abord pensé que toutes les substances organiques azotées pouvaient ainsi se colorer par cette dissolution ; mais les essais nombreux que nous avons entrepris nous ont appris qu'il y avait des exceptions, sans qu'on puisse bien assigner à quelles causes elles sont dues.

Afin de présenter ces résultats comparatifs, nous les avons consignés dans le tableau suivant :

SUBSTANCES rougissant par la solution mixte de proto-nitrate et deuto-nitrate de mercure.	SUBSTANCES NE ROUGISSANT PAS.
Fibrine.	Urée solide et dissoute.
Albumine desséchée.	Acide urique (jaunit un peu).
Albumine liquide.	Acide allantoïque.
Albumine végétale.	Oxide cystique.
Gélatine.	Osmazome.
Caséum.	Chlolestérine (jaunit).
Gluten.	Picromel.
Corne.	Sucre de lait.
Ongle.	Ferment.
Lait.	Quinine, Cinchonine } jaunissent un peu.
Membrane séreuse.	Morphine, Narcotine } deviennent jaunes, et ensuite brunes rougeât.
Membrane muqueuse.	Acide oxalique.
Membrane fibreuse.	— tartrique.
Laine blanche filée.	— malique.
Soie blanche filée.	— citrique.
Morceau d'amande douce.	Sucre de canne.
Farine de froment.	— de betterave.
Papier gris inférieur.	Amidon pur de froment.
	— pur de pommes de terre.
	Ligneux pur.
	Papier blanc.
	Fil blanc de coton.
	Fil blanc de lin.

D'après l'inspection de ce tableau, on reconnaît : 1° que la coloration en rouge amarante par la solution mercurielle ne se produit pas également avec toutes les substances azotées; 2° que parmi ces dernières il s'en trouve plusieurs qui ne jouissent point de cette propriété, et ce sont celles qui sont regardées comme renfermant plus d'azote au nombre de leurs élémens; 3° que les substances animales placées par les chimistes au rang des principes immédiats neutres présentent à quelques exceptions près, ce caractère particulier; 4° que parmi les substances végétales composées, celles qui contiennent au nombre de leurs principes constituans une matière azotée appartenant à cette classe, deviennent plus ou moins rouges en les chauffant doucement avec la solution de nitrate; 5° que cette réaction de la dissolution mercurielle peut servir avec avantage, comme nous l'avons établi dans cette notice, pour distinguer la pureté de plusieurs principes immédiats des végétaux, tels que l'*amidon*, le *sucre*, la *gomme*, le *ligneux*, etc., etc., c'est-à-dire, si ces principes particuliers ne sont point mêlés à quelques matières azotées de l'ordre de celles que nous avons indiquées.

Les résultats énoncés plus haut nous ont suggéré l'idée d'essayer si la laine et la soie filées pouvaient être teintes par la réaction de cette dissolution mercurielle.

Les essais entrepris à cet égard nous ont démontré qu'il était possible de communiquer à ces substances une couleur amaranthe plus ou moins foncée, en les mettant en contact à une température de + 45 à 50° pendant 10 à 15 minutes, dans une dissolution nitrique de mercure faite dans la proportion d'une partie de mercure sur deux parties d'acide nitrique à 28 degrés.

Cette dissolution opérée à une douce chaleur est ensuite exposée pendant quatre à cinq minutes à une température capable de la faire bouillir, afin de transformer une partie du proto-nitrate en deuto-nitrate. Pour s'en servir, on l'étend de son volume d'eau distillée, et on y plonge la soie ou la laine à la température indiquée. Il n'est pas nécessaire que les fils soient recouverts par la solution; il suffit seulement qu'ils en soient bien imprégnés, pour que la coloration se manifeste.

Dans les différentes opérations que nous avons faites, nous avons donné à la soie une teinte rouge amaranthe qui paraît résister long-tems à l'action de la lumière, et qui n'est point altérée à froid ni par les solutions alcalines, ni par les acides sulfurique et sulfureux étendus d'eau.

Cette coloration particulière nous paraît due à une combinaison du sel mercuriel avec la substance de la soie, car la teinte obtenue par ce procédé brunit lorsqu'on la plonge dans la solution d'un hydrosulfate.

Nous avons constaté que 100 parties de soie blanche parfaitement desséchée avaient augmenté, après leur coloration par la dissolution mercurielle, de 17 à 18 et demi sur 100.

Emploi de l'iode en teinture, et examen de deux sels apportés d'Angleterre; par M. Pelletier. — Lors du voyage que je fis l'an dernier en Angleterre, j'appris qu'on préparait d'assez grandes quantités de périodure de mercure, qu'on vendait sous le nom de *vermillon anglais*, et qui servait principalement pour la confection des papiers de tenture. Je sus aussi qu'on employait l'iode à l'impression des toiles et calicots, mais je ne pus me procurer aucun renseignement sur le mode d'application.

De retour en France, je fis quelques essais sur cet objet, mais ils furent infructueux : ainsi, par exemple, lorsqu'après avoir imprégné des tissus d'une solution d'hydriodate de potasse, on les passe dans des solutions métalliques susceptibles de produire des iodures insolubles, on obtient des couleurs diverses et souvent très belles, suivant la nature de la solution ; mais on n'a cependant que des applications superficielles de matières colorantes à la surface des tissus ; ce sont de vrais placages : or, ce n'est pas là teindre, puisqu'il n'y a pas de combinaison entre les molécules de la matière dont est formé le tissu et les molécules des parties colorantes. Tel était pour moi, du moins, l'état des choses, lorsqu'un fabricant des environs de Mulhausen me fit remettre un échantillon d'un sel qu'il s'était procuré, disait-il, à grands frais, à Glascow, et dont, sans en connaître la nature il se servait avec avantage, à l'imitation des Anglais, pour l'impression des toiles. Cet échantillon me parvint dans une boite de fer-blanc qu'il avait attaquée et presque percée; il contenait du mercure coulant, plus du fer et de l'étain provenant évidemment de la boite de fer blanc : toutefois, abstraction faite de ces matières étrangères, je crus devoir conclure de l'analyse que j'en fis, qu'il était formé d'iodure de mercure combiné avec un grand excès d'hydriodate de potasse, qui rend l'iodure de mercure soluble. D'après ces données, je préparai un sel qui me parut entièrement semblable au sel dit *anglais*; en effet, lorsqu'on imprégnait de solution divers tissus, ces tissus, séchés, prenaient, même après dégorgement, des teintes assez belles et comme avec le sel anglais, lorsqu'on les passait dans des solutions métalliques, et principalement dans des solutions de sublimé corrosif ou de nitrate de plomb. Toutefois, j'observais un phénomène bien différent, lorsque je traitais comparativement le sel anglais et le sel français par un acide : avec le premier, j'avais un précipité d'un beau rouge de periodure de mercure; avec le second, la liqueur prenait une belle couleur rouge, mais il n'y avait pas de précipité. En réfléchissant sur cette différence, je fus amené à admettre dans le sel dit anglais la présence d'une certaine quantité d'iodate de potasse, dont l'acide mis à nu devrait réagir sur l'acide hydriodique, le décomposer et l'empêcher par là de retenir en dissolution l'iodure de mercure. L'échantillon du sel anglais était trop réduit et trop altéré pour que je pusse vérifier mes conjectures par l'analyse; mais il me restait la voie de synthèse : je pensais même qu'en fabrique on avait dû employer une solution de potasse saturée d'iode, et l'on sait que dans ce cas on a un mélange d'iodate de potasse et d'hydriodate de potasse dans un rapport constant. J'opérais sur ces bases; mais le sel obtenu en employant cette solution, au lieu de donner un précipité d'un beau rouge de périodure de mercure, donnait un précipité brun, dans lequel il y avait un excès d'iode; je crus donc devoir diminuer la quantité d'iodate de potasse, et, après quelques tâtonnemens, je parvins à imiter parfaitement le sel anglais, dont j'avais, dans l'intervalle, reçu un nouvel échantillon non altéré. Les proportions auxquelles je me suis arrêté sont les suivantes :

Hydriodate de potasse	65
Idiodate de potasse	2
Iodure de mercure	33
	100

Ce sel, qui paraît avoir coûté en Angleterre 100 francs le kilogramme, ne reviendrait pas à 36 francs préparé en France, en prenant pour base de calcul l'iode au prix de 40 francs.

Je laisse aux fabricans de toiles peintes le soin de prononcer en définitive sur les avantages de son emploi et les diverses applications qu'on en peut faire : je ne doute pas que s'il est employé à Glasgow, il ne puisse l'être à Paris, à Rouen, à Mulhausen, etc., surtout lorsque divers essais auront appris la manière d'en faire usage; car sur ce point je ne puis donner que des renseignemens un peu vagues. Ainsi, il me paraît qu'on doit appliquer ce sel sur les étoffes avant de les passer dans les solutions métalliques;

parmi ces dernières, celles qui donnent les plus belles couleurs sont les solutions de plomb et de mercure. On peut avec avantage l'appliquer aux étoffes, à l'aide d'une solution d'amidon, qui devient d'un bleu violet (effet connu de l'iode sur l'amidon); l'amidon paraît même contribuer à fixer le sel sur les étoffes.

Il est un autre sel qui est, dit-on, fort employé à Glascow dans les fabriques de toiles peintes, et je crois devoir ici en faire mention, parce qu'il ne paraît pas jusqu'ici avoir été employé en France. C'est un acétate triple de chaux et de cuivre, que M. Ramsay prépare en grand à Glasgow pour l'impression des toiles; ce sel est d'un très beau bleu; il cristallise en prismes droits à base carrée; les arètes du prisme sont souvent remplacées par des facettes, d'où résultent des prismes à six ou huit pans, suivant l'extension que prennent les faces secondaires.

Lorsqu'on décompose ce sel par un alcali fixe, l'oxide de cuivre et la chaux se précipitent combinés; parce qu'ils se rencontrent à l'état naissant et en proportions définies : ce qu'il y a de certain, c'est que le précipité verdit peu à l'air, même en se desséchant, et, dans l'application, c'est une espèce de cendre bleue qui se fixe sur les étoffes. J'appelle donc l'attention des imprimeurs en toiles peintes sur ce sel, qui peut fournir des teintes très belles, et qui ne reviennent pas à un prix très élevé; mais je ne puis en ce moment donner des détails positifs sur son mode d'application.

CHAPITRE IX.

RÉSUMÉ GÉNERAL; COULEURS SOLIDES ET COULEURS PEU DURABLES.

Après avoir exposé les divers procédés de l'art de la teinture, et décrit en détail les opérations du teinturier, nous croyons ne pouvoir mieux compléter ce qui concerne cet art important, que par un résumé général des phénomènes chimiques et physiques qui l'accompagnent, en notant parmi les couleurs des tissus celles qui sont solides de celles qui ne le sont pas.

§ XLIII. RÉSUMÉ GÉNÉRAL.

« L'art de la teinture, dit le docteur Ure, consiste à fixer, sur des étoffes de différentes espèces, toute couleur qu'on peut désirer, de manière qu'elles ne puissent être facilement altérées par ceux des agens à l'action desquels elles doivent être le plus probablement exposées.

Comme il ne peut y avoir d'autre cause qui puisse faire adhérer une matière colorante quelconque sur quelque étoffe que ce soit, qu'une attraction qui subsiste entre les deux substances, il doit s'ensuivre qu'il n'y aura qu'un petit nombre de matières teignantes capables de s'attacher, d'une manière indélébile ou forte, par application.

L'art de la teinture est donc un art chimique.

Le fait général le plus remarquable de cet art consiste dans les différens degrés de facilité avec laquelle les substances animales ou végétales attirent et retiennent la matière colorante; ou plutôt, dans le degré de facilité avec laquelle le teinturier trouve qu'il peut les teindre, avec toute couleur quelconque qu'il a l'intention de leur donner.

Les matières principales des étoffes à teindre sont la laine, la soie, le coton et le fil; les trois premières sont plus faciles à teindre que la dernière, ce qu'on a ordinairement attribué à leur attraction pour la matière qui teint.

La laine est, dans son état naturel, tellement disposée à se combiner avec la matière colorante, qu'elle n'exige que peu de préparation pour la soumettre immédiatement aux procédés de la teinture; pour cela il ne s'agit que de la nettoyer en lui enlevant une partie grasse appelée le *suint*, qui est contenue dans la toison : pour cette opération du dégraissage de la laine, l'emploi d'une liqueur alcaline est nécessaire; mais, comme les alcalis altèrent le tissu de la laine, il ne faut se servir que d'une dissolution très faible; car s'il y avait dans cette dissolution plus d'alcali présent que ce qui est suffisant pour convertir le suint en savon, cet alcali attaquerait la laine elle-même. On fait généralement usage d'urine putréfiée, comme étant d'un prix moins élevé, et comme contenant un alcali volatil, qui, en s'unissant avec la graisse, la rend soluble dans l'eau.

La soie, lorsqu'on la retire du cocon, est recouverte d'une espèce de vernis, qu'ordinairement on considère comme n'étant soluble ni dans l'eau ni dans l'alcool, parce qu'il n'abandonne rien ni à l'un ni à l'autre de ces liquides. On est donc dans l'usage de faire bouillir la soie avec un alcali, pour lui enlever cette matière. Il faut prendre dans cette opération beaucoup de précautions, parce que la soie elle-même est aisément corrodée ou décolorée. On fait communément emploi de beau savon, encore même cet emploi est-il, dit-on, préjudiciable, et la soie blanche de la Chine, qu'on suppose avoir été préparée sans savon, a un lustre supérieur à celui de la soie d'Europe. La soie perd environ le quart de son poids dans cette opération, qui la dépouille de son vernis.

Ces préparations préalables semblent avoir un double objet : le premier, de rendre l'étoffe qu'il s'agit de teindre aussi nette que possible, afin que le fluide aqueux, qui doit ensuite lui être appliqué, puisse être bien imbibé, et ce qu'il contient adhérer aux moindres parties des surfaces intérieures; le second objet est que l'étoffe soit rendue plus blanche et plus en état de réfléchir la lumière; et, par conséquent, de faire présenter, par la matière colorante, des teintes plus brillantes.

Quelques-unes des préparations, cependant, quoique considérées simplement comme préliminaires, constituent réellement, en partie, les procédés de teinture eux-mêmes. Dans un grand nombre de cas, une matière est appliquée à l'étoffe à laquelle elle adhère; et par l'application d'une autre matière, le résultat est quelque couleur qu'on a désiré obtenir. Ainsi, l'on pourrait teindre une pièce de coton en noir, en la plongeant dans l'encre; mais la couleur ne serait ni bonne ni solide, parce que les molécules de matière précipitée, formées de l'oxide de fer et de l'acide de noix de galle, sont déjà solidifiées en masses trop grosses, soit pour entrer dans le coton, soit pour y adhérer avec quelque degré considérable de force; mais si le coton, trempé d'abord dans une infusion de noix de galle et alors séché, est plongé ensuite dans une dissolution de sulfate de fer, ou autre sel ferrugineux, l'acide de noix de galle étant étendu partout à travers le coton, recevra les molécules d'oxide de fer à l'instant même de leur passage de leur état de fluides ou de dissoutes à celui de précipités ou de solides, au moyen de quoi la matière noire de l'encre recouvre parfaitement le coton, en s'appliquant en contact serré avec la surface de ses plus petites fibres. Cette teinture sera donc, non seulement plus intense, mais encore plus adhérente et plus durable.

Les teinturiers français, et après eux les teinturiers anglais; on donné le nom de *mordans* à celles des substances qui s'appliquent préalablement aux pièces d'étoffe, afin de leur faire prendre ensuite la nuance ou teinture désirée.

Il est évident que si le mordant est appliqué sur la totalité d'une pièce d'étoffe, et que cette pièce soit ensuite plongée dans la teinture, elle recevra une teinte sur toute l'étendue de sa surface; mais si le mordant n'est appliqué que sur quelques parties de la pièce d'étoffe, la teinture ne frappera que sur ces parties seulement : le premier procédé constitue l'art de la teinture, proprement ainsi appelé; et le second est l'art d'imprimer les laines, les cotons ou les toiles, ou l'art de l'impression en calicot.

Dans l'art de l'impression des pièces d'étoffe, on mêle ordinairement le mordant avec de la gomme ou avec de l'amidon, et on l'applique, au moyen des blocs ou moules de buis gravés en relief, ou de plaques de cuivre; et les couleurs sont produites par immersion dans des vaisseaux remplis avec des compositions convenables. Les teinturiers appellent ce dernier liquide le *bain*. L'art d'imprimer donne lieu à un grand nombre de procédés au moyen desquels le mordant ou simple ou composé, présente son effet.

Le mordant employé pour produire sur les toiles imprimées les rouges de différentes nuances se prépare en faisant dissoudre, dans environ 4 kilogrammes d'eau chaude, 1400 grammes d'alun et 453 grammes d'acétate de plomb, à quoi l'on ajoute 60 grammes de potasse, et ensuite 60 grammes de craie réduite en poudre.

Dans ce mélange, l'acide sulfurique de l'alun se combine avec le plomb de l'acétate, et cette combinaison se précipite parce qu'elle est insoluble; tandis que la matière argileuse de l'alun s'unit avec l'acide acétique séparé de l'acétate de plomb. Le mordant consiste donc dans un acétate argileux, et les petites quantités d'alcali et de craie servent à neutraliser tout acide dégagé qui pourrait être contenu dans le liquide.

On obtient plusieurs avantages en changeant ainsi l'acide de l'alun : 1. La terre argileuse est plus facilement dégagée de l'acide acétique dans les procédés subséquens, qu'elle ne l'eût été de l'acide sulfurique; 2. cet acide faible occasione moins d'inconvéniens lorsqu'il vient à être séparé de sa terre; et 3. l'acétate d'alumine, n'étant pas susceptible de cristalliser comme le sulfate de cette terre, ne se sépare pas ou ne se caille pas, en séchant sur la surface des blocs ou moules destinés à imprimer, lorsque cet acétate est mêlé avec de la gomme ou de l'amidon.

Lorsque le dessin a été imprimé en transportant le mordant de la face des blocs ou moules de bois sur la toile, on met celle-ci dans un bain de garance, en prenant les précautions convenables pour que toute la pièce soit également exposée à ce liquide. Dans ce bain, la pièce devient rouge, mais plus foncée dans les places où le mordant avait été appliqué : car, de la terre argileuse avait auparavant abandonné l'acide acétique pour se combiner avec la toile. Or, cette combinaison sert d'intermède pour fixer la matière colorante de la garance, de la même manière que l'acide des noix de galle, dans le premier exemple, fixait les molécules d'oxide de fer. Dans cet état de la pièce de toile, l'imprimeur en calicot n'a donc plus qu'à se guider lui-même, d'après une couleur fixe et une couleur fugitive. Il fait bouillir la pièce dans une eau mêlée de son, et il l'expose sur le pré. La fécule du son enlève une partie de la couleur, et l'action du soleil et de l'air la rend plus propre à se combiner avec la même substance.

Dans d'autres cas, l'attraction élective de l'étoffe à teindre a une action plus marquée. On prépare pour les laines, un mordant très ordinaire en faisant dissoudre ensemble de l'alun et du tartre ; ni l'une ni l'autre de ces substances n'est décomposée ; mais on peut les recouvrer par cristallisation, en évaporant la liqueur. La laine est reconnue capable de décomposer une dissolution d'alun et de se combiner avec sa terre ; mais il paraît que la présence de l'acide sulfurique dégagé, tend à altérer la laine que ce mode de traitement rend rude au toucher, effet qui n'est pas produit sur les cotons et les toiles qui ont moins d'attraction pour la terre. La laine décompose aussi l'alun dans un mélange d'alun et de tartre ; mais dans ce cas, il n'y a pas dégagement d'acide sulfurique comme étant immédiatement neutralisé par l'alcali de tartre.

L'attraction des oxides métalliques pour un grand nombre de substances colorantes est si grande, qu'ils abandonnent les acides qui les tenaient en dissolution, et sont précipités à l'état de combinaison avec ces substances. On a aussi reconnu par expérience que ces oxides sont fortement disposés à se combiner avec les substances animales ; d'où il suit que dans beaucoup de cas, ils servent comme mordans ou de moyens d'union entre les particules colorantes et les substances animales.

Les couleurs que prennent les composés d'oxides métalliques et de molécules colorantes, sont alors le produit de la couleur particulière de ces molécules, et de celle qui est propre à l'oxide métallique.

M. Chevreul, dans les Considérations générales de ses recherches sur la teinture, qu'il vient de lire à l'Académie des Sciences (janvier 1836), répartit entre la physique et la chimie les élémens des phénomènes de la teinture considérée comme *art* et comme *branche de la chimie*.

« La théorie chimique de la teinture, dit il, repose sur quatre sortes de connaissances : 1° la connaissance des espèces de corps que les procédés de teinture mettent en contact; 2° la connaissance des circonstances où ces espèces agissent; 3° la connaissance des phénomènes qui peuvent apparaître pendant l'action mutuelle de ces espèces; 4° la connaissance des combinaisons colorées qui se sont produites. Les élémens principaux qui sont du domaine de la physique se rapportent à deux principes qu'on peut nommer le *principe du mélange des couleurs* et le *principe de leur contraste* simultané.

En résumé, poursuit M. Chevreul, les recherches qui ont pour objet de donner des bases scientifiques à l'art de teindre, présentent des difficultés qu'on peut rapporter à quatre causes principales : 1° à la petite quantité des matières qui se fixent aux étoffes dans les procédés de teinture; 2° à la faible affinité des étoffes pour les matières auxquelles elles s'unissent; 3° à ce que toutes les matières tinctoriales complexes d'origine organique dont on fait usage dans les ateliers ne sont pas encore complètement connues dans leur composition immédiate; 4° à ce que beaucoup des principes immédiats de ces matières sont altérables dans les opérations du teinturier. Plusieurs observations, d'ailleurs, m'ont conduit à penser que la laine, la soie et même le ligneux pourraient bien être d'une nature plus complexe qu'on ne le croit généralement. »

§ XLIV. COULEURS SOLIDES ET COULEURS PEU DURABLES.

Couleurs solides. — Les couleurs suivantes sont, dit le docteur Ure, celles employées par les imprimeurs en calicot, pour teindre les étoffes en couleurs solides. Les mordans sont épaissis avec de la gomme ou de l'amidon calciné, et appliqués avec le bloc ou moule, le rouleau, les plaques ou le pinceau.

1. *Noir*. La toile est imprégnée avec de l'acétate de fer, et teinte dans un bain de garance et de campêche.

2. *Pourpre*. Le mordant précédent de fer, étendu avec le même bain de teinture.

3. *Cramoisi*. Le mordant pour le pourpre uni, avec une portion d'acétate d'alumine, ou mordant rouge, et le bain ci-dessus.

4. *Rouge*. L'acétate d'alumine est le mordant, et le bain de teinture est la garance.

5. *Rouge pâle de nuances différentes*. Le mordant précédent étendu d'eau, et un bain faible de garance.

6. *Brun*, ou *pompadour*. Un mordant mélangé, contenant une portion un peu plus grande du mordant rouge que du mordant noir, et le bain de garance.

7. *Orangé*. Le mordant rouge, et un bain, d'abord de garance, et ensuite de quercitron.

8. *Jaune*. Un fort mordant rouge, et le bain de quercitron, d'une température de beaucoup inférieure à celle de l'ébullition de l'eau.

9. *Bleu*. Indigo rendu soluble, et coloré en jaune-verdâtre, au moyen de potasse et d'orpiment. Ce mordant recouvre sa couleur bleue par son exposition à l'air, ce qui le fait aussi fixer fortement sur la toile. Une cuve d'indigo se prépare aussi avec cette substance bleue délayée dans de l'eau avec de la chaux vive et de la couperose. On suppose que ces substances désoxident l'indigo, et en même tems le rendent soluble.

1. *Jaune doré*. On plonge alternativement la toile dans une dissolution de couperose et d'eau de chaux. Le protoxide de fer précipité sur la toile, passe promptement par absorption de l'oxigène atmosphérique dans le deutoxide de couleur jaune doré.

11. *Fauve*. Les substances précédentes dans un état plus étendu.

12. *Cuve bleue*, dans laquelle on laisse les taches, ou points blancs, sur un fond de toile bleue. On la prépare en appliquant, à ces points, une pâte composée d'une dissolution de sulfate de cuivre et d'argile à pipe; et après qu'ils ont été séchés, on plonge la toile étendue sur des châssis, pendant un certain nombre déterminé de minutes, dans la cuve d'un vert jaunâtre, composé d'une partie d'indigo,

deux parties de couperose, et deux parties de chaux avec de l'eau.

13. *Vert.* Après avoir trempé la toile teinte en bleu, et bien lavée, dans de l'acétate d'alumine, on la fait sécher et on la soumet à un bain de quercitron.

Dans les cas ci-dessus, la toile, après avoir reçu la pâte mordant, est séchée et passée à travers un mélange de bouse de vache et d'eau chaude. On la met alors dans la cuve ou chaudière à teindre.

Couleurs peu durables. — On donne toutes ces couleurs au moyen de décoctions de différens bois colorans, et ces couleurs reçoivent le faible degré de fixité dont elles jouissent, ainsi que leur grand éclat, en conséquence de leur combinaison ou de leur mélange avec l'hydrochloro nitrate d'étain.

1. *Le rouge.* On le fait souvent avec du bois de Brésil ou de pêcher.

2. *Le noir.* Avec un fort extrait de noix de galle et de deuto-nitrate de fer.

3. Le *pourpre.* Avec extrait de bois de Campêche et du deuto-nitrate de fer.

4. Le *jaune.* Avec un extrait de l'écorce de quercitron ou de la gaude, et de la dissolution d'étain.

5. *Le bleu.* Avec le bleu de Prusse et la dissolution d'étain.

Les couleurs peu durables sont épaissies avec de la gomme adragante, qui laisse la toile plus molle que la gomme du Sénégal, les pièces pour le commerce étant quelquefois envoyées au marché sans être lavées.

QUATRIÈME PARTIE.

THÉORIE DE L'ART DU DÉGRAISSEUR ; PRÉPARATION DES RÉACTIFS OU AGENS PRINCIPAUX DONT ON FAIT USAGE POUR ENLEVER LES TACHES ; NATURE DES TACHES, CHOIX ET EMPLOI DES RÉACTIFS CONVENABLES ; RÉTABLIR LES COULEURS ; BLANCHIR A NEUF ; LUSTRAGE ET APPRÊTS.

CHAPITRE X.

THÉORIE DE L'ART DU DEGRAISSEUR ; REACTIFS PRINCIPAUX.

§ XLV. THÉORIE DE L'ART DU DÉGRAISSEUR.

L'art du dégraisseur consiste à enlever toute espèce de tache sur une étoffe quelconque, sans en altérer le blanc ou la teinture ; les opérations principales du dégraisseur se trouvent donc une dépendance naturelle de l'art du teinturier, puisque le dégraisseur doit s'assurer avant tout de la solidité de la teinture de l'étoffe qu'il doit détacher ou dégraisser, et rétablir au besoin les teintures altérées. Nous avons vu quels étaient les divers débouillis à l'aide desquels on s'assurait de la solidité des diverses teintures, et la théorie ainsi que la pratique de ces essais de débouillis, doivent être également familiers aux dégraisseurs.

Il est bien rare que l'eau simple, à froid ou à chaud, suffise pour nettoyer les étoffes qui ont contracté quelque saleté, aussi les anciens, qui ne connaissaient pas le savon, y suppléaient-ils par différens moyens ; on lit dans le *Dictionnaire raisonné universel des Arts et Métiers*, par l'abbé Jaubert, que Job rapporte, chap. IX, v. 30, qu'on lavait les vêtemens dans une fosse avec l'herbe de *borith*, qu'on croit être la soude. Dans le sixième livre de l'*O-*

dyssée, Homère dépeint *Nausicaa* et ses compagnes occupées à blanchir leurs habits en les foulant aux pieds dans des fosses. Les Romains suppléaient au savon par un grand nombre de plantes et de terres argileuses diverses. Les sauvages se servent de certains fruits pour nettoyer leurs étoffes; les femmes de l'Islande lessivent leurs étoffes avec de la cendre et de l'urine, et les Persans les nettoient avec des terres bolaires et marneuses qu'ils font délayer dans de l'eau.

Quelles que soient d'ailleurs les substances que l'on ait à sa disposition pour enlever une tache; il faut tâcher de reconnaître la nature même de cette tache, car cette connaissance peut seule guider le dégraisseur dans le choix des procédés à employer, et ces procédés doivent être toujours les plus simples et les plus économiques. En général, le blanchîment complet est le meilleur mode de dégraissage et de nettoyage pour les étoffes restées en blanc; il n'en est pas de même pour les étoffes qui ont subi la teinture et reçu un lustre ou apprêt, parce qu'elles exigent presque toujours un nouveau lustre après un nettoyage complet.

On peut considérer les taches des étoffes comme étant de deux espèces générales: les unes ne font que couvrir la couleur sans l'altérer; les autres, au contraire, l'altèrent en tout ou en partie, en détruisant la matière colorante même, ou en changeant son état.

Il résulte de cette distinction qu'un réactif propre à enlever une tache de graisse, sur une étoffe de telle couleur, ne peut pas servir à enlever une pareille tache de graisse indistinctement sur une étoffe d'une autre nature et d'une couleur différente.

Parmi les matières que les dégraisseurs emploient, les unes ont la propriété de dissoudre la substance qui forme la tache et de l'enlever comme par une espèce de lavage, ou plutôt par une vraie dissolution qu'elles opèrent de cette graisse; telles sont, pour les taches de graisse, l'éther, l'essence de térébenthine rectifiée, le savon, le fiel de bœuf, l'eau chargée d'un peu de sel alcalin, et d'autres drogues de même nature.

D'autres matières qu'on emploie pour les taches de graisse ont la propriété d'absorber la substance tachante; telles sont la craie, la chaux éteinte à l'air, les différentes terres glaises, bolaires ou marneuses, le papier brouillard, etc.

Quelquefois, lorsque la tache est récente, il suffit de

l'application convenable de la chaleur pour réduire la tache graisseuse en vapeurs, et en dégager ainsi l'étoffe. Mais ce procédé, très peu sûr en général, a presque toujours l'inconvénient, quand il n'est pas pratiqué par une main habile, d'étendre simplement la tache et de la rendre plus apparente au lieu de la faire disparaître.

C'est au dégraisseur à savoir choisir la substance la plus convenable à la nature de la tache, à celle de l'étoffe, et à celle de la couleur qu'il doit prendre soin de ne pas détruire. Par exemple, le savon enlève généralement très bien la graisse sur toute espèce d'étoffes, mais si l'on employait le savon pour enlever une tache de graisse sur une étoffe de couleur rose ou cerise, teinte en safranum, on altérerait en même tems plus ou moins la couleur de la teinture. Pour ces couleurs tendres, l'éther au contraire est un agent précieux, car il enlève aussi complètement que le savon toute espèce de tache graisseuse, lorsqu'il est récemment préparé, sans enlever les plus délicates; cependant les dégraisseurs connaissant rarement ce moyen simple et d'un succès certain, font peu d'usage de l'éther qu'ils devraient employer plus souvent.

Quant aux taches qui ont détruit la couleur de l'étoffe, il est souvent facile d'enlever la matière tachante; mais il est ordinairement très difficile de rétablir la couleur.

Lorsque les dégraisseurs ont de semblables taches à faire disparaître, il leur arrive souvent, faute de pouvoir rétablir la couleur, de peigner l'étoffe avec des cardes ou des chardons, pour arracher le poil renfermé dans l'épaisseur de l'étoffe, afin de remplacer celui qui était taché à l'extérieur.

Il y a néanmoins certaines couleurs qui se rétablissent par les acides végétaux, tels que la crême de tartre, le vinaigre, le jus de citron, etc. Ce sont particulièrement les étoffes dont la couleur a été détruite par de l'urine et par de la lessive, comme il arrive, par exemple, à certaines étoffes noires.

Essence Dupleix. Un réactif ou agent chimique qui enlèverait la plupart des taches occasionées par des corps gras et résineux, qui réussirait également bien sur un grand nombre de couleurs, sans changer ni altérer le lustre des étoffes les plus précieuses, qui serait incorruptible, et que chacun pourrait employer soi-même avec le plus grand succès, serait une découverte aussi intéressante pour la scciété qu'utile pour le commerce : un mélange d'éther et d'essence de térébenthine remplirait assez bien cette indication pour laquelle M. *Dupleix* a inventé une essence particulière à laquelle il a donné le nom d'*essence vestimentale.* Les diverses expériences qu'on en a faites ont constaté les propriétés qu'on lui attribue, le succès ayant toujours été le même dans quelqu'occasion qu'on l'ait employée. Il arrive ordinairement qu'avec un fer chaud et du papier brouillard, on veut enlever les taches qui sont sur un velours qui sert de tapis de table; on en couche le poil de manière à ne pouvoir jamais le faire redresser. Avec une éponge imbibée de l'*essence Dupleix* et appliquée légèrement à diverses reprises sur les endroits où la cire est endurcie, on l'enlève, non-seulement en entier en essuyant l'endroit taché avec un linge blanc, mais de plus on a le plaisir de voir que le poil du velours, qui avait été couché par le fer chaud, se relève en entier, et que cette étoffe paraît comme neuve.

Ce qui s'opère sur le velours s'exécute aussi efficacement sur les étoffes brochées de la couleur la plus tendre, et qui seraient même imbibées de cire par la force de la chaleur. Cette essence a encore un avantage sur tous les autres ingrédiens propres au dégraissage : c'est qu'elle ne laisse sur les étoffes de soie ou de laine, ni même sur le satin, lorsqu'elle est convenablement employée et avec tous les soins qu'elle exige, aucune de ces nuances peu agréables qu'on y voit après s'être servi de l'esprit de vin, et qu'elle n'altère en aucune manière le premier lustre de ces étoffes. Les huiles et les graisses n'y résistent pas davantage que la cire; et pour s'en servir avec succès, dans ce cas, il n'est question que d'étendre sur une table un linge en double ou en quatre, de mettre sur ce linge l'endroit de l'étoffe qui est taché, de prendre de l'*essence Dupleix* avec une éponge, d'en imbiber la tache en la frottant avec l'éponge, de la passer légèrement autour de la tache pour empêcher qu'elle s'étende dans sa circonférence, de pomper, par-dessus, l'humidité que cette essence a occasionée, de l'essuyer à diverses reprises avec une serviette blanche; et lorsque la tache a tombé sur le linge blanc de dessous, on le retourne ou on le change de place; et après avoir essuyé de nouveau l'humidité qui se trouve à l'endroit où était précédemment la tache, on fait sécher l'étoffe au feu.

Lorsqu'on fait cette opération sur des étoffes qu'on a portées long-tems, que les matières graisseuses qui les ont tachées sont rendurcies ou fermes de leur nature, il faut quelquefois la répéter. Si ce sont des robes ou des habits gris ou blancs qui aient été tachés, et qu'on craigne de les mettre auprès du feu pour les faire sécher, on peut mettre du plâtre en poudre sur l'endroit humide, et il opère le dessèchement aussi bien que le feu.

On a remarqué que lorsqu'on ne veut pas découdre les doublures des vêtemens tachés, quoique les taches passent à travers le bougran pour aller se rendre sur le linge blanc qui est par-dessous, elle n'en ramollit pas les gommes et n'attire point l'apprêt des étoffes; les habits brodés en or de couleur, quoique tachés avec du goudron; les rideaux et les dossiers des carosses, gras de la sueur des mains ou de la pommade des cheveux, se dégraissent aussi facilement que les autres étoffes. Dans le cas où il s'agit d'ôter de dessus un habit les taches de gras que le chapeau ou les cheveux ont occasionées sur la partie qui termine le col des habits, il faut non seulement les imbiber à plusieurs reprises avec l'éponge, mais il est encore nécessaire, en frottant et en essuyant fortement, d'opérer toujours dans le sens de l'étoffe, du haut en bas; et lorsque ce sont des ratines, il faut observer de ne les point frotter, mais seulement d'imbiber l'endroit taché avec de l'essence, et de pomper l'humidité en frappant par-dessus avec une serviette blanche.

A tous ces avantages utiles que nous venons de détailler, cette essence réunit encore celui de détruire les insectes qui rongent les étoffes de laine, les pelleteries, le papier dans lequel on renferme les étoffes et les fourrures; de préserver avec une éponge imbibée de cette essence, les oiseaux et les quadrupèdes, dont la destruction eût été prochaine par la quantité de ces insectes qui s'y étaient attachés.

Nous avons fait ici une mention spéciale de l'essence *vestimentale de Dupleix*, parce que de toutes les substances que l'on vend pour détacher, c'est celle qui nous a semblé réellement la meilleure; elle n'a aucun des inconvéniens des autres compositions que l'on débite pour enlever les taches, et qui n'ont d'autre effet que de masquer la tache momentanément et de la rendre ensuite plus compliquée et plus difficile à enlever par le dégraisseur.

Taches simples et composées. — Nous avons emprunté en grande partie à Baumé, l'un des plus habiles coopérateurs de l'abbé Jaubert, pour le *Dictionnaire universel raisonné des Arts et Métiers*, une grande partie de ce qui précède sur la théorie de l'art du dégraisseur, dont les progrès ont suivi naturellement ceux de l'art de la teinture. Depuis

Baumé, M. Chaptal s'est occupé de l'art du dégraisseur, tome 6 des *Mémoires de l'Institut*, *Sciences physiques et mathématiques;* plus tard, après avoir donné l'extension convenable à quelques principes chimiques qu'il y avait établis concernant cet art, il crut devoir former du tout un petit traité particulier; qu'il publia en 1808, sous le titre de *Principes chimiques sur l'art du teinturier-dégraisseur.*

Si l'art important du teinturier présente un grand intérêt pour la société, parce qu'il apprend à décorer de couleurs brillantes et solides les tissus qui sont employés à nos vêtemens, à nos ameublemens, l'art du dégraisseur, qui a pour objet de rétablir des couleurs altérées ou détruites, ne mérite pas moins d'occuper un rang distingué parmi les arts et métiers, et il y a lieu de s'étonner qu'il eût si peu fixé l'attention des chimistes. Aussi est-ce sans doute pour rappeler l'art du dégraisseur à l'attention qu'il mérite, et rendre à ceux qui l'exercent la considération à laquelle ils peuvent prétendre, que M. Chaptal a présenté avec raison l'art du teinturier-dégraisseur comme étant essentiellement fondé sur les connaissances chimiques. C'est parce qu'il regardait aussi cet art comme *tout chimique*, qu'il a voulu s'en occuper, désirant trouver cette nouvelle occasion de prouver combien la chimie peut s'appliquer avec avantage aux besoins et aux usages les plus communs de la société.

C'est dans ce traité de M. Chaptal, remarquable par sa précision, sa clarté, et l'explication simple qu'il donne des opérations du dégraisseur, que nous avons puisé les principes généraux qui paraissent le plus utiles à connaître à tous ceux qui veulent s'occuper de l'art du dégraisseur, et nous nous sommes autant que possible renfermé dans les termes mêmes de son savant auteur, pour n'altérer en rien ses excellens préceptes.

On est convenu, dit M. Chaptal, d'appeler *tache*, tout corps qui, porté sur une étoffe, peut en changer ou altérer une partie de la couleur; et c'est dans les moyens de rétablir la couleur altérée ou détruite que consiste l'art du *dégraisseur*, connu encore dans la société sous le nom de *teinturier-dégraisseur.*

Mais, pour chercher les moyens de faire disparaître une tache, il faut commencer par en connaître la nature, afin d'opérer avec certitude; M. Chaptal forme trois divisions principales des matières qui forment ordinairement les taches.

La première division comprend les matières qui produisent des *taches simples*, qu'on peut enlever en employant un seul agent.

La seconde division comprend les matières qui produisent des *taches composées*, et qui exigent le concours de plusieurs agens.

La troisième division comprend les matières qui produisent des taches susceptibles d'altérer ou de détruire la couleur.

Mais avant d'examiner successivement chacune de ces divisions, nous allons donner les préparations des agens principaux ou réactifs, dont on fait usage pour enlever les taches.

§ XLVI. PRÉPARATION DES AGENS PRINCIPAUX OU RÉACTIFS DONT ON FAIT USAGE POUR ENLEVER LES TACHES.

Les principaux réactifs utiles au dégraisseur sont : l'alcool, l'ammoniaque, les lessives alcalines, les acides citrique, oxalique et sulfureux, le bitartrate et le suroxalate de potasse, le chlore et les chlorures de soude, de potasse, l'eau oxigénée, l'essence de savon, l'essence de térébenthine, l'éther, le fiel de bœuf et la vapeur d'eau concentrée à un haut degré, ou chargée de substances acides ou alcalines. L'alcool (esprit-de-vin) est bien connu et peut être suppléé par l'eau-de-vie, l'eau de Cologne, le kirchenwasser et quelques autres spiritueux ; nous avons donné, chapitre IVme, la préparation de la plupart de ces réactifs qui sont d'un usage fréquent dans les ateliers de teinture ; il ne nous reste plus qu'à donner ici la préparation des autres réactifs qui sont plus spécialement employés dans les ateliers de dégraissage.

Essences. — On comprend sous cette dénomination, non seulement les huiles volatiles ou essentielles obtenues par distillation des substances végétales odoriférantes ou de corps résineux, telles que les essences de citron, de lavande, de romarin et de térébenthine, qui sont celles dont le dégraisseur fait le plus d'usage, mais encore les combinaisons dont l'alcool est la principale menstrue, telles que les essences de savon, l'eau de Cologne et quelques esprits dans lesquels sont melangées des essences.

Il suffit quelquefois de la simple expression pour séparer les huiles volatiles des plantes qui les contiennent en grande abondance ; c'est ainsi qu'on peut retirer celle des écorces de citron, d'orange, de bergamotte. Mais ce n'est en général que par la distillation qu'on peut les obtenir. La plupart des huiles volatiles sont *liquides ;* beaucoup d'elles sont limpides comme l'eau, et n'ont rien de cette apparence qu'on considère ordinairement comme *huileuse ;* quelques autres ont la propriété de prendre une consistance solide, et sont même susceptibles de cristalliser par une évaporation lente ; mais leurs principaux caractères distinctifs que doit connaître le teinturier-dégraisseur sont : 1° de se volatiliser à une température qui n'excède pas 100° centigrades, et d'être très combustibles ; 2° d'être solubles dans l'alcool, l'éther, les huiles fixes, et imparfaitement dans l'eau ; 3° de ne laisser aucune trace sur du papier où on les fait évaporer.

Cette dernière propriété est d'autant plus importante à se rappeler qu'elle fournit un moyen facile de reconnaître si une huile volatile a été falsifiée par quelque mélange des huiles fixes. Il suffit pour cela, de verser sur une feuille de papier à écrire, une goutte de l'huile volatile que l'on veut essayer, et de l'exposer alors à une chaleur modérée. Si l'huile s'évapore sans laisser aucune trace, elle est pure ; si le papier reste taché, on peut la considérer comme étant altérée par de l'huile fine, ou par quelqu'autre substance.

L'*eau de Cologne* qui s'obtient de la distillation, à l'aide d'alcool, de plusieurs plantes aromatiques, peut se composer immédiatement avec des essences. Quatre grammes de chacune des essences, lavande, citron, néroly ; 2 grammes d'essence de romarin ; 16 grammes d'essence de bergamotte ; mélangés dans 2 litres d'alcool (esprit de vin à 36°) ; agités deux fois par jour pendant une semaine, et parfumés de cinq à six gouttes de teinture d'ambre et d'une à deux gouttes de teinture de musc, m'ont toujours donné une eau de Cologne très suave. M. Thillaye recommande, comme très bonne pour détacher, l'eau de Cologne composée de : 61 grammes (2 onces) essence bergamotte ; 61 grammes (2 onces) essence citron ; 16 grammes (4 gros) cédrat ; 8 grammes (2 gros) néroly ; 4 grammes (1 gros) romarin ; le tout mêlé dans 2 litres d'alcool qui leur sert de mixture.

L'*esprit de lavande* peut se composer de 122 grammes (4 onces) d'essence de Lavande dans deux litres d'alcool. Une bonne *essence à détacher*, dit M. Thillaye, résulte d'un mélange de 734 grammes (24 onces) essence de térébenthine, 1 kil $\frac{1}{2}$ (3 livres) d'essence de romarin ou lavande, dans deux litres d'alcool à 36 degrés.

Essences de savon. L'essence de savon se prépare avec un litre d'esprit de vin (alcool) à 30 degrés, 30 décagrammes de savon blanc coupé en tranches minces, et 6 décagrammes de potasse, mêlés entièrement et en dissolution complète, à l'aide d'une douce chaleur.

Voici quelques autres recettes communiquées par M. Robinet, pour essences de savon :

— *d'Italie.* 10 savon blanc de soude; 24 alcool à 34 degrés; 24 eau distillée; faites digérer à une douce chaleur, filtrez et aromatisez suivant vos desirs.

— *de Prusse, Hanovre et Saxe.* 1 savon d'Espagne rapé; alcool rectifié; eau de roses.

— *de Bavière.* 1 savon blanc du commerce; 4 alcool à 18 degrés.

— *de Vienne.* 92 grammes (3 onces) savon de Venise; 4 grammes (1 gros) sous-carbonate de potasse; 551 grammes (18 onces) alcool à 0,910 de densité; 184 grammes (6 onces) eau distillée de lavande.

— *de Russie.* 122 grammes (4 onces) savon d'Espagne rapé; 61 grammes (2 onces) cendres gravelées purifiées; faites bouillir avec un ½ kilogramme (1 livre) d'eau en agitant, et quand elles sont réduites en consistance d'extrait, faites digérer dans une curcubite, avec une livre d'esprit de lavande, et filtrez au bout de quatre jours.

Ces deux dernières essences, à cause de l'alcali qu'elles contiennent, sont très propres à enlever de dessus les étoffes de couleur solide les taches d'huile et de graisse.

M. Robinet observe que, pour les essences de savon, l'alcool ne doit être ni trop fort ni trop faible, (33 degrés) ; que le savon doit être bien fait; s'il est trop récent, il contient de l'huile non saponifiée qui trouble la transparence de l'essence; il faut donc le choisir sec; enfin qu'on peut décolorer l'essence de savon avec le noir d'ivoire. Voici sa formule.

— *de M. Robinet.* 1 savon blanc sec; 3 alcool à 33 degrés (trois six); 1 eau. On aromatise à volonté.

Essence de savon de M. Thillaye. 5 savon blanc et neutre; 10 alcool 33° Baumé (trois six); 2 essence de térébenthine rectifiée; 4 essence de lavande ou de romarin. Coupez le savon en petits rubans, faites dissoudre au bain-marie, sans que l'alcool entre en ébullition; quand le savon est dissous, ajoutez les essences de térébenthine, et de lavande ou romarin; mélangez et conservez en flacons.

Essence de térébenthine (huile, esprit de térébenthine). — Cette huile s'obtient par la distillation de la térébenthine dont 125 kilogrammes en produisent environ 15 kil. Cette huile volatile est incolore, d'une odeur forte et désagréable, plus légère que l'eau, rougit presque toujours la teinture de tournesol, propriété qu'elle doit à l'acide succinique qu'elle contient. Elle est très peu soluble dans l'eau et soluble dans huit parties d'alcool; le gaz acide hydrochlorique la convertit en camphre artificiel; celle que l'on trouve dans le commerce est rarement assez pure et assez récente pour être d'un emploi toujours convenable dans les opérations délicates du dégraisseur, qui, pour son usage, doit la préparer en la redistillant avec soin sur la chaux vive. L'essence de térébenthine doit être étendue d'alcool pour enlever complètement et l'huile et la couleur de la peinture.

Ether. — Les chimistes connaissent divers éthers qui sont tous le résultat de l'action de certains acides sur l'alcool. Ces éthers ne sont pas tous de même nature; aussi ne nous occuperons-nous ici que de l'éther sulfurique, qui est le seul employé dans l'art du teinturier et dégraisseur.

L'éther est un liquide incolore, transparent, d'une odeur vive et particulière, d'une saveur chaude, piquante et un peu amère, très inflammable, très réfrigérent et si volatil qu'il bout et s'évapore à 36 degrés 66; il se congèle à 43; il est soluble dans dix fois son poids d'eau et se mêle à l'alcool en toutes proportions; il dissout le camphre, les résines, les huiles volatiles, la plupart des substances grasses, etc. On l'obtient en distillant dans une cornue et au bain de sable, parties égales d'alcool rectifié et d'acide sulfurique à 66 degrés, mélangées peu à peu et en agitant chaque fois, afin d'éviter la cassure de la cornue, que produirait un trop grand dégagement de calorique. On distille alors avec précaution et l'éther traverse une allonge qui est adaptée à la cornue et se rend dans un récipient entouré de glace ou d'eau froide. On le rectifie complètement en y ajoutant du sous-carbonate de potasse sec en poudre, jusqu'à ce que les dernières portions ne deviennent plus humides, et en enlevant ensuite l'éther par distillation. Il est essentiel, pour éviter le cerne, de n'employer au dégraissage que de l'éther bien rectifié, ou récemment préparé.

L'éther sulfurique dissout, comme nous l'avons dit, les huiles essentielles et le camphre en grande quantité; l'éther camphré est un excellent dissolvant pour le dégraisseur, et, en général, il peut obtenir les meilleurs résultats d'un emploi convenable de tous les éthers formés par les acides citrique, oxalique et tartrique, qui peuvent être regardés comme des composés d'acide et d'alcool.

Fiel de bœuf. — Ce fiel est contenu dans une sorte de poche, comme chez tous les animaux où la bile s'écoule par le conduit cistique dans le vésicule du fiel : il est plus ou moins épais et visqueux; sa couleur est jaune verdâtre, son odeur un peu nauséabonde, sa saveur d'une amertume désagréable; il s'unit très bien avec l'eau et l'alcool; la potasse et la soude en augmentent la fluidité et la transparence ; cette addition le convertit en une sorte de savonule qui est très propre au dégraissage des laines. Comme il se putréfie promptement, on le prépare et on le conserve en ajoutant par litre de fiel, 3 décagrammes (1 once) d'alun en poudre; on fait bouillir deux ou trois minutes, et l'on y ajoute autant de sel de cuisine. On le conserve dans des bouteilles bien bouchées, en ayant soin de décanter la liqueur de dessus le dépôt qui s'y forme à la longue. Quand on l'emploie, on y ajoute de l'essence de citron ou de bergamotte, pour lui enlever son odeur nauséabonde.

La bile, qui éprouve des altérations remarquables en séjournant plus ou moins long-tems dans le vésicule du fiel, jouit de la propriété de dissoudre la plupart des substances grasses, et de là vient que des dégraisseurs les préfèrent au savon pour nettoyer les laines. La bile de veau, de mouton et de chien est analogue à celle du bœuf, dont 800 parties sont composées, suivant M. Thénard, de : 700 eau, 15 matière résineuse, 69 picromel, 4 environ matière jaune, 2 phosphate de soude, 4 soude; 3,5 hydrochlorates de soude et de potasse ; 0,8 sulfate de soude; 1,2 phosphate de chaux, et quelques traces d'oxide de fer. La bile de porc ne contient pas de picromel. La bile humaine est d'une nature particulière et, d'après M. Berzélius, ses parties constituantes sont : 908,4, eau; 80 picromel; 3 albumine; 4,1 soude; 0,1 phosphate de chaux; 3,4 sel commun; 1 phosphate de soude et de chaux.

On peut se servir indistinctement, pour détacher, de la bile contenue dans le vésicule du fiel de divers animaux. On forme un savon très convenable à cet usage, en faisant fondre, à un feu doux, parties égales de savons blancs et de fiel de bœuf; on laisse évaporer l'eau; puis on coule en moules, et on laisse sécher.

CHAPITRE XI.

NATURE DES TACHES; CHOIX ET EMPLOI DES REACTIFS CONVENABLES.

§ XLVII. NATURE DES TACHES.

Taches simples. — Les substances qui les forment sont celles qui se déposent sur une étoffe sans en détruire la couleur, et dans cette classe on doit comprendre d'abord l'eau; ce liquide, en tombant le plus souvent par gouttes sur les étoffes, détruit ce brillant, ce *glacé*, cet *uni*, qu'on donne à tous les tissus et même aux feutres, par le moyen des *apprêts*; et ces gouttes d'eau ainsi répandues sur une surface qui n'offrait d'abord qu'une teinte bien unie, y laissent des empreintes qu'il est très aisé de distinguer à l'œil. On prévient ces taches par le *décatissage;* opération que l'on pratique habituellement sur les étoffes de laine, et que l'on devrait également pratiquer sur les étoffes de soie; elle consiste à délustrer l'étoffe par une humidité froide également répartie à l'aide d'un linge mouillé, et mieux par l'application de la vapeur d'eau qui pénètre l'étoffe mise en presse.

Les substances qui forment les autres taches simples principales sont: l'huile, la cire, le suif, la pommade, la résine, les sucs de fruits, le vin, la rouille, le sang, etc.

Tous ces corps étant, par leur nature, solubles dans un seul agent; il suffit en général d'une seule opération pour faire disparaître les taches qu'ils produisent, et cette opération consiste à appliquer un dissolvant convenable.

Taches composées. — Lorsque la substance qui forme une tache est formée de deux ou trois principes de nature différente, il faut alors employer successivement l'action de plusieurs agens; et c'est pour cette raison qu'on appelle ces taches *composées.*

S'il s'agit, par exemple, de dégraisser une étoffe salie par du cambouis, la tache est composée de suif, de rouille et de boue; en sorte qu'après avoir enlevé le suif et le principe végétal, il reste encore à dissoudre le résidu métallique qui donne à l'étoffe une teinte brune plus ou moins foncée.

Les substances qui forment les taches composées peuvent donc varier à l'infini, et il serait presque impossible d'en établir ici la nomenclature complète ; c'est au dégraisseur à s'assurer par lui-même de la composition de la tache; celles du *punch* sont reconnaissables en ce que l'acide du citron a ordinairement altéré l'étoffe, tandis que celles des *sirops* sont simplement gluantes, et celles des *sauces* toujours plus ou moins graisseuses, etc., etc.

Substances qui altèrent ou détruisent les couleurs. — Les acides, les alcalis, les sucs de quelques fruits, l'urine récente, changent, nuancent, modifient, altèrent ou détruisent la plupart des couleurs *faux-teint.* Pour rétablir ces couleurs, il suffit, dans plusieurs cas, de neutraliser le corps qui a produit la tache; c'est surtout ce qui arrive lorsque l'acide est faible. Mais souvent la couleur est complètement détruite, et il faut alors la remplacer, en portant sur la partie altérée une couche de couleur qui est du même ton que celle qui n'a pas été dégradée, et qui présente une fixité convenable.

Cette partie de l'art du teinturier-dégraisseur est sans contredit la plus difficile, et réclame une attention et des soins particuliers.

§ XLVIII. CHOIX ET EMPLOI DES RÉACTIFS CONVENABLES POUR CHAQUE ESPÈCE DE TACHE.

Pour qu'un réactif soit propre à enlever une tache, il faut non-seulement qu'il soit de nature à se combiner avec la matière qui la forme, ou à la dissoudre ; mais il faut encore qu'il n'altère ni l'étoffe sur laquelle on opère, ni la couleur dont le tissu est revêtu. Les deux premières de ces conditions sont de toute rigueur ; quant à la dernière, il est souvent difficile de la remplir, surtout lorsque la tache est portée sur des couleurs fugaces ou de *faux-teint*; mais, dans ce cas, on répare le changement qu'a produit le réactif dont on s'est servi, par des moyens qui seront ultérieurement indiqués. Il est néanmoins des taches qu'on enlève par des procédés purement mécaniques ; le frottement suffit, dans beaucoup de circonstances, surtout lorsque le corps étranger ne pénètre pas dans le tissu de l'étoffe, ou qu'il est tellement fragile et cassant, qu'on peut le broyer facilement entre les doigts.

§ XLIX RÉACTIFS POUR LES TACHES SIMPLES.

Nous avons dit comment le décatissage prévient les taches que peuvent former sur les étoffes les gouttes d'eau; le décatissage est aussi le moyen le plus sûr de les enlever; mais l'éther ou même un spiritueux quelconque réussit également bien, quand il est employé sur les taches récentes que la pluie détermine le plus habituellement.

Pour connaître l'espèce du réactif qu'il convient d'employer lorsqu'il s'agit d'une tache simple, il est d'abord nécessaire de s'assurer de la nature de la substance qui la forme, et il peut suffire pour cela de la seule inspection de la tache, lorsqu'elle est simple; en effet, le suif, l'huile, la cire, les sucs de fruits, le vin, la rouille, le sang, toutes ces taches ont des caractères assez prononcés pour qu'on les distingue et les reconnaisse à l'œil. Le dégraisseur d'ailleurs doit toujours s'informer, quand il le peut, des circonstances qui ont accompagné l'accident et des substances qui ont occasioné les taches afin d'opérer de suite avec certitude et sans tâtonnemens.

Après avoir examiné les diverses substances qui forment ordinairement les taches simples, et la manière dont elles se comportent avec les réactifs, M. Chaptal pense qu'on peut répartir les substances qui forment les taches simples en quatre divisions principales, savoir : 1. celles des corps graisseux, comprenant les huiles, les graisses, la cire, etc.; 2. celle des corps résineux; 3. celle des sucs végétaux et du sang; 4. celle des oxides de fer.

Enlèvement des taches simples formées par les corps graisseux. — Les corps graisseux peuvent entrer en combinaison avec un grand nombre de réactifs, tels que les alcalis, la plupart des terres, quelques oxides métalliques, le savon, les principes huileux eux-mêmes, le fiel ou la bile et le jaune d'œuf.

Mais, indépendamment de ces réactifs, qui tous, en se combinant avec les corps graisseux, forment des composés solubles dans l'eau, et que, par conséquent, on peut enlever facilement dès que la combinaison est faite, il est d'autres agens qui rendent les corps graisseux fluides ou bien les atténuent en les divisant, en fournissant ainsi le moyen de les faire évaporer ou de les enlever par le frottement, ou par l'apposition d'autres corps poreux qui s'en imprègnent et les pompent, pour ainsi dire, pour les extraire du tissu même de l'étoffe.

Parmi les corps qui sont susceptibles de dissoudre les substances huileuses, les alcalis occupent le premier rang; mais comme ils exercent une action puissante sur les couleurs et les étoffes, surtout sur les laines et les soies, on ne peut en faire usage qu'avec les plus grands ménagemens. Il y a de plus à considérer que dans leur état de causticité, qui est celui où ces corps peuvent dissoudre les huiles avec le plus de facilité, ils attaquent les tissus et les couleurs avec une grande énergie.

On est donc réduit à n'employer que les alcalis combinés avec l'acide carbonique, ce qui diminue considérablement leur effet sur les corps huileux; et, dans cet état, on se sert surtout du sous-carbonate de potasse (sel de tartre) et quelquefois du sous-carbonate de magnésie.

On peut néanmoins, lorsqu'il s'agit d'étoffes blanches, de fil ou de coton, se servir des alcalis caustiques; mais leur emploi à l'état de causticité, exige des précautions qui seront indiquées quand nous parlerons des substances qui altèrent ou détruisent les couleurs.

L'ammoniaque (alcali volatil) liquide ou concrète, n'a pas, au même degré, les inconvéniens des alcalis fixes; mais son action n'est pas non plus aussi active ni aussi efficace. Les combinaisons des alcalis avec les huiles, formant ce qu'on connaît dans le commerce sous le nom de *savon*, ont la propriété de dissoudre une nouvelle quantité d'huile ou de tout autre corps de nature graisseuse; de manière qu'on peut les employer pour enlever les taches d'huile, et l'on s'en sert alors à l'état de savon, ou bien en dissolvant le savon lui-même dans l'alcool (esprit-de-vin), formant ce qu'on appelle *essence de savon*, ou bien encore avec le savon de fiel de bœuf, dont nous avons donné la composition.

Les terres absorbantes, telles que la craie et les terres savonneuses qui, presque toutes, contiennent beaucoup de magnésie, se combinent encore avec les corps graisseux, et on les emploie pour enlever les taches, sous le nom de pierre à détacher ou à dégraisser.

Le fiel de bœuf, le jaune d'œuf présentent aussi de grands avantages dans tous les cas dont il s'agit; car si elles sont d'une faible énergie, elles sont aussi sans aucun inconvénient dans leur emploi. Ces matières animales ont la propriété de dissoudre les corps graisseux sans altérer les tissus, ni sensiblement la plupart des couleurs; de sorte qu'elles sont d'un très grand usage.

On combine même assez ordinairement, ou l'on mélange ensemble quelques-uns des corps dont il vient d'être parlé, pour produire plus d'effet. C'est ainsi qu'on mélange le savon, le fiel, le jaune d'œuf, avec les terres savonneuses, qui donnent la consistance pour former des pierres à *détacher*. 6 litres d'eau, 122 grammes de soude ou de potasse, deux fiels de bœuf, 61 grammes de savon noir, et le jus d'un citron, bouillis ensemble pendant trois à quatre minutes, forment, suivant M. Buzelay, une lessive qui, tirée à clair, peut s'employer à froid ou à chaud, pour faire disparaître le plus grand nombre de taches graisseuses.

L'éther sulfurique a aussi la propriété de dissoudre les huiles; ce dissolvant serait d'autant plus avantageux qu'il n'attaque ni les couleurs ni l'étoffe; mais il a l'inconvénient d'être trop volatil et d'abandonner trop aisément le corps qu'il tient en dissolution, ou de s'en séparer, lorsqu'on est forcé de recourir à la chaleur pour enlever des corps compactes et pesans, tels que la poix, la térébenthine, les huiles grasses.

M. Giobert a proposé, dit M. Chaptal, l'alcool camphré, comme le meilleur dissolvant des principes huileux; mais il fait observer avec raison que pour produire son effet, il faut qu'il soit rectifié avec le plus grand soin, et qu'il soit saturé de camphre autant que possible. Cet habile chimiste prescrit en même tems de ne pas nettoyer avec de l'eau la tache qu'on a dissoute, pour ne pas précipiter sur l'étoffe une portion du camphre, qu'on ne pourrait faire disparaître ensuite que par une nouvelle quantité d'alcool ordinaire. L'éther camphré est préférable à l'alcool.

Mais la substance la plus généralement employée pour enlever les taches d'huile, est l'*huile volatile* ou *esssence de térébenthine;* elle agit d'autant mieux qu'elle est plus récente, et nous avons dit qu'il était nécessaire de la rectifier en la distillant sur la chaux vive; ainsi rectifiée, cette huile volatile dissout tous les corps huileux, toutes les résines, et n'altère, en général, ni les couleurs ni les tissus. On peut remplacer l'essence de térébenthine par d'autres huiles essentielles d'une odeur plus agréable, telle que l'huile essentielle de bergamotte, d'aspic, et l'on peut aussi, en la mêlant avec elles, masquer la mauvaise odeur qu'elle a. Ce sont, en général, des préparations de cette nature, qu'on vend dans le commerce sous le nom d'*essences*, et qui, pour la plupart ont besoin d'être rectifiées, comme l'essence de térébenthine, par une nouvelle distillation sur la chaux vive.

Lorsque les corps graisseux sont très tenaces, comme le sont les huiles cuites, la poix, etc., la plupart des réactifs que nous venons d'indiquer ne pourraient agir sur eux qu'en aidant leur action par une chaleur assez forte, ce qui n'est pas toujours praticable sans danger ; mais, dans ce cas, on cherche d'abord à rendre les corps graisseux plus fluides, en y ajoutant une huile très liquide et du beurre fondu, et en aidant ensuite l'action du dissolvant par un léger degré de chaleur. De tous les réactifs qui ont la propriété d'enlever les taches simples, formées par les corps graisseux, la chaleur est le moyen qu'on emploie le plus généralement, parce que la chaleur dissout les huiles, et qu'en la maintenant suffisante, les huiles, après s'être étendues, finissent par se réduire en vapeurs ; il suffit de l'appliquer à quelques-uns des corps graisseux, et de les tenir dans un état liquide pour les évaporer ; tels sont la cire, le suif, etc. Mais il faut avoir égard aux différens degrés de chaleur auxquels ces différens corps graisseux se volatilisent, car souvent on risque, par une application trop brusque de la chaleur, ou par une chaleur trop forte et trop prolongée, de roussir l'étoffe en enlevant la tache graisseuse. Quant aux corps qui ne sont pas susceptibles de se volatiliser à un degré de chaleur incapable d'altérer l'étoffe, on se borne à les liquéfier ; à cet effet, on met l'étoffe tachée entre des papiers non collés, et on applique dessus un corps chaud capable de faire fondre la tache ; le corps graisseux, dès qu'il est ramolli, passe dans les papiers avec lesquels il est en contact immédiat et abandonne l'étoffe. On fait disparaître la tache en entier, en répétant plusieurs fois l'opération, et on lui présente chaque fois du papier qui n'en soit pas imprégné : il est toujours bon, après cette opération, de mettre un peu d'éther pour achever le dégraissage.

Enlèvement des taches simples formées par les corps résineux. — On considère comme *corps résineux*, la résine, la poix, et généralement toutes les substances très inflammables qui se dissolvent dans l'alcool. Ce sont surtout celles de ces substances qu'on est obligé de liquéfier pour en faire usage, qui font les taches.

Les réactifs qui peuvent enlever ces taches sont, pour la plupart, ceux dont il a été précédemment parlé, mais comme le plus grand nombre d'entre eux ne peut agir qu'autant que les corps résineux ont été convenablement ramollis, on n'indiquera ici que l'alcool et l'éther, qui, à l'état de pureté et bien rectifiés, ont la propriété de dissoudre les résines, et de n'altérer en aucune manière ni les étoffes, ni la plupart des couleurs.

On peut employer aussi l'essence de térébenthine, ou

seule, ou étendue d'alcool, surtout lorsque la tache est formée par un corps tenace, la résine ou les vernis; mais alors, on est obligé de ramollir la tache avec un fer chaud avant d'appliquer l'essence, et il est nécessaire de la laver ensuite avec de l'esprit de vin, de l'éther, ou avec la préparation particulière, connue dans le commerce sous le nom d'*eau de la reine de Hongrie.*

Enlèvement des taches simples formées par les sucs végétaux. — Indépendamment de leur acide qui attaque les couleurs et les fait changer, tous les sucs colorés des végétaux font tache sur les étoffes en y déposant la couleur qui leur est propre. Nous allons d'abord nous occuper de ces sucs colorés qui n'ont point d'action acide, nous réservant de parler ailleurs des sucs qui attaquent les couleurs et les font changer.

Lorsque les sucs dont il s'agit sont récemment déposés sur une étoffe, une simple solution à l'eau froide suffit pour les faire disparaître. Mais lorsqu'on leur a donné le tems de sécher, ils adhèrent alors avec plus de force, et l'eau seule ne suffit pas toujours pour les enlever. Il faut recourir alors à d'autres agens, parmi lesquels on distingue l'acide sulfureux et le chlore, seul ou combiné avec la potasse; cette dernière combinaison est généralement appelée *eau de javelle*, du nom de la fabrique où on l'a préparée et employée pour la première fois à cet usage.

Ces deux réactifs ne peuvent pas se garder long-tems sans perdre une grande partie de leurs vertus, et sans éprouver dans leur nature des changemens qui en altèrent la qualité et leur donnent de nouvelles propriétés; comme d'ailleurs ces deux préparations ne se trouvent pas ordinairement dans le commerce telles qu'il les faut pour être employées à enlever les taches de fruits, nous avons pensé qu'il pouvait être utile à ceux qui exercent l'art du teinturier-dégraisseur, de connaître les procédés par lesquels on peut obtenir ces réactifs, ainsi que tous ceux qui servent, ou simples ou combinés, à enlever toute espèce de taches, et nous avons décrit avec soin toutes ces préparations dans le IVe chapitre § 9 à § 21, et le Xe chapitre § 45 à § 46.

Enlèvement des taches simples formées par les oxides de fer (la rouille). — On comprend ordinairement sous le nom de taches de rouille les taches que produit le fer sur une étoffe, quoiqu'elles soient de deux espèces, suivant l'état d'oxidation du métal. De tous les métaux connus, le fer est celui qui est le plus employé à nos usages, et comme c'est un de ceux qui s'oxident avec le plus de facilité, et dont l'oxide a le plus d'affinité avec les tissus de nos étoffes de fil, de lin et de chanvre, et surtout avec ceux de coton, les taches qu'il produit sont aussi fréquentes que difficiles à enlever.

Le fer, déposé sur une étoffe, peut s'y trouver dans deux états différens, d'où il suit qu'il n'est pas toujours soluble dans les mêmes dissolvans; il faut donc distinguer l'état du fer dans deux circonstances: 1. lorsqu'il est à l'état d'oxide noir, c'est-à-dire, voisin de l'état métallique; 2. lorsqu'il est à l'état d'oxide rouge, ou très chargé d'oxigène.

Dans le premier état, il adhère beaucoup moins à l'étoffe, et on peut l'enlever avec l'acide sulfurique ou avec l'acide hydrochlorique, l'un et l'autre acides affaiblis de douze parties d'eau.

Il suffit de tremper l'étoffe tachée dans les acides, et de l'y laisser s'humecter convenablement; on a l'attention de frotter la tache avec les mains, et en repliant et frottant l'étoffe sur elle-même, lorsqu'elle résiste à l'action des acides : il faut laver ensuite l'étoffe avec grand soin dans l'eau claire, pour enlever tout l'acide dont le tissu est imprégné.

On peut encore, dans tous les cas, employer la crême de tartre (bitartrate de potasse) réduite en poudre très fine, et dont on recouvre la tache avant de l'humecter; on laisse agir cette poudre humide pendant quelque tems, après quoi on frotte avec le plus grand soin.

La crême de tartre est préférable aux acides qu'on vient de citer, parce qu'elle attaque bien moins les étoffes, et surtout parce qu'elle altère moins les couleurs que ces acides, qui tous les deux ont une action décolorante.

Mais lorsque le fer est très oxidé, et que la couleur de la tache est d'un jaune rougeâtre plus ou moins intense, alors les acides dont il a été parlé, surtout les acides sulfurique et hydrochlorique, n'agissent pas sensiblement sur lui, et il faut recourir à d'autres agens.

L'acide oxalique mérite la préférence sur tous les corps qu'on peut employer; il a la propriété de dissoudre l'oxide de fer avec une grande facilité, et de ne pas attaquer sensiblement, pendant son action sur l'oxide, les étoffes sur lesquelles on l'applique.

L'acide oxalique a la propriété de dissoudre facilement tous les oxides de fer. On l'emploie à cet usage, ou réduit en poudre et appliqué sur la tache qu'on mouille légèrement, pour aider l'action de l'acide, ou bien à l'état de dissolution.

On peut remplacer l'acide oxalique par quelques-unes

de ses combinaisons, telles que celle qu'il forme avec la potasse et qui constitue le *sel d'oseille* du commerce; mais sa vertu est moins énergique; on s'en sert néanmoins avec avantage; et le sel d'oseille était même le principal dissolvant de l'oxide de fer avant la découverte de l'acide oxalique.

Comme les taches où le fer est peu oxidé se dissolvent plus aisément et dans un plus grand nombre d'acides que celles où le métal est combiné avec plus d'oxigène, M. Giobert a proposé de faire rétrograder l'oxidation, en versant sur les taches d'oxide jaune ou rouge un peu de graisse fondue, qu'on tient pendant quelque tems à l'état liquide à l'aide d'une légère chaleur; il fait observer qu'après cette opération préliminaire, on peut enlever ces taches avec l'acide sulfurique affaibli. Le moyen le plus simple et le plus sûr d'enlever toute espèce de tache simple formée par le fer, est toujours l'acide oxalique.

§ L. RÉACTIFS POUR LES TACHES COMPOSÉES.

On désigne, ainsi qu'il a déjà été dit, sous le nom de *taches composées*, celles qui sont formées par l'action réunie de plusieurs substances.

Il arrive souvent que ces substances sont de nature différente; de sorte qu'il faut recourir à l'action successive de plusieurs agens pour détruire ces taches. C'est ce qui arrive lorsqu'on a à enlever des taches d'encre, de cambouis, de la boue des ruisseaux, etc.

Dans plusieurs de ces cas, on commence par des lavages à l'eau qui enlèvent une partie de la tache, l'on termine par l'acide oxalique, ou le sel d'oseille, pour faire disparaître le résidu grisâtre et presque toujours ferrugineux qui reste fixé sur l'étoffe après les premiers lavages. Il est plus facile d'enlever les taches d'encre lorsqu'elles sont fraîches que lorsqu'elles ont vieilli sur l'étoffe, car, dans ce dernier cas, non seulement l'oxide de fer qui fait la base de l'encre a pénétré plus avant dans le corps de l'étoffe, mais l'oxidation a fait des progrès; et le fer, dans ce dernier état, n'est plus soluble que par l'acide oxalique.

Lorsque les *taches de rouille* sont anciennes *sur un fond blanc*, et qu'elles ont passé plusieurs fois à la lessive, elles résistent aux agens ordinaires. On a recours alors à l'emploi des substances qui, ayant une grande affinité pour l'oxigène, ramènent l'oxide de fer à un degré moindre d'oxidation, état dans lequel il est, ainsi que nous l'avons déjà dit, plus soluble dans les acides. Le protochlorure d'étain (sel d'étain) en dissolution (1 de sel et 5 d'eau) est un réactif très convenable et que recommande M. Thillaye. On humecte la tache avec ce liquide après l'avoir couverte avec de l'acide oxalique. La tache ne tarde pas à disparaître ; on lave ensuite avec de l'eau, pour enlever l'étain, on passe dans un acide faible et l'on rince.

Lorsque la tache est récente, l'emploi d'un acide quelconque, tel que le jus de citron, l'acide sulfurique affaibli, suffisent pour détruire entièrement l'empreinte de l'encre. On peut encore se servir avec avantage du chlore. M. Chaptal fait observer, à ce sujet, que ce dernier réactif est le seul qu'on puisse employer lorsqu'il s'agit d'enlever une tache d'encre sur un papier ou sur un livre imprimé, parce qu'il a la propriété de dissoudre l'encre ordinaire, sans altérer en aucune manière l'encre d'impression.

L'usage du chlore est, dit M. Chaptal, fort étendu ; il a la propriété de détruire toutes les couleurs végétales, même celles qui résistent aux autres acides, telles que celle de l'indigo : de sorte que toutes les fois qu'il s'agit d'enlever un principe colorant végétal qui forme une tache sur une étoffe, on doit s'en servir de préférence à tout autre agent ; mais, par cela même qu'il détruit les couleurs végétales, on ne peut l'employer que dans le cas où les taches existent sur des étoffes sans couleur ; dans toute autre circonstance, il convient de lui substituer l'acide sulfureux, qui conserve, ainsi qu'on l'a déjà annoncé, la plupart des couleurs.

Après avoir trempé les tissus dans le chlore liquide affaibli, et les y avoir laissé séjourner pendant assez de tems pour que la couleur jaunâtre disparaisse, on les passe à l'eau froide, et on renouvelle les immersions jusqu'à ce que l'odeur de l'acide soit dissipée.

On peut repasser les tissus de nouveau dans le chlore en les sortant du bain d'eau fraîche, si l'on juge que la couleur blanche n'ait pas été suffisamment rétablie par une nouvelle immersion.

Il est bien entendu que le chlore a été suffisamment affaibli pour ne pas attaquer le tissu lui-même.

Après avoir donné la marche générale à suivre pour enlever les taches composées, nous pensons que le dégraisseur, en s'aidant des principes que nous avons posés pour le guider dans l'enlèvement des taches simples, n'éprouvera aucune difficulté pour venir à bout de toute espèce de tache, quelque compliquée qu'elle soit.

Les *taches de sauce* contiennent le plus souvent de l'huile, du sang, et un acide faible (vinaigre, jus de citron ou de fruits); il est facile de voir, d'après ce qui précède, qu'elles doivent être traitées d'abord par l'essence de térébenthine pour enlever l'huile, par l'acide oxalique pour enlever le sang, par un peu d'ammoniaque pour neutraliser les acides, et enfin par l'éther pour rétablir les nuances et le lustre de l'étoffe.

Les *taches de peinture* s'enlèvent assez bien, toutes récentes, avec de la mie de pain; quand elles sont sèches, il faut l'emploi combiné de l'essence de térébenthine et d'alcool pour enlever l'huile et la couleur; si cette couleur est un oxide de fer, il faut recourir à l'acide oxalique; si la couleur est un sel de plomb, l'eau oxigénée sera d'un bon emploi, surtout pour les étoffes blanches; dans tous les cas de taches composées, il sera bon de terminer par l'éther, et de s'assurer, par une exposition de quelques heures à l'air libre, que la tache composée n'a en rien affaibli, ou altéré ou détruit la nuance de l'étoffe, car il est rare qu'une tache composée ne produise pas un peu d'altération de couleur.

Taches sur étoffes épaisses. Un soin important et qu'il ne faut pas négliger, pour les taches composées, c'est d'opérer à la fois à l'endroit et à l'envers de l'étoffe, quand on le peut, afin que la tache disparaisse complètement et pour toujours, car il arrive fréquemment, pour les étoffes épaisses surtout, que la tache n'ayant été enlevée qu'à l'endroit et en partie, la chaleur du corps ou toute autre cause fait reparaître la tache, qui avait pénétré la totalité de l'étoffe et qui s'était réfugiée à l'envers.

Taches mercurielles. — Vauquelin recommande, pour enlever les taches que l'onguent mercuriel (mercure et graisse) laisse sur le linge, une lessive caustique composée de 50 parties d'eau, 1 sous-carbonate de soude et $\frac{1}{2}$ chaux-vive. Quand le linge a bouilli dans cette lessive, et que la graisse est dissoute, on enlève la tache noirâtre du mercure avec du chlore liquide (12 eau et 1 gaz chlore); on lave à l'eau pur d'abord, et ensuite à l'eau de savon. Les chlorures de chaux et de soude font également disparaître ces taches mercurielles.

§ LI. RÉACTIFS POUR RÉTABLIR LES COULEURS ALTÉRÉES OU DÉTRUITES.

Nous avons déjà dit que ce qu'il y avait de plus difficile dans l'art du dégraisseur, c'était de rétablir les couleurs altérées ou détruites, et en effet, il faut, pour bien remplir une pareille indication, toute la science d'un teinturier habile ; car non seulement il faut rétablir des couleurs altérées, mais encore il peut s'agir de faire revivre des couleurs qui ont été détruites ; et il est plus facile de teindre une étoffe en entier que de retrouver la nuance sur certaines parties.

Le dégraisseur ne peut convenablement parvenir à ce double résultat qu'après avoir bien étudié les effets que produisent sur les différentes couleurs les divers corps qui peuvent les altérer, ainsi que la composition des couleurs elles-mêmes ; ce qui suppose les connaissances du teinturier réunies à celles du chimiste.

Il doit donc s'occuper d'abord des acides, des alcalis, des sucs astringens, comme étant les principales substances dont les effets peuvent altérer les couleurs des corps. Les acides rougissent les couleurs noires fauves, violettes, puces, et généralement toutes les nuances qu'on donne avec l'orseille, les astringens et les préparations de fer.

Les bleus d'indigo et de Prusse, les noirs faits sans préparations de fer, les violets qui résultent de la combinaison de la garance ne sont pas susceptibles d'éprouver ces changemens de la part des acides.

Les acides détruisent les jaunes légers et font passer le vert au bleu sur les étoffes de laine ; ils pâlissent les jaunes plus intenses ; ils rosent les ponceaux, avivent et éclaircissent les rouges de Fernambouc ; ils jaunissent le bleu fourni par le campêche et le sulfate de cuivre ; ils avivent l'indigo et le bleu de Prusse.

L'effet des acides n'est pas le même pour tous, parce que tous n'ont pas la même activité ; les acides minéraux détruisent la plupart de ces couleurs, tandis que les acides végétaux ne font que les nuancer, les changer, les altérer sans les détruire.

L'urine, surtout celle de certains quadrupèdes, tache en jaune pâle presque toutes les couleurs ; les bleus, les roses, les violets d'orseille, les couleurs obtenues par les astringens et le fer, tout prend de la part de cette humeur animale, une teinte jaune, pale et sale ; dans tous ces cas, la couleur est presque détruite. L'urine récente et chaude produit seule ces effets ; et on peut, dans cet état, l'assimiler aux acides ; mais lorsqu'elle a fermenté, elle prend alors un caractère alcalin, et ses effets sont ceux qui appartiennent à cette classe de corps.

Les alcalis tournent au violet les rouges de Fernambouc, de cochenille, etc. ; ils jaunissent les verts sur laine ; ils brunissent les jaunes, et donnent à quelques-uns une teinte orangée rougeâtre ; ils jaunissent et font passer à l'aurore les couleurs du rocou ; ils foncent tous les violets qu'on porte sur la laine et la soie ; ils jaunissent le vert qui a l'indigo pour base, de même que les couleurs faites par les astringens.

La sueur qui se corrompt sur une étoffe produit l'effet des alcalis.

Les sucs astringens des végétaux, et la préparation, l'infusion ou décoction de quelques-uns, forment des taches sur les étoffes, qui sont très faciles à enlever lorsqu'elles sont portées sur des tissus sans couleur, parce qu'elles rentrent alors dans la classe des sucs végétaux ordinaires ; mais ils altèrent les couleurs lorsqu'ils tombent sur certaines étoffes colorées, c'est ainsi, par exemple, que lorsque la couleur *nankin* est donnée par l'immersion d'une étoffe dans une préparation de fer, les sucs astringens y produisent une teinte d'un violet verdâtre plus ou moins sale ; lorsqu'ils agissent sur des noirs, des violets, des ponceaux, des puces, des bruns, dont la base est l'oxide de fer, ils y portent encore des modifications infinies; et en général, ces sucs nuancent, modifient et tournent toutes les couleurs dans lesquelles on fait entrer les oxides de fer.

Rétablir les couleurs altérées. — Nous savons qu'en général les acides rétablissent les couleurs altérées. Parmi les acides connus, ou les combinaisons acides, il n'est aucune préparation qui soit plus propre à rétablir les couleurs altérées, que la dissolution d'étain par l'acide hydrochloronitrique ; dissolution qui est connue dans les arts sous le nom de *composition pour l'écarlate*, et dont nous avons décrit avec soin les meilleures préparations chap. IVe, § 16. Seulement, il faut avoir l'attention de ne pas employer cette composition trop forte, parce que dans cet état, non seulement elle pourrait agir sur le tissu de l'étoffe, mais elle donnerait une teinte orangée à l'écarlate.

L'impression désagreable que produit la sueur qui imprègne les vêtemens sous les aisselles et ailleurs, disparaît par l'application de cette dissolution ; il suffit en effet d'en imprégner l'étoffe pour rétablir aussitôt la nuance primitive de l'écarlate même, et à plus forte raison celle des nuances moins délicates.

Nous savons qu'en général l'effet des acides faibles, tels que ceux de quelques fruits, du vinaigre, etc., etc., peut être combattu avec avantage par les alcalis ; mais de tous les alcalis, l'ammoniaque liquide (alcali volatil) est celui dont l'emploi est le plus convenable et le plus facile; il suffit d'imbiber l'étoffe de cette substance pour rétablir la couleur primitive. Cet alcali a sur les alcalis fixes l'avantage de ne pas altérer l'étoffe et de produire un effet plus prompt. Après avoir ainsi établi d'une manière générale l'emploi du réactif acide le plus convenable pour établir la couleur altérée par une substance alcaline, et l'emploi du réactif alcalin le plus convenable pour rétablir la couleur altérée par une substance acide, il ne nous reste plus qu'à recommander au dégraisseur le plus grand soin et la plus grande propreté dans l'emploi de ces réactifs : pour éviter la cerne (*cercle d'altération qui environne la tache enlevée*), il suffit toujours de les frotter légèrement avec un linge fin imbibé d'éther récemment distillé, en continuant ce frottement léger et étendant le cercle doucement et graduellement jusqu'à ce qu'il ait entièrement disparu et que l'étoffe soit à peu près sèche.

Rétablir les couleurs détruites. — Cette partie de l'art du teinturier-dégraisseur est, suivant M. Chaptal, peu pratiquée; et, dans l'impossibilité de faire revivre avec tout son éclat, ou de rétablir dans toute sa pureté une nuance primitive, affaiblie ou altérée, on se borne à peigner rudement l'étoffe avec le chardon à foulon, la carde ou la brosse, pour en tirer le poil caché dans le tissu et en recouvrir la surface.

Comme dans l'art du teinturier-dégraisseur il ne s'agit point de porter une nouvelle couche de teinture sur toute une étoffe, mais d'appliquer sur un point déterminé une nuance assortie à la couleur qui n'a point été altérée, il n'est pas aisé d'atteindre son but; car, pour cela, l'artiste doit avoir des connaissances de détail qui sont très souvent étrangères aux plus habiles teinturiers.

D'un autre côté, comme très souvent le mordant a disparu avec la couleur, il devient nécessaire de le rétablir pour ne pas opérer un vrai *barbouillage*; et telle peut être la nature de ce mordant, qu'il soit impossible d'en imprégner quelques points isolés; dès-lors on ne peut que masquer une tache par l'application d'une couche de couleur, plus ou moins durable.

On peut établir, en général, que dans les procédés de teinture des étoffes de nature différente, il y a des différences notables, tant dans les méthodes d'application que dans les principes colorans qui sont employés.

Ces différences sont surtout très remarquables entre les étoffes végétales et les étoffes animales.

La nature des premières permet de les préparer par les alcalis, d'en aviver les couleurs par des lessives très fortes, etc., tandis que de pareils agens dissoudraient le tissu des matières animales.

D'un autre côté, les principes colorans qui ont de l'affinité avec la laine ou la soie n'en ont pas toujours avec le coton ; la cochenille et le kermès en fournissent un exemple. Aussi les couleurs s'altèrent-elles avec plus ou moins de facilité, selon la nature de l'étoffe sur laquelle elles sont portées, ce qui fait varier les moyens de les y rétablir.

Il existe aussi de très grandes différences dans la manière dont les couleurs de même nature se fixent sur les étoffes ; tous les bleus sur la laine, depuis le plus foncé jusqu'au plus clair, s'obtiennent par le seul indigo qu'on dissout par les alcalis ou par les acides ; tandis que pour le bleu le plus *plein* sur la soie, on est obligé de donner à l'étoffe un *pied* (1) d'orseille avant de la passer à la cuve, et un *pied* de cochenille lorsqu'on veut obtenir un *bleu fin.* On donne encore à la soie un beau bleu dit *de roi*, en *lissant* (2) les soies sur un bain de vert-de-gris, et les passant ensuite dans un bain de bois d'inde, on le rend solide par le moyen de l'orseille qu'on lui donne à chaud, et en terminant l'opération par un bleu de cuve. On voit d'après cela, que les bleus doivent être plus altérables sur la soie que sur la laine et les autres étoffes ; que les acides qui agissant sensiblement sur toutes les substances servent, dans le bleu sur soie, de pied à l'indigo, doivent porter une impression marquée sur celui-ci, et ne pas altérer les autres.

On peut tirer de ces faits une autre conséquence ; c'est que pour rétablir la couleur bleue dégradée sur la soie, il faut recourir aux matières mêmes, qui seules donnent assez de plénitude à l'indigo pour fournir des bleus foncés, tandis qu'il suffit d'une simple dissolution d'indigo pour régénérer le bleu de la laine et du coton. La dissolution d'une partie d'indigo dans quatre parties d'acide sulfurique, étendu d'une quantité convenable d'eau pour lui donner la teinte nécessaire, peut être employée avec succès pour réparer une couleur bleue altérée sur la laine ou sur le coton.

---

(1) On appelle, dans la teinture, *donner un pied*, mettre une première couleur sur une étoffe pour en appliquer une autre par dessus, et faire par conséquent une couleur composée.

(1) *Lisser* ou *liser :* on appelle ainsi l'opération qui consiste à plonger la soie dans le bain, de manière qu'elle y soit entièrement trempée, et on réitère cette manœuvre jusqu'à ce que la soie ait pris uniformément la teinte qu'on veut lui donner.

Les rouges présentent de semblables différences ; la cochenille, traitée par les mordans de crême de tartre et de dissolution d'étain, fournit un cramoisi fin à la soie, un superbe écarlate à la laine, et une couleur de chair très pâle au coton. Si l'on supprime la crême de tartre, et qu'on la remplace par l'alun dans le bain de préparation, la laine sortira cramoisie. Une dissolution très faible d'alcali suffit encore pour tourner l'écarlate en cramoisi.

Comme le ponceau sur soie résulte de l'application d'un *pied* de rocou et de rouge de carthame, il pâlit par les alcalis et s'avive par les acides.

Les nacaras, les roses, les cerises, les couleurs de chair, généralement obtenus par le bain de carthame, se détruisent par les alcalis et reparaissent par les acides.

La soie alunée, passée dans la décoction de bois de Brésil, prend un cramoisi faux qu'on rose par la dissolution des cendres gravelées. Si, après lui avoir donné un *pied* de rocou, on l'alune et qu'on la teigne au bain de Brésil, il en résulte un ponceau faux.

On teint pareillement toutes les espèces d'étoffes en rouge, par le moyen de la garance ; mais cette couleur est plus solide sur le coton ; le mordant qui s'y fixe est différent de celui qui la retient sur la laine.

Quelles que soient, dit M. Chaptal, les nuances que prennent les mêmes principes colorans rouges qu'on porte sur les diverses étoffes, on peut établir quelques procédés invariables pour les rétablir ou les réparer lorsque les nuances sont détruites ou altérées.

Ainsi, lorsque l'écarlate a souffert et est altérée, il suffit, pour la raviver, d'une dissolution d'étain et de cochenille.

Le bois de Brésil et l'alun font reparaître le cramoisi.

L'orseille, qu'on peut foncer par les alcalis, roser par les acides, et nuancer de mille manières en la mêlant avec le Brésil, le campêche et le fustet, fournit toutes les teintes qu'on peut désirer.

Les mêmes matières tinctoriales servent à donner la couleur jaune à toutes les étoffes ; la gaude fournit un jaune franc et solide ; aussi la préfère-t-on pour la soie.

Le bois jaune ne produit qu'une couleur sombre quand on l'emploie sans mordant.

Le rocou fournit un jaune rougeâtre ; chacune de ces matières tinctoriales reçoit des altérations différentes de la part des mêmes agens ; ce qui exige des réactifs appropriés à chaque sorte de principes colorans, et l'emploi d'une couleur identique lorsque le corps de couleur primitive a disparu.

Le noir ne présente pas une grande différence, ni dans sa composition, ni dans ses effets sur les diverses étoffes ; la base en est toujours un principe astringent, un oxide de fer, et du campêche, et l'on peut se borner à cette simple composition pour former des nuances capables de rétablir sur une étoffe la couleur dégradée.

Quant aux couleurs composées dont les élémens ne sont pas tous d'une égale solidité, et que leur différente nature rend, suivant M. Chaptal, plus ou moins *impressionnables* aux divers agens, il s'ensuit que, par la dégradation insensible de l'une des couleurs composantes, on voit, par degrés, prédominer celle qui est le plus fixe ; c'est ainsi qu'assez généralement, dans les couleurs vertes, le bleu survit au jaune, surtout lorsque le premier est fait à la cuve. On rétablit aisément la couleur composée en reportant sur l'étoffe le principe colorant qui a disparu.

Toutes les couleurs auxquelles on a été obligé de donner un *pied* à l'aide d'une matière étrangère, peuvent être considérées comme des couleurs composées. C'est ainsi que l'orseille et la cochenille qu'on porte sur la soie pour produire le *bleu plein* ou le *bleu fin*, le rocou qui fait la base du ponceau, se dégradent aisément, et alors la couleur primitive en est altérée, nuancée, etc.

Les violets fins sur soie s'obtiennent par la cochenille et la soude.

Les violets faux sont produits par l'orseille et le campêche. Le violet sur coton se donne par deux procédés bien différens ; l'un consiste à passer à la cuve d'indigo le coton garancé ; l'autre à porter la garance sur l'oxide de fer déposé sur le coton. Il s'ensuit, en considérant ces compositions, que chaque réactif doit agir différemment sur chacune d'elles, et que, pour les rétablir, il faut imiter la composition primitive.

Tous les gris bruns, les puces, et généralement toutes les nuances sombres qui forment aujourd'hui la presque totalité de nos couleurs d'usage dans les étoffes de laine, sont des mélangés, en diverses proportions, de bleu, de jaune ou de rouge avec le noir ; l'urine les tache en jaune ; les acides en rouge, et il suffit presque toujours d'employer les lessives alcalines pour rétablir la couleur ainsi altérée. Mais lorsqu'elles ne produisent pas l'effet désirable, on y porte de la décoction de noix de galle, ou un peu de dissolution de fer, suivant le besoin.

CHAPITRE XII.

BLANCHIR A NEUF; LUSTRAGE ET APPRÊTS.

§ LII. BLANCHIR A NEUF.

Cachemires, mérinos, poils de chèvre. — On ajoute à de l'eau froide bien pure deux cuillerées d'essence de savon et une cuillerée de fiel de bœuf; on lave rapidement dans ce bain une fois, ou même deux, s'il est nécessaire, et l'on rince à l'eau froide, avec un bain très propre et très léger d'alun, qui empêche les couleurs de couler; on tord entre deux linges, on épingle sur le métier, et on sèche à l'ombre et au grand air.

Satin blanc, et en général tous les tissus de soie. — On mêle ensemble une partie de savon blanc, deux parties de miel blanc et quatre parties d'eau-de-vie, et l'on fait chauffer le tout doucement jusqu'à ce que le mélange devienne complet et bouillant. On frotte ce mélange très chaud avec une brosse douce sur la soie à blanchir, qu'on a étendu sur un marbre très propre, nettoyé exprès avec un peu d'eau-de-vie, et après avoir frotté de manière à faire disparaître toute espèce de crasse, on plonge la soie successivement dans plusieurs eaux froides en l'y agitant fortement, sans la rincer ni la tordre, de telle sorte que la dernière eau ne soit nullement altérée par l'étoffe qu'on y plonge. On laisse ensuite ressuer la soie entre deux linges blancs, pendant une heure environ, suivant la saison, et on la repasse encore humide avec un fer chaud. Le satin reprend ainsi toute sa fraîcheur et tout son lustre.

Quelquefois on remplace le savon dur de soude, par du savon mou de potasse (savon noir, savon vert). On peut encore employer le mélange de deux parties d'essence de savon et d'une partie de miel blanc, mais toujours à chaud et en ayant soin qu'il soit appliqué bien chaud et bien également. Si le mélange s'épaissit, il convient d'y ajouter un peu d'eau-de-vie pour le rendre plus coulant.

L'emploi du fer chaud dispense d'épingler et de sécher; il est bien entendu que l'étoffe a dû être degraissée d'avance, si elle avait des taches considérables; mais toutes les taches légères disparaissent par ce mode simple de blanchîment dans lequel la plus grande propreté, de la brosse, des eaux de lavage et du fer à repasser, est une condition non moins essentielle que la grande chaleur du mélange et du fer à repasser qui doit abattre tous les plis et les effacer complètement.

§ LIII. LUSTRAGE ET APPRÊT.

Nous croyons n'avoir omis aucun des procédés, aucun des réactifs dont l'emploi est le plus convenable dans l'art du dégraisseur, et nous avons joint la teinture au dégraissage, parce que l'un de ces arts a sans cesse besoin de recourir à l'autre pour un grand nombre d'indications que nous avons pu nous dispenser ainsi de répéter. Il nous reste à parler du lustrage et de l'apprêt, pour compléter tout ce qui est relatif au dégraisseur.

Après avoir dégraissé ou reteint les étoffes qui lui ont été confiées, le teinturier-dégraisseur doit donner tous ses soins à rétablir la teinte et l'apprêt primitifs, et il y parvient à l'aide des moyens suivans.

Laine. — Les draps, les étoffes de laine à longs poils, et communes, se brossent à la carde, et se pressent entre les cartons à froid ou à chaud.

Les mérinos, napolitaines et autres tissus légers se passent à l'eau de gomme très légère, s'épinglent bien à droit fil et sans contretirer, sur des métiers, avec de fortes épingles, et se pressent ensuite entre les cartons, comme les draps. On met un carton entre chaque pli d'étoffe; on chauffe le plateau et les plaques de tôle, et on charge de poids par-dessus les cartons grossiers, ou bien on presse avec la vis. Si les couleurs sont peu foncées, on chauffera très peu.

Pour les habillemens confectionnés, on étend dessus un linge fort et blanc, on l'imbibe d'eau et on repasse sur le linge, avec des fers de tailleur, extrêmement chauds; on contretire avec soin; l'on donne aux revers et au collet les formes voulues, et on les conserve en suspendant l'habillement sur des cerceaux.

Les gazes, crêpes, cachemires, etc., se gomment très légèrement à la gomme adragant, s'épinglent avec soin sur les métiers, bien de droit fil sans jamais contretirer, et se font sécher à l'ombre, au grand air.

Soie. Les soieries se gomment fortement à la gomme arabique ou à la gomme adragant, suivant que la couleur est plus ou moins foncée; on les épingle sur le métier et on fait sécher au grand air et à l'ombre.

Le velours se gomme légèrement à l'envers, s'épingle, se passe au fer chaud, et on en relève le poil avec une brosse douce.

Coton. — Le coton se repasse au fer peu chaud, et se lustre entre deux cylindres. On supplée aux cylindres par une table avec coulisse ou garnie d'un verre rond ou d'une agathe ; une vis applique le coulisseau de manière que l'étoffe, préalablement passée à la cire blanche, glisse doucement entre la table et le coulisseau.

On presse aussi le coton à froid, entre les cartons.

Nous allons donner la description d'une machine à lustrer qui nous a paru très utile.

Machine à lustrer. — Cette machine à cylindre est employée dans les ateliers de M. Leroy, teinturier-apprêteur, rues des Fossés-Saint-Germain-des-Prés, nº 12, à Paris.

Les étoffes, au sortir du métier à tisser, ne présentent point encore cette apparence agréable qui en favorise le débit, et qu'elles n'acquièrent que par des apprêts ultérieurs, appropriés à chaque nature de tissu.

Les deux principales conditions à remplir pour donner le lustre qui résulte de l'aplatissement des fils sont de présenter bien carrément les tissus à la pression, et de donner à la surface pressante, qui doit immédiatement appuyer sur le tissu, le poli le plus vif que le corps dont on se sert peut recevoir. Le concours d'une légère humidité ou de la chaleur est nécessaire pour accomplir cette opération, et lorsque le duvet du tissu est très élastique, ce qui est le cas pour les matières animales, l'action pressante doit se prolonger un certain tems avec le degré primitif d'intensité qu'on lui a donné; on obtient cet effet au moyen des presses ordinaires ou hydrauliques, en interposant entre chaque couche de tissu des cartons lustrés et des plaques métalliques chauffées.

Les matières végétales prennent, en général, le lustre instantanément et à la suite d'une pression de très courte durée. Les machines employées à cet usage sont composées d'un nombre plus ou moins grand de rouleaux, entre lesquels on fait circuler l'étoffe. Pour la bien lustrer et lui donner la forme nécessaire, il faut employer à la fois pression, frottement et forte chaleur : ces trois effets sont produits par une machine très simple, qui consiste en trois cylindres superposés, dont l'un est en cuivre ou en fer forgé, et les deux autres en bois; si tous les cylindres étaient métalliques, comme dans les laminoirs, leur inflexibilité réciproque couperait l'étoffe; il a donc fallu combiner avec un cylindre très dur d'autres cylindres qui fussent susceptibles d'une certaine flexibilité. Les rouleaux de bois dont on se servait pour cet usage ont le défaut de se déformer, et de ne pas résister aux efforts qu'ils éprouvent; souvent même il arrive qu'au premier tour un de ces rouleaux vient à se fendre, et que la dépense assez forte de sa construction est en pure perte. C'est pour remédier à cet inconvénient qu'on a imaginé les cylindres en rondelles de papier, qui réunissent à l'avantage de soutenir pendant plusieurs années un travail journalier, celui de donner aux étoffes un lustre plus parfait. On trouve, dans le *Bulletin de la Société d'encouragement*, la manière de construire ces cylindres en papier adoptés aujourd'hui dans toutes les fabriques.

Le cylindre métallique, qui est creux et peut être chauffé intérieurement, se trouve entre les deux autres cylindres. L'étoffe passe entre le cylindre inférieur et celui du milieu, puis elle repasse entre ce dernier et le cylindre supérieur, de manière à sortir du côté opposé à celui par où elle est entrée. Les cylindres sont mis en mouvement par une roue hydraulique, par une machine à vapeur ou par tout autre moteur; ils ont une longueur plus grande que la largeur de l'étoffe la plus large.

Pour chauffer le cylindre métallique, on s'est servi pendant long-tems de barres de fer rougies au feu, qu'on introduisait dans le vide que laissent l'axe et les croisillons qui portent le cylindre; on conçoit que cette chaleur ne pouvait être uniforme, qu'elle allait toujours en décroissant, et qu'on était obligé de renouveler continuellement les barres de fer.

Ce système de chauffage, dont on a reconnu les inconvéniens, a été abandonné, et on a adopté celui de la vapeur, qui distribue la chaleur plus également et supplée au travail fatigant du placement et du déplacement des barres de fer; pour cela, on n'a eu besoin que de changer le cylindre métallique pour l'approprier à recevoir la vapeur. Ce cylindre est entièrement creux et a environ un pouce (27 millim.) d'épaisseur; les deux tourillons sont également creux, de maniere cependant qu'ils peuvent rouler avec facilité sur leurs coussinets, ils doivent être hermétiquement fermés, afin que la vapeur qu'ils sont destinés à recevoir ne puisse trouver aucune issue pour s'échapper; cette vapeur entre par l'un des tourillons, et remplit l'intérieur du cylindre; après avoir produit son effet, elle sort par un tuyau pratiqué à l'autre bout; mais, comme elle conserve encore beaucoup de chaleur, il y aurait de la perte à la laisser échapper : on s'en sert à d'autres usages, ou on la condense pour ramener dans la chaudière l'eau de condensation.

La machine employée par M. *Leroy* est construite sur ce principe ; nous en avons fait lever le dessin dans l'atelier même. (Voyez pl. 2, fig. 1 à 10.) Elle se compose de trois cylindres superposés, dont celui de dessus C', et l'inférieur C, sont en papier, et le cylindre intermédiaire D est en cuivre fondu, bien décapé et poli ; ces cylindres sont montés dans un châssis solide en fonte A, qui repose sur deux forts madriers en chêne B. La vapeur est fournie au cylindre métallique D, qui est creux, par la chaleur d'une petite pompe à feu de la force d'un cheval et demi, construite avec beaucoup de soin par M. *Darct*, et qui sert en même tems de moteur à la machine ; après avoir chauffé le cylindre, la vapeur passe dans un tuyau H, d'où elle est conduite dans des cuves de teinture, qu'elle fait bouillir ; pour la retenir dans l'intérieur du cylindre, le tuyau d'entrée G entre dans un ajustage conique *h*, qui le ferme hermétiquement ; le tuyau H s'ajuste de la même manière, et est pressé contre l'embâse conique *i*, par un ressort U, qui l'empêche de ballotter. Aucune soupape n'est adaptée à ces tuyaux, le passage continuel de la vapeur à travers le cylindre ayant été reconnu suffisant pour lui communiquer le degré de chaleur nécessaire.

Le cylindre en papier C tourne sur des coussinets fixes, tandis que les deux autres tournent sur des coussinets amovibles. Cette disposition a pour objet de presser les cylindres l'un sur l'autre, et de les relever lorsque le service l'exige. La pression du cylindre supérieur sur celui en métal s'opère à l'aide de deux grands leviers I I mobiles sur leurs centres *a a*, et dont les extrémités, entaillées de crans *d d* comme une romaine, portent les deux tringles verticales J J ; ces tringles se réunissent à deux autres leviers K, mobiles sur les points *bb*, et chargés de poids L. On conçoit que plus ces poids seront lourds, et plus le levier K descendra et tirera les tringles J J, lesquelles, à leur tour, feront baisser le levier I. Celui-ci prend son point d'appui sur les tourillons du rouleau supérieur C' par l'intermédiaire d'une pièce Q, qui porte sur une espèce de clé R, mobile sur le point *f* et embrassant le coussinet *g*. En rapprochant ou éloignant plus ou moins les tringles J J du centre des leviers I I, on peut graduer la pression, suivant la nature de l'étoffe soumise à l'action de la machine.

Pour relever les cylindres, on se sert d'un treuil N, dont

l'axe porte une roue dentée O, dans laquelle engrène un pignon P, qu'on fait tourner au moyen d'une manivelle. Une corde M, enroulée sur ce treuil, passe dans une poulie accrochée au plafond et vient s'attacher au levier I; en tirant cette corde, le levier et le support Q se lèvent; mais ils ne dégraient point les cylindres; cet effet est produit par deux pièces en forme de lunettes SS qui s'engagent par leurs extrémités inférieures dans les axes du cylindre C', et par leur autre extrémité dans une partie saillante du support Q, où elles sont retenues par des vis *h*. De cette manière, le cylindre C' est soulevé. Lorsqu'on veut également soulever le cylindre métallique, on commence par dégager les tuyaux G et H; on accroche sur les tourillons de ce cylindre des lunettes T, semblables aux précédentes, et qui tiennent aux axes du cylindre supérieur, et en faisant agir le treuil, on enlève les deux cylindres à la fois.

Le moteur est appliqué au cylindre métallique, dont l'axe porte une roue dentée E, dans laquelle on engrène un pignon F monté sur l'arbre de la machine à vapeur; les deux autres cylindres tournent par l'effet de la pression qu'ils éprouvent de la part du cylindre métallique, mais dans un sens opposé, ainsi que l'indiquent les flèches de la coupe, *fig*. 5, *pl*. 2. L'étoffe posée sur la table Y est engagée entre les barres X placées devant l'ouvrier, et dont les arêtes sont arrondies pour ne pas occasioner de déchirures; de là on la fait passer, en la tendant, afin qu'il ne se forme pas de plis, entre le rouleau inférieur et le cylindre métallique, qu'elle embrasse sur une moitié de sa circonférence; puis sur le rouleau supérieur, et finalement elle est reçue par un ouvrier debout de l'autre côté de la machine, qui la plie au fur et à mesure. Le passage de l'étoffe est indiqué par la lettre Z dans la coupe, *fig*. 5, *pl*. 2; elle sort de la machine parfaitement lustrée. On peut en préparer de cette manière 1,500 aunes par jour.

Comme la force de la machine était plus que suffisante pour faire tourner les cylindres, et que, cependant, il était impossible de réduire la capacité de la chaudière, M. Leroy a cherché à employer l'excédent de vapeur, et il est parvenu à la distribuer dans ses ateliers, d'une manière utile, en chauffant au rez-de-chaussée des cuves de teinture, et au premier étage un vaste séchoir, etc.

La *fig*. 4 est l'élévation vue de face, de la machine à cylindres.

Fig. 5. Coupe par le milieu.

Fig. 10. Les pièces en forme de lunettes des cylindres supérieurs et métalliques, vues séparément.

Fig. 6. La machine vue du côté droit.

Fig. 7 Coupe verticale passant par l'axe des cylindres métalliques.

Fig. 8. Clé qui appuie sur le coussinet du rouleau supérieur, vue de face et de côté.

Fig. 9. Ressort qui maintient le tuyau H contre l'embase conique des tourillons du cylindre D.

A, bâtis en fonte; B, semelles composées de deux forts madriers en chêne; C, cylindre inférieur (en papier); C', cylindre supérieur; D, cylindre creux en cuivre; E, roue dentée, montée sur l'axe de ce cylindre; F, pignon engrenant dans cette roue; G, tuyau d'entrée de la vapeur; H, tuyau de sortie; II, grands leviers en forme de romaine; JJ, tringles verticales accrochées à ces leviers; KK, autres leviers inférieurs; L, poids dont sont chargés ces leviers; M, corde attachée au levier I, et passant sur une poulie accrochée au plafond, et qui n'a pu être dessinée sur la planche faute d'espace; N, treuil; O, roue dentée, montée sur l'axe du treuil; P, pignon engrenant dans cette roue; Q, support qui exerce la pression sur le cylindre supérieur; R, clé qui embrasse le coussinet de ce cylindre et reçoit la pression directe de la pièce précédente; SS, lunette du cylindre supérieur; TT, lunettes embrassant les tourillons du cylindre métallique; U, ressort qui appuye le tuyau H contre son embase; V, traverse supérieure du bâtis; XX, barres sur lesquelles passe l'étoffe; Y, table sur laquelle elle est posée; Z, passage de l'étoffe sur les cylindres.

a, centre de mouvement du levier I; *b*, centre de mouvement du levier K; *c*, tourillons des tringles JJ; *dd*, crans taillés sur l'extrémité du levier I; *e*, rochet qui arrête le mouvement du pignon P; *f*, centre de mouvement de la clé R; *g*, coussinet du cylindre supérieur; *h*, embase conique du cylindre D; *i*, partie conique du tuyau H; *kk*, vis qui arrêtent la lunette S sur le support Q.

Pour plus d'extension voir le *Manuel complet du Blanchtment, du Blanchissage, nettoyage et dégraissage*, 2 *vol*. prix: 5 fr., chez Roret, libraire, rue Hautefeuille.

FIN.

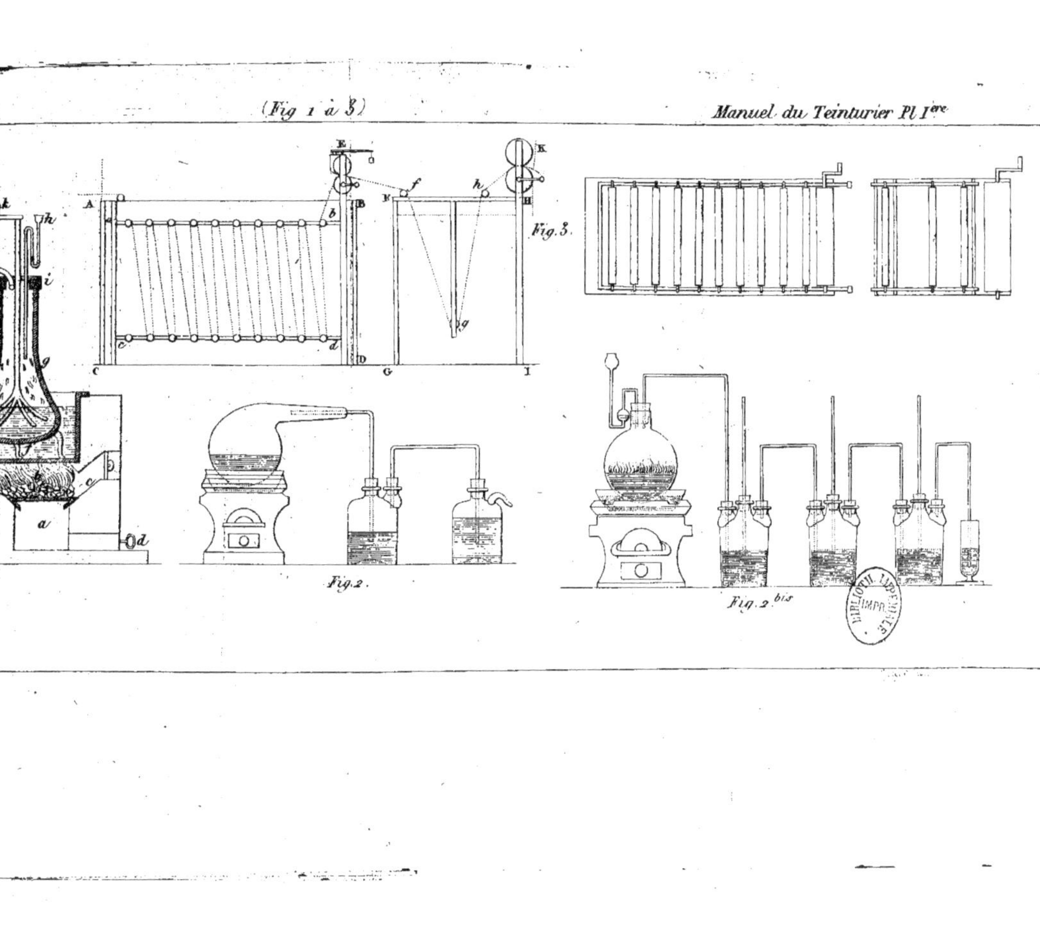
k
h
i
g
f
b
a
c
d
A
B
C
D
E
a
b
c
d
f
h
g
K
H
F
G
I
Fig. 3.
Fig. 2.
Fig. 2 bis

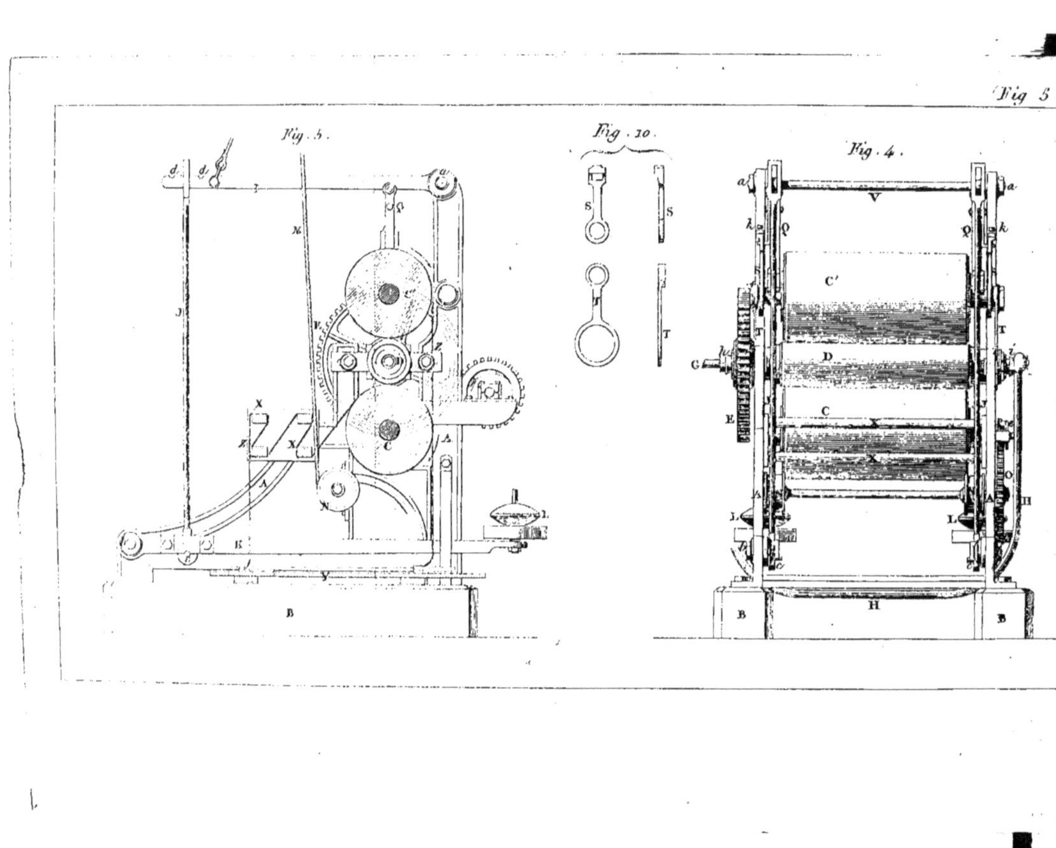
Fig 5
Fig. 3.
Fig. 10.
Fig. 4.

www.ingramcontent.com/pod-product-compliance
Lightning Source LLC
LaVergne TN
LVHW021231170726
843501LV00003B/733

* 9 7 8 2 3 2 9 1 0 4 6 6 9 *